U0917314

中国著名大学校长书系

章开沅　余子侠＼主编

# 战士品行　学者风范

## ——山东大学校长华岗

徐　畅著

山东教育出版社

**图书在版编目(CIP)数据**

战士品行　学者风范——山东大学校长华岗/徐畅著. —济南：山东教育出版社，2011

(中国著名大学校长书系/章开沅，余子侠主编. 第2辑)

ISBN 978－7－5328－6270－2

Ⅰ. ①战...　Ⅱ. ①徐...　Ⅲ. ①华岗—生平事迹　Ⅳ. ①K825.46

中国版本图书馆 CIP 数据核字(2011)第 056947 号

中国著名大学校长书系

章开沅　余子侠　主编

**战士品行　学者风范**

——山东大学校长华岗

**徐　畅　著**

**主　　管**：山东出版集团

**出 版 者**：山东教育出版社

(济南市纬一路 321 号　邮编：250001)

**电　　话**：(0531)82092663　传真：(0531)82092663

**网　　址**：http://www.sjs.com.cn

**发 行 者**：山东教育出版社

**印　　刷**：天津兴湘印务有限公司

**版　　次**：2019 年 7 月第 1 版第 2 次印刷

**规　　格**：787mm×1092mm　16 开本

**印　　张**：28.75 印张

**插　　页**：24 插页

**字　　数**：276 千字

**书　　号**：ISBN 978－7－5328－6270－2

**定　　价**：62.00 元

**如印装质量有问题，请与北京发行中心联系调换**

**电话：010－86221836**

华岗

华岗

年青时的华岗

华岗1937年出狱后留影

1946年10月18日，国共代表在上海非正式会谈后留影，二排左二为华岗

担任国共谈判顾问时期的华岗

1946年华岗与夫人谈宾若、女儿华丹坡在上海

1948年与夫人谈宾若在香港

1948年华岗在香港

1949年在青岛栈桥

1950年华岗与家人在龙口路寓所院内合影

1950年3月15日山东大学与华东大学合并会场

SHANDA SHENGXO

山大生活

1950年4月30日《山大生活》报道华岗被选为山大校务委员会主任委员

1951年华岗与女儿华丹坡、华滇珂、华景杭在青岛

1955年华岗在校党代会上作报告

20世纪50年代担任山东大学校长时的华岗

20世纪50年代担任山东大学校长时的华岗

华岗与中国人民志愿军英模代表在一起

华岗在山东大学上政治大课

华岗在山东大学上政治大课

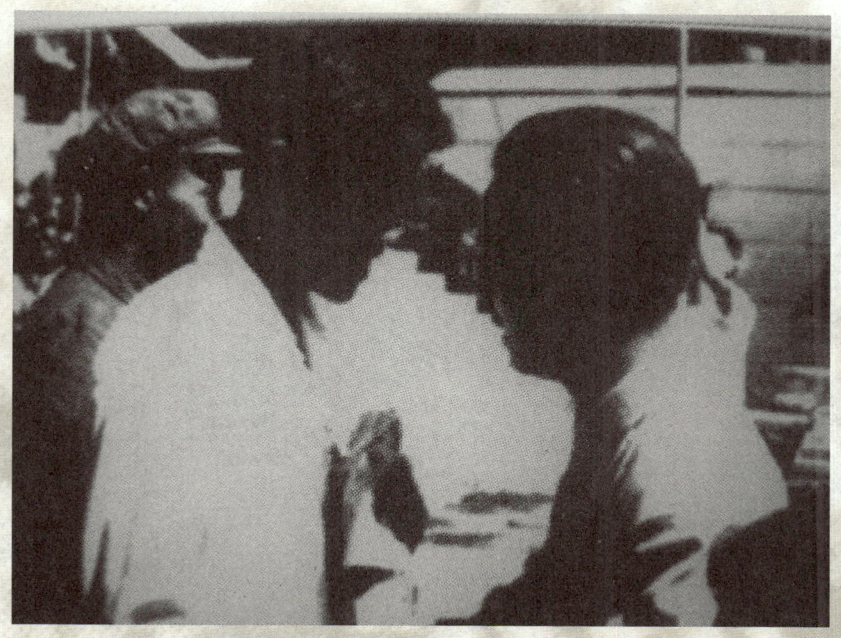

华岗在国庆节劳模座谈会上

《文史哲》创刊周年馆长人员合影

《文史哲》编辑们在研究工作

1980年华岗平反昭雪追悼会

华岗在青岛的故居——龙口路40号

华岗与许涤新在上海居住的小楼

当今的庙下小学

华岗的诞生地庙下村

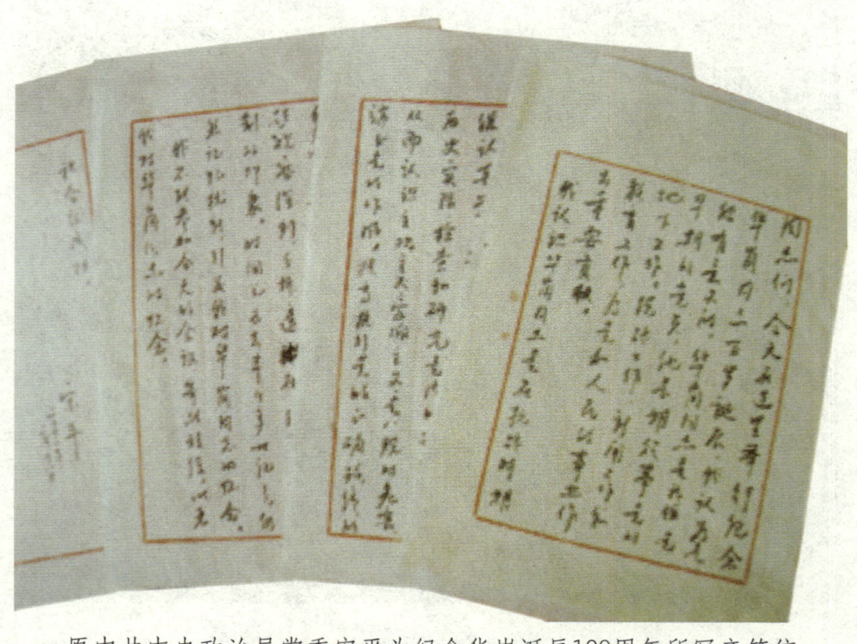

原中共中央政治局常委宋平为纪念华岗诞辰100周年所写亲笔信

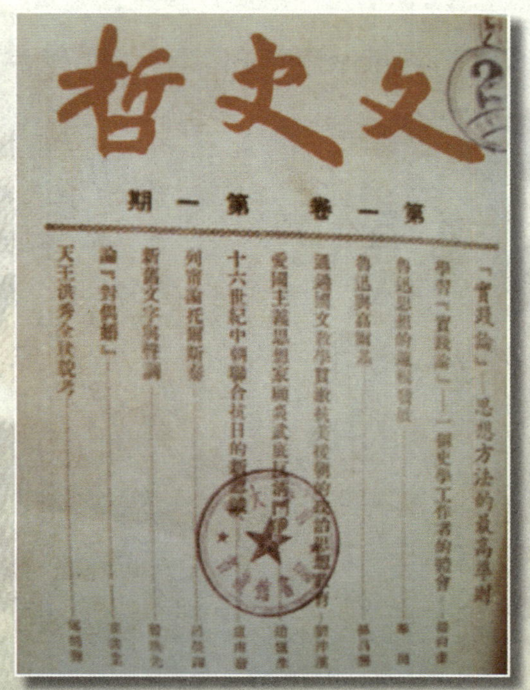

文史哲

第一卷 第一期

「實踐論」——思想方法的最高準則

學習「實踐論」——一個史學工作者的體會

魯迅思想的邏輯發展

魯迅與高爾基

通過國文教學貫徹抗美援朝的政治思想教育

愛國主義思想家顧炎武底反滿鬥爭

十六世紀中朝聯合抗日的歷史

列寧論托爾斯泰

新舊文字與聲調

論「對偶詞」

天王洪秀全狀貌考

第一期《文史哲》

《火曜》杂志

华岗遗物

华岗的部分著作

《规律论》手稿

华岗在监狱中所作学习卡片

根據共同綱領文教政策，堅
決執行高教會議決議，團結合作
互相學習，保證完成教學工作。
適應國家建設需要，以理論
與實際一致的教學方法，培養
熱愛祖國及具有高級文化水
平，能夠掌握現代科學與技
術，全心全意為人民服務的建
設人才，這就是目前我們新山
大的方向和任務。
新山大創刊 華崗題

华岗《新山大》创刊题词

踴躍參加國防建設，努力保衛祖國，是青年一代的光榮任務。

華崗 一九五一年六月九日

慶祝本校附設工農速成中學開學

發揮積極性和創造性

認真教學，提高效率

以完成工農速成中學的光榮任務。

華崗題 一九五二年十一月廿日

华岗题词

华岗为工农速中题词

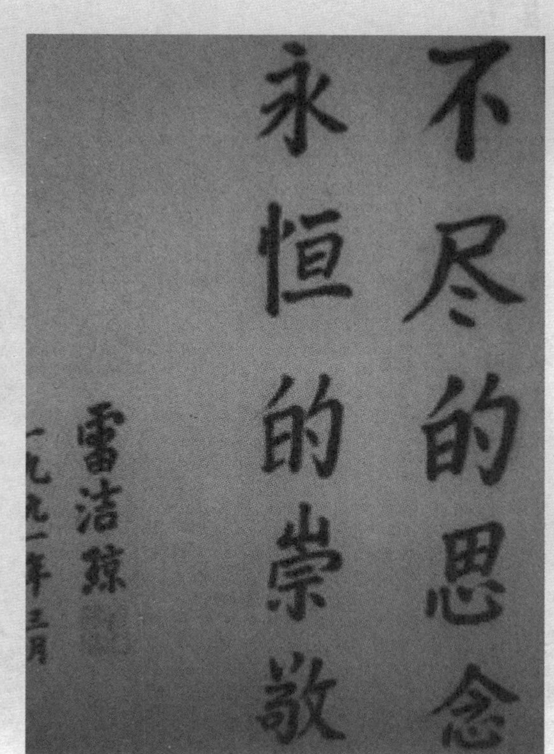


雷洁琼题词

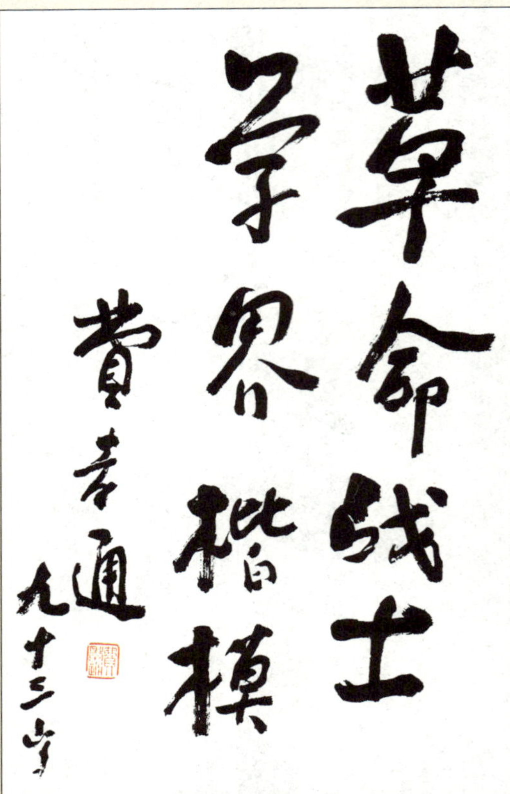


费孝通为华岗题词

山东大学校园华岗

# 总序

中国新式高等教育已有百年以上的历史，这些大学虽然有许多不同的类型、层次、水平，但凡能赓续流传至今者，大多经过漫长的艰苦而又曲折的奋斗历程，并且留下极为丰富的经验和教训。认真总结这些经验和教训，对于当前高等教育的健康发展必将有所裨益。历史同样呼唤人们面向未来，它只为现实提供借鉴与智慧，决非单纯诱使人们沉溺于怀旧之情怀。

在百余年中国新式高等教育发展过程中，有一大批筚路蓝缕、披荆斩棘的先驱者，他们呕心沥血，殚精竭虑，为中国现代大学的奠基与成长做出无可磨灭的贡献。我们应该永远铭记这些先驱者的功绩。特别是其中那些办学有成的著名校长，他们和他们所辛苦经营的著名大学，乃是中国高等教育史上一块块丰碑。他们教育思想的丰富精粹，办学理念的卓越高远，以及实践业绩的泽惠后世，至今仍然受到中外学者的肯定与尊重。可以说，无论是其成功或是错误（甚至失败）之处，都给后世留下一笔极其宝贵的遗产。我们编辑出版《中国著名大学校长书系》，认真总结其经验教训，并给以阐析评论，不仅仅是为了继承这笔遗产，为了纪念逝者，更重要的是为今日高等教育的深刻变革提供参考。

现今的高等教育的整体，无论是从数量、规模、师资、设备、水平哪一方面来说，当然都远远超过了历史上的那些大学。然而，这些老大学毕竟为当代高等教育的发展奠定了最初的基础，它们的校园、师资、学生、图书、设备，不仅是历史的遗迹，而且至今仍然为许多大学的发展做着贡献。历史本身就是一种资产，而某些重要的无形资产的价值甚至远远大于其相关连的有形资产。所以，这些年来，不少精明的高校管理者都极为重视保存本校的历史，除档案文献以外，还努力维护古老的建筑、景观乃至图书、设备，用意在于彰显其悠久而又丰厚的历史底蕴。这些工作当然非常重要，而且迟至现在只能说是亡羊补牢。

其实，更重要的还是应该认真总结这些既往办学者的经验教训，继承与发扬其优良传统，避免其已经走过的弯路，克服其弊端遗留的消极影响。只有这样，历史才能成为财富而不是包袱，而人们也只有在尊重历史的前提下才能实现对于历史的超越。也只有这样，我们才不会重复前人

已经走过的路，真正以前人已经达到的高度为起点去攀登新的高峰。我反反复复讲这些老生常谈，决不是无的放矢，更不是因循守旧。在较长的一段历史时期，我们由于不尊重历史而蒙受的损失与走过的弯路已经太多太多，而且这种错误往往是周而复始地出现。真理不怕重复，至少是对于那些不知历史为何物而盲目自信的所谓权威人士，更应该经常忠言直谏（请原谅我又用了一句陈腐话语）。我们这一代高等教育工作者，亲身经历此类弯路太多，因而才有如此深沉的感慨，也才有如此深切的醒悟。

教育史是人类史的重要组成部分，其所以重要，就在于它是着重研究人类如何改造与优化自己，包括相关理论、观念、方式、方法及其实践等方面。现时人们总是片面强调教育必须适应社会的需要，殊不知教育还必须正确引导社会的走向。教育史不仅记载教育如何随着社会的进化而不断发展变化，同时也记载教育如何促进社会进化，特别是具有前瞻性的教育如何纠正时弊乃至推动社会变革。教育并非总是被动地亦步亦趋地随着社会变化而变化，教育的发展具有前后自相延续的相对独立性，而其中恰好蕴含着绵延千年衔接古今的内在规律。如果背离教育的基本规律，任何貌似新奇的变革终将遭到失败，甚至遗留长远的负面影响。这类惨痛的教训，我们经历得还少吗？

20 世纪 80 年代，我曾参与高校管理工作，深知校长责任的重大，不仅其办学理念、谋划决策关系着学校的发展走向，而且其一言一行所体现的品格、作风，也悄然无声地对众多师生员工产生某些影响。甚至在卸职多年以后，偶然在外地遇见相识的或已忘记姓名的校友，经常可以听到“某年某月某会曾听过你的报告，你说过的某几句话给我印象特深”之类亲切怀旧话语。我给学生做报告一般不带讲稿，往往采用对话交流方式，学生虽然听得兴趣盎然，自己却惟恐口无遮拦而可能给他们以某些误导，所以，每逢听见过去的学生复述我的若干“佳句”时，内心深处往往涌生惶悚之感。也正因为如此，才使我对于历史上这些著名大学校长理解渐深而敬佩日增。他们当年的办学条件比我们差，困难比我们大，可以利用的资源比我们少，却能与众多教职员工同心协力、苦心经营，把学校办得各有特色，培养出一批又一批优秀人才，并且在国内外赢得与日俱增的声望。可以说，他们的生命与学校已经融为一体，而学校的声名正是他们与众多教职员工一起用心血浇铸而成。所以，在人们的心目中，一所名校往往与一位或几位校长的名字紧紧联结在一起，如北京大学与蔡元培，清华大学与梅贻琦，南开大学与张伯苓，浙江大学与竺可桢，金陵大学与陈裕光，金陵女子文理学院与吴贻芳，等等。我想，《中国著名大学校长书系》的出版，当可使读者重温这些著名教育家的音容笑貌，并从他们的生平业绩中吸取许多有益的养分。

他们之所以能把自己的大学办成海内外公认的名校，首先在于他们具有明确的办学理念，并且把人格塑造放在首要地位。在他们看来，知识传授与能力训练只是手段，新型的全面发展的人才的培养才是主要目标。因此，在要求学生努力读书的同时，更强调学会做人，而人格教育遂与通识教育合为一体。同时，他们都具有世界眼光，不仅注意教育与国际接轨，加强对外学术交流，而且关注世界教育改革潮流，瞄准发达国家顶尖名校，以一流标准严格要求自己。此外，他们还善于节约运用有限的资源，决不好大喜功，贪大求全，而是在一定时期集中力量办好若干重点专业和重点学科，以求形成自己的特色，并在某些领域形成优势。当然，他们都是长期工作在教育第一线的科学家，深切理解并极为尊重教育的内在规律，譬如重视基础，循序渐进，学用结合等，因此，才能以较少的资源获致较大的效益，使学校发展蒸蒸日上。

这些校长本身就是全校师生员工的学习榜样，他们的人格魅力、深厚学养、儒雅风貌，如春天的细雨一样润物于无声。言教不如身教，乃是多数著名校长的准则。他们反对哗众取宠，恪守职业伦理，注重行为规范，这些都对学校优良传统的形成产生深远的影响。当代大学校长在国际视野、知识更新与管理能力等方面可能有超越前辈之处，但是，在尊重教育内在规律，恪守伦理行为规范和艰苦奋斗、勤俭办学等方面，恐怕仍然需要向先驱者学习。对于当前社会风气的某些不良影响，并非所有高校主管人员都能高度自觉且富有成效地抵制，大学校园已经不再是一方净土。尽管现在我们大家已把大学的定位从精英教育改为大众教育，但大学（特别是著名大学）就整体而言仍然是培养人才的最高学府。因此，大学校园风气的败坏，乃是最可怕的败坏，因为这必将影响一代新人的健康成长，甚至正如海外某些报纸所直言：意味着社会良心的迷失。我们并非过高期望大学的作用，而是希望大学应该自觉地承受更为重大的社会建设的责任，不仅是物质文明，而且还有精神文明。如果本书系能增强读者在这方面的醒悟，那将是我们最大的欣慰。

回顾前人已经走过的道路，我对现今大学校长任期制的具体运作还有一点儿看法，即千万不可也不必机械执行。因为对一所大学的内部情况与外部环境，需要花费很长的时间才真正有所认识，而制订学校发展的目标与规划，以及相应的制度、条例等，则需要更长的时间才能检验其利弊得失。在短短四五年时间内，是很难实现一个校长的宏大抱负与施政方针的。实践表明，校长与领导班子的频繁更换或更换幅度较大，对于一所大学的发展并不一定有利，有时反而产生负面作用。校长与教职员有一个相互认识过程，其所花费的精力与时间，远远超过对于校园、建筑、图书、设备的熟悉。平心而论，仅仅了解一所万人以上的大学的全面情况，没有三五年也很难形成校长自己的真知灼见。萧规曹随容易被等同于因循守旧，但其中确有合理的成分，即应该尊重前任的经验教训；对于那些行之有效的大政方针，不必也不应轻率加以变更。譬如蔡元培有关兼容并包、择才而用乃至提倡美育等等精彩教育理念，从蒋梦麟到胡适等后任校长都能承续推行并加以发扬光大，这样才能在数十年内形成北大优秀的传统校风——北大精神。如果每逢来一位新校长，下车伊始便哇啦哇啦宣称什么学校发展的新纪元，另提一套未经深思熟虑的新目标、新蓝图、新口号，势必造成师生员工思想混乱，很难形成新的共识与默契。高校颇感痛苦的是缺少相对持续稳定且行之有效的办学准绳，不断地推倒重来，又不断地整顿纠偏，乃至形成周而复始的恶性循环。我期望有更多的人温故而知新，从本书系中汲取若干有益的办学规律。

当然，强调大学校长决非提倡人治，更不是提倡家长制独裁。对于大学来说，民主作风与学术自由具有同等重要意义。每一个办学卓有成效的著名校长，大多具有较高的民主观念，至少是逐步推行教授治校，努力发挥教职员工的积极性。与个人资质相较而言，应该承认制度更为重要。任何优秀的校长总有自己的任期（或长或短）限制，但健全的行之有效的规章制度往往可以延续数十年。我在海外一些名校工作，深感规章制度相对稳定的重要，而严格遵守规章制度更为重要。我每到一所学校，开学伊始接受 Orientation，时间不过两个小时，主要是介绍学校重要规章制度，不像我们对新教职员的岗前培训要花费 3 天乃至 1 周，而且要花费很多时间"务虚"接受思想教育。我常爱说一句话："铁打的营盘流水的兵。"校园譬如军营，师生如同士兵，老师（包括校长）、职工和学生一批一批来了，又一批一批走了，如同连绵不绝的流水，但名校如同铁打的营盘，历经世变沧桑而长盛不衰，靠的就是一套人人必须遵守的合理制度。光靠校长自身的聪明才智，是治理不好大学的。我愿读者认真体味斯言。

我热爱高等教育，尊重前人的劳绩，更关心现今乃至未来高等教育的发展。意大利著名历史学家克罗齐说过："一切历史都是当代史。"中国高等教育从一百多年前走来，它与现今高等教育有着割不断的联系。近代以来大学校长们用美好理想和教育实践酝积形成的适合中国国情的治校经验，以及他们承先启后、发扬光大、舍我其谁的心志，必定对跨入新世纪的人们认识高等教育的历史意义与现实价值提供有益的思考与借鉴。基于这种认识，我们刻意选取了具有代表性的大学校长作为研究对象，编撰出版《中国著名大学校长书系》。

学术研究需要凝结朝气蓬勃的学术力量，发挥团队的智慧。为了保证本书系的学术水平，我们从全国多所大学广泛敦聘专家、学者，群策群力，共襄斯举。我们很高兴，本书系的撰著者，都是多年来活跃在中国教育史、中国近现代史及高等教育管理研究领域术业有专攻的学者。旧友新朋，为了共同目的，坚持历史唯物主义原则，讲究严谨求实的学风，不囿成说，勇于创新，各展学术个性，取得了可喜的收获。两年来，孜孜兀兀，笔耕不辍，对大学校长的教育思想及办学特色作出了新的认识，新的考辨，新的评判，新的结论，这是很可宝贵的，也是本书系可以欣然贡献于学术界和读者朋友的。

本书系得以顺利完成，实赖于各位撰著者的精诚合作，谨表衷心的感谢；本书系终能如期付梓出版，还有赖山东教育出版社的鼎力支持，谨表诚挚的谢忱。此外，我们对本书系所有被征引的资料和图片的著作者一并表示深切的谢意。

章开沅
2003 年 2 月

# 序二

早在世纪交替之际，为了促进中国高等教育的改革，推动高教事业走上快速而正确的发展轨道，我们结合自己其时正在从事的学术研究，作出了这样的思考：在中国教育早期现代化进程中，高等教育现代化是其中最为重要的一环。从 19 世纪末京师大学堂开办到共和国人民政府对全国高校实行接管的半个世纪内，中国新型高教事业之所以能够在灾难深重的社会环境中取得相当的进步，在很大程度上得力于一类具特殊身份的新型学人，这就是近代中国高知阶层中的精英——大学校长们。他们对中国新式高等教育的产生、创办、变革和发展，以自己平生的精力、智慧和才干，作出了不可磨灭的历史贡献。在进入新的世纪后，面临着“转型”和“入世”两大时代主题，我国高等教育如何发展，知识人才如何培养，在借鉴国际上他国经验的同时，早被历史证实适合自身国情的近代中国大学校长们办理高等教育的经验，更应该受到人们的重视和总结。缘此，我们组织编撰出“中国著名大学校长书系”，并在山东教育出版社的支持、鼓励和帮助下出版了第一辑。

之所以选择那些在办理和管理高教事业方面较有成就和较为成功的大学校长们作为研究课题，乃是出于下述几点考虑：其一，近代中国的大学校长们是近代中国新型知识分子群的翘楚，加强对他们的研究和了解，无疑为人们认识近代知识分子群体在中外文化冲突交融过程中如何“转型”或“异变”，拓展出一条探究堂奥的路径，同时也使人们从一个侧面认识到近代中国的教育如何适应时局变化与世界教育接轨而完成自身的转型。其二，近代中国的大学校长们有些人又是带有某种政治身份的专家学者（他们不同于一般意义上的“学人”），加强对他们的研究和了解，必定能使人们更加深刻认识到近代一些爱国的高知人物如何在时代主题的感召下，借发展民族高教事业来救国救民的敬业精神和爱国精神，亦借此了解到近代中国高校书斋与政治舞台之间错综复杂的联系或关系。其三，近代中国的大学校长们更是中国高等学府的管理者或主持人，他们用平生业绩积累的历史经验，尤其在强调加快高校教育改革步伐、推进高教事业国际化和提高新世纪高知人才素质的今天，其

鉴益当今和指导现实的意义就更加明显。他们适合中国国情的高校管理方式方法，对于今天的高校管理者们如何在新的世纪内实现民主治校、科学管理等，自然弥足珍贵和颇有助益。

根据上述思想认识和研究思路，在新世纪到来的第一个冬月间，我们于武汉东湖之畔举行了一场小型的“书系”编撰研讨会。大家经过讨论，进一步得出了如下共识：全体撰研者在充分地占有史料的基础上，必须重点思考和解析这样几个问题。一是探讨那些在近代中国管理高校取得了成功经验的大学校长们究竟在“想些什么”。他们对大学教育如何定位，如何使高等教育在时代变迁中发挥自身的主导作用和良性功能，充当社会进步的中心和良心。二是探讨大学的办理应该具有什么样的独立性和连续性，为了求得高等教育的正常发展，他们怎样使大学管理实现民主化、科学化和制度化。在适应时代发展积极开拓进取的同时，又能使积极有效的管理措施和方法成为制度得到很好的坚持和贯彻。三是探讨大学校长这一特殊角色，如何在作好一位学者或科学家的同时，当好一个管理者，他们如何在办大学的过程中实现自己的人生抱负，是如何管理校园而不是在享受校园，更不是在利用校园作为个人升官的平台和谋利的资本。同时我们还认识到，对大学校长这一特殊群体展开研究，不仅要以全新的面目、全新的角度来展现被研究者的“大学校长”的风貌，而且要真正能让读者从字里行间“读”出这些大学校长为了民族的独立强盛而致力于中国高教事业发展进步的奉献精神。所以在研究过程中必须注意，既不是一般的人物传记，也不是一般的大学校史，而必须做到与被研究者进行“心灵沟通”，通过科学公允地阐析他的高校管理经验和理念，抽绎出对今后高校改革和发展具有指导意义和借鉴价值的东西。

思路认识的一致，撰研目标的同一，使“书系”第一辑在出版后得到了学界的好评，尤其得到了广大读者的支持和鼓励。有鉴于此，我们坚持第一辑的撰研原则，即在研究的过程中力求史料翔实、去芜存菁、史论结合、客观公允，开始了本书系第二辑的编写和出版。其中对于研究对象的选择，我们仍然认真地考虑到这组人物所在学校的代表性：暨南大学是中国唯一一所为华侨学子开办的高等学府；北京师范大学则是一所完整意义上培养师资人材的高教机构。对四川大学等大学的校长进行研究，无疑为高教事业发展较为滞后的西部地区提供历史借鉴；而研究武汉大学校长则是对中部地区名校进行认真的历史总结。身为私立的厦门大学等高校，其创业艰辛筚路蓝缕，为今日民营高校导乎先路；罗家伦率中央大学千里西迁做到“鸡犬不留”，何炳松领暨南大学万般苦斗由是死里逃生，民族大难中濒临绝境的高教事业如何发展向世人树以楷模。胡适主政北京大学，既循蔡元培等人办学原则之“萧规”，但其办学理念与方法又非照葫芦画瓢地“曹随”；华岗长校山东大学，既是对旧式高等教育的改造，更是展现中国高教事业如何新生，当然后者留下的更多是引发后人们对共和国以来高等教育及其管理的反思……总之，这些学校有其诸多值得后世总结和借鉴之经验及法式，这些校长有其诸多值得今人学习和敬仰的精神与品行！

当然，自近代新式教育产生以来，他们只是千千万万个中国知识分子中的一员，只是数以百计的高校管理者中的“这个”。如果历史不赋予他们特殊的使命——让他们站在“大学校长”这个位置上行事做人，他们虽贤而非圣，也只是一个与你我同样的凡人，因此，他们为人为学为事亦有他的过失和不足。但是，比较今日某些高校管理者将素有“清水衙门”之称的高等学府变成升官发财之阶、争名谋利之所，将本该适应时代需求的科学与民主的“管理”一词质变成欺瞒广大师生的“管你”而言，他们献身高教事业进步，他们从事高等学府管理，绝对拒绝将高校变成社会风气败坏、道德沦丧、官场腐败的温床和渊薮！他们以民族脊梁的精神，展显出一种高尚的社会良心！历史早已说明“人不能两次跨入同一条河流”（赫拉克利特语），对于这些远去的“斯人”，我们进行研究，既非仅仅为了发思古之幽情，也非要求不同时代不同环境下的后来者对他们亦步亦趋，而是为了唤起中国历史上曾经有过的“精神”、曾经有过的“良心”！

收笔时顺带说明的是，本辑书名亦即长校者们的排序，按设于内地省区和沿海省区的高校分置，其中除有“北雍”、“南雍”之称的北京大学与中央大学名列班首外，其他人物按其出任各大学的校长职位先后来排列，由此人们也可大致了解到近代中国高等教育发展变迁的整个历程。

余子侠
己丑年重阳

# 目　录

# 引言

1951年3月19日，中国，青岛，山东大学广播站前“六二”操场。

中午和煦的阳光，照暖春天的校园。在海风的吹拂下，国旗猎猎，彩帜飘飘。高音喇叭里播送的嘹亮革命歌曲响遍校园每个角落。广播站前的主席台上，精心地布置着紫色的幕墙，火红的横匾，洁白的艺术字——“同心同德新山大，全心全意为人民”，桌子上的朵朵鲜花随风摇曳。

年轻的山东大学学子和华东大学学子早已按捺不住激动的心情，还不到12点半，就已经从四面八方向这里集中，会场上挤满了欢乐的人群。学子们欢笑着，歌唱着，跳跃着，火热的心烧红了每个人的脸，就像主席台上盛开的花朵一样绚烂，他们在热情地期待，期待着新山大领导的到来，期待着在即将诞生的新山大里的新生活。

来了，远远的一队花鼓来了；来了，新山大的新校长华岗被簇拥着来了，松枝和鲜花编织的花环嵌在他的帽子上；来了，市委代表来了，市府代表也来了……

下午1点整，主持人宣布大会开始。首先是介绍来宾：新山大校长华岗，一阵春雷般的掌声，响遍整个会场；副校长童第周，又是一阵春雷般的掌声；副校长陆侃如，还是一阵春雷般的掌声……

艺术系管弦乐队奏起了庄严的《义勇军进行曲》。全体起立唱完国歌之后，新校长华岗用他那柔和、热情、坚定、带有南方口音的普通话，开始了题为《合校方案和山大前途》的就职演说：①

> 把原有华东大学和原有山东大学合并成为现在的山东大学，乃是两个性质不同的教育队伍的胜利会师，是中国高等教育史上的创举。把两个大学的力量合成一个大单位，各取所长，补己之短，互相学习，共求进步，其意义决不仅仅是数量的增加，同时还可促进质量的变化和增强……
>
> 我们正在执行中的合校方案，有一个总的基本精神，就是事理兼顾和舍异求同。所谓事理兼

① 华岗：《合校方案与山大前途》，《新山大》，1951年第2期。

顾，就是一方面必须具体照顾两校的历史条件和现实情况，同时又必须尽一切可能做到合情合理。在个别问题上遇到事理两方面不能同时兼顾的时候，我们就采取一些必要的过渡办法，最后总要做到事理兼顾。所谓舍异求同，就是必须清楚认识两校的各种不同情况，找到这种不同情况的历史根源和现实基础，应该看到这种不同情况决不是一天工夫就能完全消除的；但不能因此就认为两校没有合并的可能，因为两校虽然存在着各种不同情况，却已经逐渐异途同归，出现了共同要求和目标，这就是双方都在要求实现《共同纲领》的文教政策和高教会议所通过的决议和规程，也就是双方都要求向着新型的正规的人民大学去发展。

关于新山大的办学方针，华岗说：

(1) 根据中国人民政治协商会议共同纲领，进行革命的政治及思想教育，肃清封建的、买办的、法西斯主义的思想，树立正确的观点和方法，发扬为人民服务的思想；(2) 适应国家建设的需要，进行教学工作，培养通晓基本理论并能实际运用的专门人才，如：工程师、财政经济干部、语文和艺术工作者；(3) 运用正确的观点和方法，研究自然科学、社会科学、哲学、文学、艺术，以期有切合实际需要的发明、著作等成就；(4) 普及科学和技术的知识，传播文学和艺术的成果……

华岗校长热情和蔼、充满自信的演说，每个字都深深地打动着人们的心，他的讲话是那么有力，他说了人们所想说的话。演说数次被热烈的掌声所打断，学子们不断地高呼："拥护华校长的报告！""我们要努力学习，新山大万岁！"①

……

1949 年 9 月 2 日，华岗乘船从香港抵达青岛，秋冬开始与山大有所接触，在山大上政治大课。1950 年 4 月 23 日，华岗出任山大校务委员会主任，正式执掌山大校柄。1951 年 2 月 27 日，教育部下文，任命华岗担任由山大、华大合并后的新山东大学校长。② 上文所描述的就是山大与华大合校场景。从 1949 年秋天与山大接触开始，到 1955 年 8 月 25 日被捕，华岗在山大度过了 5 年多的光辉岁月。5 年多的时间虽短，然而却是华岗人生事业的又一个巅峰时期；5 年多的时间虽短，然而却是山东大学的第二个黄金时期。③

让我们将目光回视，考察华岗一生所走过的路程！让我们将目光回视，考察华岗如何在短短 5 年多的时间里，创造出至今仍为山大人所津津乐道的第二个黄金时期！让我们将目光回视，考察华岗给山东大学所留下的宝贵遗产！

---

① 钟咸、孔庆珊：《新山大充满了空前无比的欢欣——庆祝新山大诞生特写》，《新山大》，1951 年第 2 期。

② 下文所说"山大"、"华大"均分别指山东大学、华东大学。

③ 山东大学第一个"黄金时期"是指 20 世纪 30 年代（抗战前）的国立山东大学时期。

# 第一章 生平掠影

## 一、学生时代

### (一) 刻苦研读的农家少年

在浙江省西部的金衢盆地,有一个小县,她东临金华和兰溪,西连衢州市区,南接遂昌,北靠建德,地势自东南向西北倾斜,境内有南山和北山两列山脉,地势起伏宛如游龙之姿,故县以“龙游”而得名。

龙游历史悠久,早在四五千年前,就已经有人类在此繁衍生息。春秋时期龙游曾是越国西部一个小诸侯国——姑蔑国的国都。秦一统天下后,于其地设太末县,属会稽郡,其时壤地至广，今日衢州全市及遂昌、玉山等县皆归其所辖。东汉初平三年（公元 192 年）后，辖地渐有析出。唐贞观八年（公元 634 年）改名龙丘，五代吴越宝正六年（公元 931 年）改称龙游。至中华人民共和国成立，龙游县建制已有二千余年。

龙游气候湿润，溪流纵横，衢江、灵山江穿境而过。发源于县境西南小连的一条清澈山溪，经过屋基堂、三元岭脚，一路欢快地来到了四面环山的庙下村。1903 年 6 月 9 日，华岗就出生于这个美丽山村的一个普通农民家庭。①

华岗祖上从福建上杭迁居龙游庙下，以垦荒为生，父亲排行第三，大名华三铭，和两位兄长一样，种着祖上遗留下来的 18 亩瘠薄的黄泥田。华三铭虽然没有上过学，但也勉强认得几个字，能看懂报纸，对时事颇感兴趣，并且性格耿直，家教颇严，对子女影响甚大。华岗母亲巫氏为龙游沐尘乡人，出生于贫苦人家，三岁丧母，跟着一位姨妈长大成人，是一个勤劳的农家妇女。华岗幼时一家七口，除父母和华岗（幼名华延年）外，还有一兄（华延寿）一弟（华延龄），两个妹妹。

勤俭、节约是旧中国每个小农家庭维持生存的必要条件，华岗父母就是千千万万个勤劳的中国农民的缩影。受家庭影响，华岗从小就热爱劳动，经常随母亲到菜园去挖地、种菜，跟哥哥一起上山砍柴，年龄稍长，就到田里帮大人

① 华岗（1903 年 6 月 9 日—1972 年 5 月 17 日），原名华延年，曾用名华少峰、刘少陵、华西园、华仲修、林少侯、毕实甫。笔名小风、晓风、晓峰、少峰、西园、石父、林石父、华石峰、石帆、袁西华、方衡、墨波、斐庵、夏商周、夏帆、剑蕃、柬圃、冰林、姜彬、龙凡等。

干些农活。尽管出身贫寒，但深受父亲影响的华岗，自小就做事认真，善于思考，对新鲜事物尤感兴趣。①

1911 年爆发了辛亥革命，中国历史上最后一个专制王朝寿终正寝。龙游虽然地处偏僻之地，但是风潮所及，其地也受到了一定的影响，庙下村人们的社会生活也在发生着新的变化。同村几个外出求学的青年人回到家乡，宣传民主共和，反对封建制度，主张兴办实业，改革私塾教育，在溪边旧祠堂里办起了一所初级小学。年幼的华岗常常跟在父亲身边听大人们谈论社会的变迁，还羡慕地趴在学校窗外听先生讲课，渴望进学校读书。1914 年，在孩子们一再请求下，虽然家境贫困，华三铭终下决心，将 11 岁的华岗和弟弟华延龄送进了村里的初小。于是，华岗有了读书的机会。

庙下初小的先生思想进步，学校很有点“新式”味道，课程有国文、算术、手工和美术。先生经常在课堂上给学生讲述帝国主义列强怎样侵略中国、清朝封建专制政府怎样腐败、中国四万万同胞均应自强以抗外侮等内容，这些启蒙教育使华岗聪颖的心灵渐渐插上了理想的翅膀。每次上课，他总是瞪大双眼，仔细倾听，生怕漏掉一个字、一句话。先生要小学生们努力读书，成为对国家和民族有用的人才。庙下小学读书期间华岗学习很用功，各门功课都是优等，先生常拿着他的作业给同学们传阅。两年后，华岗考取了离

① 谈滨若：《华岗的自学经历》，见刘培平主编：《战士·学者·校长》，山东大学出版社 2003 年版，第 76 页。谈滨若系华岗夫人。

家五里路的溪口高等小学。①

溪口在庙下村东北，位于灵山江上游，由桃源、桃溪、官溪等汇合而成的遂昌溪和庙下溪在此汇合，然后经由灵山江流入衢江。扼守灵山江要津的溪口，不仅于水路有舟船可沿江上下，贯通龙游县境，而且陆上还有一条可行车马的大道通连各地，由温州到衢州就要经过此地，所以溪口"客商车船往来不断，有当地小上海之称"②。正是由于地处交通要道，历史上留下不少赞美溪口的诗篇。明万历二十一年（公元 1593 年），汤显祖由广东调入浙江遂昌任知县。溪口是进出遂昌的必经之路，在遂昌为官的 5 年中，汤显祖多次经过溪口，并留下了不少脍炙人口的诗篇。万历二十六年（公元 1598 年），汤显祖在溪口镇写下了《题溪口店寄劳生希召龙游二首》。其一云："谷雨将春去，茶烟满眼来。如花立溪口，半是采茶回。"诗人以"花立溪口"比喻一群美丽勤快的采茶姑娘，赞美之情溢于言表。其二云："忽忽登楼去，长安五度春。云何冷水店，尚有热心人。"诗人借称赞"冷水店"（宿店酒楼之名）中的"热心人"（店伙计），抒发了自己在遂昌为官 5 年的心境。③

溪口镇固然因悠久的历史、美丽的风景、重要的位置而不同凡响，而坐落在旧祠堂里的溪口高等小学也大有来头。溪口高等小学前身为"金兰书院"，始创于清乾隆年间。

---

① 谈滨若：《华岗的自学经历》；谈滨若、华山青：《华岗年表》，分别见刘培平主编：《战士·学者·校长》，山东大学出版社 2003 年版，第 77 页、第 419 页。

② 向阳：《华岗传》，浙江人民出版社 2003 年版，第 11～12 页。

③ http//www.xikou.gov.cn。

1904年清政府颁布了张之洞和张百熙制定的《奏定学堂章程》，即"癸卯学制"，制定了从蒙养院、初等小学、高等小学、中学堂、高等学堂、大学堂、通儒院等普通教育体系和从初级师范学堂到优级师范学堂的师范教育体系，以及初等农工商实业学堂、中等农工商实业学堂到高等农工商实业学堂的实业教育体系。在此潮流影响下，金兰书院于1906年改名为"公立中和两等小学堂"，1912年又更名为"南乡乡立中和小学"，①即溪口高等小学。

溪口高等小学设备虽然不算齐全，但华岗已感到非常满足了。每天一早，他总是手提小竹篮，里面放着课本和一碗撒着干菜的午饭，提前来到学校。不管刮风还是下雨，从不迟到缺课。由于养成了在课堂上认真听讲的习惯，课后就能按计划完成作业，有含糊之处则务求弄懂，不轻易放过。虽然华岗年方十三四岁，但是他对时间已很懂得爱惜。每天从家里到学校来回要走不少山路，他就利用这段时间背诵课文。课余他还到学校的阅报室去看书报，并把对时事的看法写成日记或作文。老师看后也很称赞，曾在他的作文上批下"清顺无疵，识解超群"的评语。

为了能在晚上继续读书，华岗劈了许多竹签儿，一根根点着作照明之用。每当吃过晚饭，华岗就和弟弟趴在小桌上，聚精会神地温习功课，累了就对弟妹讲讲学习心得，或解答他们的一些疑问。乡村的书籍稀少，华岗每得到一本书就像找到宝贝一样，拿起来就不舍得放下。有时镇上请

① http//www.lyxkxx.com。

来了戏班子演戏，对于这种在当时中国社会最吸引人的娱乐活动，华岗也极少观看，每当同年的孩子来拉他看戏，他总是说："你们去玩吧，我要看书的。"①所以每当大戏开场，家里就只剩下他一个人静静地埋头读书。

进入溪口高等小学第3个年头，正值华岗15岁上，他的母亲因病撇下兄妹5人而去。母亲的病逝使得家中的负担更重了，但是父亲华三铭还是省吃俭用，筹集学费好让儿子继续求学。为了报答父母，华岗学习也更加刻苦了。同时，如上所述，由于地处要津，溪口风气也较为开化，华岗无形之中受到熏陶。例如同盟会会员、国民党左派人士宁波人张葆灵，于华岗求学期间在溪口活动频繁，积极宣传民主和科学，组织镇上的一些青年宣传进步的文明戏，使五四新文化运动的春风得以吹进龙游山区，华岗、汪子望等人走上革命道路，都和张葆灵有直接关系。②

1920年华岗17岁时，从溪口高等小学毕业，尽管家中经济困难，但华三铭还是决定让他继续求学。此时的华岗面临两种选择，要么报考普通中学，要么报考半官费性质的师范学校。当时普通中学全衢州地区只有一所，且学费较高，一般家庭难以承受，因此能够享受免费的师范教育，就成了华岗这样贫苦人家子弟的首选。因为考上师范，吃饭有补贴，不收学费，只缴纳一点书籍费和住宿费，一个学期

① 谈滨若:《华岗的自学经历》，见刘培平主编:《战士·学者·校长》，山东大学出版社2003年版，第77页。

② http//www.xikou.gov.cn。

五六元就够了，学期结束还能退回一点钱，于是华岗选择报考后者。当年衢州第八师范学校只招一个师范班，40 名学生，而报考人数达 400 多人，但华岗还是以优异的成绩被录取了。

衢州八师学制为预科一年，本科四年，全为男生。校长杜葆三"学识丰富，思想保守，对学校的管理非常严格，管学习有学监，管宿舍有舍监。吃饭时全体学生在一个用很粗的柱子支撑起来的大饭厅里，一旁有教师看着，每桌八人，不许讲话，除星期天外，平时一律不准外出"①。学校不仅对学生生活管理很严，而且课业负担也很重，一般学生往往感到难以承受。华岗因有扎实的基础，经过努力学习，故仍能应付自如。这时在同班同学中，华岗已显得智力突出，再加上他谦虚求实，愿意帮助别人，对学习落后的同学总是耐心辅导，所以很快得到同学们的敬佩和尊重，被推选为级长。八师的学生中穷人家子弟居多，风气良好。华岗生活向来俭朴，一直是身着土布衣衫，肩背竹篾编成的书包。从家里到衢州城有 60 多里山路，为了节省一点钱，每次放假来回华岗总是自己挑着铺盖步行。生活虽然艰苦，却使华岗更加感到学习机会来之不易，他把积攒下来的一点零用钱，用来购买有价值的书籍，自己读过后，再带回家给弟妹读。华岗常对弟弟妹妹说："读书不是嬉戏，不能靠小聪明。"对于读过的书，华岗总要做出笔记，有不甚明白之处就

---

① 向阳：《华岗传》，浙江人民出版社 2003 年版，第 16 页。

去请教师长，或者和同学们一起讨论，经常为了某个疑问而争论不休。华岗自觉地把每个星期天作为读书日，决心趁精力旺盛，奠定牢固的知识基础。在八师读书的后期，华岗索性连假期也不回家，他曾给父亲写信说："在学校中书的来源多，时间也充足，能更好地学习，请父母亲原谅。"就这样，华岗抓紧一切时间，如饥似渴地吸吮着古今中外科学文化的乳汁。随着涉猎的范围越来越广，吸收能力也越来越强，大量的知识装进脑海里，经过逐渐消化，终于化为真才实学。①

衢州位于浙江省西部，钱塘江上游，金衢盆地西端，南接福建南平，西连江西上饶、景德镇，北邻安徽黄山，东与省内金华、丽水、杭州三市相交。衢州川陆所会，四省通衢，是浙西政治、经济和文化中心，有"居浙右之上游，控鄱阳之肘腋，制闽越之喉吭，通宣歙之声势"之称。② 重要的地理位置决定了衢州受外来影响更加直接，风气更加开化，再加上此时新文化运动的浪潮席卷全国，民主和科学成为时代的最强音，动摇了八师读经、伦理诸课程。于是华岗挤出时间自学《资治通鉴》、《纲鉴易知录》等史书，并节省零用钱从外地买来《独秀文存》、《学生杂志》、《新青年》等进步书刊和同学们一起用心阅读，同时还写文章、办墙报、组织化装演讲团，宣传进步思想。为此，屡遭校方守旧势力的非难，被禁

① 谈滨若：《华岗的自学经历》，见刘培平主编：《战士·学者·校长》，山东大学出版社2003年版，第77～78页。

② http//www.quzhou.gov.cn。

止参加政治活动。① 应该说在八师期间，华岗初步表现了激昂的政治热情、高超的写作水平和不凡的组织能力。这一点他的同班同学左达 20 多年后还记忆深刻，左达深情地回忆道："我和他是同班同学，对我印象很深，得到他的帮助也很大，如果说我有某些进步，能够走上正确革命道路，应归功于他的引导，指引阅读进步图书，和不断的启发，所以在我的脑子里，有难忘的印象。"②

由于华岗在八师积极宣传进步思想，不能见容于校方，于是在张葆灵、汪子望（溪口高等小学教师）的帮助下，1924 年 2 月，他与同学李宪仲一道转入浙江省第四中学，即宁波四中，改名华少峰。由于汹涌澎湃的大革命时代背景，宁波各种政治力量、思想文化交汇的复杂环境，经亨颐的民主治校方针和宽容精神，再加上本人积极的政治参与热情，使得华岗在为时仅仅一年半的四中求学生活中，初步接受了革命风雨的洗礼和锻炼，为其以后艰险的革命生涯奠定了基础。

### （二）初涉革命的热血学子

1895 年宁波士绅在湖西崇教废寺创建了储才学堂，嗣后校名屡易，最终定为浙江省立第四中学，即宁波四中，是为宁波历史最为悠久的一所中学。四中在经亨颐长校之前，校长是东阳人王祥辉。宁波人乡土观念素重，士绅尤

① 谈滨若、华山青：《华岗年表》，见刘培平主编：《战士·学者·校长》，山东大学出版社 2003 年版，第 419～420 页。

② 左达：《难忘的会见》，《山东大学报》，1997 年 4 月 30 日。

甚。按说王祥辉这个外乡人，本不配做四中校长，只因他是宁波镇守使王桂林的侄子，凭借这一过硬的靠山，登上了校长宝座。但是王祥辉不学无术，又无办学经验，终遭学生反对而下台。浙江省教育厅以四中学生不好对付，经亨颐在浙江教育界具有崇高的威望为由，委任他为校长。

经亨颐(1877—1938)，浙江上虞驿亭人，近代著名的教育家和金石书画家，曾任国民党中央执行委员、国民政府委员。自幼入私塾读书，18岁寄居上海伯父经元善家。清光绪二十五年(1899年)参加以经元善为首的上海绅商士民1231人联名电奏，反对慈禧企图废光绪，立溥儁为储，遭通缉，随伯父避居澳门。1903年初，赴日本就读于东京高等师范专科学校，专攻教育与数理。其间与孙中山、廖仲恺相识，加入同盟会。1908年，回国参加筹建浙江官立两级师范学堂，并任教务长。辛亥革命时代主校务，兼任浙江军政府教育司长。1912年浙江两级师范学堂改名为浙江两级师范学校，经亨颐任校长，并兼任浙江省教育会会长。五四运动时期，大力支持学生爱国民主斗争和新文化运动，锐意革新，大胆改革教育，主张因材施教，以“勤、慎、诚、恕”四字为校训，重视培养学生高尚品德；在用人方面，主张任人唯贤，深得师生拥戴。后因袒护学生开明言论，引起守旧人士攻击，1920年浙江省当局下令撤销其职务，遭到师生反对，酿成轰动全国的“一师风潮”。1921年冬，经亨颐辞去浙江省教育会会长职务，回到故乡动员富商陈春澜捐资20万元创办了上虞私立春晖中学。在这里，经亨颐仍然坚持“五四”精神和“一师”办学方针，延聘一批有造诣、有见识的国

内知名人士和学者任教，赢得了“北南开，南春晖”的美誉。

经亨颐一到四中，就对学校进行了大刀阔斧的改革：①

首先，用人唯贤，打破地域观念。过去四中地方色彩极为浓厚，外地人很难染指。上至校长，下至教职员工，甬籍人士占绝对多数。例如1918年全校教职员31人，其中甬籍者竟达29人，并且教员多为科举出身，思想保守；此外还有依靠亲朋援引，滥竽充数，仅为稻粱谋者。经一到校，破除门户之见，招引优秀教师，标准仅为是否具有真才实学和高尚品德，故所聘均为一时之选，如夏丏尊、朱自清、方光焘、许杰、孙倬人等深受学生的欢迎。同时对甬籍优秀教师并不歧视，例如聘杨菊庭教英语、算术，蔡芝卿教地理，施象衡教史地，蔡曾祜教数学，戴轩臣教化学等。

其次，改革学制，实行“二二二制”，即将中学分为三个阶段，两年初中，两年公共科高中，两年分科高中。分科高中设普通、师范两科，每科再分文、理两组。高中课程除开必修课外，另开选修课，以便因材施教，开阔学生视野。

第三，统一学生着装。经亨颐特别注意学生从精神到外表的整饬，改变以往穿便服的习惯，改穿制服，制定校徽。校徽为圆形，白底红字，“四”中间加一竖，表示四中，佩于左襟。

第四，提倡课外活动。主张理论与实践相结合，课内与课外相结合，大力提倡课外活动，借以提高学生自觉、自治、

① 董启俊：《经亨颐与浙江省立第四中学》，《宁波文史资料》第1辑，1983年。

自学能力。经亨颐经常请校外名人来校演讲，胡汉民、戴季陶、吴稚晖、恽代英、杨贤江、施存统、陈望道、沈仲九等人都曾来四中讲演。他还组织学生篆刻创作，开展各项体育竞赛。在经亨颐影响下，火曜社、雪花社、飞蛾社、社会科学研究会、月湖社等文艺性或政治性组织纷纷成立，四中一时成为宁波全市青年运动的先锋。

辛亥革命后，孙中山一直坚持民主革命的立场，不断进行反对军阀的斗争，但是屡遭失败。俄国十月革命成功以后，孙中山又看到了胜利的希望，主张改组国民党。1924年1月国民党“一大”的召开，标志着以国共合作为基础的革命统一战线正式形成，也标志着国民革命高潮即将来临。华岗正是在这样一个背景下，来到了经济相对发达、社会较为开化的宁波。在山雨欲来风满楼的大环境中，华岗成为这场暴风雨的鼓动者之一，他在读书之余，积极加入社会主义青年团，阅读革命著作，办刊物，写文章，宣传革命理论，投身到革命的洪流之中。

虽然在衢州八师时华岗就积极宣传进步思想，但是他的政治取向并不十分明确。新文化运动以后，西方各种思潮纷至沓来，许多年轻学子茫然无所适从。由于目睹了国内军阀的黑暗统治，加之民国初年中国政党政治的混乱实践，很多人政治上患了急躁症，认为利用政党进行政治改革太慢，希望在短时期内大变、全变、快变，崇尚任侠之风，提倡直接行动，具有无政府主义倾向。华岗也是如此，这在他有关入党问题的认识上表现得非常明显。1923年杨贤江主编的《学生杂志》开展了“学生政治运动与入党问题”的讨论。华岗在《学生杂志》通讯栏上撰文，主张学生参加政治运动，但是要不染党派色彩，不加入政党，每个人单独地“爽爽快快奋勇直前，向我们的敌人扑去”。

为了教育和华岗一样在思想上存在误区的青年学生，中国共产党早期杰出的理论家恽代英1924年5月5日专为“答华少峰、若兰两君”，写了《学生政治运动与入党问题讨论》一文。他说：“你若永不肯与同主张的人结为强固有纪律的大党，我看你若不变节，将只有永远受人家排斥罢了。那时候你将救自己亦还不够，还说救国家吗?”又说：“人要不盲目，须自己睁开眼睛来，看看各种党派，各种主张，究竟是什么东西。不要把耳朵当眼睛，先入之见作了主，于是把一切凡稍有党派色彩的嫌疑的言论，均拒绝不使入目，以为这样可以免于受人利用。我要说，这样的人，因为不愿受人利用，却正被那些世俗论者，或旧派的人利用了。”恽代英还希望青年学生阅读他在此之前就这类问题发表的《革命与党》、《造党》、《纠正对于“打倒军阀”的误解》等文章。在《造党》一文中，恽代英奉劝青年学生：“您如能永远保存为一个切实的人呢，我宁愿您早些决定加入一种团体，先改造那种团体，再用那种团体去改造环境。”总之，“必须为中国造一个最为有力量的革命党，除了这，没有法子救中国”。①

由于恽代英的教育、宁波迅速发展的政治形势以及视

① 张注洪、任武雄：《恽代英文集》上卷，人民出版社1984年版，第528、476页。

野的扩大，华岗不仅很快改变了对政党与政治运动关系的认识，而且加入了社会主义青年团，并开展了一系列的活动。1923年下半年，团中央候补委员张秋人来宁波，为建立党团组织开展活动。1924年3月至5月，张秋人以团中央的名义，介绍周天缪、干书稼等6人加入中国社会主义青年团。5月，社会主义青年团宁波地方团成立，7月13日，扩建为青年团宁波地委，各县先后建立了团支部。秋天，华岗加入中国社会主义青年团，介绍人是曹静渊和干书稼，并于同年冬天出任团宁波地委宣传部长。1925年二三月间，中共宁波支部建立，四中也成立了党支部，并成为宁属各支部中阵容最盛、战斗力最强的一个党组织，党、团员多达数十人。

加入社会主义青年团后，华岗首先是努力提高自己的理论修养，研读《向导》、《中国青年》等刊物，以及《共产主义ABC》、《向导丛书》、《中国关税问题》、《不平等条约》等马列主义书刊。这一时期华岗思想觉悟提高很快，从仅有爱国民主思想转变成为争取民族解放而斗争。① 其次，在认识到党团组织在中国革命过程中的重要性后，华岗积极参加团组织活动，并利用这些机会组织讨论政治经济形势，检查学习情况，督促团员养成遵守纪律的习惯，为即将到来的革命高潮做好组织上和思想上的准备。最后，将自己对理论和现实的思考写成文章，进行革命宣传。据不完全统计，华

① 谈滨若、华山青：《华岗年表》，见刘培平主编：《战士·学者·校长》，山东大学出版社2003年版，第420～421页。

岗在四中期间先后写了《驳董贞柯〈共产主义质疑〉》、《再论共产主义并质董贞柯》、《中山不死》、《告追悼中山先生》等文章，此外还在《四中周刊》、《少共国际》、《甬江枪声》、《四明日报》等刊物发表了一定数量的文章。

如果说以上工作基本可以在平静的环境中完成，没有引起大的风波的话，那么参与非基督教运动、成立“社会科学研究会”、创办《火曜》杂志、纪念孙中山等活动则就不那么平静，引起了宁波社会各界的震动。

宁波是鸦片战争后中国最早的五个约开通商口岸城市之一。早在 1844 年英国“东方女子教育会”就派阿尔德赛女士在宁波开设女子学塾，其后发展迅速，到 20 世纪 20 年代，宁波 14 所中等以上学校中，教会学校就占了 9 所。不仅基督教在宁波教育中占有重要地位，而且其权势也超越了地方官员，以至于当地人说：“宁波道一颗印，不如赵主教一封信。”①

1921 年 6 月，世界基督教学生同盟决定于 1922 年 4 月 4 日在北京清华学校召开第 11 次大会，成为中国非基督教运动的导火索。之所以一次会议就引起全国的非基督教运动，其背景是深刻的。首先，20 世纪以来基督教在华活动重心发生了变化：重点发展教育，尤其是高等教育。在某些地方，教会学校与国立学校相比较，已占有较大的优势，这不能不引起国人的警觉与忧虑，所以有的学者说，20 世纪

① 向阳：《华岗传》，浙江人民出版社 2003 年版，第 35 页。赵主教指赵宝禄，1884—1926 年任宁波主教。

以来教会在华的惊人发展变化以及由此构成对中国民众尤其是对知识界心理的强烈刺激，是导致发生非基督教运动的一个主要原因。其次，此次非基督教运动是在中国经历了五四新文化运动、马克思主义传播、中西文化论战的背景下进行的，不仅仅是民族主义的产物，它还带有理性的批判精神，所以有学者认为，反宗教的思想还渊源于西方宗教怀疑主义，以及科学主义思潮、无政府主义思潮、社会主义思潮、自由主义和人文主义思潮、民族主义和国家主义思潮等等。① 对此，华岗的一次谈话，清楚地说明了这一点："我们站在科学的唯物观点上，根本不相信有像一切宗教所谓'神'的存在，所以我们怀疑一切宗教的根本基础，不仅是反对基督教而已。"第三，毫无疑问，非基督教运动是近代以来中国人民遭受西方侵略、压迫的结果，是民族主义的产物。正如华岗所指出："站在中国民族革命运动的观点上，不得不反对为帝国主义所御用的基督教"；"我们觉得基督教在中国的宣传，事实上只是帝国主义者侵略中国的一种方式，是帝国主义侵略中国的一种工具……民族革命是要打倒帝国主义的，所以对基督教亦必处于反对的地位"。②

1922 年 2 月 7 日，上海青年学生率先组织"非基督教学生同盟"，3 月 9 日发表《非基督教学生同盟宣言》，抗议世界基督教学生同盟在中国召开会议。进入 5 月份以后，各地

① 郭若平：《"非基督教运动"(1922—1927)研究概述》，《理论学习》，1997 年第 11 期。

② 华少峰：《赤化潮流中之基督教徒》，《中国青年》，第 7 卷 3、4 号，1927 年 2 月。

反基督教活动基本停顿。但是，1924 年 4 月非基督教运动再度活跃。8 月 14 日，上海学生重建“非基督教学生同盟”，号召全国学生起来反对帝国主义利用宗教侵略中国。12 月 6 日，中共社会主义青年团发出通知，定圣诞节前后一周为“非基督教周”，全国举行反对基督教运动，于是上海、广州、南京、济南、武汉、九江、苏州、杭州、绍兴、宁波、重庆、太原、北京等地纷纷召开反对基督教群众大会，举行大规模的游行。

1924 年冬，恽代英再次来到宁波讲演，与宁波学生谈到了全国的非基督教运动情形，要求团宁波地委立即动员起来，积极投入到这一运动中来。随后，团宁波地委在《四明日报》副刊上开辟了“非基督教专号”，华岗和团员们纷纷撰文批判基督教对中国的侵略及其罪行。12 月 25 日在县学明伦堂召开了宁波非基督教大同盟成立大会。会后，几所教会学校和其他中小学生四五百人举行示威游行。游行队伍经过各教会学校时张贴和散发传单 5000 张，高喊“消灭帝国主义在华势力”、“民族解放万岁”等口号。游行惊动了宁波主教，要求政府予以干预，宁波当局不得不赶紧规定报社发表的文章须经警厅检报员检查，看到带有反基督教性质的文章立即抽掉。①

由于经亨颐的提倡，四中各种进步组织很多。1925 年 1 月 10 日华岗和李宪仲等人成立了“社会科学研究会”，作为青年团的外围组织。华岗在《中国青年》“青年团体报告

① 向阳：《华岗传》，浙江人民出版社 2003 年版，第 36 页。

栏目”中，撰文介绍“社会科学研究会”时说：“我们的宗旨是：研究社会科学，讨论实际问题，并努力求得最后结论，以为改造社会之张本。我们的工作，暂分(一)读书，(二)讨论，(三)调查，(四)革命运动。”研究会经常开会研究革命形势，“有一次所讨论的题目就是‘怎样促成国民会议’”。社会科学研究会还出版了小册子《社会科学的研究》，所载的文章除分析国内外形势，介绍马列主义一般理论(如阶级斗争、剩余价值等)外，还介绍了马列主义入门书刊。一个读者在火车上看过这个小册子后说，它对“理论与情况分析得明白如话，详尽无遗，的确可为后代的有志研究社会科学的青年的津梁”①。

由“雪花社”创办的《宁波评论》被查封后，在团宁波地委书记潘念之的主持下，1925 年 3 月 24 日创办了社会主义青年团地委机关刊物《火曜》周刊，因在每周火曜日(星期二)出版，所以叫做《火曜》，每期发行 1000 份以上。该刊创刊号申明，出版《火曜》是“我们要说我们所想说的话”。“说话的标准”是：“(一)关于政治——从积极方面主张国民革命；从消极方面反对帝国主义与军阀。(二)关于社会——从积极方面提倡科学与民治；从消极方面反对迷信与专制。”②《火曜》的具体编辑工作由华岗和汪子望负责，所刊载的文章，或是宣传马列主义革命思想，或是抨击军阀的专制统治，主张国民革命，或是与非马克思主义论战，一派“赤

① 向阳：《华岗传》，浙江人民出版社 2003 年版，第 34 页。

② 向阳：《华岗传》，浙江人民出版社 2003 年版，第 37～38 页。

化”色彩。尤其是华岗的文章，文锋犀利，观点鲜明，更是引起守旧势力的忌恨。正因如此，宁波当局不能容忍，在出版15期之后，于8月18日将其查封。

1925年3月12日，资产阶级民主革命的先行者孙中山先生逝世，全国各地举行追悼活动，宁波许多团体和单位也相继进行追悼。4月23日，国民党宁波市临时党部在小校场召开三千余人的追悼孙中山大会，在会场散发革命传单，出售孙中山《建国方略》等遗著，同时在群众中公开接纳党员，进行反帝反封建的政治宣传。① 由于华岗对孙中山先生的革命精神和革命业绩无限景仰，所以悲痛之余，他撰写了两篇悼念文章，发表在《火曜》上。在《中山不死》中，他说：“中山先生的躯壳虽死，中山先生的精神不死。”“全中国的革命分子，应该因中山先生之死接受他的遗言：‘革命尚未成功，同志仍须努力’，赶快集合在国民革命旗帜之下，团结成伟大的集体，来继续中山先生未竟的革命工作。”在《告追悼中山先生》一文中，华岗指出中国革命具有必然性，帝国主义侵略压迫和封建军阀残暴统治，决定了中山先生虽逝，但是“中国革命运动绝不会随中山之死而停顿”，“只有猛烈的国民革命是死中求生的惟一出路”。② 所以国人的追悼活动也应该与实际工作结合起来，而不是仅做形式上的文章。

---

① 王湘诚：《第一次国共合作时期的宁波国民党组织》，《宁波文史资料》第3辑，1985年。

② 向阳：《华岗传》，浙江人民出版社2003年版，第39、40页。

1925 年 5 月 30 日“五卅惨案”发生后，上海各界罢工、罢课、罢市，长沙、广州、南京、北京等城市也纷纷集会游行，实行“三罢”。6 月 2 日宁波各界成立了“五卅”运动后援会，华岗组织领导学联首次召开各校代表会议，决定次日罢课。6 月 3 日学生罢课后，学联组织了上百个宣传队奔赴城乡各地，进行反帝宣传。6 月 5 日宁波全城开始“三罢”，举行声势浩大的示威游行，华岗在每个队伍中安排两名团员，带领呼喊口号。当队伍行至交涉署时，派代表向交涉员请愿，然后沿东门街、新江桥、外滩，直至英国领事馆门前，愤怒的群众高呼“打倒英帝国主义”，吓得他们将大门紧闭，学生们纷纷把传单扔进围墙里面。此后，宁波各界还发起与英、日经济绝交运动，成立宁波经济调查委员会，办事处设在新江桥北青年会，该会声明拥有调查处分的全权，华岗是其中的领导成员。大批学生应召当调查员，夜以继日地守卫在港口，巡查于市区，并曾几次召开大会，将查获的英、日货物当众焚毁。① 宁波学界活动，不仅支持了“五卅”运动，而且也扩大了革命队伍，传播了革命思想，华岗本人也深受锻炼，增长了革命才干。

从上述可以看出，自从华岗来到宁波四中，四中可谓热火朝天，充溢着革命的气氛，可是校外是一个怎样的世界呢？桑洛卿在《乡谈》一文中生动地描绘了当时宁波的社会面貌：“阿拉宁波人是顶怕‘赤化’这些名词的，正如十几年前怕革命党一样。他们有时对于关帝也会吃惊，因为他的

① 向阳：《华岗传》，浙江人民出版社 2003 年版，第 42～44 页。

面孔是'赤'化，可是现在一般前进青年偏会不争气，而喜欢谈社会科学，主张阶级革命，他们出了如《火曜》、《炤声》等周刊。偏偏要象征'赤'字，而大加抨击黑暗的缙绅先生们。又如他们的署名，什么朱同、火星、赤枫等都是吓死缙绅先生而有余的。”缙绅先生们看到四中白底红字的校徽也大有反感，说：“四中学生不仅头脑赤化，连校徽也赤化了。”于是食古不化的保守士绅、怀有本土主义私心的甬籍四中教员以及以《四明日报》为首的“国家主义”派联合起来，在1925年七八月份掀起“驱经运动”。他们“揭发”经亨颐说，“四中教员、学生在外发出《火曜》、《炤声》等刊物，经某不加禁止”。又说，“自经某到校以来，校内学生组织团体三十余种之多”。① 这些人务必去经而后快，而华岗等学生则针锋相对地开展了“拥经运动”。实际上还在1925年初，经亨颐就因生病提出辞职，华岗等学生代表前往杭州挽留未果。在保守派驱经的同时，浙江教育厅以支付1500元公费为诱饵，让经亨颐前往日本作出国考察，经亨颐虽断然拒绝，但同时也辞去了宁波四中校长之职，“拥经运动”宣告失败。

拥经运动失败后，四中的党、团势力因失去了经亨颐的保护无法立足，在内外不利的处境下，党决定“将重要的同学作短期的离别”②：一路西进武汉，以汉口的旅汉公学作为据点，汪子望、谢传茂等先后在此任教，一时成为党在汉

① 董启俊：《经亨颐与浙江省立第四中学》，《宁波文史资料》第1辑，1983年。

② 向阳：《华岗传》，浙江人民出版社2003年版，第54页。

口的一个中心；一路同学南进，裘古怀、虞一鸣等人去广州黄埔军官学校学习，金绍勲去广州农民运动讲习所学习；一部分人去上海；最大部分仍留在宁波。华岗则被分配到南京，担任共青团南京地委书记，从此开始了职业革命家的生涯。

## 二、革命生涯

### (一) 腥风血雨大革命前后

1925 年 8 月 30 日，华岗被共青团中央派往南京，担任共青团南京地委书记，9 月，由中共江浙区委、浦口地委书记吴芳和地委委员曹壮父介绍，加入中国共产党。从此一直到 1930 年夏天，华岗主要在江浙各地从事共青团工作，此后开始负责党的宣传工作。1932 年华岗前往东北途中在青岛被捕，其后 5 年辗转于济南、青岛和武汉监狱，由于党的营救，终于在抗战爆发后不久出狱重新投入革命工作。

在南京任职期间，华岗配合其他党团领导，积极在工厂、学校建立团组织，使得政治气氛沉闷的南京共青团组织有了较快的发展。据华岗所写《团南京地委 1925 年 12 月份总结报告》，其时团员 76 人，内有工人 30 名，与 1924 年 12 月仅有团员 33 人相比，有了较大的发展，同时也开辟了南京学生团员与工人相结合的先河。又据 1926 年 3 月 25 日华岗《团南京地委关于学生工人农民及青年团体状况的报告》，团员已经发展到 96 人。不仅团员数量有较大的发展，而且由于华岗的重视，团组织整齐严密，会议制度和学

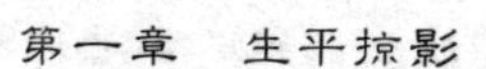

习制度严格，思想和组织工作成效显著，因而受到团江浙区委的书面表扬。

此外，华岗还用较大精力改组学联、整顿工农群众组织等进步团体，并自办《苏声旬刊》，主持编辑《五卅青年》、《反对基督教》等刊物，开设团员短训班和工人夜校，华岗不仅亲自上课，而且还请恽代英、萧楚女、张国焘等给党团员作报告。其间，华岗还领导团南京地委多次组织了反帝、反基督教等群众斗争。①

1926 年 5 月华岗被调往上海，任团沪西区区委书记。7 月，又调任团江浙区委宣传部长，并主管上海以外城市团的工作，不断奔波于宁、杭、甬之间。1927 年 3 月 21 日，北伐军到达上海，华岗亲身参加了上海工人举行的第三次武装起义，并于 26 日撰文盛赞这次胜利对于全世界是震天动地的警钟。

"四一二"政变后，全国一片白色恐怖，中共各地党团组织破坏殆尽。6 月，华岗被派往杭州筹组团浙江省委，并担任第一任团浙江省省委书记。正当工作有所起色时，团省委于 8 月正式建立起来时，中共中央决定将华岗调任团江苏省委书记。同月，江苏省委书记邓中夏参加"八七"会议后，改组了中共江苏省委，由邓中夏（书记）、王若飞（组织部长）、刘伯坚（宣传部长）、郑覆他（上海总工会委员长）、华岗（秘书长）5 人组成江苏省委常委会，华岗还担任了由 7 人组

① 谈滨若、华山青：《华岗年表》，见刘培平主编：《战士·学者·校长》，山东大学出版社 2003 年版，第 422 页。

成的行动委员会委员，指挥大规模示威斗争。① 这一时期，在党内“左”倾思想影响下，华岗极力主张开展武装暴动，他担任了江苏省农民运动委员会委员，派人以团省委特派员名义去国民党统治的中心地区宜兴等地策划暴动，但以失败而告终。1928 年 2 月，华岗又被派往天津，担任共青团顺直省委书记，领导河北、山西、北平、天津、察哈尔、绥远、热河、河南北部和陕北等地团的工作。

为了总结 1927 年大革命失败以来的经验教训，进一步确定中国革命的性质、任务和党的策略方针，指明革命的方向，中国共产党于 1928 年 6 月 18 日—7 月 11 日在莫斯科召开了第六次代表大会。华岗不仅作为团中央代表与会，而且参加了大会的宣传委员会、青年委员会和农民土地问题委员会的工作。6 月 26 日讨论瞿秋白所作《中国革命与共产党》政治报告时，华岗作了大会发言。“六大”结束后，7 月 15 日至 21 日又在莫斯科召开了中国共产主义青年团第五次代表大会，中心任务是总结共青团自“四大”以来的工作经验和教训。大会充分肯定了共青团在大革命失败以后能够迅速转入秘密状态、保存基本骨干、继续坚持斗争的成绩，同时大会还根据党的“六大”所制定的路线和方针、政策，确定共青团的工作任务。会议选出关向应（书记）、华岗（宣传部长）、李子芬（组织部长）、陆定一等 12 人组成新的中央委员会。② 其后，华岗还出席了共产国际第六次代表

① 向阳：《华岗传》，浙江人民出版社 2003 年版，第 83 页。

② 穆欣：《关向应传》，中共党史出版社 2002 年版，第 36 页。

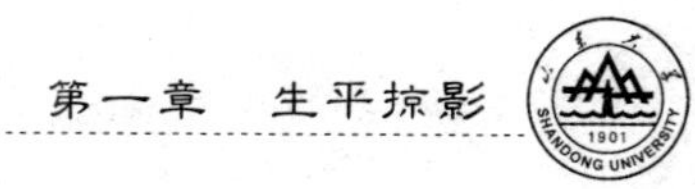

大会和少共国际第五次代表大会。

从莫斯科回国后，华岗有两项主要工作：一是传达党的“六大”和团的“五大”会议精神，二是筹备团中央机关刊物《列宁青年》。

大革命失败后，团中央机关刊物《中国青年》被迫停刊。1927 年 11 月 7 日，即在《中国青年》停刊近一个月后，团中央又出版了《无产青年》。但是，由于恶劣的政治环境，《无产青年》无法定期出版。第 1 期与第 2 期间隔一周，而第 2 期与第 3 期相隔两个月之久，困难可想而知。《无产青年》只出版 5 期，1928 年不得不停刊。《无产青年》停刊引起团中央的重视，共青团“五大”专门在有关决议中指出：“中央机关报必须冲破一切困难继续出版，内容应注意青年工农及一切劳苦群众生活与各地实际斗争的叙述。”根据这一决定，1928 年 10 月 22 日《列宁青年》创刊，成为团中央新的机关刊物，华岗任主编。《列宁青年》是秘密出版的，曾用《青年杂志》、《青年旬刊》、《光明之路》、《青年半月刊》等伪装封面出版发行。杂志开始是半月刊，从第 38 期改为旬刊，到第 41 期改为周刊，以报纸的形式随同党刊《红旗》一起发行，直到 1932 年团中央随中共中央由上海迁往江西中央革命根据地后才停刊。

《列宁青年》除及时公布团中央文件、党中央有关规定和少共国际的指示外，还广泛刊登各地青年工农和一切被压迫青年与反动势力斗争的消息和经验、革命战士的传记、革命文艺作品，以及宣传马列主义理论、对中国革命和共青团工作进行理论探讨的文章。① 华岗自己也撰写了许多文章发表于《列宁青年》上，传达中央的指示，分析革命形势，报道各地青年的斗争情况。如，《中国共青团五次大会的总结与精神》、《少年共产国际第五次大会》，即为传达会议精神而作；《目前政治形势与我们的责任》、《广州暴动后一年来的青年运动》等文，则分析了当前形势和各地青年的斗争，指出新的革命高潮尚未马上爆发时的"这种暂时相持的局面，乃是更激烈更广大的新的矛盾冲突正在酝酿和进行的表现"②。华岗的努力不仅有力地促进了团的工作，而且也赢得了同志们的赞扬，陆定一在 1983 年回忆华岗这一段革命活动时说："从 1925 年，我就同他（华岗——引者注）一起在青年团里工作，他当时是上海青年团干部中'四大金刚'之一，他很有学问。"③

在主编《列宁青年》的同时，根据斗争需要，华岗还接受了翻译恩格斯亲自校阅的 1888 年英译本《共产党宣言》的任务。1929 年，党中央在上海的地下出版社——无产阶级书店被查封后，又成立了华兴书局，继续出版发行马克思主义理论书籍和党的重要文件，并翻译出版一些马克思主义经典著作，重新翻译《共产党宣言》是其任务之一。在工作十分紧张、环境十分险恶的情况下，华岗逐字逐句推敲，反复斟酌比较，力求做出更准确的诠释，终于在 1930 年完成

① 李玉琦：《中国共青团史话》，辽宁人民出版社 1992 年版，第 51、52 页。
② 向阳：《华岗传》，浙江人民出版社 2003 年版，第 93 页。
③ 吴富恒：《华岗同志的战斗一生》，《山东大学学报》，1988 年第 2 期。

了重新翻译《共产党宣言》的任务。这是中国共产党成立后第一个完整的《共产党宣言》中文译本，同年由华兴书局秘密出版，对传播马列理论起了重要作用。有学者将华岗译本与陈望道译本相比较，认为华译本“质量有显著提高，用语更加准确，文字更为流畅”①。尤其是对《共产党宣言》结尾句的翻译，华译本改陈译本的“万国劳动者团结起来”为“全世界无产阶级联合起来”，语义更加准确，语气更为响亮，从而成为千千万万的共产党人和中国人民所熟知的战斗口号。

从1927年秋收起义到1930年上半年，中共在农村建立了大小15块根据地，红军发展到10万余人，约6万支枪，同时国统区人民斗争也得到了初步的恢复，于是党内有些人过高地估计了革命形势，“左”倾思想滋长。1930年6月，中共中央政治局在李立三主持下，通过了《新的革命高潮与一省或数省的首先胜利》的决议案，提出一系列错误主张，制定了以武汉为中心的全国总暴动和集中全国红军进攻中心城市的冒险计划，幻想能够“会师武汉，饮马长江”，造成以武汉为中心的附近省区首先胜利的局面。

为此，中共中央决定加强武汉地区领导力量。于是1930年夏天，华岗被调往武汉，任中共湖北省委宣传部长，从此离开了团中央，专门致力于党的宣传工作和组织领导

① 景杭、丹坡：《华岗翻译〈共产党宣言〉始末》，见刘培平主编：《战士·学者·校长》，山东大学出版社2003年版，第293页。

工作。① 1930 年 8 月 6 日，中共长江局会议决定将湖北省委与长江局合并，成立总行动委员会，以项英、关向应、任弼时、顾作霖、华岗、秦了君、李震瀛 7 人为委员，项、关、任、顾组成主席团，项英为书记，关向应兼军委书记。② 由于当年 9 月周恩来、瞿秋白主持召开了中共中央六届三中全会，对李立三的“左”倾冒险主义错误进行严厉制止，12 月 17 日，长江局全体成员撤回上海，华岗亦随同而往，并改任中央组织局宣传部部长。不久华岗因为生病，暂时离开了工作岗位，但是病中开始撰写《一九二五～一九二七中国大革命史》，并于 1931 年 7 月完成后，在鲁迅的帮助下，由上海春耕书店出版。

此后，华岗于 1931 年 12 月 6 日，与江苏省委宣传部长杨尚昆一起组织领导了上海民众反日救国联合会(简称“民反”)的工作。12 月 13 日，“民反”发起在上海南市体育场召开第一次市民大会，通电全国，统一行动，停止内战，一致抗日，会后举行了游行示威。“民反”出版《反日民众》会刊，组织 100 多个募捐队支援沪西工人反日大罢工。“一二八”事变期间，华岗等人以“民反”名义组织了义勇军委员会，在各区设立义勇军办事处，由工厂和学校不脱产的积极分子组成几十队义勇军，上前线宣传，组织军民联欢，并搞兵运工作，协助十九路军作战。③

① 谈滨若、华丹坡：《华岗：从职业革命家到大学校长》，《光明日报》，2002 年 1 月 22 日。

② 穆欣：《关向应传》，中共党史出版社 2002 年版，第 45 页。

③ 向阳：《华岗传》，浙江人民出版社 2003 年版，第 117～119 页。

1932 年 3 月，华岗被派往北方，担任中共中央华北巡视员，先到北平，后去唐山，视察指导工作。九一八事变后，日本占领东北，党在东北三省的工作十分困难，华岗被任命为中共满洲特委书记（后由刘少奇接替）。9 月华岗化名为皮货商人刘少陵，从上海去东北赴任，途经青岛等待东北党组织派人前来迎接。不料交通员张永祥外出时遇到叛徒，等他回到旅馆时，警察已尾随而至，对华、张二人进行搜查，从张的皮袍夹层中搜出密信一封，遂将二人逮捕。①

地下党组织得知华岗被捕消息后，立即报告中央。中央大力组织营救，一方面试图买通山东省主席韩复榘和他手下的人，一方面紧急通报与韩复榘有关系的抗日将领吉鸿昌、宣侠父，由他们向韩提出保释。同时商定如果实在不能买出来或保出来，也要千方百计不使华岗被解送南京。这样，华岗在关押近两个月后于冬末春初送至济南普利门外的地方法院看守所。② 在这里，敌人软硬兼施，先是苦言相劝，以金钱地位相引诱；看到不起任何作用时，就用尽各种毒刑，严刑拷打，但是华岗始终坚持自己叫刘少陵，是贩卖皮货的商人，使敌人找不到任何证据。

在济南地方法院看守所，华岗遇到了同时在押的两个同志：一个是任作民，③1932 年 10 月被派来济南任山东省

① 赵淮青：《华岗的卓越贡献与悲惨遭遇》，见刘培平主编：《战士·学者·校长》，山东大学出版社 2003 年版，第 380 页。

② 向阳：《华岗传》，浙江人民出版社 2003 年版，第 122 页。

③ 任作民（1899—1942），湖南省湘阴县（今汨罗市）人，曾任中共山东省委书记、湖南特委书记，1942 年病逝于延安。

委书记后被捕，华岗在上海时他曾负责中央办公室工作，彼此认识；另一个是向明，①华岗主编《列宁青年》时刊登过他撰写的《介绍湖北黄安青年的状况》一文，但未见过面，现经任作民介绍得以相识。②

于是，华岗、任作民、向明三位共产党员紧密团结在一起，秘密建立党的组织，积极开展对敌政治斗争。在看守所，犯人经常遭到打骂，伙食也极差，华岗就与任作民、向明多次组织绝食斗争，均取得了胜利，使犯人处境得到改善。他们还在狱中筹集资金，为生病的难友购买药品、营养品，并帮助每个政治犯写口供，使之在审判时能做到对自己、对组织都有利。③ 同时，他们设法和狱外党组织取得联系，利用往狱内送东西的机会，将“违禁”的书籍，换上其他封面贴好，巧妙地混过检查，带到狱中，以便学习。在狱中，他们制定了严格的学习、锻炼计划，采取不同方式避开监视，有时分头自学，有时集中讨论。为了鼓舞革命斗志和培养革命人才，他们还对要求进步的难友进行政治思想教育，任作民和华岗负责上课。华岗系统讲授了中国革命和中国共产党

---

① 向明(1909—1969)，山东临朐人，1931 年入党，曾担任中共济南市委书记、山东省委组织部长、豫鄂边区党委书记、豫皖苏区党委副书记、苏中四地委书记等职务。解放后因所谓“向明反党集团”，蒙受不白之冤，1969 年 12 月 18 日含冤病逝，直到 1977 年河北省委仍将其定为叛徒，将向明第二次清除出党。十一届三中全会后，终被平反，第二次恢复党籍，1981 年 4 月 2 日在北京八宝山为他举行了隆重的追悼会。

② 向阳：《华岗传》，浙江人民出版社 2003 年版，第 127 页。

③ 华景杭：《历尽坎坷终不悔，留得浩气在人间》，《炎黄春秋》，2003 年第 6 期。

等课程，培养了一些爱国青年知识分子，后来成为开展抗日救亡运动的骨干。①

从1932年9月被捕，直到1934年6月，尽管经过种种审讯，敌人也没有能够找到华岗是共产党党员的证据，但是仍被济南地方法院判处5年有期徒刑，并于11月底被押送青岛山东省第五模范监狱服刑。在服刑期间，华岗依然领导狱友展开对敌斗争。1937年1月，华岗又被转押至设在济南的山东省第一模范监狱，在这里又与此前转往其它监狱服刑的任作民和向明相遇。重逢之后，他们谈论最多的是狱外所发生的大事以及国内形势的变化，诸如革命事业受到了何等重创，西安事变的发生及事变后的国内形势等等。

相聚不久，华、任、向三人于2月19日又和部分狱友被转押至武昌湖北反省院。在反省院，华岗他们号召难友不按院方的旨意写什么"反省心得"，使院方得不到自己想要的任何东西。为此，当9月1日大部分到期犯人被释放时，华岗仍被院方以"表现不好"为由拒绝释放。② 直到1937年9月，七七事变后国共两党合作抗日局面的形成，其时抵达汉口的中共中央代表董必武直接向国民党当局交涉，要求无条件释放华岗和任作民等人。迫于形势，反省院不得不

① 谈滨若：《华岗的自学经历》，见刘培平主编：《战士·学者·校长》，山东大学出版社2003年版，第79页。

② 谈滨若、华山青：《华岗年表》；华景杭：《历尽坎坷终不悔，留得浩气在人间》，见刘培平主编：《战士·学者·校长》，山东大学出版社2003年版，第428页、第370页。

于10月16日通知华岗出院。当天中午华岗就过江，到达八路军驻武汉办事处，见到了董必武等领导同志，迫不及待地开始了新的革命工作。①

### (二)《新华日报》首任总编

为了真正实现国共合作，唤起民众，坚持抗战，反对投降，七七事变后的第三天，中共就决定在国统区办一张党报。在此之前，以周恩来为首的中共代表团就抗日民族统一战线问题，先后与国民党代表在西安、杭州和庐山进行了三次会谈，7月17日又在庐山举行第四次会谈。在最后一次会谈中，蒋介石同意中共在国统区办一份公开的报纸。②于是筹备出版《新华日报》、《群众》周刊提上了议事日程。

1937年10月，周恩来指示中共代表团在南京筹备出版《新华日报》、《群众》周刊。潘梓年、章汉夫、杨放之、徐迈进、钱之光等陆续聚集南京，由董必武、叶剑英、博古等领导人召集他们商议筹备工作。③ 但是随着日军步步进逼，国民党一再败退，南京失陷不可避免，在此办报已经不现实，于是10月23日，潘梓年、章汉夫等从南京赶至汉口，在日租界设立了筹备处。华岗出狱后，在董必武的推荐下，前往筹备处工作。

12月23日中共代表团与中共中央长江局召开的第一

---

① 谈滨若、华山青:《华岗年表》，见刘培平主编:《战士·学者·校长》，山东大学出版社2003年版。

② 周国全、郭德宏、李明三:《王明评传》，安徽人民出版社1989年版，第345页。

③ 向阳:《华岗传》，浙江人民出版社2003年版，第134页。

次联席会议上，决定成立党报委员会，王明任主席。报纸创刊后，王明、博古、吴玉章、董必武、凯丰、邓颖超等组成董事会，王明为董事长，潘梓年任社长，华岗任《新华日报》总编辑兼《群众》周刊编辑，熊瑾玎任总经理。[①] 董事会是《新华日报》的最高权力机构，它下有编辑委员会和管理委员会，还设立了编辑部、经理室、营业部、印刷部，各部（室）下面又有采访、编辑、校对、广告、发行、服务等7课，建立了一套比较严密的组织系统。[②] 当时，报馆工作的骨干力量，多数是经党中央交涉而刚从国民党监狱释放出来的同志，华岗到来以后，许涤新风趣地说报馆主要编辑“共七八人，而坐过国民党监牢的，却有六七个人，老华这一来，编辑部又多了一名‘囚徒’！”[③]《新华日报》是一座革命的熔炉，没过多久编辑和工人就打成了一片，工人也发现他们不像自己过去见过的盛气凌人的“编辑老爷”，整个报馆逐渐形成一个同心同德的战斗集体。[④]

1938年1月11日，第一期《新华日报》在汉口府西一路149号（今民意一路大陆里口）一座左右两面用红砖砌的两层楼房里出版了。当时报纸共有4个版面。第一版每天都

① 周国全、郭德宏、李明三：《王明评传》，安徽人民出版社1989年版，第345页。

② 石西民：《报人生活杂忆》，见姚北桦：《报人生活杂忆》，重庆出版社1991年版。

③ 许涤新：《悼华岗同志》，《山东大学报》，1980年5月28日。

④ 石西民：《峥嵘岁月》，见姚北桦：《报人生活杂忆》，重庆出版社1991年版，第77～78页。

用四号字刊登一篇社论，报头左侧经常刊登当日社论中的警句，右侧则是密切配合社论内容的战斗性很强的漫画；第二版为要闻，以国内新闻为主，石西民负责编辑工作；第三版主要刊登国际新闻，由何云编辑；第四版为副刊《团结》，由楼适夷编辑；主管专栏文章的是吴敏（杨放之）。陆诒担任采访主任，许涤新负责《群众》周刊的编辑工作。①

由于创办《新华日报》的主要骨干以及其他工作人员基本上没有办报经验，所以遇到了很多困难。石西民回忆道："当时大家在汉口大陆里一座小楼里，每天编稿子，写稿子，从傍晚编起，常常到了天亮，还没有发完稿子，拼版总要拼到红日三竿。每版又总要留下大半版新闻，排了没有用。"②

缺乏办报经验必然会使报纸在方方面面受到影响，作为总编辑的华岗，其压力和辛劳也就可想而知了。那一段时间，华岗凭借其"伶俐的品才，文章写得相当快而有力"的本领，③除对新闻的采用和文章的定稿要全面负责外，还经常撰写社论。他忘我地工作，写了许多评论文章，积极宣传反映全国人民要求团结抗日的呼声。华岗的远见卓识和犀利文笔被赞为"笔扫三军，挥斥八极"，成为当时报界的三

① 石西民：《报人生活杂忆》，见姚北桦：《报人生活杂忆》，重庆出版社1991年版，第8页。

② 石西民：《峥嵘岁月》，见姚北桦：《报人生活杂忆》，重庆出版社1991年版，第77页。

③ 许涤新：《悼华岗同志》，《山东大学报》，1980年5月28日。

大手笔之一。[①] 对此，石西民深情地回忆道：

在《新华日报》筹备以至正式出版那段紧张忙碌的日子里，我们日夜工作在一起。我是一个版面的编辑，他掌握编辑与评论的全面工作。工作完了，我们睡在同一间寝室里，那一段时间朝夕相处，我对他的印象也逐渐加深。首先是他那忘我的工作精神和谦逊的作风，给人以一个忠诚的老革命战士的形象。华岗同志刚从国民党的监狱被保释出来不久，5 年的牢狱生活摧残了他的身体，他的脸色苍白有些浮肿，神态凝重中也显露出遭受折磨的种种痕迹。可是对于繁重的工作，而且是不熟悉的编报工作，他是把全部精力都放进去了，从新闻和文章的修改到撰写专论、版面的编排，他都亲自动手和过问。他真是一个不知疲倦的人。华岗同志的好作风，很快地把编辑部的同志团结得像一个人一样，在实践中办起了一张与资产阶级报纸根本不同的、具有鲜明的无产阶级党性的报纸。正如他后来说的："起初我们担任这一神圣工作的同志和朋友，对于新闻事业都没有什么经验也缺乏新闻学知识，有很多事情，都是在摸索中进行。"是的，中国人有"创业艰难"的说法，

① 赵淮青：《华岗的卓越贡献与悲惨遭遇》，见刘培平主编：《战士·学者·校长》，山东大学出版社 2003 年版，第 380 页。另两位"大手笔"是胡乔木和王芸生。

《新华日报》的诞生，这里面凝聚着华岗同志多少心血啊！①

面对办报技术上的困难，《新华日报》工作人员提出"编得好，印得清，出得早"的口号，②通过刻苦学习、不断创新，终于使报纸逐渐走上了顺利之路。但是，华岗和他的同志面临的困难绝不仅仅是没有经验，更大的困难来自于国民政府的刁难。

1938 年 1 月 11 日，《新华日报》发刊词声明："本报愿在争取民族生存独立的伟大的战斗中，做一个鼓励前进的号角。为完成这个神圣的使命，本报愿为前方将士在浴血的苦斗中，一切可歌可泣的伟大的史迹之忠实的报道者、记载者；本报愿为一切受残暴的寇贼蹂躏践踏的同胞之痛苦的呼吁者、描述者；本报愿为后方民众支持抗战参加抗战之鼓动者、倡导者。"它还宣称："本报愿将自己变成一切抗日的个人、集团团体、党派的共同的喉舌；本报力求成为全国民众的共同的呼声；同时本报将无情地抨击一切有害抗日与企图分裂国内团结之敌探汉奸及托派匪徒之阴谋，务使实现地无分南北东西、人无分老幼男女之铁一般坚固与团结，并且在这个团结之中，各种力量能够互相帮助、互相扶持、共同负责、共同发展。四万万五千万人民的坚固团结，将成

① 石西民：《忆〈新华日报〉第一任总编辑华岗同志》，见姚北桦主编：《报人生活杂忆》，重庆出版社 1991 年版，第 160～161 页。

② 石西民：《报人生活杂忆》，见姚北桦：《报人生活杂忆》，重庆出版社 1991 年版，第 9 页。

为牢不可破的新的长城，保护我们民族的生命；将成为坚不可摧的新的基石，创立起独立、自由、幸福的新中华！”①这就意味着《新华日报》会报道国民党当局的阴暗面，会替老百姓呼吁民主，发动全民抗战，凡此，都是国民党当局不愿意看到的，所以，他们极尽刁难之能事。国民党当局依仗自己有中央社垄断一切新闻来源，设立新闻检查所，对中央社以外的发稿强行检查，以此扼住《新华日报》的喉咙，使其喊不出对己不利的声音。②

面对国民党当局的封锁，《新华日报》同仁采取了种种战术进行回击。首先他们邀请国民党要员于右任、冯玉祥、邵力子、孔祥熙、白崇禧、王庞惠、吴国祯等在创刊号上题词，刊登蒋介石“抗战警语”，转载“中央社”、“全民社”消息，体现了国共合作的思想和气氛，对减少国民党特务的迫害起到了一定作用。③ 其次，冲破国民党的新闻垄断，以本报专电、战地通讯等形式，反映了八路军、新四军对日作战的真实情况。第三，以子之矛，攻子之盾。利用国民党一度有过的抗日言行，来反对它的妥协投降；利用国民党一度采取的某些进步措施，来反对其独裁统治和反共逆流。例如1938年11月第二次国民参政会会议上，邹韬奋提出要求撤销《战时图书杂志原稿审查办法》和《抗战期间图书杂志审查标准》的议案。华岗在《新华日报》上撰写了《保障言论出

① 《新华日报》发刊词，1938年1月11日。

② 向阳：《华岗传》，浙江人民出版社2003年版，第142页。

③ 张志娇：《“新华军”与国民党的作战谋略》，《军事记者》，2006年第8期。

版自由与争取抗战胜利》的文章，与其它进步报刊共同强烈呼吁，一时间造成了巨大的声势。①

由于华岗和同仁们的努力，《新华日报》获得了迅速的发展。1938 年 2 月 15 日《新华日报》设立山西分馆，接着广州、重庆、西安等分馆相继建立，长沙、郑州、洛阳、潼关、许昌、黄陂、南昌等地也设立了分销处。重庆分馆自 5 月 26 日开始翻印武汉《新华日报》后，报纸日销量曾经达到 1800 多份，与当地《大公报》的销售量差不多。《新华日报》创刊不久，就销售近 5 万份，印数与《大公报》并驾齐驱，远远超过了国民党的《中央日报》和《扫荡报》的发行数量，以至于民间有“新华扫荡中央”的趣谈。② 与此同时，《新华日报》在国内外也产生了重要的影响。例如 1938 年 6 月 25 日出版的《战时文化》称赞《新华日报》“是国内第一流报纸”，认为“武汉时期的《新华日报》就像一盏明灯照耀着江城，它对发展中国共产党在国统区的文化工作、推动抗战前进，做出了重要的贡献”。③ 也正因如此，《新华日报》被国统区人民誉为黑暗中的“北斗”和“灯塔”。苏联《真理报》说，就是中国最有影响和历史最长的报纸，也没有几种能有《新华日报》这样大的销量；路透社说，在中国最遥远的地方，也可以看到《新华日报》。

---

① 石西民：《忆〈新华日报〉第一任总编辑华岗同志》，见姚北桦主编：《报人生活杂忆》，重庆出版社 1991 年版，第 162 页。

② 刘梦华：《熊瑾玎》，重庆出版社 1992 年版，第 197、201 页。

③ 唐正芒等：《中国西部抗战文化史》，中共党史出版社 2004 年版，第 211 页。

然而华岗在担任《新华日报》总编辑期间，因为不同意王明的政治观点，看不惯王明的做派，与王明进行了抗争，结果受到残酷的打击，于1939年8月不得不离开《新华日报》。离开《新华日报》后，华岗在重庆乡下租了一间房子，专门写书，靠稿费生活。从1939年9月到1941年1月，华岗拖着病体，撰写了《社会发展史纲》、《现代战争论初步》、《中国民族解放运动史》三部著作以及大量的时政文章和历史研究论文。同时，华岗虽然人离开了《新华日报》，但他的心始终没有离开。此后他还为《新华日报》撰写了《论中国民主政治中的几个问题》、《整风一年》、《大后方农村经济的特质和改善途径》等文章。

**（三）出生入死，统战建奇功**

1．争取刘文辉。

刘文辉（1895—1976），号自乾，四川大邑人。1916年入伍川军，历任营长、团长、旅长。北伐战争后任国民革命军二十四军军长，川康边防总指挥，四川省政府主席。曾经在四川称雄一时，号称“拥兵百万”，盘踞大半个四川。① 但是1932年与其侄刘湘作战失败后，率部退往西康。

西康大致包括今日的四川西部、西藏东部地区。1912年民国政府设立川边经略使，积极筹划西康建省，但当时西藏局势动荡，建省一事遂告停顿。1927年夏，刘文辉入主西康，成立西康特区临时政务委员会。1928年9月，国民党

---

① 蒋景源：《中国民主党派人物录》，华东师范大学出版社1991年版，第15页。

中央全会议决将西康特别区正式建为行省，但当时刘文辉无意于此，仅在其二十四军军部边务处之下设了一个西康政务委员会敷衍了事。但是与刘湘作战失败后，刘文辉就不得不重新审视自己的立足之地西康了。1935 年刘文辉出任西康省委员会委员长兼国民党西康省党部筹备委员会主任委员，当时西康仅辖康定地区（隶属）20 个县以及已被西藏地方政府占据的 13 个县。1938 年国民政府改组西康建省委员会，将原属四川的宁（今西昌地区）、雅（今雅安地区，除名山县外）两属 14 县 2 设治局正式划归西康建省委员会管辖，并撤销西康建省委员会，建置西康省，实行川、康分治，1939 年元旦西康省政府正式成立，省会设在雅安。

西康地处偏僻，老百姓以少数民族为主，经济落后。据刘文辉回忆："1933 年退守荒僻的西康，成了一个破落户，财政陷入极度困难，加之蒋介石又唆使刘湘在政治上给我制造了很多乱子，弄得我焦头烂额，无法应付；有一个时期，在无可奈何之中，竟至从鸦片中去增加收入。"虽经几年的苦心经营，各方面都有好转，但是抗战爆发又给刘文辉带来了新的问题。首先是蒋介石欲调其出川抗日，借日本人之手消灭异己，但被刘文辉找理由应付过去了。随后又派嫡系入康，欲强占硬夺，刘文辉寸土不让，拉开架式准备公开抗击，蒋介石只好暂时作罢。西康建省后，蒋介石的势力已经逐步深入，刘文辉的处境岌岌可危。用他自己的话说："如果在政治上孤立无援，就不可能生存下去，国内可与蒋政权抗衡的力量只有中国共产党，除此之外，找不到其他的政治依靠。"①于是刘文辉决定走亲共的道路。

在这种背景下，1941 年春天，经周恩来的指示，华岗以中共代表的身份来到西康省会——雨城雅安，做刘文辉的统战工作。华岗先是在一家羊毛收购公司做秘书，后来到雅安中学找了一份代课教师的工作。安定下来后，华岗与刘文辉见了面，刘文辉对华岗的到来表示欢迎，此后华岗多次与刘文辉长谈。在晤谈时，华岗分析了国内国际形势，说明中共的路线、方针和政策，表明愿意帮助刘文辉，并希望他加强团结川康地方力量，促进整个西南地方力量的团结，反对和抵制蒋介石的独裁和吞并政策。②

华岗在雅安中学教历史课，课时不多，刘文辉就把他安排到自己的军官训练班里当政治教官，主讲抗战形势，很受学员欢迎，得到刘文辉赞赏。做了刘文辉的政治教官后，彼此接触便更公开化、合法化了。平时刘文辉派他的川康边防指挥部参谋长张伯言与华岗单线联系，遇有重大问题则直接约华岗晤面。③

1942 年 2 月，华岗由雅安返渝向周恩来汇报工作。同月，周恩来与刘文辉在重庆实业界人士吴晋航的住处秘密会晤。周恩来指出当前全国人民的要求是坚持抗日反对投降，坚持团结反对分裂，坚持进步反对倒退，而关键在于坚

① 刘文辉：《走向人民阵营的历史道路》，《文史资料选辑》第 33 辑，三联书店 1979 年版，第 5～6 页。

② 赵淮青：《华岗的卓越贡献与悲惨遭遇》，见刘培平主编：《战士·学者·校长》，山东大学出版社 2003 年版，第 380 页。

③ 向阳：《华岗传》，浙江人民出版社 2003 年版，第 176、177 页。

持民主反对独裁，并表示共产党希望与西南地方的民主力量密切联系，具体配合。这次会晤后，经请示中共中央，南方局与刘文辉达成了《抗日合作协定十二条》。1942 年 5 月，华岗奉召回到重庆。6 月，南方局派王少春、秦惠芬夫妇前往雅安，在刘文辉司令部建立秘密电台，使刘文辉与中共中央直接建立了联系。至此，华岗在西康工作告一段落。

此外，值得一提的是，抗战时期雅安的条件既艰苦又危险，1941 年华岗夫妇不得不将刚刚出生的孩子送给一户贫苦人家，但不久就病故了，他们也顾不上去看望。在西康期间，华岗在做刘文辉统战工作的同时，仍旧勤耕不辍，经常在刘文辉女婿所办的《健康日报》上化名发表文章，宣传抗日。1942 年 3 月还写了《西康乌拉差徭的概况及其社会性质》，后来发表在《群众》周刊上。该文指出西康藏族和彝族地区还处于农奴和奴隶社会阶段，并揭示了当时该地社会实质，具有较高的学术价值。

2．统战龙云。

龙云(1884—1962)，字志舟，彝族，云南昭通人，辛亥革命后加入滇军，1912 年入云南讲武学堂第 4 期骑兵科学习。1929 年秋天，龙云先后击败与己为敌的胡若愚、张汝骥以及唐继尧余部，统一了云南，从此开始了对云南长达 18 年的统治。从 1931 年起，龙云开始整顿军队、财政，向国外购买军火，成立军官学校，逐步建立起忠于自己、给养自给的三万多人的滇军。他又派表弟、九十八师师长卢汉兼任财政厅长，扭转了云南财政在历史上入不敷出的局面，不仅还

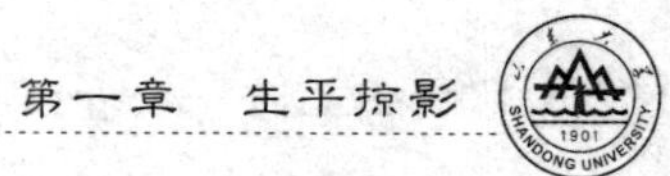

清了积欠,而且收入还有了剩余。[①] 统一云南期间,龙云追随蒋介石,实行"清党"。但1934年底蒋介石利用"追剿"长征红军的机会,势力渗入云南,龙云开始对其怀有戒心,由拥蒋变为防蒋。

抗战爆发后,随着国民政府退入大西南,中央各机关也以疏散为名撤退到云南,中央银行、资源委员会、西南运输处等都先后在昆明设立机构,卫立煌、陈诚所率领的远征军一两万人,也纷纷入滇,蒋介石对云南政治、军事、经济各方面的控制都有所加强。这使得一向唯我独尊的龙云,有如芒刺在背,却又无法拒绝。[②] 蒋介石为了羁縻龙云,先后让他担任军事委员会昆明行营主任、军事委员会驻滇干部训练团团长、陆军副总司令等职务,地位虽高,实则徒有虚名。为了削弱龙云的军事实力,蒋介石借抗战之名,将云南军队编为第六十军,以卢汉为军长,开赴前线作战。[③] 同时蒋介石还在云南安置大量特务,监视龙云,以致1938年龙云在汉口晋见蒋介石时,当面要求撤走驻云南的军统特工。总之,抗战以来,随着云南地位的上升,围绕争夺云南统治权,龙、蒋关系不断恶化,龙云则巧妙地借助中共和其它民主力量寻求自保,中共也积极帮助龙云抵制蒋介石在云南的渗透,使得昆明成为抗战时期中国的"民主堡垒"。

---

① 彭庆遐、刘维叔编著:《中国民主党派人物录》,北京燕山出版社1992年版,第99～100页。

② 文思主编:《我所知道的龙云》,中国文史出版社2004年版,第200页。

③ 当然,龙云是愿意出兵抗战的,但是蒋介石让龙云出兵确有一箭双雕的打算。

1943年2月，中共中央南方局派华岗前往昆明，做龙云的统战工作。华岗和夫人谈滨若乘汽车离渝赴滇。途中，华岗胃部大出血，不得不在泸州住进了医院。医院里居然有两位医生认识华岗，一个在上海参加过华岗主持的集会，一个在重庆听过华岗的报告。经过两位医生的精心救治，华岗终于在昏迷两个星期后得以转危为安。华岗病倒后，南方局很快派人前来照料，使他们顺利到达了昆明，①暂住西郊岗头村养病。

华岗刚刚到达昆明，就见到了楚图南等人。楚图南回忆说，华岗一面洗脸，一面听取了他们对云南形势，特别是民主运动等各方面工作和文化教育界方面的情况汇报。②华岗则向他们传达了周恩来、董必武的指示。当时华岗的身份是中共中央南方局派到云南龙云处的代表，公开任务是清理和收容长征时散失在云南各地的红军指战员。实际上，他到昆明还负有更重要的使命，即做龙云等人的工作，争取他和共产党合作。另外，根据周恩来的指示，华岗还应对昆明的民主运动、文化教育界和青年学生运动积极地进行指导。

早在来昆明之前，华岗就给老朋友尚钺写信，要他为自己安排一个公开职业作掩护。到昆明后，为了能使华岗更好地开展工作，经楚图南和尚钺等人商议，由楚图南向云南

---

① 向阳:《华岗传》，浙江人民出版社2003年版，第188～189页。

② 楚图南:《回忆和华岗同志在一起工作的日子》《光明日报》，1980年7月7日。

大学校长熊庆来和文法学院院长胡小石推荐，中途虽几经周折，但云南大学最后聘请华岗担任社会学教授，化名为林少侯，讲授《中国社会思想史》、《中国民族解放运动史》等课程。华岗到云南大学社会系任教后，一方面认真教书，对教学一丝不苟，深受学生的欢迎；一方面主动结识费孝通、曾昭抡、冯友兰、华罗庚等进步教授；同时还在《新华日报》和《群众》上发表调研、时政和历史研究的文章。

抗战时期全国各地知识分子云集昆明，龙云时常邀请西南联大、云大的知名教授，如罗隆基、张奚若、闻一多、楚图南、吴晗等到他公馆做客，"向这些知名人士请教咨询"①。1943年8月，在民主政团同盟内的中共党员周新民向云南省工委委员、龙云的彝族亲戚刘浩反映，鼓动罗隆基面见龙云，建议龙云与中共联系，共商国是。结果罗隆基和龙云面谈后，龙云认为这个建议很好，请罗隆基转达周恩来，邀请周到昆明面商国是，如果周来不了，就派一位代表驻昆明和他联系，并承诺负责其安全。

刘浩得知周新民的报告后，当即向云南省工委书记郑伯克汇报，请省工委报告南方局。郑伯克派地下党员欧根以记者身份赴重庆采访名义，及时向南方局作了汇报。经南方局请示中共中央，决定派已于2月到昆明治疗肺结核病的华岗代表南方局与龙云建立直接的联系。1943年10月底，刘浩收到董必武的亲笔信，内容是华岗于年初到昆明

① 马子华：《一个幕僚眼中的云南王龙云》，云南美术出版社1994年版，第80页。

养病，党决定派他为代表，“请通过友人介绍见居亭主人（指龙云）”，并说，“华健康欠佳，不闻琐屑，望多予照顾”。① 刘浩向组织汇报后，即写信约华岗进城到自己家中相见，向他介绍了龙云请求派代表的经过以及中共中央的决定，并带他去见罗隆基，由罗约时间见龙云。② 12 月，由刘浩安排，华岗、罗隆基在玉华山滇黔绥靖公署与龙云第一次见面。

第一次见面，华岗向龙云介绍了中共关于抗日救国的政策和方针，阐明了中共支持抗战，支持民主运动，反对内战，反对一党专制的立场和意义。而龙云只是坐在长餐桌的另一头注视着华岗，避而不谈自己的看法。临别时，龙云告诉华岗，以后有事可通过他的副官杨立德联系，然后客客气气地把华岗送了出来。初次见面，龙云的态度使华岗认识到要想与其真正沟通，还需要做更多、更细致的工作。于是华岗不仅与龙云频频会晤，而且坦诚相待，终于赢得了他的信任，所以谈滨若说：“在此之前，中共也派过一些人士做龙云的工作，但华岗是和龙云来往最密切的人之一。”③

此后，华岗与龙云每月见面一次，互通信息，交换意见。中共向龙云提出了团结抗日、限制国民党特务和宪兵十三团在昆明的活动、帮助民主人士、与川康实力派加强合作等

---

① 刘浩：《争取滇军和卢汉起义的工作》，《云南文史丛刊》，1987 年第 4 期。

② 李继红：《华岗在云南》，见刘培平主编：《战士·学者·校长》，山东大学出版社 2003 年版，第 48 页。

③ 谈滨若、华山青：《华岗年表》，见刘培平主编：《战士·学者·校长》，山东大学出版社 2003 年版，第 436 页。

十条统战建议,“龙云感到很好,愉快地接受了”①。有时华岗还把中共中央公开发表的文献资料送给龙云,龙云又将其转给他亲近部属和幕僚传阅,从而更广泛地影响云南地方实力派。华岗还多次提醒龙云,应保持经济实力,军队不要过分集中,以防国民党军队进驻云南和经济掠夺。还有一次,华岗对龙云说:“龙主席,你的一切言行,已经引起国民党的怀疑和注视了,我受党中央委托,要我劝告你小心注意,就是在很大程度上要右倾一点。人们常说的装龙像龙,装虎像虎,就是这样,总之要策略点。”龙云听了颇为感动,说:“华岗这人十分聪明,当然,共产党也是很英明的。”龙云还曾经对张冲说:“华岗的见解,我很折服。”②

由于华岗的杰出工作,龙云发生了很大的变化,这主要体现在两个方面:一是设立联系南方局和延安的电台,以便随时了解中共的方针政策,互通信息;二是反对蒋介石独裁统治,大力保护昆明的民主势力,支持民主活动。

华岗和龙云晤谈不久,龙云就提出愿意在滇黔绥靖公署所属的交通大队内设立与南方局和延安直接联系的电台。华岗将此事告诉刘浩后,刘浩通过组织将在龙云二路军指挥部当报务员的杨才(中共秘密党员)调来昆明,交与华岗单线领导。在与杨立德谈妥后,杨才以远征军联络员的名义到滇绥公署无线电中队当了上尉教官。不久,由龙

① 郭绪印主编:《国民党派系斗争史》,上海人民出版社 1992 年版,第 399 页。

② 马子华:《一个幕僚眼中的云南王龙云》,云南美术出版社 1994 年版,第 89 页。

云出钱，杨才买了一部100瓦功率的电台，安装在龙云灵源别墅旁边的法源寺内。龙云还派一个警卫班保护电台，又给了两个报务员，协助杨才。① 电台建立后，主要任务是抄收新华社的新闻电稿，也收到很多中央文件，华岗经常让夫人谈滨若将电报送给云南省工委书记郑伯克。② 同时，华岗送给南方局的请示报告和一些重要情报也常借此电台发出，但后来该电台只与延安保持联系。电台的设立使云南和延安之间有了一座坚固的桥梁，有力地支持了中共中央在大后方的工作。

八年抗战期间，昆明作为“民主堡垒”，从龙云所做事情看，主要包括对蒋介石专制独裁、腐朽黑暗统治的批判和反抗，以及对民主力量的竭力保护。

因为与蒋介石存在矛盾，所以龙云对中共和民主力量采取了保护政策，借以自保。例如，蒋介石派到云南的刘健群、何应钦等人经常开具黑名单，要龙云抓人，但他总是口头应付，不采取实际行动。由于龙云拒绝与国民党特务合作，特务们始终没有找到中共地下党的线索，云南全境的中共地下党组织和外围组织“民先”、“民青”基本上没有遭到破坏。龙云对国民党当局不仅不合作，有时甚至直接对抗。例如，1945年6月，由于国民党中央军多次非法逮捕人，经过华岗与龙云晤谈，“龙云通知各地警备部队，严禁任意捕

① 刘英：《华岗的秘密使命》，《红岩春秋》，2006年第1期。

② 郑伯克：《深切怀念华岗同志》，见刘培平主编：《战士·学者·校长》，山东大学出版社2003年版，第35～36页。

人，如有此类事发生，唯该市县政府是问”①。

1941 年皖南事变后，中国民主政团同盟在重庆秘密成立。1942 年底，民盟派中央常委、宣传部长罗隆基到昆明筹建地方组织，吸收了西南联大和云南大学中许多教授和高级知识分子，并于 1943 年 5 月成立民盟第一个地方组织——昆明支部，罗隆基、潘光旦、周新民、潘大逵、闻一多、吴晗等为委员。昆明支部的成立与龙云的默许、支持是分不开的。例如，罗隆基在云南时，国民政府曾三令五申要龙云将其驱逐出境，但为龙云所拒绝，只允代为监视而已。②龙云曾经公开声明他与进步团体民盟关系密切，“人们随时可以听到龙云骂蒋介石是独夫”③。经过华岗和民盟成员的工作，龙云正式提出申请加入民盟。1944 年底，④龙云宴请楚图南、闻一多等人，举行了秘密的入盟仪式。入盟后，龙云不参加民盟的公开活动，但在政治上支持民盟，经济上也给予援助，并明令保障人民的民主自由权利，提倡言论、出版自由，允许游行示威等。龙云不仅自己加入了民盟，而且还让儿子龙绳武以及要员缪云台、朱健飞、金龙章等也加入民盟。⑤ 从而“形成中共、民盟和云南地方实力派之间的

① 李凌：《郑伯克、华岗在昆明》，《百年潮》，2004 年第 9 期。

② 江南：《龙云传》，中国友谊出版公司 1989 年版，第 85 页。

③ 安恩溥：《龙云在云南起义前的活动》，见云南省政协文史资料委员会编：《云南文史资料》第 4 辑，云南人民出版社 1981 年版，第 236 页。

④ 一说是 1943 年年底。

⑤ 中共云南省委党史研究室编：《云南全民抗战》，云南大学出版社 1995 年版，第 17 页。

统一战线关系，保证和促进了抗战后期昆明爱国民主运动的迅速高涨。”①

华岗在昆明期间，根据周恩来的指示，还建议龙云设法沟通川康与西南等地方实力派，龙云听取了华岗的建议，试图建立西南反蒋联合政权。1944 年夏天，华岗在成都主持了龙云、刘文辉、李济深的代表以及中国民主同盟负责人的五方联系会议，酝酿成立西南联合抗日民主政权。12 月，龙云约请华岗谈话，商讨与川军将领刘文辉、邓锡侯等联合与蒋介石抗衡的问题，华岗就此事回重庆向南方局作了汇报。1945 年 2 月，在重庆汇报工作后，华岗利用春节期间国民党特务松懈之机，与当时正在做刘文辉工作的张友渔、朱蕴山一起经内江到达成都，就西南五方合作之事与刘文辉进行商谈，表明中共愿与西南地方实力派团结抗日，共同向蒋介石争民主，但武装反蒋务必持谨慎的态度。华岗在说服了圆通多虑的川康绥靖主任邓锡侯后，同月返回昆明。② 华岗督促西南诸地方实力派联合的努力，为后来解放大西南，促使刘文辉、邓锡侯、潘文华等起义打下了基础。

据当时担任云南省工委书记的郑伯克回忆，从 1944 年起，云南地下党组织发动了多次大规模的民主运动，基本上是由他和华岗一起商量，由省工委决定发起的；同时事前都

---

① 李慧：《云南抗战与知识分子》，《云南师范大学学报》，2006 年第 1 期。

② 谈滨若、华山青：《华岗年表》；刘英：《华岗的秘密使命》，见刘培平主编：《战士 · 学者 · 校长》，山东大学出版社 2003 年版，第 436 页。

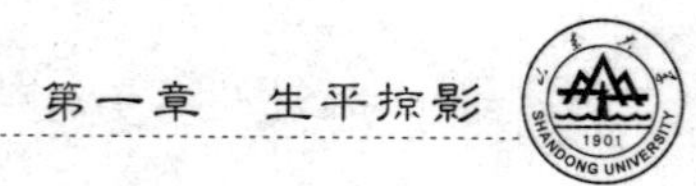

由华岗与龙云通气，得到龙云的默许或支持，所以取得了成功。①

1944 年 5 月，华岗与云南省工委研究决定，由西南联大历史学会举办纪念五四运动座谈会，中心议题是争民主、反独裁，地点定在联大新校舍南区 10 号大教室。但是该消息被何应钦获悉后，要求龙云镇压，并且对龙云说："只要牺牲几个警察，就可以把这些活动镇压下去。"意思是派国民党特务杀几个警察，给学生栽赃，然后进行武力镇压。龙云说："这件小事嘛，交给兄弟去办，一定不会发生问题。"龙云把事情接过去，实际上并没有采取行动，何应钦也不便再插手。② 结果座谈会上，闻一多、张奚若、吴晗等相继发言，要求以实际行动争取民主。会议气氛十分热烈，各大中学校均有师生参加。这次活动标志着昆明民主运动自皖南事变发生三年来，开始由低潮走向新的高潮。

10 月由华岗和民盟云南支部商量举行"双十"节纪念演讲会，宣传民主和抗战，获得龙云的同意和支持，并根据龙云建议，会场由云大体育场改为昆华女中体育场。大会中途，国民党省党部调查统计室主任查宗藩带着一群特务捣乱，但由于龙云及时派宪兵保护，使会议得以顺利进行。集会共有 5000 多人参加，李公朴主持，闻一多、楚图南、罗隆基等都讲了话，会上提出"改组国民党政府、成立民主联

① 郑伯克：《深切怀念华岗同志》，见刘培平主编：《战士·学者·校长》，山东大学出版社 2003 年版，第 36 页。

② 李凌：《郑伯克、华岗在昆明》，《百年潮》，2004 年第 9 期。

合政府和联军统帅部”等要求，其影响波及到成都、贵阳等地。

12月25日，郑伯克、华岗决定举行集会纪念云南护国起义29周年，“以激起云南人民继承和发扬反对窃国大盗的爱国、民主的护国精神，并以此事团结各界人士，争取地方实力派”①。大会以民盟名义负责组织，用“昆明学术界宪政研究会”名义召开，参加者不但有大中学生、市民，还有护国元老、滇军军官、公务员和各界人士共约六千多人。潘光旦主持大会，闻一多、吴晗相继发言，大家痛斥窃国大盗袁世凯，反对蒋介石和国民党的独裁统治。大会通过宣言，要求结束一党专政，组织联合政府，会后数千群众举行了声势浩大的游行。龙云派出警察，对重庆说这是监视，实为保护。

1945年3月，为了响应中共改组政府的主张，华岗通过与周新民、李文宜、楚图南、闻一多、吴晗等人建立联系，由民盟和各界共同发起要求“改组一党专政的政府”的运动，妇女界、文化界、西南联大学生都发表了宣言，影响巨大。

5月，为配合中共“七大”的胜利召开，华岗在获得龙云的默许后，组织联大、云大等校联合举行“五四纪念活动”：1日晚在云大至公堂举行音乐晚会；3日在联大饭厅召开青年运动座谈会；4日在云大操场举行万人纪念大会，会后还进行了竞走活动。纪念活动期间，不仅曾昭抡、闻一多、吴晗、冯友兰、李广田、卞之琳、楚图南等知名学者和学生参加

① 李凌：《郑伯克、华岗在昆明》，《百年潮》，2004年第9期。

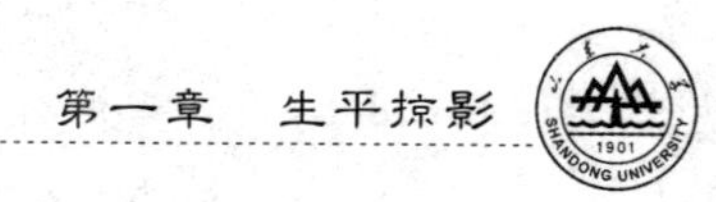

了活动并演讲，而且每天还有大量市民参加。

此外，华岗还建议龙云在昆明开设《新华日报》昆明营业处。在看了朱德给龙云的亲笔信后，龙云说："《新华日报》是蒋委员长批准发行的，既然可以在重庆公开发行，当然也可以在昆明公开发行。"于是1944年春天在青云街31号设立了《新华日报》营业处，最多时每天销售3000多份，营业处还销售《群众》周刊和民盟的《民主周刊》等进步书刊。云南省政府的机关报《云南日报》也曾不断刊登新华社的消息，转载《新华日报》的文章。这样中共在云南的影响日益扩大。

3. 知识分子的知音。

抗战时期云南情况十分复杂，从北平、上海、天津等地疏散到昆明的一些学者、名流、教授和昆明本地的一些知识分子，对抗日救亡的形势，对社会上一些问题的看法和做法都存在着不一致、不协调，甚至还有分歧。即使是从外地疏散到昆明来的青年学生，也对云南的所谓"土包子"青年学生有着这样那样的成见，彼此不服气，甚至斗殴、打群架。就是在这样一种背景之下，华岗来到昆明，带来了"延安整风"的精神，带来了中共中央关于建立抗日民族统一战线的思想路线，带来了周恩来的指示。中央要求华岗等从事统战的人员，引导各个方面的人士摒弃歧见，在抗日、民主、进步的旗帜下团结起来。① 为了实现这个目标，华岗花费极

① 楚图南：《回忆和华岗同志在一起工作的日子》，《光明日报》，1980年7月7日。

大的精力，广泛结交昆明的知识分子，例如他多次拜访吴晗、张奚若、罗隆基、费孝通、曾昭抡，同他们谈心，交流思想，切磋学问，谈论时政，无形之中将中共的方针、政策传达给了他们，并引起其思想变化。他们也视华岗为知心人。例如，闻一多说，“华岗知识渊博，待人真诚”。吴晗说，“华岗胆识过人，袒开心胸待人，大家有事都愿意找他交换意见”。在这些人中，最值得一提的是闻一多。

闻一多(1899—1946)，湖北浠水人，1912 年 13 岁入北京清华学校读书，1922 年赴美国留学，1925 年学成回国，早年发表了大量才华横溢、影响深远的诗歌，但是 20 年代后期由于对现实失望，最终走了中国文人的传统老路，躲进书斋，钻入故纸堆，成了对世事过问无多却又独善其身的冷静学者。抗战爆发后从北平到昆明的长途奔波，使得闻一多不仅亲眼目睹了国民党的腐败，而且也亲身体会了中国下层民众的苦难，思想开始发生变化。在西南联大教书时，闻一多勤读不辍，苦心钻研《诗经》、《周易》、《楚辞》、远古神话和金文、甲骨文，除上课外平日很少下楼，“以至友人皆劝其‘何妨一下楼呢’，结果得到‘何妨一下楼斋主人’的雅号”。在联大，闻一多生活极端困难，即使变卖衣物、借支薪水、为人治印，也还是难以维持 8 口之家的最简单生活。更让闻一多愤怒的是，蒋介石《中国之命运》让他忍无可忍。他说：“《中国之命运》一书的出版，在我个人是一个很重要的关键。我简直被那里面的义和团精神吓一跳，我们的英明的领袖原来是这样想的吗？五四给我的影响太深，《中国之命运》公开向五四挑战，我是无论如何受不了的。"①生活上的窘困、政治上的不满，使得闻一多异常苦闷。但是对于是否应该团结闻一多，昆明民主力量却存在不同意见，华岗则坚持闻一多是必须争取的对象。

据楚图南回忆，当时有人认为闻一多早年站在"新月派"一边，信奉国家主义，到了云南，又钻进小楼，醉心于经史楚辞的研究，像他这样的人"能和我们走到一起来吗"？"就在这时，华岗同志给我们看过周恩来的亲笔信，信的大意是：像闻一多这样的知识分子，对国民党反动派的腐败是反抗的，他们也在探索，在找出路，而且他们在学术界，在青年学生中，还是有广泛的社会联系和影响的，所以应该争取他们，团结他们……正是这样，我们和闻一多先生的接触多了起来，逐渐地了解他。"②楚图南在拜访闻一多时，向他透露有中共方面的一位朋友想来看望他，闻一多立即热情地表示欢迎，甚至还急不可待地想会见这位"中共朋友"。

于是 1943 年 12 月的一天，华岗和尚钺去拜访了闻一多。闻一多的住处是"城外的一个贫民窟，十几口人挤在两间破楼里，房子太小，只好睡在地板上"③。他们谈物价，谈生活，谈政治。华岗劝告闻一多走出自我封闭的状态，参加到民主运动中来。后来闻一多搬到城里昆华中学居住，华

① 雷颐：《闻一多与中国现代知识分子的历史命运》，《炎黄春秋》，2003 年第 1 期。

② 楚图南：《回忆和华岗同志在一起工作的日子》，《光明日报》，1980 年 7 月 7 日。

③ 向阳：《华岗传》，浙江人民出版社 2003 年版，第 194 页。

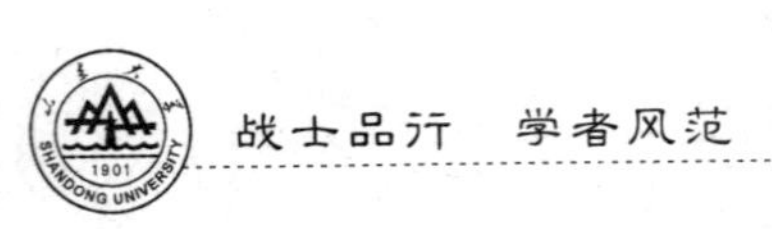


岗经常去拜访，通过多次和他开诚布公地促膝长谈，闻一多不仅对华岗产生“信任和敬佩，而且几乎是言听计从”①。闻一多也终于在长期徘徊苦闷之后，找到了光明，看到了希望，思想发生巨大变化，决心与过去决裂，投身民主革命队伍，于 1944 年夏天秘密加入民盟，并且担任了昆明支部的宣传部长，成为中共的同志、战友、驰名中外的民主斗士，最后为民族解放和人民革命事业献出了生命。

为了团结更多的知识分子，1944 年 2 月华岗和周新民创立了“西南文化研究会”，地址设在曾任贵州、云南都督的滇系军阀唐继尧的故宅唐家花园。这个不公开的政治学术团体，每半月开会一次，受到龙云的保护。会员开始有吴晗、费孝通、楚图南、李文宜等进步教授，后来圈子逐渐扩大，曾昭抡、罗隆基、潘光旦、闻一多、唐筱蓂、李公朴、辛志超、冯素陶、闻家驷、潘大逵等人纷纷加入。由于唐筱蓂是唐继尧之子，研究会负责人之一，龙云又支持研究会，所以使国民党特务不敢公开破坏。研究会定期集会，每次都有一个中心议题，或者有关学术，或者有关时政，一位与会者做中心发言，其他人参与讨论。华岗和罗隆基分别讲过无产阶级民主和资产阶级民主，吴晗介绍过自己的《论贪污》、《说士》等文章，闻一多讲过《兽·人·鬼》、《关于儒、道、土匪》。关于西南研究会，当事人冯素陶对其有过评价：“前后持续了将近两年，大抵前期偏重学术系统，后期偏重社会活

① 谈滨若、华山青：《华岗年表》，见刘培平主编：《战士·学者·校长》，山东大学出版社 2003 年版，第 434 页。

动。华岗同志是一个很有修养的马克思主义哲学家和史学家，也是一个优秀的爱国统一战线的组织者。在他的领导下，研究会同仁在理论上和思想上都有很多收获，其中以吴晗、闻一多两人接受的影响特别显著。”①所以西南研究会实质上可以说是中共所领导的、当时昆明知识界爱国民主统一战线的核心。西南研究会的活动，提高了知识分子爱国民主思想的觉悟，使各种不同学派、流派的知识分子摒弃了歧见，逐渐消除了本省人和外省人、云南大学和西南联合大学之间的隔阂，也消除了高级知识分子之间诸如留美派与留欧派、洋教授和土教授等门户之见。②

总之，在云南期间，华岗与众多高级知识分子有着广泛的交往，与他们肝胆相照，倾心交谈，赢得了他们的信任。同时华岗渊博的知识、儒雅的风度、过人的胆识，也使这些知识分子敬服心折。所有这一切都为华岗在建国后与知识分子打交道奠定了坚实和良好的基础。

1945 年 8 月抗战胜利后，蒋介石让龙云的主力部队第一方面军到越南受降，而将自己的嫡系部队 4 个集团军留在云南，其中杜聿明、关麟征部队驻昆明。华岗预感到蒋介石要趁机剥夺龙云的军政权力，摧毁云南民主力量，于是紧急约见龙云，劝他在自己的主力部队调走之后，务必提高警

① 李凌：《郑伯克、华岗在昆明》，《百年潮》，2004 年第 9 期。

② 李继红：《华岗在云南》，见刘培平主编：《战士·学者·校长》，山东大学出版社 2003 年版，第 52 页。

惕，以防出现意外事变，然而龙云却麻痹大意，听不进华岗的劝告。面对严峻的形势，华岗与郑伯克制定应对发生突变的预案，及时通过各种组织、渠道，通知党员、民青成员、民主人士和进步师生，做好必要的思想准备和组织准备，同时将已暴露了身份的骨干予以疏散、隐蔽。

形势的发展果然印证了华岗的判断。两个星期后，即10月3日，第五集团军总司令兼昆明防守司令杜聿明按蒋介石密令，突然发动军事行动，解除了龙云的武装，控制了昆明，龙云被蒋介石免去昆明行营主任、滇黔绥靖主任、云南省政府主席的职务，在蒋介石的说客宋子文、张群的劝说下，龙云终于不得不去担任空头的军事参议院院长，被软禁在重庆。蒋介石随即另派李宗黄来滇任民政厅长、代理省主席，兼任国民党省党部书记长，关麟征为省警备总司令。

"一〇·三"事变发生后，美国领事曾专门派车来接华岗，并提出可送他离开昆明，但要他发表一个谈话，说明这次事件与美无关，被华岗毅然拒绝。10月5日，华岗约请尚钺与省工委郑伯克等开会。由于华岗在昆明有很大的影响，再继续待下去可能会有危险，于是郑伯克要求他马上离开昆明，回南方局。① 华岗则在将自己负责的统战工作做了妥善交接后，并于当天坚持完成了《中国历史翻案问题》

① 郑伯克：《深切怀念华岗同志》，见刘培平主编：《战士·学者·校长》，山东大学出版社2003年版，第36页。

的写作，然后，与家人化装离开昆明，回到了重庆。①

**（四）为建立新中国而奋斗**

1. 中共代表团顾问。

国共之间进行决战是蒋介石既定的方针，然而，抗战胜利后人心向往和平，加之蒋介石还没有完全做好内战准备，于是他于 1945 年 8 月 14 日、20 日、23 日三次邀请毛泽东到重庆"共商国家大计"。为了获得政治上的主动权，1945 年 8 月 28 日毛泽东、周恩来、王若飞在国民党中央政治部部长张治中、美国驻华大使赫尔利的陪同下，从延安飞抵重庆，与国民党展开谈判。

为了让毛泽东更多、更好地了解国统区情况，以利于谈判，周恩来召集了一些长期在国统区工作的中共领导人，作为代表团的顾问。毛泽东到达重庆后不久，周恩来就让华岗从昆明赶回重庆，担任中共代表团的顾问，参加国共谈判。接到周恩来电报后，华岗乘坐龙云的飞机当天就到了重庆，没顾得上休息就赶到周恩来的住处晋见毛泽东。几十年后谈滨若深情地回忆了华岗与毛泽东首次见面的情景：

> 这时天色已晚，周恩来同志为了让毛主席休

---

① 在昆明期间，华岗写下了《太平天国反清战争的战略研究》、《汉代的伟大思想家——王充》、《日本投降与中国政治前途》、《中国历史的翻案》、《为全世界工作的马克思》等著作和论文。在《民国日报》上发表了《论苏联的外交政策》的专论，在民盟主办的《民主周刊》上发表了《苏联民主特征及其历史发展》。此外，他还在《云南日报》、《扫荡报》上发表了一些评论文章。

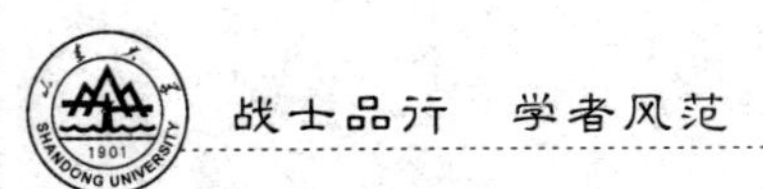


息，陪同他正在观看苏联电影。华岗一到，瞻仰了主席的丰采，心情十分激动，也难免有点拘束。但主席和蔼可亲，平易近人，连忙叫他坐下休息，慢慢再谈。这一下缩短了他与革命领袖之间的距离，像是见到了自己久别的朋友。华岗向主席汇报完，主席还详细询问了各界人士及国民党云南省主席龙云等对时局的态度，并了解在那里工作的同志们的情况。最后，毛主席对老华说："在那儿工作是艰苦的。你这段工作很好。"①

此后华岗就随代表团投入到紧张的谈判活动中去了。代表团谈判一般都在晚上举行，回到办事处后往往已是深夜；同时华岗又经常被毛泽东或周恩来找去谈话，老是睡得很晚，非常辛苦。②

1945 年 10 月 10 日，国共两党签订了《政府与中共代表会谈纪要》，即《双十协定》。协定公布的第二天，蒋介石就电令大举进攻解放区。此时华岗以中共代表团顾问的身份，一方面与国民党谈判，一方面写了大量时政文章。其间，华岗参加了修改《五五宪章》小组、筹办政协会议等活动。1946 年 1 月 5 日，周恩来、董必武、王若飞、叶剑英致函国民党代表王世杰等人，正式通知国民党政府，中共出席政治协商会议的代表是周恩来、董必武等 7 人，另外还有华岗、许涤新等顾问 8 人。会议期间，华岗协助周恩来起草了

---

① 谈滨若：《征途漫漫忆明灯》，《青岛日报》，1983 年 11 月 29 日。

② 古念良：《不胜高山仰止之思》，《羊城晚报》，1983 年 3 月 6 日。

《和平建国纲领》。由于代表团成员的共同努力，会议终于签订了《政府组织案》、《国民大会案》、《和平建国纲领》、《军事问题案》和《宪法草案》5项决议，受到全国人民的欢迎。但是蒋介石对5项决议没有诚意，协议签订后他就飞往上海安排内战了。华岗等人也开始准备与中共代表团撤离重庆前往上海。

1946年2月，周恩来致函上海市长钱大钧，宣布派潘梓年等赴沪筹备出版《新华日报》。3月22日潘梓年自渝抵沪，并于同日向国民党上海市社会局提出在沪出版《新华日报》的申请。3月，潘梓年与华岗、许涤新、龚澎、乔冠华等到达上海。由于国民党的阻挠，潘梓年、乔冠华等人最后用10多根金条顶下马思南路107号(今思南路73号)一幢西班牙式花园别墅，用作《新华日报》社职工宿舍。7月又租下了马思南路117号作为中共代表团驻沪办事处工作人员的办公用房和宿舍，华岗和许涤新两家都从马思南路107号搬入117号居住。

1946年5月初，随着国民党政府还都南京，国共两党谈判的中心地点也由重庆移至南京。5月3日，周恩来率领中共代表团和重庆局人员到达南京，驻在梅园新村，继续与国民党谈判。①“南京局”对外称中共代表团，由周恩来、董必武、叶剑英、吴玉章、陆定一、邓颖超、李维汉7人组成，周恩

① 南方局党史资料征集小组编:《南方局党史资料大事记》，重庆出版社1986年版，第349、404页。

来任书记兼外事工作委员会书记，董必武协助全面工作。①在南京局领导下，又在上海成立了中共上海工作委员会，由华岗、刘少文、章汉夫、潘梓年、刘宁一、夏衍、许涤新、陈家康、乔冠华、龚澎等组成，书记是华岗，副书记为章汉夫、刘少文。章汉夫担任上海工委的宣传部长和党刊《群众》的总编辑，刘宁一担任上海工委的组织部长。上海工委的委员有：夏衍（负责文化工作）、潘梓年（《群众》社长）、许涤新（负责工商统战和经济调查研究工作）、乔冠华、龚澎和陈家康（负责外事活动）。潘汉年也参加上海工委的会议。上海工委与上海地下党组织没有直接关系，属秘密组织，直属中共中央南京局领导，下设有文化、经济、外事、青年、妇女、工运 6 个组。周恩来、董必武、邓颖超和李维汉每周轮流从南京到上海马思南路来领导上海工委的工作。上海工委的主要任务是统战，宣传中共方针政策，同时也做疏散转移党员和进步人士的工作，此外还负责筹集经费等。

这个时期，中国政治中心虽在南京，但上海是中国最大的城市，很多政治要人和民主人士住在上海或往来于京沪之间。中共想在上海设办事处，开展统战工作和群众工作，但是国民党千方百计地加以阻挠。6 月 18 日，董必武到上海知道这个情况后，说“不让设办事处，就称周公馆，是周恩来将军的公馆”。因此，从 6 月 22 日开始，马思南路 107 号

① 中共上海市委党史资料征集委员会主编：《中共上海党史大事记》，知识出版社 1988 年版，第 629 页。

中共办事处对外就称周公馆。① 同时，国民党特务机关随即在马思南路 98 号（今思南路 70 号）设立秘密监视点，日夜监视，每日有监视专报。②

在上海周公馆期间，华岗以中共代表团顾问和中共代表团驻沪代表的合法身份，积极开展对民主人士的统战工作，经常和潘梓年、陈家康等上海工委成员会晤张澜、沈钧儒、马叙伦、马寅初、谭平山、柳亚子、黄炎培、章伯钧、罗隆基、章乃器、陶行知、周建人、梁漱溟、许广平、沙千里、史良、包达三等民主人士，适时地向他们通报国共南京谈判情况，并与他们交换对时局的看法，送阅提案文件，还经常出席民盟举办的各种纪念活动和座谈会，给予民盟有力的支持。③在这里，华岗和上海工委的同志一起领导了多次民主运动，其中最重要的是“六·二三”运动。

1946 年以来，在地下党组织的领导下，上海群众反内战运动不断高涨。1946 年 6 月初，在上海工委一次会议上，华岗向周恩来建议在民气高涨的条件下，由上海市人民选派代表团赴南京进行呼吁和平、反对内战的请愿。周恩来征求了其他工委委员的意见并反复考虑之后，于 6 月 22 日最终同意了华岗的建议，并由副书记刘少文和张唯一先后

---

① 李维汉：《在周公馆谈判的日日夜夜》，见中国共产党代表团驻沪办事处纪念馆编：《上海周公馆》，上海人民出版社 1994 年版，第 215 页。

② 中共上海市委党史资料征集委员会主编：《中共上海党史大事记》，知识出版社 1988 年版，第 634 页。

③ 蔡金法：《华岗与上海周公馆》，《上海党史与党建》，2003 年 6 月号。

转达刘晓、刘长胜。上海党组织根据中央关于“不要提过左的口号和行动”的指示，决定通过“上海人民团体联合会”和“上海市学生争取和平联合会”，发动群众推选代表，组成“上海人民和平请愿团”赴南京请愿，并由各工作委员会负责发动群众，组织群众欢送代表和游行示威，并指定张执一、张承宗负责组织此项工作。上海工委有关人员则与素有关系的文化界和工商界的代表人物进行推动。周恩来与华岗负责同马叙伦商谈，并推动马叙伦和其他上层代表人物商谈，许涤新负责同盛丕华（开美科药厂董事长）、篑延芳（浙江兴业银行董事长）和张洞伯（中兴实业公司董事）等人进行商谈。

1946 年 6 月 23 日，上海人民呼吁和平入京请愿代表团代表篑延芳、盛丕华、包达三（雷石化学公司董事长）、胡厥文（合作五金厂总经理）、张洞伯、阎宝航（大明公司总经理）、吴耀宗（宗教界代表）、马叙伦（原北京大学教授）、雷洁琼（东吴、沪江大学教授）9 人和学生界代表陈震中、陈立复等赴南京请愿，各界群众 5 万余人在北火车站广场开欢送大会。代表离站后，到会群众又进行了游行示威。

当晚，上海市民请愿代表团乘坐的火车到达下关时，遭到埋伏在车站的大批特务的殴打，马叙伦、阎宝航、雷洁琼、陈震中四位代表受重伤。参加欢迎的民主同盟代表叶笃义、《大公报》记者高集、《新民报》记者浦熙修、《益世报》记

者徐斌也遭殴打。周恩来同中共代表团其他负责人闻讯赶到医院慰问受伤代表，并向国民党当局提出抗议。①

在上海期间，华岗除参加民主活动外，还撰写了大量的政论文章，例如《停止内战与恢复交通》、《简论所谓东北主权问题》、《内战的前途》、《上海示威和下关惨案》、《痛悼陶行知先生》、《制宪奇观》、《现阶段中国土地问题的特征与解放区土地改革的经验》、《第三方面的新生》、《严重的考验——一年来中国民主运动总商讨》、《冒险的尝试》等。可以这样说，这时期华岗撰写的政论文章最大的特点就是文笔犀利，与时代的脉搏紧密相连，“每当社会上发生一个轰动的事件或民众关心的新闻热点时，华岗的政论文章就会及时地出现在读者的眼前”，从而“极大地教育和鼓舞了国统区人民为争取民主、自由、和平的斗志，起到了教育人民、鼓舞民心、打击敌人的作用”。②

1946 年 6 月 26 日，国民党突然进攻中原解放区，标志着内战全面爆发，尽管中共代表团还留在南京，但是已经无力回天。11 月 19 日，周恩来返回延安，中共代表董必武、华岗等部分人员仍继续留在南京、上海工作。同日，中共代表团发言人王炳南在南京宣布中共驻宁代表团改称中共联络处。嗣后，中共代表团驻沪办事处也改为中共上海联络处，由董必武、钱之光主持，继续开展工作。此前的 10 月，章汉

① 许涤新：《在马思南路的日日夜夜》，见中国共产党代表团驻沪办事处纪念馆编：《上海周公馆》，上海人民出版社 1994 年版，第 112 页。

② 蔡金法：《华岗与上海周公馆》，《上海党史与党建》，2003 年 6 月号。

夫、许涤新、冯乃超、夏衍、乔冠华、龚澎、肖贤法、张铁生等先后转移去了香港，熊瑾玎返回延安。到了 1946 年底上海工委只剩下华岗、潘梓年、陈家康、胡绳等四人继续坚守阵地，坚持斗争，坚决执行中共中央关于“非赶不走”的方针。华岗等人在极其恶劣的环境下，依旧活动不辍，参加了欢送茅盾夫妇赴苏酒会、陶行知灵柩移南京公祭仪式、庆祝沈钧儒 73 岁生日宴会、抗议美军暴行的游行大示威、“一·二八”抗战 15 周年纪念大会等活动。

1947 年 2 月 28 日，国民党南京、上海卫戍警备机关分别通知驻两地的中共代表，限令 3 月 5 日之前全部撤回延安。国民党军警查封了周公馆，并隔绝了它同外界的一切联系。经过斗争，董必武偕夫人何莲芝及儿子董西生、卫士刘国安等人于 3 月 2 日先撤离周公馆去南京梅园新村，留下华岗等人继续在周公馆坚持斗争。3 月 5 日，周公馆房产移交给民盟代管后，华岗、潘梓年、钱之光、陈家康、刘昂等最后一批留守周公馆工作人员 13 人，与《新华日报》、《群众》周刊工作人员 20 人撤离了周公馆，前往南京梅园新村与董必武等会合，准备一同返回延安。

2. 香港之行。

1947 年 3 月 7 日，董必武、华岗、潘梓年等中共代表团 74 人分乘 4 架飞机，由南京飞抵延安，周恩来、刘少奇、朱德等到机场迎接，晚上毛泽东在杨家岭大礼堂欢迎他们胜利归来。晚宴上，华岗有幸坐在中共最高领袖身边，毛泽东对他说：“你在中国大革命失败后所写的《1925～1927 中国大

革命史》，搜集了许多宝贵的资料，是一本好书。”①还让他以后继续从事这方面的研究，使华岗深受鼓舞。

国民党由全面进攻转为重点进攻后，为诱敌深入，中共中央于 1947 年 3 月撤离延安。华岗被编入一个由中高级干部和知识分子组成的小队同时撤离，队伍先到达晋绥边区临县的胡民村，再转移到中央城市工作部所在地王家沟。在这里，周恩来指示华岗、张友渔、童小鹏、罗迈等 7 人留下，总结党 10 年来在国统区做城市工作的经验。后来华岗与何其芳等人被派往西柏坡的中央工作委员会工作，在骑马前往西柏坡途中，华岗不慎摔下马来，医生诊断为脑震荡和肠出血，建议他到外地医院治疗。1948 年春天，华岗通过秘密交通渠道，来到上海，住进台湾医院，病情有所好转后，经上级批准，携家人乘船秘密前往香港。

1948 年 3 月，绿树繁花、一派春色之际，华岗来到了香港。华岗在香港时期，中共地下组织——香港分局的书记是方方，分局下设香港、澳门工作委员会，书记为章汉夫，工委再下设统战工作委员会、财经委员会、文化工作委员会和外事组等机构，分别负责香港及华南地区的各项工作。华岗因为有病在身，所以没有给他分配具体任务，而是“作为后备队伍，准备在香港工委被破坏到没法工作时，由他继续战斗”。既然没有具体任务且有病在身，所以华岗“除有时去医院治疗外，白天尽量不出门，常常孜孜不倦地工作、写

① 谈滨若、华山青：《华岗年表》，见刘培平主编：《战士·学者·校长》，山东大学出版社 2003 年版，第 443 页。

作到深夜，同志之间也不随意来往”①。其间，华岗不仅将过去所写《中国民族解放运动史》一书中的“太平天国革命”和“五四运动”两章，扩充改编为《太平天国革命战争史》和《五四运动史》两本书，而且还写了大量时政文章。

然而，正像华岗所说，自己首先是战士，其次才是学者。在国共决战、中国即将发生天翻地覆变化的时刻，华岗是不可能静坐书斋，潜心做研究的，所以，尽管中共中央没有分配给他具体任务，但是华岗实际上参加了香港工委的工作，包括统战、文化以及工商业方面的工作，其中，最主要的是做统战工作。1948 年 1 月，民盟在香港召开三中全会，重建领导机构，中国国民党革命委员会也于同月在香港成立，因此香港云集了许多民主党派领导人和学者名流，这为华岗做统战工作提供了机会。

尽管国民党军队自从重点进攻以来，在战场上一败再败，但是民主人士中有些人还看不清形势，心存观望，华岗就利用经常参加民主人士集会的机会，与他们相互交换看法，分析时局，对他们影响极大，其中最为著名的是 1948 年春天在沈钧儒寓所的客厅所作关于当前形势的报告。关于这场报告，古念良深情地回忆道：

> 参加的仅有二十多人，但绝大多数都是当时的著名民主人士，如郭沫若同志(当时还在党外)、沈钧儒先生、马叙伦先生、马寅初先生等，报告会从上午 9 时开始，除午餐休息了一个多小时外，一

① 华滇珂：《遥望香江忆华岗》，《山东大学报》，1997 年 4 月 30 日。

直到下午7时。华岗同志从国外到国内，从解放区到蒋管区，以大量的事实，缜密的分析，强有力的逻辑，雄辩地令人信服地说明蒋介石必败、解放战争必胜的道理。当时解放战争正在紧张进行，即使最靠拢我党的民主人士，对国家的命运和前途，还是忧心忡忡的。我目击满座德高望重的民主人士聚精会神地屏息倾听的情景，亲身体会到，这固然由于党的崇高的威信，也由于华岗同志个人的才华和学识。这就不难理解华岗同志凭什么在从事上层统战工作中，能出色地完成党给他的任务。①

1948年5月以后，为了积极争取民主人士回解放区参加新的政治协商会议，华岗进行了多方面的工作。由于华岗与民主人士之间肝胆相照，赢得了他们的信任。例如李济深等发表的《对时局的意见》，就是请华岗帮助起草的。华岗还多次应邀为民主人士和无党派人士作报告，讲解解放区的形势、战争的进展和中共的方针政策，配合香港工委进行宣传、统战工作。

然而，也就是在这个时候，有人却向中共中央打了"小报告"，反映华岗"说话出格"，违反了"内外有别"的原则，不应该讲土地改革中河北、山西、山东错斗错杀，对地主扫地出门、不给出路的事例，抓住华岗的片言只语无限上纲，加以非难，说华岗违反了纪律，"制造思想混乱"。对此，著名

① 古念良：《不胜高山仰止之思》，《羊城晚报》，1983年3月6日。

的中共党史研究专家廖盖隆这样评论道："这些不符合实际的所谓情况，反映到中央以后，中央未加详查就据以作出要香港分局对他严加批评和暂停一切对外活动的决定，对于这个决定，华岗没有机会申辩，但他是深感委屈的。"①其实华岗对土地改革有着非常深刻的认识，早在1946年华岗就写了《现阶段中国土地问题的特征与解放区土地改革的经验》、《解放区土地改革的道路》，1947年又写了《论土地改革民族独立与民族运动的关系》等文章。在这些文章中，华岗对土地改革的必然性和意义作了充分而又深刻的论述。例如他说："土地改革就是意味着消灭自中世纪以来一直保存到我们今天，而且在社会生活的各个方面都烙了印的封建制度的残余，土地改革是要根绝反动势力最坚固最重要的柱石，为国家民主化与民族独立扫清道路"；在"整个封建时代，一切社会制度，归根结蒂是为土地关系所制约的"；"历史发展的结果已经把民主运动和农民的土地改革相联结"；"农村的土地改革运动是粉碎国民党进攻争取自卫解放战争胜利的根本关键"；"自卫解放战争急切地要求旺盛的革命精力，而土地改革正是这种革命精力的主要源泉"；"对于土地改革的态度是民主主义真假与否以及彻底与否的测验"；认为"目前中国只有土地利用问题而没有土地关系变革的问题"的观点，会"有意无意地跟着反动派高

① 廖盖隆：《华岗述评——写在〈华岗传〉出版之际》，见向阳《华岗传》，浙江人民出版社2003年版，第26页。

叫解放区实行耕者有其田是过火行为”,等等。① 由此可见,即使华岗对土地改革失误有所批评,既不能说明他不赞同土地改革,又不能说明他的批评没有根据,因为事实上同时期中共中央对各地土地改革的失误也有批评,党内文件也有公布。

1949 年 4 月以来,南京、上海相继解放,全国解放在即。按照中共中央要求,华岗协助香港工委,积极争取和组织民主党派领导人与知名人士分批离港赴东北解放区,再转往北京和中共一同筹备新的政治协商会议,于是一批又一批的同志、朋友先后离开了香港。正当华岗准备北上参加新政治协商会议时,却因肠出血旧病复发,不得不暂留香港治病。8 月下旬,华岗一家终于登上了一艘叫“科隆号”的洪都拉斯轮船,驶离香港,北上进京。

## 三、冤狱晚年

按照原计划,华岗一家先乘船到上海,然后改乘火车进京,但到上海时,吴淞口正遭国民党飞机轰炸,轮船不能靠岸,只能驶往青岛登陆。9 月初到达青岛后,青岛市军管会主任向明坚请他留下从事文教工作,于是当年秋天华岗介入山东大学的事务,次年 4 月 23 日出任山大校务委员会主任。此后,在短暂 5 年多的时间里,华岗创造了山大历史上的第二个“黄金时期”。然而,华岗在山大的辉煌是短暂的,

① 向阳:《华岗传》,浙江人民出版社 2003 年版,第 240～241 页。

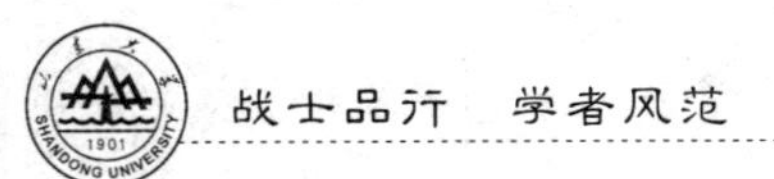


因为无辜牵涉到“胡风案”和“向明案”，1955 年 8 月 25 日，华岗被捕，从大学校长沦为阶下囚。在经历了 17 年灵魂和肉体的双重折磨之后，1972 年华岗含冤离开了人世。

**(一) 从校长到囚徒**

胡风(1902—1985)，原名张光人，湖北蕲春人，文艺理论批评家、诗人，解放前参加过左联，1949 年 7 月当选中国文联委员、作协常委。因为文艺思想与他人有不同意见，1954 年 7 月，向中共中央政治局提交了 30 万字的《关于解放以来的文艺实践情况的报告》，这本来是学术问题，但在当时却成了政治问题。1955 年 1 月 21 日，中共中央批转了中央宣传部《关于开展批判胡风思想的报告》，2 月中国作家协会主席团召开会议，决定对胡风的文艺思想展开全面和彻底的批判。5 月 18 日，全国人民代表大会常务委员会第 16 次会议批准将“胡风反党集团”的骨干分子逮捕收审，梅林、阿垅、鲁藜、芦甸、绿原、方然、王元化、贾植芳、何满子等纷纷被捕。① 由于毛泽东曾经明确指出，“一切和胡风混在一起而得有密信的人”应当交出密信来，并说“交出来比保存或销毁更好些”，于是胡风和“分子们”的来往书信，受到了有关方面的“特别重视”。

建国前，华岗和胡风有过一些来往，据公安部对从胡风

---

① 据《关于“胡风反革命集团”案件的复查报告》统计，“在全国清查‘胡风反革命集团’的斗争中，共触及了 2100 人，逮捕 92 人，隔离 62 人，停职反省 73 人。到 1956 年底，绝大部分都作为受胡风思想影响予以解脱，正式定为‘胡风反革命集团’分子的 78 人(内党员 32 人)，其中划为骨干分子的 23 人”。(散木:《山东大学校长华岗之案内情》,《文史精华》,2005 年第 2 期)

那里搜查来的日记统计，华岗与胡风自1937年12月6日至1940年9月10日相互访问52次，通信3次。这个时期正是华岗主编《新华日报》以及被迫离开报馆赋闲养病写作时期，同时期的胡风在文艺界非常活跃，所以两人交往较多。解放后，华岗与胡风交往减少。50年代初胡风因为文艺思想与学界发生分歧，华岗曾经写信给胡风，劝他“似应克己，将情绪集中对于某些问题，加以较深发掘，尚有较实际之贡献”，并以自身的体会建议胡风去发掘鲁迅思想。1952年底，华岗去教育部请示工作，周恩来看他身体不好，让他去颐和园休假一周，胡风夫妇前去看望过他。华岗劝胡风说：“一个人要想完全不被人误解是不可能的，鲁迅不是也被朋友误解过吗？但后来连反对过鲁迅的人也信服了鲁迅，所以问题还在于自己能否掌握正确的方向。”1954年，华岗和胡风在北京再次见面，华岗鼓励他继续写文章，并且说如果其他刊物不肯刊载，可以送给《文史哲》杂志。1955年初的农历春节，青岛文艺界声讨胡风，华岗却在发言中对胡风过去的革命历史予以肯定。3月，全国对胡风的批判已经升级，华岗以方衡为笔名在《文史哲》上发表《胡风文艺思想的唯心论的实质》，依然把胡风问题限于思想批评的范围之内。① 然而正是由于华岗在全国批判胡风的潮流中，没有“跟上形势”，为他日后被捕埋下了伏笔。

1949年10月1日，中华人民共和国虽然宣告建立，但是当时国内与国外、党内与党外斗争仍然非常激烈，正当

① 向阳：《华岗传》，浙江人民出版社2003年版，第289～290、299页。

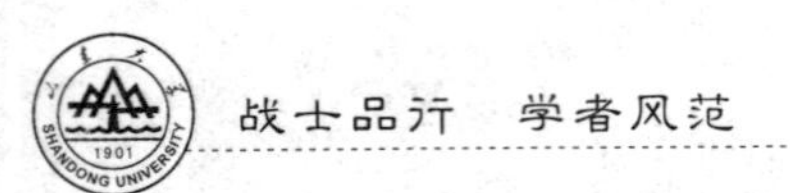


“胡风案”发生后不久，山东又发生了“向明案”，华岗同样被卷入。两案齐下，华岗被捕入狱。

“向明反党集团”是与“高饶反党联盟”联系在一起的。“高饶反党联盟”是指高岗、饶漱石在建国初期结成反党同盟，企图反党夺权的案件。“向明案”起因于向明被错误地认定参加了“高饶反党联盟”。事情的经过大致是这样的：

1952 年，中央实行了新税制，但是实践中存在诸多问题，地方上意见很多。1953 年 6 月 14 日至 8 月 12 日全国财经工作会议上，出于对新税制的不理解和对本地区利益的保护，不少人对新税制提出了批评意见。会议主持人薄一波按毛泽东的指示，在会议上就新税制中的不完善方面做公开检讨，而高岗、饶漱石等人则抓住薄一波的检讨大做文章，将矛头指向刘少奇。在这次会议上，山东代表也对新税制提出了批评。实际上，早在 1952 年新税制刚开始试点时，向明就将新税制推行时遇到的困难以书面形式向毛泽东做过报告，毛泽东还就报告做过批示，对向明等反映的意见基本肯定。但一年之后，因为政治形势发生变化，毛泽东的态度却截然相反。此次会议上向明反映的意见和所谈山东执行新税制的困难被中央认为是向高、饶“提供了石头打中央”。1954 年 2 月 6 日，中共中央七届四中全会对高、饶破坏党的团结的行为作了严肃的批评，向明虽然也发言批评了高、饶，但被认为态度暧昧、内容空泛。毛泽东在听取会议汇报时说：“向明我支持他，他不支持我。”1954 年 3 月，中共全国代表会议一致通过了《关于高岗、饶漱石反党联盟的决议》，决定将二人开除党籍，撤销其党内外一切职务，并

决定在全国开展清查“高饶反党联盟”运动，于是1954年4月中央派陈毅来山东调查。陈毅本想温和处理所谓的“向明事件”，但是中央不同意，结果最终认定向明加入了“高饶反党联盟”，建议中央和华东局给予向明等人严厉处分。1954年8月，陈毅在山东省第一次党代会上说，对向明问题处理到此为止，不要再株连更多的人。然而，山东省委没有接受该意见，会议结束后不久，1955年2月至1956年夏，以检查各级党组织的形式，有计划、有步骤、有领导地在全省范围内开展了“肃清向明影响”的斗争。① 其间，青岛市委连续举行揭发批判“向明反党集团”会议，屡屡要华岗参加，但是华岗总是推托说自己生病不能去。夫人谈滨若劝他去应付一下，华岗则说“我去了也谈不出什么，还不如不去”。不久华岗去北京参加全国人民代表大会，会议结束后，山东省委负责人就找华岗谈话：“青岛市委正在揭发向明的问题，你们关系密切，至今没看到一份你揭发的材料，这次回去要认真揭发交代。”华岗则回答说：“我一定实事求是，有错误就揭发。”当有人对他说“你的问题有人盯着”，华岗说“我不能凭空捏造事实去陷害自己的同志”。既然如此“不识时务”，华岗回到青岛后，随即被宣布不许走出家门，失去了自由。② 1955年8月25日，根据山东省委指示，青岛市公安局以“胡风反革命分子”和“向明反党集团”的“后台”等

① 任全胜：《向明事件：共和国建立后山东最大的冤案》，http//www.chedan.com。

② 向阳：《华岗传》，浙江人民出版社2003年版，第291～292页。

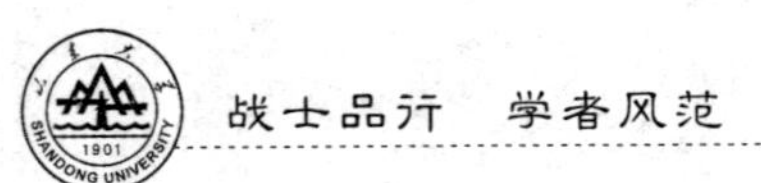


罪名逮捕了华岗,①虽然后来又将“逮捕”改为“隔离审查”,其实两者是一回事。华岗作为全国人大代表,未经全国人大许可就被逮捕,这本身就属违反宪法行为,因为1954年新中国第一部宪法第37条明文规定,全国人民代表大会代表非经人民代表大会许可,在全国人民代表大会闭会期间,非经全国人民代表大会常务委员会许可,不得逮捕或者审判!

华岗被捕以后,山东大学党委、青岛市委开始对其进行了无止境的审问。1955年9月中旬,山东大学党委连续三天召开“批判华岗大会”,要华岗交代自己的“罪行”,以及他与胡风和向明的“关系”,并且要华岗检举揭发他们的“反革命罪行”。批判会结束时,华岗对大家只说了两句话,一句是“欲加之罪,何患无辞”,另一句是“希望大家相信事实”。②

对于华岗的被捕和批判,大多数山大师生感到不可理解,十分困惑。孙思白的一段回忆,大致可以说明山大师生的心态:

> “华案”在校园里从宣布到随后的大会批、小会斗当中,却到底谁也没听明白是犯了哪条罪。每次批斗会的开场白,是几顶空洞“大帽子”,莫测高深;下面的“例行”发言,又是影影绰绰,不着要

① 此后强加给华岗的罪名还有“叛徒”、“特务”、“国际间谍”等。

② 谈滨若、华山青:《华岗年表》,见刘培平主编:《战士·学者·校长》,山东大学出版社2003年版,第452页。

害。什么讲大课中某几句话是“反马克思主义”啦，什么“突出个人，抬了自己”啦，什么提出向科学进军，是“抢先在中央之前”啦，如此等等，听起来最大只是过失，甚至连过失也够不上。又追问他与胡风、向明的关系，但除了个人友谊与工作关系外，也提不出什么具体罪证。末后还传出最严重的问题说是“根据对华岗家搜查的结果，华岗有越境潜逃的迹象”。这一条如果能成立，那时候可真是了不得的罪名，然而不过半天，就传达下来，叫大家不要再提这事。看来，这还是靠不住的天方夜谭。①

1955 年 10 月以后，“有关方面”已经不再对华岗进行公开批斗，而是将其秘密关押，不许会见任何人（包括亲属），由专案组日夜轮番审讯，逼他招供，企图使他在精神上、肉体上彻底崩溃。

“向明反党集团”定性之后，山东省委让赵健民负责这个专案。② 在详细地了解了案情之后，赵健民发现这一“反

① 孙思白:《读向明〈华岗传〉的感受》,《文史哲》,1994 年第 3 期。

② 赵健民,1912 生,山东冠县人。1932 年加入中国共产党,历任中共济南市委书记,中共山东省工委组织部部长、代理书记,中共山东省委组织部部长兼济南市委书记。抗日战争爆发后任中共鲁西特委书记,1947 年 7 月起任冀鲁豫军区司令员,1952 年任铁道部副部长,1955 年 1 月起任中共山东省委第三书记、山东省省长。1956 年被选为中共第八届中央候补委员,1963 年任中共云南省委书记处书记,“文化大革命”中遭受迫害,1978 年任第三机械工业部副部长、党组副书记。1982 年、1987 年先后被选为中共中央顾问委员会委员。

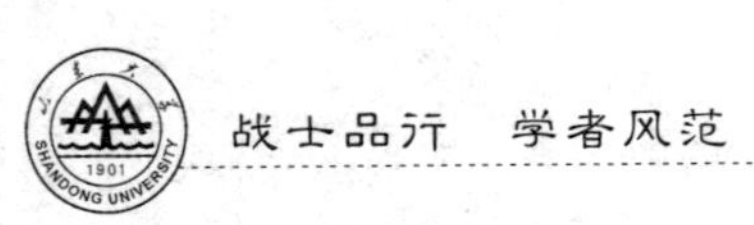


党集团”在事实上是不存在的。于是他一再建议省委主要负责人听取专案工作人员的汇报,研究这一案件的归宿,迅速释放那些查无实据的受害者。但是赵健民的建议不但没有被采纳,反而成了他日后的“罪状”。几十年后赵健民感慨地说:

> 实际上,这个所谓的“反党集团”究竟是怎样组成的,成员之间有什么特殊联系,他们又为什么要“反党”,所有这些重大问题,即使是提出有一个“反党集团”的人,也根本举不出一件有力的事实来……在“左”的错误占主导地位时,总会有一些信口雌黄、惯于捏造罪名的恶棍应运而生,把错误推向极端,以捞取自己的功名利禄……令人十分痛惜的是,华岗这位久经考验的老同志,由于不肯昧心揭发所谓“向明反党集团”的问题,竟无端成了这个“集团”的成员,突然失去了自由。①

尽管专案组内查外调,②但是仍然查不到华岗的任何

---

① 赵健民:《纪念华岗》,见赵健民:《赵健民文集》,山东人民出版社 2002 年版,第 556 页。

② 据刘禺轩回忆,华岗被捕之后,有一天忽然山大党委有人来到他的新单位找他:“闪烁其词地说什么对他们(‘向明反党集团’其它分子)特别是华岗要‘大胆怀疑,敢于揭发’云云……直到 1980 年看到罗竹风悼念华岗的文章《日月经天,江河行地》,说有关方面当年也曾为华岗问题向他‘调查过两次,所提出的关节问题,例如反革命、胡风分子等,都是毫无所知的’,这才使我恍然大悟:原来为了收集和制造华岗的‘罪证’,‘有关方面’几乎连一切和他有过接触的人都不放过,包括我这样一个微不足道的小人物。”(刘禺轩:《永远的华岗同志》,见刘培平主编:《战士·学者·校长》,山东大学出版社 2003 年版)。

“罪证”，于是，他们或者使用“高压”政策，企图使华岗屈服；或者利用互不关联的零星事件，让华岗认罪。例如，关于胡风，有人说“你在《新华日报》工作时，胡风不是你的作者吗？抗战期间在重庆、乃至解放后在北京，你们不是有过多次往来吗？你不是打算请胡风到山大中文系教书吗”？① 言下之意，胡风反党，你华岗能够不反党吗？令人感到非常有意思和为之感动的是，在华岗为胡风辩护的同时，胡风也在为华岗辩护。当时有关方面提审胡风，让他“揭发”华岗时，胡风却说华岗当年如何为争取民主而奋斗，如何向文化人宣传党的主张和执行统一战线的政策等，认为华岗根本与“反革命分子”沾不上边。② 如果说捕风捉影地寻找华岗和胡风的关系还有些困难的话，那么寻找华岗和向明的“关系”的证据则“十分容易”了。30 年代向明和华岗在济南地方法院看守所、山东省第一模范监狱和武昌湖北反省院是狱友，虽然 1937 年出狱后各自一方，但是 1949 年 5 月，向明担任青岛市军管会主任和市委书记，正是由于向明的盛情挽留，华岗才得以担任山东大学校长。此外，山东大学通过师生代表大会选举校务委员会，是要经过军管会同意的，并且向明是出席大会并作了讲话的，向明和华岗的“关系”能一般吗？

无论“专案组”用何种手段审讯华岗，都是一无所获。

---

① 赵淮青：《华岗的卓越贡献与悲惨遭遇》，见刘培平主编：《战士·学者·校长》，山东大学出版社 2003 年版，第 386 页。

② 散木：《山东大学校长华岗之案内情》，《文史精华》，2005 年第 2 期。

专案组在1955年10月10日的文件中，对华岗做了这样的记录："至今未能老实地对一件主要事实承认下来，实是少有的无赖。"①华岗不仅不承认"罪行"，而且还对他们提出忠告说："你们开始时怀疑我，可以理解，继续怀疑下去，则公私两伤。要毁掉我很容易，不必这样兴师动众，如从实际出发，我的问题很容易查清，我没有罪，你们硬把罪名加在我头上，还要我承认，这是不可能的。"②在与专案组斗争的过程中，华岗写了很多申诉材料，虽然这些材料当时被扣押，但是其凛然正气，至今读来，仍然让人荡气回肠，想必当年的"审判者"看后也未必无动于衷。其中他于1956年3月11日提交的上诉材料就是典型的一例：

> 现在立即恢复我的自由和工作，立即公平处理我的问题，这不仅是出于我的正义要求，也是组织上应有的责任。因为党有实事求是的原则和不要冤枉一个好人的英明政策，中华人民共和国宪法更有保障人权的明白规定。如果以为有权力在手，就可以不顾一切，为所欲为，对于被害人的正义申诉，可以充耳不闻，那就不但违反党的原则和政策，而且和我们人民民主国家的国家性质不能相容。至于说我态度不好，那也不过是欲加之罪何患无词〔辞〕而已。不平则鸣，人之常情，一个人

① 向阳：《华岗传》，浙江人民出版社2003年版，第295页。

② 华景杭：《历尽坎坷终不悔，留得浩气在人间》，见刘培平主编：《战士·学者·校长》，山东大学出版社2003年版，第371页。

受了冤枉，为什么不可以叫冤，难道在光天化日之下受了不应有的无理迫害，还要叩头谢恩才对吗？历史上当然有过这样的事情，可惜现在已经不是那样的时代。实际上某些同志错误地把我当做假想的敌人来打击，正像堂吉诃德把风车当作敌人来乱斗一样，我不过成了现代堂吉诃德们不分对象的牺牲品，被强制当作他们盲目射击的风车。但我毕竟是人，而不是风车，风车受了冤枉，不会说话，而人则会说话，所以就说我态度不好，试问公道在哪里？而且堂吉诃德当他发现自己所射击的对象只是风车而不是真正敌人的时候，也就停止了射击，而现代堂吉诃德们，明明发现自己所打击的对象乃是风车不是敌人的时候，却还要固执成见，不肯放手，这就使人实在难以理解了。如果说这是一时的偏差，那么既经发现是偏差，就应进行纠正，而不应该放任不管。为了正义和真理，我据实说了上面这样一些直率的话，也许有人又要因此而说我态度不好，我只好请他凭事实和客观真理来判断，而不要再凭主观偏见来判断。千言万语，并作一语，我的要求只有八个大字，那就是：实事求是，公平处理。①

1956年夏天以来，因为多次申诉与抗议都无效，华岗气愤交加，病情加重，开始绝食，看守人员劝他进食无效，于

① 向阳：《华岗传》，浙江人民出版社2003年版，第295～296页。

是青岛市公安局准备将他送往北京。

**（二）从蒙冤到昭雪**

1957年4月，华岗被转押到北京秦城监狱。临行前，“有关方面”允许夫人谈滨若和孩子去看望华岗，据华景杭回忆，此时的华岗“已是双颊深陷，满脸病容，想到此行一别，不知何时才能重见，我们不禁潸然泪下”。然而华岗却安慰家人说：“不要难过，我的问题去北京也许能比这里解决得快些。”①就这样华岗离开了青岛。

华岗原以为到了北京，他的问题就会得到正确解决，但是希望很快破灭了。在秦城监狱，华岗继续受到与在青岛时别无两样的审讯。华岗多次申诉和抗议仍旧无效，审讯人员一再逼他交待“罪行”，并说“只要服罪，便可从轻处理”，就可以“提前释放”，然而华岗则回答说“我无罪可服，宁肯死在狱中，也不能认罪”。秦城监狱关押的是政治犯，为了改造他们，监狱有不少马列著作、其它书籍和报刊可供阅读，华岗充分利用这一条件，一面了解外面的形势发展，一面开始潜心写作，并赋诗言志道：“知识无涯天地宽，须行即骑莫迟惶。双膝未膑当知足，可酬热血换文章。”监狱当局发现华岗在写作后，便规定：不许涉及政治，不许用钢笔。华岗就从自己仅有的一点生活费中省出一部分钱，托人买了毛笔、墨汁、笔记本，以惊人的毅力开始写作。② 从华岗

① 华景杭：《父亲华岗坐牢21年》，《炎黄春秋》，2003年第6期。

② 华景杭：《历尽坎坷终不悔，留得浩气在人间》，见刘培平主编：《战士·学者·校长》，山东大学出版社2003年版，第371页。

1957年来到秦城监狱，到1965年离开，总共呆了8年，8年中，华岗写了20多万字的《美学论要》，并且基本上完成了《规律论》的写作。

人们常说，“人的性格就是人的命运”。华岗一直有病，再加上为革命工作长期奔波，身体十分虚弱。然而，就是这副文弱之躯，却又坚强无比。解放前，敌人监狱的各种酷刑没有使华岗屈服；解放后，各种各样的审讯、诱惑，同样没有使华岗屈服。还在被关押在青岛的时候，“华东局的一位颇有声望的负责同志曾来青岛亲自找华岗同志谈话，好心地动员他‘揭发’。他的回答是：‘要实事求是。’”①1963年，“向明反党集团”的成员一一得到了甄别，包括向明本人都被释放。不幸的是，华岗由于“态度严重恶劣”，连甄别的资格也没有，始终未能获释。即便是如此，此后如果愿意低头，华岗还是有可能出狱的。据赵淮青透露，“从1955年底开始，华岗被关押了十年，也未审出个所以然来。一直拖到1965年2月，有一天，他突然被带到北京城一幢高级宾馆的单人房间，两天后，一位来自中南海的大人物，莅临这个房间。他们简单‘寒暄’了几句话，大人物便转入正题：‘老华，你的事只要认个错就行了，不能当人大代表，还可以做政协委员嘛。’华岗反问道：‘我犯了什么罪？关到这种地方来，一关就是这么多年，这是为什么？’面对权威，他无所畏惧，而且还表现了几分书生的狂气。结果话不投机，不欢而散，

① 吕维怀：《怀念华岗，学习华岗》，见刘培平主编：《战士·学者·校长》，山东大学出版社2003年版，第377页。

华岗又被带回秦城监狱。”①这就是华岗！这就是华岗的性格！这种性格影响了华岗的命运！

1965年3月19日，最高人民法院对华岗进行了秘密审判，判刑13年，剥夺公民权利7年。华岗的“罪名”是：在武昌反省院中称蒋介石为蒋委员长是“丧失立场”；在国统区工作时，与国民党特务接触是“投靠反对派”；在山大工作时，在未查清事实前不允许逮捕有“历史问题”的教授是“包庇反革命”。尽管华岗当庭拒绝接受这一判决，并按照法律程序要求公开审判，允许请律师辩护、上诉等，但是这些要求统统遭到了拒绝，因为这是“最终判决”！

判决之后，华岗又在秦城监狱呆了半年多，后于1965年底被转押到济南山东省监狱服刑。这里是他30多年前曾被国民党关押过的地方！在这里，华岗被单独关押，狱方每天派人从监狱机关食堂把饭菜打来，相对而言，生活尚可。只是狱中政委要定期对华岗进行“精神训话”，并要求他写学习心得，汇报思想。在这里，除了一个姓孙的工作人员外，禁止任何人与华岗接触。

同年11月，华岗给已经8年不知音讯的夫人谈滨若写信，告诉她自己已经到济南服刑。得知消息后，谈滨若迫不及待地于1966年春节到济南探望华岗。夫妻分离十年整，生死茫茫两不知，突然见面，其情其景，可想而知。华景杭追述道：“一别十年，再次见面之时，他已是满头白发，身体

① 赵淮青：《华岗的卓越贡献与悲惨遭遇》，见刘培平主编：《战士·学者·校长》，山东大学出版社2003年版，第388～389页。

虚弱，仍穿着十年前离家时穿的衣服，破旧不堪，母亲伤心落泪。”华岗劝慰夫人：“不要为我担忧，我的刑期不长了，还有两年多即可自由，我们共产党人更应有坚强的革命乐观主义精神，战胜各种逆境。只要我活着，还可以继续为党工作。”①

在监狱工作的小孙与华岗朝夕相处，两人逐渐熟悉起来。华岗经常给他讲中国革命的历史，自己的革命生涯，鼓励他学会读书，学会思考。他们之间的隔阂逐渐消除。小孙开始尊重他，关心他，在允许的范围内尽量给他帮助。可能是由于山东省监狱相对“宽松”的环境、不久即将出狱的期待、联系上家人获得了欣慰等原因，华岗在济南监狱“心情较好”，对未来充满了企盼，这从他的“检查”中也可以看出一丝端倪：“我虽然已届暮年，但区区之志，仍想为社会主义建设添加一砖半瓦。”

然而，“好景”不长，“文化大革命”爆发了！华岗的境遇极度恶化。首先，华岗的监室里安装了窃听器，他的一切言行均被监视，学习和写作的权利也被剥夺了。其次，1967年监狱由造反派掌权后，次年华岗被迫从单人间搬出，投入大牢房，与普通犯人住在一起，睡在拥挤不堪的牢房里，需要自己到狱中食堂吃饭，每月的生活费由50元减为17元。第三，对华岗的“管教”由“精神训话”转变为批斗和劳动改造。由于“态度顽固”，华岗经常被长时间地罚站，并且遭受

① 谈滨若、华山青：《华岗年表》，见刘培平主编：《战士·学者·校长》，山东大学出版社2003年版，第453页。

呵斥、打骂。虽然年老多病，但仍被责令参加挖沟、翻土等重体力劳动，因体力不支，常常摔倒在地。即使如此，华岗仍然是一身硬骨头。外调人员向他调查其他人情况，他都如实介绍，从不夸大、诬陷。

华岗本应该在1968年8月24日刑满释放，但却一直被关押着。1970年3月5日，军管会签发了释放令，给华岗办理了刑满释放手续，但仍不许走出监狱，将他安排到了监狱里的就业队。最终因为病倒在床，生活不能自理，1971年1月，监狱派人把华岗送往青岛家中，责令家人负责看护。①

自1955年华岗被捕之后，其全家老小以及亲朋好友无一幸免，均受株连，背负着"反革命家属"的重压，在历次政治运动中受到种种歧视。夫人谈滨若因为"包庇华岗"的罪名，被撤销职务，开除党籍，行政连降四级。"文革"期间，谈滨若一面被批斗，一面在仓库劳动改造，全家被赶到一间10平方米的斗室中居住。尽管如此，家人对于华岗的归来还是给予了极大的关怀。经过悉心照料，华岗身体略有好转，但是精神却出现异常："有时愣坐在那里，一言不发；有时显得迷迷惘惘，踯躅门前；有时把医生给他服用几天的药，一次统统吃掉。只有触及他的所谓'罪行'时，头脑清醒面色严肃起来，拿出随身携带的眼镜盒，指着藏在里面折叠得非常整齐的判决书说：'这完全是陷害，我一定要告到中

① 华景杭：《历尽坎坷终不悔，留得浩气在人间》，见刘培平主编：《战士·学者·校长》，山东大学出版社2003年版，第373页。

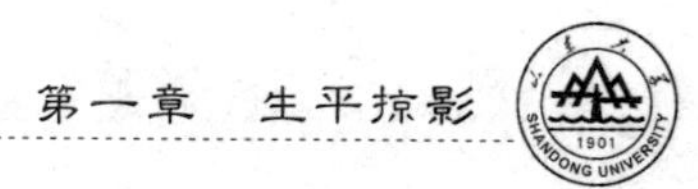

央。'"①对于华岗在家中的情况，华景杭这样说道：

> 16 年的监狱生活使父亲改变了许多，他已不像当年那样精力充沛，行动敏捷，谈笑风生，而是面色浮肿，行动迟缓，沉默寡言，这使我们欲哭无泪。父亲虽然走出了监狱，但并未获得真正的自由。公安局宣布：不能出门，不能会见他人，不能发表政治言论，不能……要定期汇报思想，继续接受改造，民警则奉命经常上门训斥：不准乱说乱动。还规定，家人必须严守秘密，不能向社会散布有关他的消息，全家时刻处于严密监视之下。父亲看病也须公安局批准，不能私自去医院，医生为他看病开药须在公安局监视下进行，处方须经批准，方可取药……他虚弱的病体需增加营养，而副食品也是定量供应，只能靠家人仅能买到的一点食物，维持基本的生活。②

在这种情况下，华岗感到与其呆在青岛家中，还不如回到济南监狱，于是 1972 年春节前夕他又跑回济南，狱方将他安置在监狱就业队的一个单间宿舍里，并派就业队的一个人照顾他。但是，不久华岗病情加重，卧床不起。1972 年 3 月，谈滨若到济南监狱探望华岗，多次要求允许华岗住

① 向阳：《华岗传》，浙江人民出版社 2003 年版，第 316、321、322、324、326 页。

② 华景杭：《历尽坎坷终不悔，留得浩气在人间》，见刘培平主编：《战士·学者·校长》，山东大学出版社 2003 年版，第 373 页。

院治疗，但均遭狱方拒绝。于是谈滨若只有守护在侧，尽心照料，以尽一个妻子、同志、战友的情分了，但是由于监狱不许家属长住，谈滨若只得与华岗挥泪告别，回到青岛。4月，华岗病情进一步恶化，被狱方送进济南市中心医院，但不许家属陪护。5月初，谈滨若再次去济南探视，此时，华岗已经是重病在床，但仍对谈滨若说："我一生无愧于党，历史将为我作出公正的结论。你要坚强地生活下去……"5月15日，看守人员小孙听说他病重，赶到医院看望，他吃力地留下了最后的遗言："历史将证明我是清白的！"5月17日黎明，华岗病逝。5月18日，谈滨若匆匆赶到济南中心医院处理后事。华岗为革命奔波一生，留下的遗物只是装满书籍的两个破柳条包，以及他自己用粗针缝补过的几件破旧衣服，再剩下的就是他精心制作的一张张书签，以及《美学论要》、《规律论》、《社会主义、现实主义在中国的萌芽和产生》、《自然科学发展史略》、《科学的分类》、《列宁表述"辩证法十六个要素"试释》和《论封建制度的本质和中国封建社会的特征》等文稿和读书笔记了！①

1976年10月，随着江青、张春桥、王洪文、姚文元"四人帮"的覆亡，中国历史终于翻过了沉痛的一页。1978年12月18日至22日，中共中央十一届三中全会在北京胜利召开，全会坚决批判了"两个凡是"的方针，高度评价了真理标准大讨论，开启了拨乱反正的历程。其后《人民日报》发表

① 谈滨若、华山青：《华岗年表》，见刘培平主编：《战士·学者·校长》，山东大学出版社2003年版，第454页。

了《实事求是、有错必纠》的评论员文章，指出应该抓紧纠正冤案、错案、假案。12月29日中共中央批转了最高人民法院党组《关于抓紧复查纠正冤、假、错案，认真落实党的政策的请示报告》。中共中央在批语中指出，在复查工作中，要真正做到全错全平，部分错部分平，不错不平，严明法纪，有错必纠。① 在党中央平反冤假错案的活动中，“华岗案”的解决也被提上了议事日程。

1979年公安部党组对“华岗案”进行了复查，认为华岗的所谓“罪行”不能成立。1980年3月28日，中共中央批准为华岗彻底平反，恢复一切名誉，推倒一切诬陷不实之词。4月10日，最高人民法院宣布撤销原判，宣告华岗无罪，长达25年的冤案终于得到昭雪！5月22日，中共山东省委决定恢复华岗党籍和政治名誉。7月5日，山东省委在济南英雄山革命烈士陵园召开“华岗同志平反昭雪追悼大会”，彭真、邓颖超、胡乔木、王任重及教育界、学术界不少著名人士送了花圈，山东省党政领导、各界人士和山东大学师生员工代表及华岗亲属500多人参加了追悼会。会议由山东省委书记武开章主持，山大校长吴富恒致悼词。追悼会后，华岗骨灰被安放在英雄山革命干部灵堂，《人民日报》、《光明日报》、《大众日报》都刊登了为华岗平反及开追悼会的消息。②

---

① 参见董宝训、丁龙嘉：《沉冤昭雪——平反冤假错案》，安徽人民出版社1998年版，第59～63页。

② 谈滨若、华山青：《华岗年表》，见刘培平主编：《战士·学者·校长》，山东大学出版社2003年版，第454～455页。

“我无罪可服”、“历史将证明我是清白的”，这些铮铮话语既是华岗生前抗争的誓言，也是他长期遭受折磨而仍然毫不屈服的精神支柱，同时更是他坚信自己为之奋斗了几十年的中国共产党最终必然给予他的历史结论。这一切都实现了，历史证明华岗无愧于一个伟大的“革命战士”的称号，虽然他本人没有等到这一天的到来，但是如果他地下有知的话，相信他终于可以含笑九泉了！

# 第二章 辉煌校长

## 一、为夙愿出任山东大学校长

### (一) 从“客人”到“主任”

1949 年 8 月下旬，华岗一家启程离开香港，9 月 2 日抵达青岛大港码头，此时青岛刚好解放三个月。当时青岛有军管会、警备司令部、市委和市府四个权力机构，其中军管会最为重要，主任是向明。刚刚抵达青岛，狱友向明就热情地接待了华岗。其时，华岗的肠出血病正在发作，他原计划在青岛稍事停留后就去北京，由中央安排工作，但是向明希望他留下来帮助他，特别是在文教政策的实施方面助其一臂之力。向明对华岗说："你先留在青岛养病，山东文教界很缺干部，你还是留下来吧，中央的手续我去办。"[①]于是让军管会将华岗一家先安顿在龙山路迎宾馆，后来又迁往龙口路40号。

中央同意华岗留在青岛养病后，向明即指示驻山东大学军管会代表罗竹风、高剑秋等人前去探望，征求其意见，希望他多加指导。此后，不仅罗竹风等军代表频与华岗见面，而且山大的教授杨向奎、王仲荦、赵纪彬、孙思白等人也和他开始有来往。[②] 这样，47岁的华岗从此与山大"结缘"了。11月，山大开始实行上政治大课的学习制度，罗竹风主讲"新民主主义论"，聘请华岗讲授"社会发展史"和"共同纲领"，可以说这是华岗与山大直接接触的开始。尽管此时华岗还不是山大的人，正如他此前曾对来拜访的孙思白所说的那样，自己是"青岛市委的客人"；[③]然而，频繁接受山大军管小组于疑难问题的请益，现在又为山大认真备课讲授，显然他已经把自己当成山大人了。

1949年青岛解放后，原山大校长赵太侔去职。8月，山大组建了临时校务委员会，由丁西林任主任（相当于临时校长），杨肇𪸩、赵纪彬任副主任，罗竹风任秘书长。后因丁西林调任文化部副部长，山大师生公推华岗任主任，但因其身体欠佳，改由杨肇𪸩担任。1950年4月23日山大举行师生

---

① 田广渠：《如沐春风，如饮甘霖——忆50年代初期华岗的政治大课》，见孙长俊主编：《山大逸事》，辽海出版社1999年版，第386页。

② 罗竹风：《悼念华岗同志》，《柳泉》，1980年第2期。

③ 孙思白：《怀念华岗校长》，见山东省政协文史资料委员会编：《悠悠岁月桃李情》，中国文史出版社1991年版，第50～51页。

代表会议，并经青岛市军管会批准，选举师生 27 人组成校务委员会，任命华岗为主任，陆侃如、赵纪彬、杨肇熑为副主任。① 这样华岗事实上已经留在青岛工作了。

其实，此时的华岗完全有机会进京接受更高的职位。在中央同意华岗留青岛后，统战部部长李维汉曾经来电，请华岗担任中共中央统战部第一副部长职务，但被华岗婉言谢绝。接着周恩来又提议让华岗与教育部部长马叙伦携手，任教育部党组书记，但也被华岗婉言谢绝，他明确表示自己更愿意在基层教育单位做实际工作。华岗为什么不愿意到中央工作而宁愿留在地方呢？由于后来长期蒙冤未申，故而传出各种各样的说法。其实，华岗之所以愿意留在大学里工作，原因并不复杂，甚至可以说这是他早就定好的人生事业目标。据对他深有了解的人说，早在《新华日报》工作期间，华岗就与潘梓年交过心，说“等革命胜利了，他想教教书，为祖国建设培养人才”②。这种说法，从罗竹风的回忆也可以得到印证：

> 华岗在一次谈话中曾谈到，他是搞社会科学，特别是历史科学的，对自然科学也涉猎不少，但并不深入。一所综合性大学，最适宜人文科学和自

---

① 山东大学档案馆编：《山东大学大事记》，山东大学出版社 1991 年版，第 75 页。

② 赵淮青：《华岗的卓越贡献与悲惨遭遇》，见刘培平主编：《战士·学者·校长》，山东大学出版社 2003 年版，第 382 页。

> 然科学融会贯通，相互影响，相互渗透。若从世界许多著名大学来看，即使是纯理工大学，它也开设文科课程。像美国麻省理工学院及美国许多大学都是这样，但中国向来都是理科、文科割裂的，好像划了一条不可超越的“鸿沟”。我们知道，要研究哲学，要深化哲学，没有自然科学知识是不行的。华岗同志有个意图，想凭借山大这样一个好的科学园地，使之进行研究，以便互相渗透，你中有我，我中有你，这样起主导作用的唯物辩证法和历史辩证法就能够更加深化。他有这么个意图，所以愿意在山大教书和工作。①

就此人们不难看出，是个人志趣和求知欲望成为华岗留在山大工作最主要的动因。

**(二) 百年名校发展历程**

提起山东大学，今天国人几乎无人不知。早在20世纪50年代，山大就已是一所有着悠久历史的高等学府，她经历了山东大学堂，山东省立法政、农业、商业、工业、矿业、医学六所专门学校，私立青岛大学，省立山东大学，国立山东大学，以及与华东大学合并等多个变迁发展阶段。山东大学从成立到现在，其具体演变情形如下图：②

---

① 罗竹风：《华校长永远活在我们心中》，见刘培平主编：《战士·学者·校长》，山东大学出版社2003年版，第97～98页。

② 《山东大学百年史》编委会编：《山东大学百年史》，山东大学出版社2001年版，第433页。

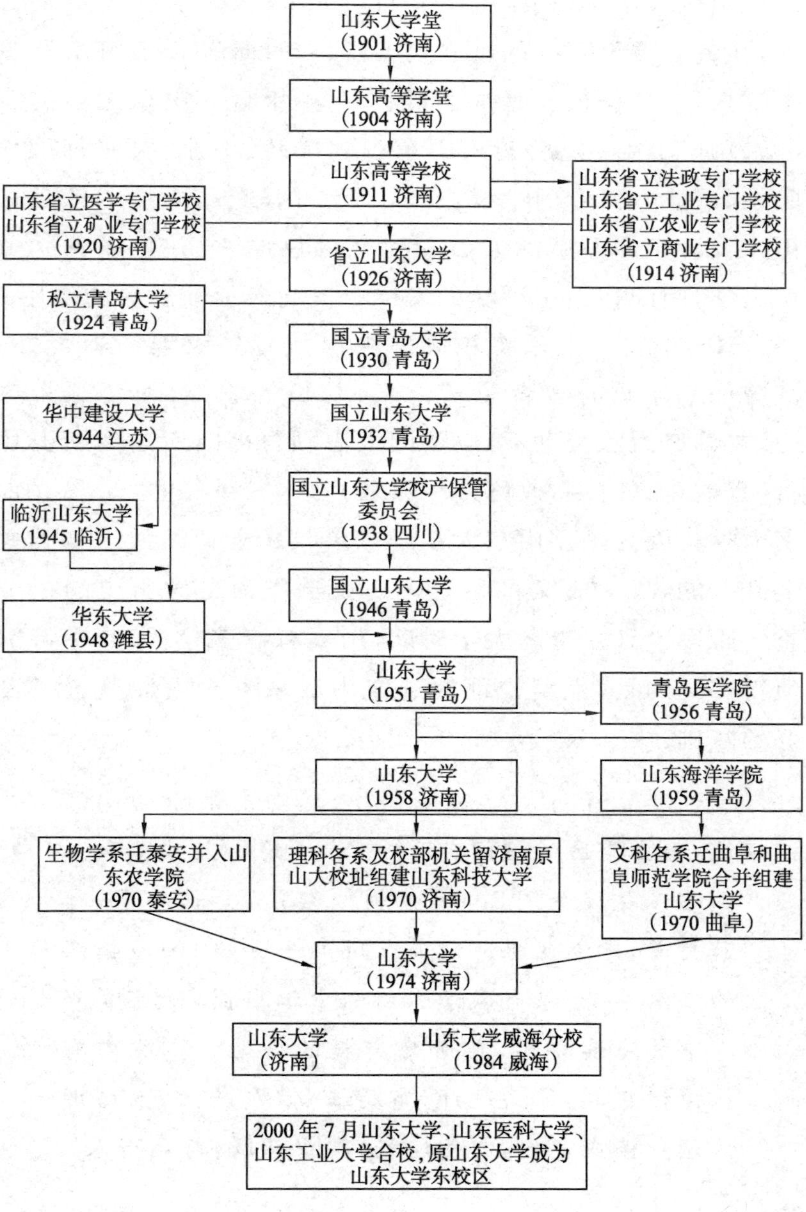

山东大学堂
(1901 济南)
山东高等学堂
(1904 济南)
山东高等学校
(1911 济南)
山东省立法政专门学校
山东省立工业专门学校
山东省立农业专门学校
山东省立商业专门学校
(1914 济南)
山东省立医学专门学校
山东省立矿业专门学校
(1920 济南)
省立山东大学
(1926 济南)
私立青岛大学
(1924 青岛)
国立青岛大学
(1930 青岛)
华中建设大学
(1944 江苏)
国立山东大学
(1932 青岛)
临沂山东大学
(1945 临沂)
国立山东大学校产保管委员会
(1938 四川)
国立山东大学
(1946 青岛)
华东大学
(1948 潍县)
山东大学
(1951 青岛)
青岛医学院
(1956 青岛)
山东大学
(1958 济南)
山东海洋学院
(1959 青岛)
生物学系迁泰安并入山东农学院
(1970 泰安)
理科各系及校部机关留济南原山大校址组建山东科技大学
(1970 济南)
文科各系迁曲阜和曲阜师范学院合并组建山东大学
(1970 曲阜)
山东大学
(1974 济南)
山东大学
(济南)
山东大学威海分校
(1984 威海)
2000 年 7 月山东大学、山东医科大学、山东工业大学合校,原山东大学成为山东大学东校区山东大学堂成立于1901年10月，是继京师大学堂之后，在各省最早兴办的官立大学堂，校址最初设在济南泺源书院内，第一任校长是周学熙。1914年官立山东大学堂停办，教师和学生先后转入山东省立法政、工业、农业、商业、医学、矿业六所专门学校。这六所专门学校，既接纳了官立山东大学堂停办后的人员和财产，而后又合并建成省立山东大学，因此在山东大学的发展史上起着承前启后的作用。

1924年初，直系将领高恩洪出任青岛胶澳商埠督办。高曾任北洋政府教育总长、交通总长等职，对教育颇为热心，在其努力和资助下，以德国人占领青岛时所建俾斯麦兵营（日占青岛时期，改称万年兵营）作为校址，建立了私立青岛大学。因为国立山东大学是在接收私立青岛大学基础之上开办的，故一般又将私立青岛大学作为山大历史的一个重要阶段。私立青岛大学时期，山大有诸多建树，其中特别值得一提的是，优美校址的选定为后来山大发展奠定了良好的基础：

> 私立青岛大学的校舍，坐落在汇泉角的南海边，避去市区的喧闹，环境安雅清静。大学路和鱼山路环绕校舍周围，两旁刺槐繁茂，紫藤累累，林荫夹道，充满生机。门前靠近波平如镜、细沙铺底的海水浴场，东有风景秀丽的中山公园，西有嵌入海中的海滨公园，是青岛游览的好地方。院内有八幢楼房，它依山设计，布局工整，灰砖红瓦，格调协调。楼内宽敞，空气流畅，院中开阔，舒展适人。

1925年第二次直奉战争中吴佩孚败北下野，校长高恩洪被逼去职，学校无人负责，濒于倒闭，故自1925年以后再未招生。1928年初蒋介石北伐进抵山东，张宗昌败逃之后，经费无着，师生大半离去，学校不得已停办，在校学生均按大学结业处理。

1926年张宗昌督鲁后，于同年6月30日下令在济南重建山东大学，决定将山东省立工业、农业等六个专门学校合并，改建为省立山东大学，委派教育厅长、清末状元王寿彭任校长，8月开始招生。此时的山东大学设有文、法、工、农、医5个学院（当时称科），共有13个系（时称分科）。1928年5月底，南京国民政府北伐，张宗昌败逃，省立山东大学与私立青岛大学一样，随即停办。①

北伐成功后，国民政府开始进行政治、经济、军事、文化等各个方面的改革。1928年8月，教育部根据山东省教育厅的报告，决定在已经停办的省立山东大学的基础上筹建国立山东大学，并指令何思源、杨振声、傅斯年等11人为筹备委员，组成国立山东大学筹备委员会。1929年6月，蔡元培携眷来青岛度假，住在原私立青岛大学女生宿舍小楼，对青岛的优美环境、宜人气候倍加赞赏，因此力主将国立山东大学迁至青岛筹办。他多次说："青岛之地势及气候，将来必为文化中心点，此与大学关系甚大。"于是教育部接受了蔡元培的意见，指令将国立山东大学筹备委员会改为国立

---

① 《山东大学百年史》编委会编：《山东大学百年史》，山东大学出版社2001年版，第41、45页。

青岛大学筹备委员会，除接收原省立山东大学外，并将私立青岛大学校产、校舍收用，筹备国立青岛大学。

1930 年 4 月 28 日，国民政府任命杨振声为校长，8 月开始在青岛、济南招生，9 月 21 日，举行开学典礼，校长宣誓就职，国立青岛大学正式成立。其后，因为经费和学潮等问题，杨振声屡屡要求辞职。1932 年 9 月，国立青岛大学校名改为国立山东大学，杨振声辞去校长职务，赵太侔继任国立山东大学校长。在杨振声和赵太侔担任山大校长期间，效仿北大“思想自由，兼容并包”办学方针，广延人才，校内名流云集，学校在教学和科研上多有建树，并形成了自己的优良传统和学风，学校声誉颇高，在国内崭露头角，因此被誉为山大历史上的第一个“黄金时期”。抗战爆发后，山大被迫由青岛迁往安庆，不久又迁至四川万县，1938 年 2 月教育部下令停办。

1946 年春天，国立山东大学宣布在青岛复校，校长为赵太侔，此时山大规模较战前略有扩大，共有文、理、工、农、医 5 个学院 14 个系。从复校到解放，虽然其间政局动荡，学潮风起云涌，但是山大教学、科研仍然正常进行，并取得了一定的成就。

### （三）山大校长最佳人选

山东大学 100 余年的发展史中经历了多次合校，其中，20 世纪 50 年代的合校影响最大。此次合校主要是山东大学与华东大学的合并，此外，还经历了与齐鲁大学的历史和中国语文两系，以及山东工学院土木系与山大相同院系的合并。

1950年9月27日，华东军政委员会致电政务院转中央教育部，称："兹因山东大学领导人选久悬未决，华东大学因限于人力物力办理亦有困难，为求集中力量办好山东大学起见，经详加考虑后，决定将华大与山大合并办理，而保留山大校名，已电令山东省府考虑校长人选，并令鲁教育厅负责即行会同该两校当局进行合并事宜，请准予备案"。10月4日教育部高教司副司长张宗麟对来电签署道："山大与华大合并是饶漱石同志坚决主张的，①而且已有准备，因此我部应予批准。如何？请示。"钱俊瑞副部长批示："可予同意，但须经过充分酝酿准备，校长人选须恰当。"10月24日教育部给华东军政委员会复电，称："山东大学与华东大学合并事，我部同意。惟须经充分酝酿与准备，校长人选亦须恰当。并请转饬将筹备情况报告我部。"②于是山大、华大合并开始了实际操作阶段。

1. 华大与山大合校背景。

华东大学是在临沂山大和华中建大基础上建立起来的。抗战胜利之际，山东省抗日民主政府于1945年8月决定在临沂成立山东大学，因当时迁至四川停办的国立山东大学尚未复校，为示区别，一般称之为临沂山东大学。

临沂山东大学经历了以政治思想教育为主的预科、设立本科逐步转入业务教学、在长途转移中坚持教学三个阶

---

① 饶漱石是当时中共华东局书记、华东军政委员会主任。

② 《山东大学百年史》编委会编：《山东大学百年史》，山东大学出版社2001年版，第184～185页。

段。第一个阶段为 1945 年 9 月至 1946 年 3 月，其间“教学以政治思想教育为主，做到积极转变学生思想，树立为人民服务的观点”。开设的课程主要有社会发展史、中国革命史、《论联合政府》、论人生观等。第二个阶段为 1946 年 3 月至 8 月，学校提出了“理论联系实际，政治教育和专业教育并重”的办学方针。① 其间，为了壮大力量，经华中局决定，将 1944 年冬在苏北解放区淮阴县华中党校基础上创办的华中建设大学的一部分教师学生并入临沂山大，②1946 年 3 月，华中局宣传部部长兼校长彭康率领华中建大一批师生到达鲁南并入临沂山大。1946 年 8 月至 1947 年底为第三阶段，由于战事发展，临沂山大辗转于莒南、日照、海阳、平度、昌邑、广饶、博兴、阳信、潍县等地。

1948 年 4 月，中国人民解放军华东部队解放了潍县县城后，决定在此建立华东大学，招收中学以上的青年学生，培养革命干部。为此，临沂山大留守人员奉命赶至潍县，和华东局派来的干部一起筹建华东大学，这样以临沂山大和华中建大为基础的华东大学于 6 月宣告正式成立，校长是韦悫，张勃川为副校长，9 月 4 日华东大学举行开学典礼。9 月 24 日济南解放后，华东局又指示华大迅速派人去济南，研究在济招生和学校迁济事宜，潍坊的师生于 11 月下旬全

---

① 《山东大学百年史》编委会编：《山东大学百年史》，山东大学出版社 2001 年版，第 146～147 页、149 页。

② 华中建设大学 1945 年 4 月正式开学，当时学校尚无明确的学制和课程设置，开始主要讲形势和党的政策，教学方法是上大课、作报告。实际上，当时的华中建大不过是干部训练班。

部迁济。1949 年 5 月，韦悫校长调任上海市副市长，山东分局宣传部彭康部长兼任校长，余修为教务长，刘宿贤为秘书长。

华东大学当时设有政治、文学、史地、艺术、俄文 5 个系，教学目的是：对学生进行马列主义、毛泽东思想教育，提高政治觉悟，坚定革命立场，树立为人民服务观点。以马列主义基本理论、新民主主义论、社会发展史、中国近代史、时事政策为共同必修课程。业务课根据不同的专业，开设政治经济学、辩证唯物论、联共（布）党史、中国文学史、教育概论、文艺政策等课程。

关于山大与华大合并的原因，在现有文本叙述中，一般是说华大没有自己的校舍、师资与设备不足、在向正规化大学过渡中存在着困难等。其实，除了上述原因外，还有一个更为重要的原因，那就是要对原山东大学进行改造。据由临沂山大转入华大的庞朴先生回忆，当时华大师生在山大师生面前有强烈的优越感，“合校”在华大师生心底其实就是“社会主义的大学对资产阶级大学进行改造”。①

2. 出长新山大。

1950 年 11 月 15 日，山东省府给华大、山大同时发电，称“接华东军政委员会……电示，经中央教育部批准，华东大学迁青岛与山东大学合并办理，仍用山东大学名称。决定以彭康、陆侃如、张勃川、童第周、余修、罗竹风、刘椽、刘

① 2007 年 9 月 13 日在山东大学学人大厦“孙思白教授学术思想座谈会”上的讲话大意。

宿贤为迁并办理委员会委员，并以彭康为主任委员，陆侃如、张勃川为副主任委员，负责办理迁并事宜，希即日进行工作为要。”华大接到指示后，1000多名师生于12月8日迁往青岛，因合并问题尚未安排就绪，暂在黄台路10号和太平角赁屋上课。

12月18日迁并委员会举行第一次会议，确立了“事理兼顾，舍异求同”的原则。20日举行第二次会议，着重对组织机构、人事安排、华大学生并入有关系科等问题进行详尽的讨论。22日举行第三次会议，对合校后的院系设置、组织机构、人员安排、学生待遇、合并时间等五方面工作做出决议，此后虽然又陆续进行了17次迁并委员会会议，但对第三次会议决定没有大的变化。该次会议具体方案如下：

一、院系合并问题

1. 山大的理、工、农、医四院仍旧。

2. 山大文史系的文组与华大文学系并为中国文学系，其史组与华大历史系并为历史系。

3. 山大的外国文学系及俄文专修科与华大俄语系并为外国文学系。

4. 合并后的中国文学系、外国语文系与华大原有的艺术系成为文艺学院。

5. 合并后的历史系与华大原有的政治系成为社会科学院。

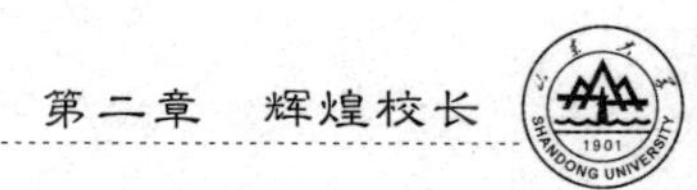

6. 以上文艺学院及社会科学院，加上山大原有的理、工、农、医四院，共为六个学院。

二、组织机构合并问题

1. 合并后的山大为校长制。设校长办公室，下设秘书科与人事科。

2. 教务长下设教务处、图书馆、体育室及教学研究委员会与仪器委员会。教务处分注册科、教导科、出版科及校刊编辑室。图书馆分馆务科与编纂科。

3. 秘书长下设总务处及生产管理委员会。总务处下设庶务科、会计科、校产管理科、供给科、生产科与卫生科。

4. 山大原有学术审议委员会及华大原有的编译委员会，两校合并后归校长直接领导。

三、合并后工作人员问题

1. 两校现有工作人员，不因合并而变动。但工作岗位及名义可有变易。

2. 教职员工按原薪金原供给制标准。华大一部分薪金制教职员工的工资，按青岛物价折算。

四、学生待遇问题

为照顾华大历史条件，目前尚不能立即将供给制转成助学金制，只可逐渐走向同一制度。

五、合并时间问题

一切准备工作争取寒假中完全做好。新学期开学时便在组织机构上完全合成为一个整体的学校。①

以上合并方案经迁并处理委员会第四次会议通过后，呈报华东军政委员会和教育部批示。经过中共中央教育部、宣传部慎重研究，1951 年 2 月 27 日教育部下文，决定华岗担任华东大学、山东大学合并后的新山东大学校长。3 月 6 日张宗麟副司长专程来鲁，代表教育部处理两校合并事宜。13 日迁并委员会邀请张宗麟和华岗参加最后的一次会议，会上张宗麟代表教育部提出了修订和补充后的方案：

> 一、撤销华东大学建制，国立山东大学去掉"国立"二字。合校后称山东大学，设文、理、工、农、医五个学院和政治、艺术两个直属系。
>
> 二、原华东大学中文、历史、俄语三系，并入山大文学院各系，学生按原来的年级上课，俟暑假考试后再定升级或留级。
>
> 三、校长华岗遵照中央教育部电令先行到职工作。
>
> 四、副校长童第周、陆侃如，教务长何作霖，副教务长余修、罗竹风，秘书长刘椽，副秘书长刘宿贤，文学院院长吴富恒，理学院院长郭贻诚，工学院院长丁履德，农学院院长陈瑞泰，医学院院长徐佐夏、副院长潘作新，均即日到职。
>
> 五、遵照中央指示，张勃川调京工作。

---

① 山东大学档案馆编：《山东大学大事记》，山东大学出版社 1991 年版，第 81～82 页。

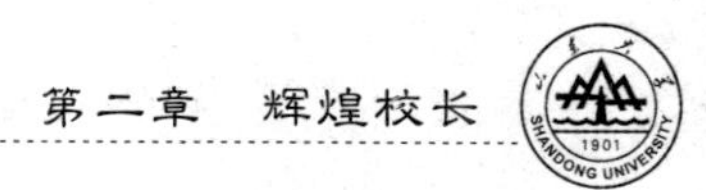

六、行政机构力求简单合理，避免因人设事，取消教务、秘书两处的处长一级，其他行政机构和教学组织的人选，由新任的领导研究决定，由校长呈报。

七、迁并委员会与两校原有的校务委员会均于3月14日宣布结束，自15日开始由新的领导接任工作。

八、两校教职工待遇急需个别调整者，由校长拟出具体方案，呈报华东教育部核准。原华大学生的供给制待遇暂维原状，逐渐调整到与原山大学生同样。①

山大和华大合校后，新山大共设文、理、工、农、医5个学院，连同政治、艺术两个直属系，共18个系，学生2366人，教师486人，职工524人，成为当时全国为数不多、学科门类齐全的综合大学。

3．合校中似有还无的不和谐声音。

人们站在不同的角度看待同一个问题，感受可能不尽相同，山大华大合并就是如此。当年华大的学生任思绍对合校这样回忆道：

那是一个春花初放、海风送暖的日子，我们接到了正式与山大师生合并的通知，盼望已久的这一天终于来到了。早饭后，我们集合好了队伍，带

① 《山东大学百年史》编委会编：《山东大学百年史》，山东大学出版社1991年版，第188页。

着党的教导，带着人民的嘱托，带着欢笑和友谊，兵分两路，分别从“驻地”出发了。抵山大时，只听锣鼓雷动，欢声鼎沸，一片节日气氛。在大幅欢迎标语高悬的鱼山路校门前面，那等候已久的夹道欢迎的山大人，一见我们的队伍到来，便一阵风似的蜂拥而上，夺去了我们身上的背包，接过了我们手中的行李，然后把我们团团围住。一时之间，握手，拥抱，掌声，笑语汇成了沸腾的海洋。待一阵狂欢过后，以系为单位分别把我们领到早已安排好的宿舍里。当我们走进人民大会楼后，各间宿舍里又是一片喜气洋洋，三三两两偎依在一起，促膝话今，畅谈未来，昨日陌生人，今天喜相逢，彼此一见如故，结成了亲密战友。这一天，整个山大校园沉浸在欢乐的海洋里。①

事实上，合校不仅给山大带来了欢乐，带来了革命的朝气和活泼的生机，同时也带来了一些问题和矛盾。

首先，山大、华大是否应该合并，就是一个问题。据罗竹风回忆，1950 年秋天他曾两次到济南开会讨论山大、华大是否应该合并的问题。第一次会议由康生主持，参加者有彭康、匡亚明、张勃川、徐平羽等人。第二次又增加了余修和刘宿贤。会后罗竹风陪同华东军政委员会教育部高教局局长徐平羽到青岛，具体了解山大师生对合校的看法和

① 任思绍：《春城无处不飞花》，见张乐岭、高忠汉、陈崇斌主编：《峥嵘岁月》，山东大学出版社 1991 年版，第 59～60 页。

意见，徐平羽先见了华岗，又分头参加了教职员和学生的座谈会。① 因为山大和华大两校类型不同，历史背景、培养目标、学生生活待遇都不同，华大学生的文化程度高低参差不齐，所以“并校的消息传来，意见纷纭”，②甚至出现过不同意合并的大字报、签名和请愿团。③ 徐平羽回济南后如实地反映了情况，华东局、山东分局犹豫了一个多月才下决心合并。

其次，华岗作为“最佳人选”被任命为校长，可能引起了某些人的不快。山大、华大迁并委员会是由中共山东分局宣传部长彭康牵头组成的，华岗不仅完全置身事外，而且当迁并最紧张的时刻，政务院、教育部还把他召到北京开会去了。据罗竹风回忆，1950 年某夜，在青岛汇泉一幢别墅里，彭康主持了一次迁并委员会扩大会议。在会议上，突然提出新山大的校长人选问题，罗竹风以为这属于中央考虑的问题，但更多的人认为山东分局有权决定新校长人选。从会上所显示出来的某些迹象加以判断，例如，“什么山大对合并不积极，华大从济南迁来的同学住得不好等等”，罗竹风以为“这些都是一种‘信号’，预示着暴风雨即将来临了”④。

---

① 罗竹风:《悼念华岗同志》,《柳泉》,1980 年第 2 期。

② 赵淮青:《华岗的卓越贡献与悲惨遭遇》,见刘培平主编:《战士·学者·校长》,山东大学出版社 2003 年版,第 383 页。

③ 赵俪生:《我和华岗校长的接触以及我对他的理解》,见《赵俪生文集》第 5 卷,兰州大学出版社 2002 年版,第 100 页。

④ 罗竹风:《悼念华岗同志》,《柳泉》,1980 年第 2 期。

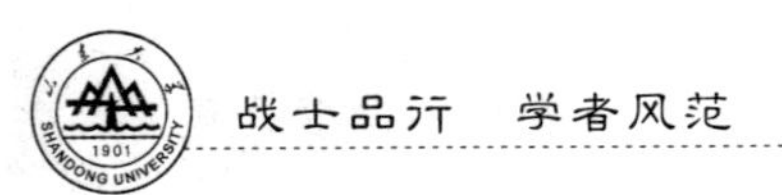

山大与华大是两所性质不同、教职工的组成也有很大差别的学校，将其合并为一所学校，必然会带来诸多的问题，①所以合并后的新山大校长人选至关重要。他既需要有革命者的身份，又需要是知识渊博的专家学者，还应该是有能力、会办学、能服众的领导者，只有这样的德高望重者才是山东大学所需要的校长，而华岗三者兼备；同时由于华岗在任山大校务委员会主任期间已经建立起很高的威望，所以客观地说，无论从哪方面衡量，华岗都是新山大校长的最佳人选。既然两校合并，肯定牵涉到校长人选问题。或者华岗认为合校不会引起校长变更，或者认为那是中央的事情，所以他不关心，而是搞好眼前的工作。合校过程中，华岗被召到北京，周恩来亲自找华岗谈话并征得其同意，华岗仍留青岛。出任新山大的校长，对于华岗而言可能并没有多大的意外或者激动之类的感受，但是对于有人而言，则是大异其趣。按照罗竹风的话说，“中央政务院和教育部正式任命华岗为山大校长，无疑是一个晴天霹雳”。因为“有人以为新山大的校长是‘手拿把搿’的，不料落空，当然心里会不自在”②。事实上这也是“山东分局始料不及的，因为原先内定校长是彭康，而不是华岗”③。

最后，合校后人事问题存在隐性矛盾。合校以后的山大实行校长负责制，并根据党的章程建立了由华岗任书记，

① 余修：《深切怀念华岗同志》，《文史哲》，1981 年第 4 期。

② 罗竹风：《悼念华岗同志》，《柳泉》，1980 年第 2 期。

③ 赵淮青：《华岗的卓越贡献与悲惨遭遇》，见刘培平主编：《战士·学者·校长》，山东大学出版社 2003 年版，第 383 页。

余修、罗竹风、刘宿贤、崔戎、武杰任委员的山大党组，作为学校的领导和决策机构，以刘宿贤为书记，崔戎和武杰为副书记的山大党委属于机关党委性质，负责处理党内日常工作。1951年暑假，山大、华大迁并业已就绪，青岛解放时进校接管山大的几位军代表，如罗竹风等几乎全部调离。罗竹风对华岗关于自己调走的态度作了这样的回忆："希望我暂时不要走，等他到华东局办交涉，要求把我留在山大工作，因为我对山大的情况比较熟悉，对今后工作有利。我认真地思考了一番，权衡利害，还是三十六计——走为上。我已经预感到有些复杂的因素，在一定气温下，是难免会发酵膨胀的。忽然想到黄仲则的一句诗'避席畏闻文字狱'，于是走的决心更加坚定了。"①当在前往上海途中于济南停留时得知一些合校的内幕后，罗竹风感慨道："一位彬彬有礼的学者，又缺乏钩心斗角的本领，怎样应付今后的事态发展呢？"罗竹风还对准备调走的校办秘书刘禹轩说："华岗同志走不了，可他今后的日子是不会好过的。"②后来的历史证明，罗竹风的担心是非常有道理的。

那么，到底是什么原因使罗竹风等人会有如此严重的担心呢？应该说个中因由是多方面的。宏观地说，建国初期"资产阶级大学"面临如何进行"社会主义改造"的问题；中观地说，如何面对在"马列主义修养的深度或者掌握政策

① 罗竹风：《悼念华岗同志》，《柳泉》，1980年第2期。

② 刘禹轩：《永远的华岗同志》，见刘培平主编：《战士·学者·校长》，山东大学出版社2003年版，第353页。

使其不出偏差的稳健性方面”还有待改进的华大干部也是一个严峻的挑战；微观地说，担心华岗会被架空。在历史系教授赵俪生看来：“最最重要的是华大的党委和山大的党委掺到一块了。后来的若干矛盾和纷乱，根源就出在这里。原山大党委的成员陆续调走了，赵纪彬调往河南，罗竹风调往上海，结果是华大的班子占领了阵地。这时，由香港来到青岛的华岗被大家请来当党委书记，而华岗又是多年搞白区工作经验丰富而对老区种种风俗习惯很不熟悉的人，所以实权就捏在副书记刘宿贤的手中。”①所有这一切都注定了华岗走马上任之后，必然要面对一系列棘手的问题。

## 二、努力建设社会主义新山大

教育属于上层建筑，当国家的性质发生变化后，新政权

① 赵俪生：《我和华岗校长的接触以及我对他的理解》，见《赵俪生文集》第5卷，兰州大学出版社2002年版，第100页。刘宿贤的行政职务当时是总务处副处长，1952年院系调整后，10月调任青岛工学院党委书记。按说他走后不会再对华岗构成威胁了，但是学校党的组织结构发生了变化，实行党组、党委合一，由华岗任党委书记，崔戎、武杰任党委副书记，设常委会主持党的日常工作。据历史系某教授说，刘虽走了，但是崔戎、武杰更左，华岗事实上还是受到很大的牵制。关于刘宿贤，赵俪生有一段回忆如下：“有一次我在一个会上遇见渤海游击区的一位老干部，他说，刘宿贤从渤海游击队开小差回他老家，在日本统治下当了两年保长，觉得给鬼子干不是个味，又跑回部队去，这不是严重的历史问题吗？可是刘宿贤的本事大，他把这一条从档案材料里抽掉了，叫这么重大的事不留痕迹。”“文化大革命”后，中央派遣陶铸的夫人曾志到武汉查处原武大校长李达被陷害至死的原因，查到原湖北工学院党委书记刘宿贤在其中做了手脚，就约刘谈话。预定谈话前夜，刘就在自己家中上吊死了。（来源同上）

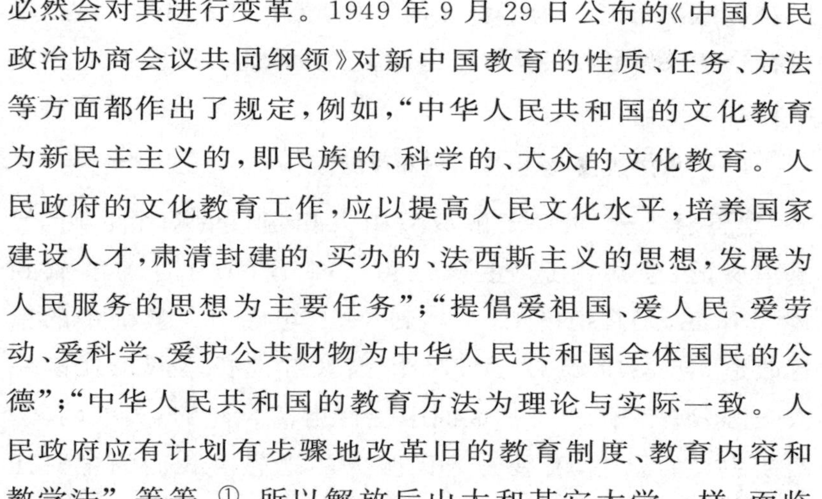

必然会对其进行变革。1949 年 9 月 29 日公布的《中国人民政治协商会议共同纲领》对新中国教育的性质、任务、方法等方面都作出了规定，例如，“中华人民共和国的文化教育为新民主主义的，即民族的、科学的、大众的文化教育。人民政府的文化教育工作，应以提高人民文化水平，培养国家建设人才，肃清封建的、买办的、法西斯主义的思想，发展为人民服务的思想为主要任务”；“提倡爱祖国、爱人民、爱劳动、爱科学、爱护公共财物为中华人民共和国全体国民的公德”；“中华人民共和国的教育方法为理论与实际一致。人民政府应有计划有步骤地改革旧的教育制度、教育内容和教学法”，等等。① 所以解放后山大和其它大学一样，面临着从旧教育体系向新教育体系转轨的问题，即如何全面贯彻落实“共同纲领”中提出的新民主主义教育方针，努力把山大建设成为社会主义新型大学。② “建设社会主义新山大”的途径是多方面的，但核心是思想改造，而它又主要是通过镇压反革命、抗美援朝、“三反”和“五反”、院系调整、教学改革、政治大课等形式来完成的。换言之，这些运动在山大虽然有其相对独立的内容，但又都贯穿思想改造，它们之

① 教育部社会科学司组编：《普通高校思想政治理论课文献选编》，中国人民大学出版社 2003 年版，第 1 页。

② 虽然“共同纲领”规定中华人民共和国的文化教育为新民主主义性质，华岗在 1950 年 1 月 7 日所作《怎样用理论与实践结合的方法来学习共同纲领》报告中，也说要“把旧山大改造成为新民主主义的新山大”。但事实上当时一般都提建设社会主义新型大学，例如华岗在 1951 年 3 月 19 日合校大会上就明确提出“发奋图强，建设社会主义新山大”的口号，所以笔者这里采用后一种提法，当然这两者之间存在的差异以及为何会发生这种变化，尚值得探讨。

间难以截然分开。为了叙述的方便，笔者在论述华岗为“建设社会主义新山大”所作努力时，还是尽量将这些运动分别阐述。

**（一）思想改造：泰山压顶与和风细雨**

“思想改造”贯穿于解放后山大相当长的一个时期，但这里所谓“思想改造”主要是指 1949 年 6 月青岛解放到 1952 年底，尤其是指 1951 年到 1952 年底山大教师中的思想改造。① 1949 年 12 月 23 日，高教部部长马叙伦在第一次全国教育工作会议开幕词中说：“肃清封建的、买办的、法西斯主义的思想，发展为人民服务的思想为我们的主要任务。”②1951 年 10 月 23 日，毛泽东在全国政协一届三次会议上提出抗美援朝、增产节约、思想改造三大号召，并指出：“思想改造，首先是各种知识分子的思想改造，是我国在各个方面彻底实现民主改革和逐步推行工业化的重要条件之一。”③华岗曾经说过：“思想未改造好的先生，要教好书是很困难的。”④华岗还说过：“人民教师必须成为马克思主义者。”⑤那么，为什么新政权如此重视知识分子的“思想

① 为了文本的完整性，本节只叙述到 1951 年底。

② 教育部社会科学司：《普通高校思想政治理论课文献选编》，中国人民大学出版社 2003 年版，第 3 页。

③ 中共中央文献研究室：《建国以来毛泽东文稿》第二册，中央文献出版社 1988 年版，第 482～483 页。

④ 山东大学历史系学生“三反”学习代表团整理稿：《把历史唯物主义的思想树立起来》，《文史哲》，1952 年 5 月号(总 7 期)，1952 年 5 月 1 日。

⑤ 华岗：《清算教育工作者中的资产阶级思想》，《文史哲》，1952 年 3 月号(总 6 期)，1952 年 3 月 1 日。

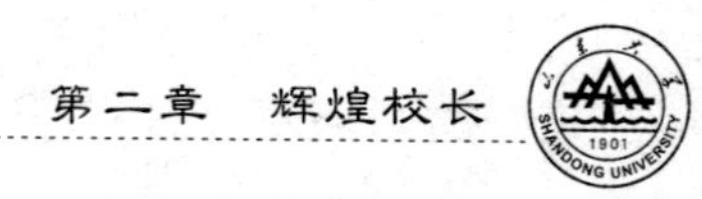

改造”呢？看完解放初期山大教师的思想状况，不需任何评论，一切都不言自明了。

1．教授思想状况一瞥。

华岗认为，“旧知识分子，尤其是旧有高级知识分子，养成了根深蒂固的唯心观点和守旧习气”；深受“理论与实际根本脱节的毒害”；“大都抱有远离人民和不问政治的纯技术观点”等思想。① 应该说华岗所述基本是事实，我们可以历史、地矿等系教授的思想作为例证。

先看历史系学生“三反”学习代表团对本系教师的批评：②

> 赵先生讲历史唯物论，主要内容“阶级”与“国家革命”不讲，空洞的“绪论”与“唯心唯物斗争史”则讲了一个学期的三分之二的时间。
>
> 许先生讲“辩证唯物论”，用他自己都懂不透彻的爱因斯坦“相对论”来解释“时间”与“空间”的相互关系，结果同学们都不懂，但赵先生与童先生却大声欢叫：“好啊！好啊！”问他好在什么地方，他说讲得真深奥啊！
>
> 赵先生给一年级讲社会发展史不把它当政治思想课来教，只是当作“知识传授”。而且为了表

① 《山东大学两年来思想政治教学工作总结》，《文史哲》，第1卷第5期，1952年1月1日。另见《关于两年来政治思想教学工作报告》，山东大学档案馆馆藏档案，卷宗号：WSDB1951－1－003。

② 山东大学历史系学生“三反”学习代表团整理稿：《把历史唯物主义的思想树立起来》，《文史哲》，1952年5月号(总7期)，1952年5月1日。

现自己，说“报章杂志所宣传的爱国主义是很庸俗肤浅”的，还说：“爱国主义它过去被人混乱过的，是个很复杂的东西，目前来结合它与理解它那是最不容易的。”

陈先生因他本身就是一个不法资本家，所以他教的政治经济学，完全站在资产阶级立场来讲书，强调资产阶级的发展，并宣传个人主义思想，如告诉同学为什么要研究政治经济学呢？陈先生说：从中国革命形势来看可以学，因为民族资本主义还有发展的前途。好像同学们学习政治经济学，目的在于中国建立资本主义社会。

许先生不但不实事求是地宣扬中国文化，以提高民族自尊心，反说中国的长城比不上罗马的“大道”。引导同学们漠视祖国人民的伟大创造。

许先生告诉张同学说：“还是不要进步太快了。”而且对系内先生亦说：“童先生！不要进步太快吧！年轻人进步是正常的，中年以上的人进步，是假的，是反常的。”

王先生平时亦是对同学宣传唯心论的东西。说O型血的人，就是领导人物，又认为司马懿就是O型血的人，这样的结果，有些同学不安心学习，真的跑到附近医院验血，奢望自己是个领导人物的血型。

赵先生则喜欢用历史类比法，如说：“中世纪的宗教支配封建政府犹如今天政委对解放军的作

> 用一样。”
>
> 陈先生讲世界现代史时，空想的社会主义革命家历史讲得很多，而革命领袖马克思、恩格斯的历史则一字不提。给同学们这样说：“他们的历史你们比我懂得更多，我就不讲它了。”

无论是上述各位先生明白表达的思想，还是其潜在的含义，在当时的政治环境下，说其为“封建的、买办的、资产阶级的教育思想”，是再也不能更为正确的结论了，而这些思想是否应该被改造同样是不言自明的。

再看地矿系学生“三反”学习代表团对其系里教师的批评：①

> 地矿系的方针任务很明确，目的性亦很清楚，就是培养高级矿山地质人才，开发祖国更多的地矿资源……在去年的一次系务会议上讨论“矿山地质”问题时，某位教师问胡副主任：“什么叫矿山地质？”胡副主任回答很妙：“买密吉阿老积”（英文矿山地质发音），而这位教师就紧接着问：“什么叫‘买密吉阿老积’呢？”胡主任回答更妙：“那谁也不知道了。”从以上两段对话中，我们看出系行政上对祖国交给我们的任务是怎样的漠视！怎样的不关心……普通矿物这门课，一年级同学上了半年连个底都没有摸到，同学们问过潘教授“学了普通

① 山东大学地矿系学生“三反”学习代表团整理稿：《资产阶级腐朽的教育思想是我们的大敌》，《文史哲》，1952 年 5 月号（总 7 期），1952 年 5 月 1 日。

矿物有啥用?"潘教授回答是"我学了二十年都没有用处,不过仅只加强了立体观念……"没有用处的课程我们为什么学呢? 不是浪费生命吗? 若仅只加强立体观念,为什么不开门立体几何呢?

一位同学要参加青年团,系里周先生"动员"她不要参加,他说:"参加青年团毕业后就得服从统一分配,就不能如意地去科学院做研究工作了。"这位同学参加青年团的会议,周先生又告诉她:"你要安心学习,参加会议活动影响学习。"

周先生与同学私下谈话说:"苏联好是好,美国倒也不坏;苏联劳动有饭吃,美国何尝不是稍微劳动就可以得到很多马铃薯;苏联画报杂志好,美国画报杂志不一样很好吗?"并且说:"我是到过美国的,亲眼看见了美国,《人民日报》的宣传不合事实。"

教地史、古生物的王教授,与教普通地质天文学的何教授,他们讲到地球起源时,毫不怀疑,就把十八世纪的"星云说"不加批判地搬出来讲授。这个学说在恩格斯的自然辩证法中早已批判过了。"星云说"是反动的,唯心的,在今天人民的大学中是不允许来传播的。

胡先生所开矿山地质一课中……还告诉同学如何取得资本家赏识的方法:如给资本家说话相处时,要察言观色,卑躬屈膝……更荒唐的是:假如你到矿山上工作时,工人要问你技术上的问题,

那你可不能告诉他，因为工人知道后就聪明了，也就不好统治管理啦。

从上述学生的"揭露"看来，教师中除了"理论与实践脱节"不符合"共同纲领"外，更重要的是他们脑海中"反动"思想残留非常严重。另外，据学生揭露，地矿系在教学中存在着严重的"买办思想"，表现在教学设备购置上盲目崇拜外国货和铺张浪费，教学中基本上用英语讲授，照搬外国教材等。

下面我们再看看教授们的自我批判：①

农艺系副教授丁巨波说，自己"存在旧的正统和保守思想，因此研究如何进行课改的过程中，就用尽了理由替过去的课程制度辩护"。数学系主任李先正说，自己"梦想把山大数学系造成一个数学中心，向腐朽的资本主义国家争门面，向国内大学争地位"。地质系副主任胡伦积说，自己"主导思想仍然是资产阶级的"，教学设备"一味向美国资产阶级大学的物资设备看齐，把美国的规格标准拿了出来。更严重的是对祖国的工业产品不相信，对外国货盲目崇拜竟到了迷信的程度"。化学系副主任阎长泰说，"在教书方面，总是主观地认为我讲的材料如果不能与英美的课本看齐，则不够标准，同时，也显不出我的学问来"。病虫害系主任王清和认为，大学生努力的动机"是靠个人名利"思想而非其它。动物系副主任曲漱蕙说，自己"买办思想也是很严重的，盲目地崇信外国货，喜用原文书，看见能说洋文的人就

① 田稼、丁巨波等：《山东大学教师对于资产阶级教育思想的自我检讨(摘要)》，《文史哲》，1952年5月号(总7期)，1952年5月1日。

认为是能干，我自己也拿它吓唬学生”。医学院解剖科主任沈福彭认为，“自己的课程是内容丰富，完整一套，毫无可改。解剖学教的是人体结构，难道新的解剖另有一套构造不成？欧美资产阶级的教育思想，在我的脑子里根深蒂固，统治了一切”。

如果说丁巨波等教授的“自我批评”代表了理工科教师部分“真实思想”的话，那么历史系张维华的话则是很多文科“旧知识分子”的缩影：①

> 我所向往长期过着的生活，是有一间布置雅洁而完备的书房，穿着半新半旧的长袍，坐在太师椅上，守着一杯清茶，吸着纸烟，翻阅着线装书；用工整的楷书，写着脱离现实的考据文章。因此，除了自己仅有的工作岗位上的工作外，不愿同人来往，也不愿过问他人的事。虽然有时也读读报纸，但对于政治和民族兴亡的国家大事却不关心。只满足于自己所搞的那点小天地，欣赏那些点点滴滴的成就，不乐意接受新事物。即使听到旁人讲，也进不到脑子里去，从不投身到群众的运动中去。而在闲暇中就想单人独身跑到山水之间，寂静地徜徉于自然之中。二十多年来，一直停留在这个阶段上。从我生活习惯的外貌上看，似乎接近于封建时代士大夫的形式。

① 张维华：《清除我的封建买办思想》，《文史哲》，1952年5月号（总7期），1952年5月1日。

2. 措施、过程与结果。①

解放后，山大绝大多数教职员对中国共产党持有怀疑态度，对政策揣测纷纭，担心职业，担心待遇，担心山大改为短期干部学校。为此，军管小组邀请青岛市委负责人来山大作有关知识分子政策以及接管山大方针的报告，但是当时重点在于行政军事接管，“并且由于单纯使用了个别进步分子，反而隔绝了共产党与群众的联系，不仅未能消除少数人的对抗情绪，反而扩大了许多人的对抗与怀疑”。山大被接管后很快就放暑假了，学校于7月至9月成立夏令营学园，组织全校教职员及部分留校学生进行政治学习，学习的内容为时事、政策、历史唯物论。通过夏令营学园的学习，师生们解除了若干疑虑。

9月开学以后，在文、理、工、农四院同时正式开设《新民主主义论》课程。中华人民共和国成立后教职员掀起了学习“共同纲领”的热潮，但是“绝大多数人仍只注意名词的探讨，而没有联系到思想与工作”，甚至对政治学习有不正确的看法。例如，把政治学习看成是很容易的事情，并将其与业务学习分离；“自命清高，厌恶政治”，不愿学习；如果非学不可，只好“奉命学习”，等等。与此相对应，山大有各种各样的议论：有人认为懂得了一切革命的“名词”和“术语”，就以为“已变成新民主主义的拥护者，不必再学习了”；有人

① 参见《山东大学两年来思想政治教学工作总结》(1949年7月—1951年9月)，《文史哲》，第1卷第5期，1952年1月1日。此小节的引文均来自该文。另见《关于两年来政治思想教学工作报告》，山东大学档案馆馆藏档案，卷宗号：WSDB1951－1－003。

认为不应当提倡批评，批评会破坏“团结”；“有人觉得自己一切很完美，没有什么要改造，连山大也不需要改造”；有人说“假如山大有买办思想，那么毛主席提倡从国外来的马克思列宁主义不就是买办的典型吗”；还有人“接受改革的名词，打走改革的实质”。当时校内校外流传着“山大在解放前是解放区，解放后成了待解放区”的流言。为此，校委会决定取消分系学习制度，集中力量于 1950 年 1 月开始改设政治大课，并请华岗来校作动员报告。这样从 1950—1951 年两年实行政治大课制度，内容分为“共同纲领”（华岗讲授，1950 年 1 月 7 日—1 月 31 日）、社会发展史（华岗讲授，1950 年 4 月 1 日—7 月底）、新民主主义论（罗竹风讲授）三个部分，其间还穿插有华岗所作时事报告，对全校师生进行实行集体教育和改造。①

合校后，1951 年 4 月至 7 月山大对教职员的思想改造主要是通过“抗美援朝爱国主义的思想教育”来进行的。其主要学习内容有：“反对美国重新武装日本”及“坚决镇压反革命”；学习世界和平理事会重要宣言和决议，订立爱国公约及准备五一节示威大游行；学习《实践论》及开展对电影《武训传》批判的讨论；开展捐献飞机大炮及参加军事干校活动等四个单元。其中，第一单元的学习中，副教务长余修作了“反对美国重新武装日本”的报告，邀请市公安局作了“坚决镇压反革命分子”的报告，参观了“公安展览会”，还观

① 华岗担任山大校长期间，“思想改造”最为著名的就是“政治大课”，为突出其盛况，下文专节叙述。

看了《上饶集中营》，参加了"青岛市各界人民代表镇压反革命大会"。第二单元的学习中，华岗作了"关于政治学习中的几个疑问和解答"的报告，内容为对学习政治的认识、抗美援朝和反对美国武装日本、镇压反革命、响应和平理事会号召及订立爱国公约等问题。余修作了"反对美国重新武装日本问题的投票、要求五大国缔结和平公约的签名及订立爱国公约"的动员报告，全校教职员以院系或工会组织系统为单位，分别举行了 18 场不同规模的控诉会、座谈会，开展了全校签名投票运动。90%教职员签名投票，反对美国重新武装日本，要求五大国缔结和平公约。4 月底全校师生又开展了订立爱国公约的运动。

通过抗美援朝爱国主义思想教育，全校师生政治觉悟有了很大的提高：第一，开始重视政治学习，提高爱国主义思想觉悟。尤其是在学生当中，"爱国主义的精神和觉悟程度有了很大的提高，例如在镇压反革命的活动中，有 30 多人检举了自己父兄或亲戚的反革命罪恶行为，要求政府逮捕法办，为人民复仇。也有 19 个同学的父兄亲戚因反革命罪行确凿被镇压后，表示坚决拥护政府，站稳了人民的立场"。全校学生进行签名投票拥护抗美援朝活动后，医学院五年级学生全体要求参加赴朝医疗队。在捐献飞机大炮运动中，全校捐资达 1.74 亿元（旧币，相当于新币 1.74 万元）。第二，强化了行政领导，逐步改进了各种规章制度，提高了教学的效果及学生学习的自觉性。尤其是"教师也增加了教学的责任心，并逐步改进教学方法，提高教学效果"。

1951 年 7 至 9 月，山大在全校教职员中开展了暑期党史学习。在7月18日学习党史动员大会上，华岗作报告指出，要纠正单纯研究历史史料的偏向，要联系自己，检查思想、作风，开展“忠诚坦白、进步团结”运动。① 通过党史学习，“有的把过去的历史进行了批判认识，有的检查了雇佣观点与作客思想，也有的批判了过去友敌不分、是非不明、同仁间互不服气，互相排斥，因而产生不团结的错误，也有的检查了自高自大、个人主义、敷衍疲沓等不良思想作风”②。

1951年9月3日，周恩来和北大校长马寅初有一次谈话，交谈中马寅初汇报了北大汤用彤、张景钺等12位教授响应周恩来8月关于进行思想改造的号召，发起北大教师参加政治学习的情况。随后又请周恩来转交北大给毛泽东的信，信中“敦请毛主席、刘副主席、周总理、朱总司令、董必老、陈云主任、彭真市长、钱俊瑞副部长、陆定一副主任和胡乔木先生为(北大)教师”。9月11日，毛泽东在信上批示道：“这种学习很好，可请几个同志去讲演。我不能去。”③ 于是以此为契机，京津各大专院校教师在教育部直接领导之下，掀起了知识分子思想改造运动，并很快波及到全国范围内。但是正如华岗所说，山大“教师同仁的思想改造运动

---

① 华岗：《论学习中国共产党党史的意义和方法》，《文史哲》，第1卷第3期，1951年9月1日。

② 《山东大学两年来思想政治教学工作总结》(1949年7月—1951年9月)，《文史哲》，第1卷第5期，1952年1月1日。

③ 中共中央文献研究室：《建国以来毛泽东文稿》第二册，中央文献出版社1988年版，第488页。

开展较早”，两年来进行了“共同纲领学习、社会发展史学习、《实践论》学习、党史学习、工会法学习”等各种学习。那么两年来，山大和风细雨式的思想改造的效果到底如何呢？1951 年 11 月 17 日，华岗在山大政治讲座上的报告对此进行了分析。他说，山大教职员对于思想改造存在着三种不同的态度：“第一种是愿意参加并在实际上进行了不同程度的自我教育和自我改造，第二种是以两面派的态度对待思想改造，第三种是反对自我改造。第一种人占最多数，第二种人次之，第三种人最少。”①总之，总体看来山大思想改造还是取得了相当成就的，此点后文还将述及。

**(二)“三反”、“五反”：革命需要理智**

1. 山大“三反”、“五反”的基本情况。

1951 年 12 月 1 日，中共中央作出了开展“三反”运动的决定。1952 年毛泽东在元旦祝词中又号召全国人民动员起来，大张旗鼓地、雷厉风行地开展一个大规模的反对贪污、反对浪费、反对官僚主义的斗争。根据毛泽东讲话精神，山大也开展了“三反”运动。在运动中，通过首长负责、层层带头、民主检查、物资清理、“三反”展览会、坦白检举大会等一系列措施，用事实说明贪污浪费对于教育事业的危害性。

1952 年 5 月上旬，山东高校普遍开展思想改造运动，根据要求，这次思想改造应与“三反”运动相结合，其“主要目

① 华岗：《目前形势、思想改造和学制改革》，《文史哲》，第 1 卷第 5 期，1952 年 1 月 1 日。

的是在教师中划清敌我界限和工人阶级思想与资产阶级思想的界限，并为清理组织、调整院系和改革教育打下基础”①。为了与此相配合，山大“三反”运动转入全面思想改造阶段。

通过4个月的“三反”运动，发现全校（包括医院等附属机构）浪费累计达81亿元（旧币，相当于新币81万元，以下类推）左右，多少染有贪污行为而尚不能作为贪污分子论处者338人，占全校总人数的23%。这些人经过反复教育，“都已深切认识到自己的错误，并决心改正错误，已由各个单位分别情况宣布照常工作，未受处分，或只受轻微处分”②。除犯过贪污行为的分子由各单位自行处理不计外，另外发现贪污1000万以上的大小贪污分子，并经反复查对材料业已确实证明者共计24人，贪污数目共计20亿左右，最后交由人民法庭依法处理。

1951年1月26日，中共中央又发出《关于在城市中限期展开大规模的坚决彻底的“五反”斗争的指示》，以配合“三反”，是为“五反”。山大虽然也开展了“五反”，因与其关

---

① 中共山东省委党史研究室、山东省档案馆编：《中共山东历史大事记》，中共党史出版社2001年版，第156页。

② 华岗：《本校三反运动总结与全面转入思想改造的意义和方针》，《文史哲》，1952年第4期（总8期），1952年7月1日。“山大三反五反运动的基本情况”一节凡未注明的引文均引自该文。又，对一般犯错误人员处理情况，均是如此，参见山东大学档案馆馆藏档案：《张淑玉等十五人犯错误材料及处分决定》、《张难等三十三人犯错误材料及处分决定》、《三反运动中处理贪污分子情况》（卷宗号分别为：WSDBS1951－1－005、WSDBS1952－1－006、WSDBS1952－1－010）。

系不大，故规模较小，仅有300多师生参加青岛市“五反”运动。[①] 山大“五反”比较著名的是“陈云章案件”。陈云章是山大教授，他从1950年8月起到1952年1月止，“在五毒俱全的不法商户大成商行兼任顾问，负责指导职工学习”，并加入300万元（旧币，下同）做股东，向其提供情报；他还在1951年11月大成商行补税11亿元时，“出言荒谬，对抗税局”。但是“承同志们和同学们揭发与加以科学的分析与批判”，使他“受到莫大的教育与启发”，已经“下定决心在思想改造运动中”，彻底暴露并批判自己的“肮脏思想与行动”，洗清旧社会给其所遗留的污毒，“痛改前非，重新做人”。[②] “陈案”经学校批评教育之后，没有再予深究。

自从开展“三反”、“五反”运动以来，因为措置有方，山大没有像全国其它大学一样停课搞运动，而是教学、工作、学习三不误，取得了较好的成绩，具体情况如下：

“三反”、“五反”是一场政治运动，从这个角度看，其成绩主要有两个方面：第一，通过运动为国家挽回了一定的经济损失，支援了国家的经济建设和抗美援朝运动。第二，通过“三反”基本上解决了学校存在的贪污浪费问题，挽救了失足分子。“事实证明，如果不经过这个运动，将来还不知道有多少人会跌入贪污的泥沼中。许多人在总结中也这样指出：‘如果没有这次三反运动，将来必定要失足的！’”

---

① 《本校参加“五反”工作师生胜利返校》，《新山大》，1952年第43期。

② 陈云章：《我要脱胎换骨地改造自己》，《文史哲》，1952年第4期（总8期），1952年7月1日。

“三反”、“五反”运动在山大主要是作为思想改造来进行的，从这个角度看，其主要成绩在于：第一，“划清了敌我界限，给了封建思想、买办思想与法西斯思想以严重打击，击退了不法资产阶级的进攻和侵蚀。同时也帮助大家认识了资产阶级唯利是图、损人利己、铺张浪费、贪污腐化、享乐至上的丑恶本质。”①一些学生的政治觉悟大大提高，有的学生还主动揭发自己家庭违反政策行为，例如机械系团员徐兆祥，写信检举其父亲开工厂偷税漏税。② 第二，从上文教师的自我批评就可以看出，运动“更进一步打击了亲美崇美思想”，在思想上支持了抗美援朝。第三，由于提高了政治觉悟，树立了主人翁态度，所以“提高了工作的责任心，鼓舞了工作的热情和积极性，出现了许多新气象”。同时，“加强了组织性和纪律性……过去中文系有少数先生上课迟到早退几成习惯，由于这种作风造成中文系时间上很大的浪费。通过思想改造，这种现象已大为减少，基本上克服了迟到早退现象”。③ 这里我们可以冯沅君的话作例证：参观“三反”展览会后，她说，“中文系教师们因请假和其他原因而浪费的时间的数字（二万五千多小时）使我触目惊心”，所以“从此以后，几个月来，对于上课和备课，我较以前格外的

---

① 华岗：《本校三反运动总结与全面转入思想改造的意义和方针》，《文史哲》，1952 年第 4 期（总 8 期），1952 年 7 月 1 日。

② 徐兆祥：《关于检举我父亲的经过》，见《团委会各支部模范团员事迹及团委评选名单》，山东大学档案馆馆藏档案，卷宗号：WSTW1951－018。

③ 华岗：《山东大学思想改造运动总结和今后努力方向》，《文史哲》，1952 年第 5 期（总 9 期），1952 年 9 月 1 日。

注意、努力”。① 第四，通过“三反”一定程度上克服了个人主义、本位主义、宗派主义，纯技术观点与作客思想及雇佣观点。第五，通过运动增进了党群关系与国群关系。例如，许多思想总结中这样说：“过去听到喊‘毛主席万岁’与‘共产党万岁’时，心里就不舒服，通过改造后，从思想到感情都有了很大改变，而感到喊‘毛主席万岁’特别亲切。过去很‘刺耳’，而今天很‘亲切’，从刺耳到亲切，这是一个阶级立场转变的表现，没有思想上的真正认识，感情上就不会有这个显著的变化；同时，如果没有阶级感情的改变，思想上的认识也就无法巩固和贯彻。”②

当然，山大“三反”、“五反”运动缺陷也是明显的。作为一场政治运动，其不足主要表现在两个方面：第一，个别单位在运动中出现了一些偏差，甚至是过头现象，例如由于处理不当导致一个女教授自杀。第二，造成了部分人胆小怕事的心理，工作态度“不但没有提高，反而陷入消极状态，对工作不敢负责，尤其不敢经管钱财，甚至有些人竟因此不敢用钱了，这就是误解了这个运动的伟大意义”。③

作为一场思想改造运动，其缺陷也表现在两个方面：第一，从改造者看，尽管华岗极力避免“左”倾，但事实上相当

① 冯沅君：《批判我的封建的、资产阶级的思想》，《文史哲》，1952 年第 5 期(总 9 期)，1952 年 9 月 1 日。

② 华岗：《山东大学思想改造运动总结和今后努力方向》，《文史哲》，1952 年第 5 期(总 9 期)，1952 年 9 月 1 日。

③ 华岗：《本校三反运动总结与全面转入思想改造的意义和方针》，《文史哲》，1952 年第 4 期(总 8 期)，1952 年 7 月 1 日。

多的领导者“左”倾倾向仍然相当严重。第二，从被改造者来看，问题更多也更耐人寻味。华岗将“三反”、“五反”中知识分子思想改造分为三个大的类型和10小类，说明情况非常复杂。① 或许赵俪生的“自我批评”最具有代表性：

> 在理论上我完全明白个别人物只能对历史起一些促进或延后的作用，但不能起决定作用，历史首先是人民群众的历史。在课堂上，我也能把这套理论阐发一番。但在实际行动方面，却是在系内外对同仁同学一贯地表现高傲自大，脱离群众，轻视群众，甚至敢于恶劣地对抗群众。这一个例子，就有力地说明了我教的是一套，思想行为是另外一套。自然，在理智上所能够接受下来的东西对于自己也不能说没有一点影响和渗透，但这影响和渗透究竟是太少太少了。我也会说“马列主义是行动的指南”，但却不拿它来指导自己的行动；我也会说，“马列主义是改造客观世界与主观世界的武器”，但却根本不想拿这武器来改造自己的主观世界——思想。②

2.“革命需要理智”。

高校不同于其它机关，是知识分子密集的地方，思想问

① 华岗:《思想改造中的基本问题》,《文史哲》,1952年第4期(总8期),1952年7月1日。

② 赵俪生:《我的初步检讨》,《文史哲》,1952年第4期(总8期),1952年7月1日。

题才是关键问题。华岗虽然主张学校应该开展"三反"斗争，但同时多次指出学校的特殊性。他说，"教育机关和财经机关究竟有它各自不同的特点，学校首先是思想阵地"，所以"重点应该放在清算资产阶级思想意识方面，使学校师生在这次运动中受到一次普遍和深刻的教育，在思想上树立起对唯利是图和损人利己等资产阶级思想意识的仇视和憎恨，树立起热爱劳动和爱护公共财产的思想和艰苦朴素的生活作风。应该通过这次运动，严格检查教学工作中的资产阶级思想意识，并给以系统的和彻底的批判，为发展新民主主义教育扫清道路。"①在华岗看来，只有使"三反"运动和思想改造紧密地相结合，使这场"运动成为清算教育工作中的资产阶级思想的有利步骤，而逐步地和真正地在山大树立起工人阶级思想的领导权"，这样才能说得上"三反"运动在山大取得了应有的效果。②

但是，运动中"有些同志对于政府的法令政策，没有很好地研究和遵守，竟被自己的急躁情绪所支配"，以至发生了某些违反革命的事情。之所以如此，华岗作了自我批评，认为是因为学校领导"没有很好地掌握学校的基本特点，政策教育不够而且不够及时，事前与中途没有规定和宣布必要的纪律，对检查组整训太晚，以至陷于被动，有些偏向没能够及时纠正……没有经常和及时注意具有急躁情绪和犯

① 华岗：《清算教育工作者中的资产阶级思想》，《文史哲》，1952年3月号(总6期)，1952年3月1日。

② 石父：《学习矛盾论，推进思想改造》，《文史哲》，1952年第5月号(总7期)，1952年5月1日。

了自以为是和简单幼稚等毛病的同志”。同时华岗还指出，任何时候、任何工作都应实事求是，而不是空喊口号。① 在1952年7月3日全校思想改造运动总结大会上，华岗阐述了“思想改造必须是自觉自愿与互相启发结合”的道理，而“开始有人不相信这个道理，认为思想改造是很痛苦的事情，谁都不会自觉自愿来进行，就是能够进行也是表面应付一下，必须采取强迫手段，才能深入进行；而且当时正值打虎之余，有些人脑筋正在发热，很想用打虎的办法来进行思想改造”。学校则“肯定思想改造必须根据自觉自愿与不追不逼的原则来进行，同时辅以必要的和适当的互助启发，并为此规定了四条纪律，严格加以掌握，防止发生偏差”。事实证明学校这样的做法，“完全符合客观实际，因此也就能够推行无阻，几乎全体师生员工都能自觉自愿地下水洗澡，互相擦背，每人自己都做了检讨，不同程度地暴露了自己的反动思想和错误思想，加以教师互助组与学生代表团的积极帮助，根据个人不同情况，经过一次到数次的检讨，做了实事求是的分析批判，找出了错误根源和改正方法，最后才在小组会上通过了个人的思想总结”。② 虽然华岗对山大“三反”、“五反”作了深刻的反省和思考，总结了经验和教训，但是这些言论日后却成为华岗的重要罪状之一。

华岗不仅理论上坚持实事求是，而且在行动上也保持

---

① 华岗:《本校三反运动总结与全面转入思想改造的意义和方针》,《文史哲》,1952年第4期(总8期),1952年7月1日。

② 华岗:《山东大学思想改造运动总结和今后努力方向》,《文史哲》,1952年第5期(总9期),1952年9月1日。

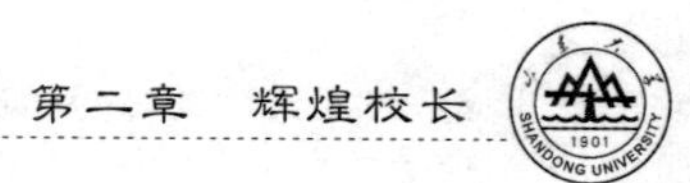

了清醒的头脑。孙思白教授回忆道：

在“三反”、“五反”运动中，山东大学举办反积压浪费展览会……陈列着从校图书馆搬来的一堆古旧线装书和重本书，作为积压浪费的物证。正式揭幕前，先由校领导与处室人员作内部参观，华校长带领大家进入展览厅，每到一处，讲解员讲一处，说这是如何严重的“积压与浪费现象”。校长一边仔细听取，一边指点说：“这书有复本是必要的，不算积压浪费”，“那书虽多年无人借，也不算积压浪费”，“图书馆除了供人借阅外，还有收藏孤本珍本的责任”，如此等等。这样一来先已准备好、而后照本宣科的讲解词无用了。于是校内有人议论说“华校长右倾了”，“华校长给热心讲解的青年人泼了冷水”云云。这类意见反映给校长，华校长对大家说：“我对同学们的热心服务的革命精神没有否认的意思，但道理要说明白：举办这个展览会的目的是要让实物来说话，如果展品证明不了，岂不起了相反的作用？革命需要理智。”①

**(三) 政治大课：如沐春风、如饮甘霖**

1. 政治大课的由来。

华岗之所以在山大有如日中天的影响，师生之所以对20世纪50年代的山大记忆深刻，重要原因之一就是华岗开

① 孙思白：《怀念华岗校长》，见山东省政协文史资料委员会编：《悠悠岁月桃李情》，中国文史出版社1991年版，第55页。

设了规模宏大、活泼深刻、影响广泛的政治大课。

从1949年10月到50年代中期，高教部颁布了数十个开设马列主义公共课的文件，①指出“应把思想政治课目作为本系业务课的重要部分”，为纠正政治课与业务课对立的认识，特别强调“政治课”这一名称应予取消，改为直接称呼课名。② 1949年12月29日，山大校委会发布《关于政治大课的决定》，1950年1月，把政治大课列为全校必修，并计算成绩。③ 同月，在校委会领导下成立了政治大课学习委员会（合校后改归教务处领导），由接管干部、教师、学生组成。学委会设主席、副主席，下设教务、秘书两科，科下设股，负责研究、计划、布置、检查总结全校大课学习。全校学员划分为5院，院设院委会主席1人，由教师中聘请；院下分班，每班以每系约100人为原则，人数过少者则2系为1班；每班由学委会从教师中聘请辅导员1人，由学生选举干事2人，辅导员及学习干事领导各班小组进行学习，并加强班的领导；学习基本单位是小组，由7人至15人组成，每组选正副小组长各1人，具体掌握本组学习。学习时间的支配、讨论提纲的发布、学习制度的拟定及检查由学委会负责，日常行政事务工作由学生会学习部负责处理。教职员

① 参见教育部社会科学司组编：《普通高校思想政治理论课文献选编》，中国人民大学出版社2003年版，第1～30页。

② 教育部社会科学司组编：《普通高校思想政治理论课文献选编》，中国人民大学出版社2003年版，第9页。

③ 山东大学档案馆编：《山东大学大事记》，山东大学出版社1991年版，第73页。

亦依照行政系统划分小组。在政治大课学习委员会的组织下，华岗和罗竹风先后为全校师生开设了“共同纲领”、社会发展史、新民主主义论等课程。其中华岗关于“共同纲领”的报告，一方面是对全校此前学习情况的总结，另一方面又是作为全校政治大课的开端，影响深远。

2. 第一场政治大课。

1950 年 1 月 7 日，在青岛鱼山路五号山大大众礼堂，华岗以《怎样用理论与实践结合的方法来学习共同纲领》为题，给全校师生讲授了第一堂政治大课。在报告中，华岗提出了以“共同纲领”为指导的五项办学方针：“把旧山大改造成为新民主主义的新山大，实施民族的、科学的、大众的文化教育”；“贯彻理论与实际相统一的教学方法，采取师生互助与教学相长的态度，开展新民主主义的学习运动，树立为人民服务的新人生观”；“发扬民主与巩固团结，开展批评与自我批评，适当进行思想斗争，坚决肃清封建的、买办的、法西斯主义的思想意识，以马列主义及其中国化的毛泽东思想来武装自己”；“提倡爱祖国、爱人民、爱劳动、爱科学、爱护公共财物的新公德”；“鼓励全校师生努力研究与创作……奖励科学的发现和发明，奖励优秀的科学著作及文学艺术作品，以服务于新青岛与新中国的建设事业”。华岗还对五条方针解释道：“第一条是总方针，包含三个意思，即民族的形式、科学的内容、大众的方向。这三个意思是互相联系着的，而以大众方向为基本方向。”为什么要以大众方向为基本方向呢？因为“只有坚决地站在以工人阶级为领导的人民立场，并取得其思想意识，去进行文化教育工作，才能使文化教育变为人民大众所有和为人民大众服务”。在报告中，华岗还明确了政治思想教育的原则，即必须贯彻理论与实际结合的精神，理论学习要联系自己的思想和工作，联系当前山大的实际；必须开展批评和自我批评，决不能让新旧思想“和平共居”。①

报告之前，军代表事先在学习馆召开一次各系积极分子会议，华岗听取了各方汇报，摸清了学校内现存的思想问题，为作正式报告提供了帮助。1 月 7 日华岗的报告虽然是以阐发“共同纲领”精神为主，但是同时结合了全校师生思想情况，所以“讲得充实生动，而不流于泛泛，对某些错误思想有分析与批评，甚至有很严峻的批评，以致有的人感到震动”②。一位老教授听后，感慨道：“如沐春风，如饮甘霖。”整个报告长达 4 个多小时，场面宏大热烈，对此《山大生活》作了这样的报道：“各院同学与教职员均全部参加，附属医院、护士学校、家庭联谊会也都列席旁听。大众礼堂、学生会及大众音乐团办公室均拥挤不堪，窗外与走廊也都挤满了听众。到会人数之多，为本校有史以来所未有。”③

3. 万人空巷为大课。

第一次大课之后，截至 1 月底，华岗又以“共同纲领”为题讲了两次，同样在全校引起很大的震动。4 月到 7 月，华岗为全校师生 7 次讲授“社会发展史”，其目的“在于使全校

---

① 华岗：《怎样用理论与实践结合的方法来学习共同纲领》，《山大生活》，1950 年 1 月 11 日。

② 孙思白：《怀念你，华岗校长》，《山东大学报》，1988 年 5 月 31 日。

③ 田广渠：《听华岗校长“讲大课”》，http//www.qingdaonews.com。

师生树立历史唯物观点，掌握社会发展规律，提高马克思列宁主义的认识，针对着知识分子优越感、自由主义、纯技术观点、超阶级观点（如主张“科学独立”）、中间路线思想与狭隘民族主义思想等而予以批判”。随后罗竹风讲授“新民主主义论”，但是其后因院系调整等原因，政治大课只得暂停。

1953年初，学校恢复了因院系调整而暂停教职员上政治大课学习的制度，重新组织学习委员会，由华岗校长、童第周和陆侃如副校长分任正副主任，各系系主任为委员。校学委会决定，在全校教师和干部中（实际上学生也参加）进行为期一年的辩证唯物论学习，由华岗担任主讲，每两周报告一次，分组讨论一次。华岗讲授的辩证唯物论共分为11个专题，自1953年9月至1954年12月，总共作了35场报告，每次均在3小时以上。报告的内容整理后刊登在校刊《新山大》和《文史哲》杂志上，有些专题还在《青岛日报》和上海《文汇报》上转载过，最后由华东人民出版社以《辩证唯物论大纲》为名出版。听过报告后，广大师生联系思想改造、教学改革、科学研究、怎样办好学校等问题，进行分组讨论。① 如果说华岗关于《共同纲领》和“社会发展史”大课的影响主要还在山大和青岛的话，那么“辩证唯物论”大课则已经走向全国，甚至极而言之，在很多山大师生心中，“政治大课”主要是指“辩证唯物论”。

---

① 《山东大学百年史》编委会编:《山东大学百年史》，山东大学出版社2001年版，第196～197页。

从1953年9月至1954年12月，差不多每个周六下午，就有一场华岗主讲的“辩证唯物论”或全国形势的政治大课。华岗“政治大课”的最大特点在于理论联系实际，不教条，所以深受欢迎。赵俪生教授对华岗“政治大课”评价道：报告“特点是比较通俗，讲问题不死背教条”，“不是从马恩原著中一条一条摘下来”，学生“为什么这么佩服华岗？我研究过，华岗讲那些东西正好适合于大学里的那些学生。那时学生头脑想找个依靠的时候，华岗给了这个东西”。①当时华岗“政治大课”的听众除了山大师生外，还有青岛市的机关干部、北海舰队官兵、中学教师以及工商业者。因为听众太多，场地有限，以至于有些单位不得不自行发放听讲券，以限制听课的人数。大课通常在“六二”广场（山大校内广场，因1949年6月2日青岛解放而得名）举行，每逢大课，人们纷纷来到广场，抢个靠前的座位，以便听得更清楚一点，台阶上、树荫下、草坪中，处处坐满拿着笔记本边听边记的人，形成了山大校园一道独特的“风景”。大课开讲前和休息的间隙，革命歌声此伏彼起，一派激情焕发、催人奋进的热烈气氛。

演讲是一门艺术，渊博的知识、伶俐的口才、随机应变的能力等都是成功不可或缺的要素，华岗并没有因为自己具备这些品质而放松了准备。相反每次报告之前，他都要搜集全校师生思想状况和要求，报告提纲要征求意见。报

① 赵俪生：《我和华岗校长的接触以及我对他的理解》，见《赵俪生文集》第5卷，兰州大学出版社2002年版，第104页。

告作完后，他还要再搜集听众的反映情况，为下次报告做准备。[①] 正因为如此，所以华岗讲课只带一纸提纲，虽无讲稿，但他胸有成竹，出口成章，口若悬河，有条有理，深入浅出，而且理论联系实际，一讲就是3个小时。报告记录几乎不需要加工，就可以复原成为论证严密、材料准确、语言精练，甚至连一些"引文"都一字不差的论文。

4. 政治大课的效果。

华岗的政治大课山大师生印象深刻，但是其"教育"效果究竟如何，可能还很难以说清楚，因为"思想改造"不仅很难，而且不大容易看出其真实性，但是我们大致可以从直接和间接两个方面略作说明。

首先，客观地说，华岗的政治大课对急于了解新中国政策的"旧知识分子"来说，具有相当的吸引力，正如孙思白所说："（华岗）所讲的一切，我不敢说无半点失误，但就当时渴望学习的人说，都感到满足。从而对刚刚迈入新时代的师生们的觉悟提高，是起了非常重要的作用。"[②]即使从"思想改造"层面看，一些老教授的言论也说明大课有相当的作用。孙思白的回忆在一定程度上可以说明这个问题："我曾征询过几位宿学老教授的意见，他们各从自己的专业特长反映他们的感受，虽然意见不一，但总的说都认为受到了启发，开拓了思路。有位老人对我说，'过去自认为读书得间，

① 司兆乐：《我在山大学习辩证唯物主义》，《山东大学报》，1996年10月16日。

② 孙思白：《怀念你，华岗校长》，《山东大学报》，1988年5月31日。

颇有心得，于今才知所见甚小’。还人有说，‘听一回报告，真是胜读十年书’。这些反映的语言中，虽然不无虚饰，但从报告稿事后的广泛传播看，它的影响是很大的。”①

其次，政治大课激发了师生政治学习的热情，我们可以全校辩证唯物论学习热潮为例说明。

为配合华岗“辩证唯物论”大课，1953 年 9 月，山大将学委会、工会文教委员会、政治辅导处的宣教科等政治学习机构合并，组成统一的山东大学学习委员会，由其负责组织学习。参加“辩证唯物论”学习的成员共有 482 人，其中山大教授、副教授 98 人，讲师 86 人，助教 140 人，职员 24 人，附属单位技术人员、医护人员 81 人，另有中国科学院海洋生物研究室 30 人，中央水产试验所 23 人。学习到 1954 年暑假前结束。为了检查与总结学习结果，学习委员会还于结束前进行了一次考试。

据对校部、历史系、数学系、速成中学、中国科学院海洋生物研究室等各单位的考试情况抽查，情况如下：

5 个单位总共 123 人参加考试，各单位人数分别为 37、17、15、26 和 28 人，其中：

“优”——“能以正确的观点去分析研究有关业务工作、思想问题，并能提出问题、正确解决问题者”24 人，占 19%；

“良”——“观点基本正确，并能适当地联系实际，但对问题的分析从认识上还不够深入全面者”51 人，占 41%；

“可”——“只能初步了解基本原理，以实际事例来证明

① 孙思白：《读向阳〈华岗传〉的感受》，《文史哲》，1994 年第 3 期。

基本原理的正确，但不能用原理分析问题、解决问题”者 42 人，占 35%；

“劣”——“只能背诵原理，不能联系实际，且态度潦草应付者”6 人，占 5%。

从上述数字来看，辩证唯物论学习取得了初步的效果，一部分教师树立了辩证唯物主义的观点，在学习心得论文中也表现出对辩证唯物论一定程度的认同。

生物系副教授黄浙检讨说，过去认为“哲学与科学无关，搞自然科学的可以不学哲学，对哲学望而生畏”的观点是错误的。医学院理科教授金泽忠体会到，“研究科学应该认识现象，理解本质，掌握本质和形态之间相互关系，理解本质在形态发展中的主导作用，才能发现问题、分析问题和解决问题”。数学系教授莫叶认为，“我的教学与师资培养工作，如有成绩的话，应首先归功于辩证唯物法的学习”。海洋系教授唐世凤认为，“以辩证唯物论来研究海洋学，才能认识海洋的真实性，才能纠正对海洋看法的片面性与局限性”；“海洋科学只有与辩证唯物论相结合才能使之发展成长”。①

此外，童第周、冯沅君、郭贻诚等教授纷纷发表文章，畅谈学习心得和收获。一年中仅《新山大》登载这类文章即达 40 余篇。童第周 1953 年撰写了《生物科学与哲学的关系》，

① 山东大学学习委员会：《山东大学教职员“辩证唯物论”学习总结》，《文史哲》，1955 年第 2 期（总第 30 期），1955 年 2 月 1 日。

提出应“以唯物辩证法的范畴与方法，来武装我们的思想”①。他还总结说：“懂得了辩证法”，才使他“在生物研究中有了新的突破”。②

**（四）学习苏联：院系调整与教学改革**

20 世纪 50 年代初期，中国掀起了轰轰烈烈的学习苏联运动。教育领域的学苏，宏观方面表现为院系调整，目的是既使国家能够实现对大学的强有力控制，又能尽快地培养“又红又专”的建设人才；微观方面表现为制定全国统一的教学计划、教学大纲乃至教学方法，规定教材和教科书。此外许多学校还大量使用苏联教材，有些课程甚至由苏联专家直接讲授，其主要目的也是尽快培养合格的建设人才。在这股热潮中，山大也积极响应了学习苏联运动。

1. 院系调整。

新中国建立后，在当权者看来，高等教育至少存在以下问题亟待解决：一是私立大学包括教会大学没有纳入控制范围之内，毫无疑问对现政权是一个威胁；二是中国现有大学地域分配不均衡，主要集中在北京、上海、天津、江苏、广东、辽宁等沿海地区的大城市，中西部尤其是西部大学太少，对该地区经济和文化发展不利；三是人才培养失衡，1951 年全国招生情况是工科 17689 人，农科 3049 人，林科 764 人，医药 7199 人，师范 6836 人，文科 3972 人，理科

---

① 童第周：《生物科学与哲学》，中国社会科学出版社 1980 年版，第 6 页。

② 华贻芳等：《深切怀念父亲华岗同志》，《山东大学报》，1980 年 6 月 21 日。

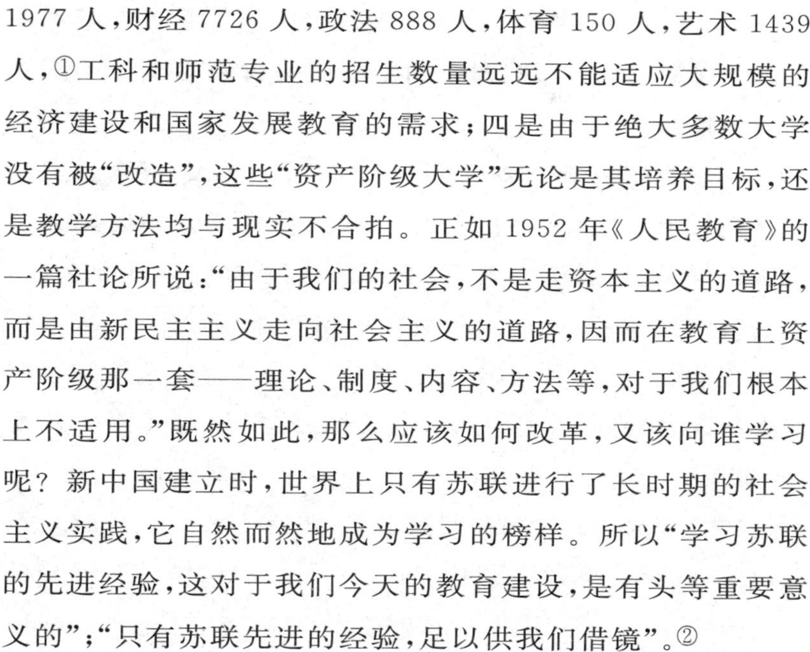

1977人，财经7726人，政法888人，体育150人，艺术1439人，[1]工科和师范专业的招生数量远远不能适应大规模的经济建设和国家发展教育的需求；四是由于绝大多数大学没有被“改造”，这些“资产阶级大学”无论是其培养目标，还是教学方法均与现实不合拍。正如1952年《人民教育》的一篇社论所说：“由于我们的社会，不是走资本主义的道路，而是由新民主主义走向社会主义的道路，因而在教育上资产阶级那一套——理论、制度、内容、方法等，对于我们根本上不适用。”既然如此，那么应该如何改革，又该向谁学习呢？新中国建立时，世界上只有苏联进行了长时期的社会主义实践，它自然而然地成为学习的榜样。所以“学习苏联的先进经验，这对于我们今天的教育建设，是有头等重要意义的”；“只有苏联先进的经验，足以供我们借镜”。[2]

事实上早在1950年6月，教育部就明确提出要在统一的指导方针下，按照必要和可能，初步地调整全国公私立高等学校和某些系科，以便更好地配合国家建设的需要。1951年11月召开全国工学院院长会议，拟订了全国工学院院系调整方案，以此为标志揭开了1952年全国院系大调整的序幕。1952年夏季，教育部制定了“以培养工业建设人才和师资为重点，发展专门学院，整顿和加强综合大学的方

① 中国教育年鉴编辑部：《中国教育年鉴》(1949—1981)，中国大百科全书出版社1984年版，第969页。

② 《进一步学习苏联的先进教育经验》，转引自1952年11月22日第68期《新山大》。

针，以华北、东北、华东为重点，进行全国高等院校的院系调整工作”的计划，[①]开始在全国范围内进行高等学校的院系调整工作。

华东军政委员会教育部于1952年8月中旬设立院系调整委员会，并召开本区大专院校校长会议。华岗参加了这次会议，返校后于8月19日召开校务委员会常委会议，传达会议精神，制定山大调整方案和计划，确定工、农、医三院和政治、艺术两系调出，独立建院。学校成立了校院系调整委员会，华岗任主任委员，童第周、陆侃如等任副主任委员，崔戎等20人为委员，领导全校院系调整工作。同时在工、农两院分别成立院系调整分会，政治、艺术两系成立小组，具体领导本单位的调整工作。8月23日，学校召开校务委员会第11次扩大会议，会上通过了院系调整委员会（组）人选名单，成立秘书、宣传、总务、联络、物资清点等组织，由专人负责，尽快做好各项准备工作。[②] 26日华岗向全校师生员工作院系调整问题的动员报告，并制订了《山东大学院系调整方案》报上级审批。

9月，山大院系调整工作全面完成。调整后除暂时保留医学院外，取消院一级建制，全校设有中国语言文学、历史学、外国语言文学、数学、物理学、化学、动物学、植物学、

---

① 教育部教育发展中心：《中华人民共和国教育大事记1949—1982》，教育科学出版社1984年版，第70页。

② 《山东大学百年史》编委会编：《山东大学百年史》，山东大学出版社2001年版，第192页。

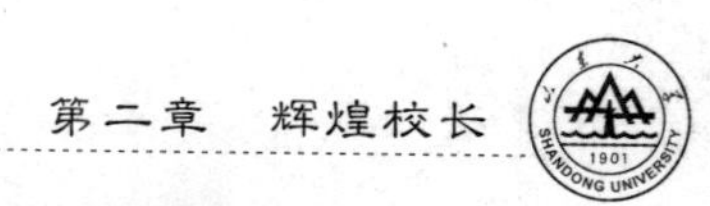

水产学、海洋学10个系。① 这样，一所以文理为主的综合性大学——山东大学至此基本定型。

华岗在任期间，山大院系还有变化。例如1953年6月外语系英语组并入复旦大学外文系；1955年6月外国语言文学系的英国语言文学专业停办；之后，外国语言文学系又于1956年取消，其俄语专业的师生调入武汉大学。

对于20世纪50年代的院系调整，学界有截然不同的评价。② 应该说辩证地看其作用更加公允。大体而言，优点有：第一，初步改善了高等教育的地区分布不均的弊端；第二，确立了“专业教育”的目标模式，有利于第一个五年计划的实现；第三，建立了严格的教学制度，有利于教学质量的提高。缺点是：第一，形成了条块分割的教育管理体制，导致专业设置重复，划分越来越细；第二，形成了过于功利化的工具价值取向的教育目标；第三，形成了单科院校占主体的格局，造成高等教育内部专业比例的严重失调。③

建国初期的院系调整完全是政府行为，作为地方大学的校长只能奉命执行，但是这并不代表他们没有自己的看法，例如，华岗就对院系调整存在一些意见。罗竹风回忆道：

院系调整，我们和华岗同志谈起，往往从山大

① 山东大学档案馆编：《山东大学大事记》，山东大学出版社1991年版，第91页。

② 有论者甚至说“院系调整是中国的大学的终结”。

③ 周光礼：《“以俄为师”与中国高等教育现代化》，《煤炭高等教育》，2003年第3期。

的实际开始，认为山东当时有五千多万人口，相当于欧洲的一个大国，需要有一所各种学科相当完备、课程设施也较齐全的综合性大学作为骨干，另外再成立若干独立学院。这样配搭起来，可能对今后的社会主义建设更为有利。他还主张，山东大学应当保留地矿系和水产系。对浙江大学"一锅端"，后来山大被肢解，华岗同志都是有意见的。①

2. 教学改革。

1953年1月，高教部部长马叙伦在《人民教育》上发表文章，提出高等学校要认真学习苏联先进经验，改进教学内容和教学方法，提高教学质量。9月10日至23日，高教部在北京召开综合大学会议，指出当前的首要任务是学习苏联经验，进行教学改革工作，不断提高教学质量，以适应经济建设的迫切要求。为响应高教部号召，山大提出了"专业教学，培养师资，整顿纪律，提高质量"的教改工作重点，在专业设置、课程安排、教研组建立、教材建设、教学大纲制订、教学方法、师资培养、考试制度、论文写作等方面进行了一系列改革。

20世纪50年代之所以要进行教改，既有政治和意识形态层面的原因，也有一般意义上的教学缺陷、需要改进的因素。关于前者，从山大情况看，主要是教师教学中存在"封建的、买办的、资产阶级的思想"需要改造。华岗说，经过几

① 罗竹风:《悼念华岗同志》,《柳泉》,1980年第2期。

年的“思想改造”，教师中的“封建的、买办的思想”受到了较大的冲击，但是“资产阶级思想”仍然相当严重。对此，他评论道：“在实际教学工作中，资产阶级思想在我们这里还占着很大的比重，在大部分课程讲授中，资产阶级思想显然还占着统治地位。这是我们学校当前的基本事实，亦即我们分析了情况之后，所应得出的客观估计。”①例如针对教学中存在的书本和现实脱节的“资产阶级思想”，华岗批评道：②

> 所不幸的是，现在中国有些大学里，依然还很严重地存在着这种毛病，有许多教师的讲义，还是从欧美资产阶级故纸堆中抽象地搬来的，和今天中国的现实根本脱节。例如有些医学院里教病理学的教授，可以把非洲、澳洲等处特有的病症说得很详细，而对于中国社会所常见的病症，反而说得很简单；又如讲授植物病虫害的先生，可以把美国各地植物病虫害说得头头是道，而对于中国农村里面所普遍存在的病虫害情况，则非常隔膜；再如教文艺学的先生，对于哈姆雷特和奥勃洛莫夫等，可以如数家珍，而对于中国现代人民文艺，反而异常生疏。有不少教育工作者，都认为学校规模越大越好，院系分得越多越好，修业年限越长越好，

① 华岗：《合校一年来总结和展望》，《新山大》，1952 年第 35 期。

② 华岗：《清算教育工作者中的资产阶级思想》，《文史哲》，1952 年 3 月号(总 6 期)，1952 年 3 月 1 日。

每班学生则越少越好，把资产阶级学校那一套旧型正规当作神圣不可侵犯。如一个学院一定要分若干系，本科一定要四年毕业，医学院必须六年七年毕业，专修科一定要三年毕业，以为不这样就不像个大学。在办学方针上，很多都不是从当前国家建设需要出发，而是凭少数人的空想来定方针，甚至完全从资产阶级的学校旧规程出发……这种脱离实际的资产阶级教育思想，如果不加以清算和改革，我们的大学教育就不能担负起培养大量高级和中级建设人才为国家建设服务的根本任务。

历史系学生“三反”学习代表团对本系“脱离实际的资产阶级教学思想”、“敷衍塞责形式主义的教学”等现象的批评，在全校有一定的代表性：①

① 教学无重点：

“中国通史”，其实是引导同学钻牛角，教给同学目前不需要的东西……如韩先生讲的“甲骨文整理过程”，丁先生讲的“钟鼎文研究”，王先生讲的“敦煌文化”，系主任自己则讲文献学……二年级的“中国通史”，在一学期才讲完夏、商、周，又一学期才讲完秦汉……新民主主义社会，则浮光掠影，一个半礼拜就讲完了，这些进度，都是具体地

① 山东大学历史系学生“三反”学习代表团整理稿：《把历史唯物主义的思想树立起来》，《文史哲》，1952年5月号（总7期），1952年5月1日。

说明中国近代史教学重点没摸着。

② 因人设课：

丁先生开的《古文字学》，因没同学选而取消了，杨主任自己开的《周礼研究》亦是没有同学选而停开了，又如去年《西洋史学名著选》本来亦可事先考虑不必开，结果开出来才一个人选，领导叫该同学退选而停开。

③ 教学组织成了形式：

我系所有课程，表面上都组织起来了，如"中国通史教研组"、"马列主义教学小组"、"中国近代史教学小组"、"世界通史教学小组"等等；但实际上都是一些形式，为了应付教务处而成立的……一个庞大的"中国通史教研组"，就单纯地成了我系的装饰品。

④ 不能认真对待考试：

教"世界史"的陈先生与教"中国通史"的莫先生，把教务处指示的复习重点，把考试题告诉同学……王先生对于画分数，更表现了敷衍教务处与欺骗学校的行为，如有位同学还未交"魏晋南北朝史"的考试报告，王先生就先给他画了"七十"分交上了教务处……如陈先生开的"西洋经济史"，他因事请假，一学期只上了两周课，系里不考虑把它停开或者叫先生补课，期终考试时竟叫同学抄个报告，每人画九十多分就交给了教务处……尤其赵先生对分数更是认识不够，把分数拿来当作达到个人目的的一种工具，如他对个别同学认为是“英才”，考试时给他一百分。对个别同学有成见，就以分数去“压迫”他，撕毁他的考试报告，又勒令系行政要他另补一份，否则以不及格论（后给可六十分）。

⑤ 旧的教育作风：

许先生教“西洋哲学史”时，有同学说：“你再讲一遍，我还不懂。”许先生不但不接受意见，反骂该同学没有“礼貌”。说什么“我的学说国际上都有名，郭沫若还称我先生……”骂了一顿，还不到下课时间就气汹汹地下了班，以致引起系领导停开了这门课，使同学学习受到了很大的损失。赵先生亦同样存在这样的恶劣作风，如“中国古代史”课，同学们对这门课提了一些意见，赵先生就以“拒绝上课”来对付学生……如有同学这样错误地认为：“赶快好好地学习吧！学好了本事，我亦可以像赵先生一样拿拿劲。”

在前文我们已经说明教师中存在的“种种非新民主主义的思想”尚待改造，通过上述材料我们发现，教师教学方面还存在自由散漫、不负责任、没有计划、不合现实需要等问题，与时代不合拍，确需改进。

事实上，自从华岗执掌山大以来，就不遗余力地推行教学改革。例如，还在全国大规模学习苏联教改之前，华岗就在实际工作经验基础上撰写了《改进教学工作的主要关键》，提出教学改革必须注意四个基本关键的问题：第一，"要不断学习马克思列宁主义——毛泽东思想"，因为这是"进行一切工作的指南"。第二，"要经常学习苏联先进经验，以提高我们的教学工作"，因为"如果能够经常学习苏联先进经验，就可少走许多徘徊摸索的弯路，而收事半功倍的效果，并且可以从苏联科学的最高水准出发，以加速我们的建设进度"。第三，"加强教学组织，贯彻集体教学制度"，因为通过集体备课，相互听课，可以起到"相互督促，集思广益之效"。第四，要"继续发挥教学相长的积极效能"，面对学生批评，"要勇敢地采取那些正确的东西或在片面性意见里面所包含着的正确部分，来改进我们的教学工作"。① 全面学苏以后，山大教改，大致可以分为以下七个方面：

第一，实行专业教学。

所谓"专业教学"，是苏联高等教育的产物，在中国起源于院系调整，要以"专才"培养代替"通才"培养，以适应国家建设需要。华岗认为，"过去大学所培养出来的所谓'通才'，就是门门都只摸到一点皮毛，而门门不精。现在综合性大学既要学习有关学科的基本理论，又要学习专业知识，以便可以随时为国家建设服务。因此，各系各科都应根据各系科性质与国家建设需要以及现有条件，定出专业课程，以便集中力量进行重点教学"。"只有这样把目的意识性明

① 华岗：《改进教学工作的主要关键》，《新山大》，1952 年第 59 期。

确起来，才能具体地贯彻到整个教学过程中去，以培养各种专门人才”。①

为了实行“专业教学”，各系课程都作了调整，尽量使所开课程符合目前的需要，并增加课程实习和生产实习的学时，加强学生的实际操作能力，基本上每个系都是既开“基础课”，又开“专业课”，这一切相对于20世纪30年代和教改以前是一个很大的变化。例如，中文系的基础课和专业课有：文艺学引论、中国文学史、写作实习、现实文学、人民口头创作、古典文学、世界文学、苏联文学、语言学引论、中国语言学、诗词研究、诗经研究、杜甫研究、鲁迅研究等14门。历史系的基础课和专业课有：中国历史文选、中国史、亚洲史、世界史、中国近代史、世界近代史、中国文学史、中国思想史、考古学通论、中国地理、世界地理、自然地理、中国经济史、中国农民战争史等14门。数学系的基础课和专业课有：数学分析、解析几何、高等数学、普通物理、微分方程、微分几何、复变函数论、理论力学、特殊函数、专题讨论等10门。生物系的动物专业和植物专业共同基础课有：生物学史、生物学引论、物理学、生物化学、地质学、组织学、达尔文主义、遗传学等8门。其中动物专业的专业课有动物学、动物基础学、动物生殖学、人体解剖学、动物饲养学等5门。植物专业的专业课有植物学、植物生理学、微生物学、农业与土壤学、植物栽培学等5门。海洋系的基础课和专业课有：高等数学、普通物理、分析化学、海洋通论、自然地

① 华岗：《改进教学工作的主要关键》，《新山大》，1952年第59期。

理、力学和流体力学、普通气象学、潮汐学、波浪学、海洋动力学、海洋化学、海洋工程学、天气学、海洋沉积学、海洋船艺及海道预测等 16 门。①

第二，建立教学与科研组织。

为了便于教学和科研，苏联高等学校普遍设立了教学研究室。根据苏联经验，山大各系陆续建立起一批教研室（组）或教学小组。例如，公共政治课设立了马列主义教研室，下分中国现代革命史、马列主义基础、辩证唯物论和政治经济学四个教学小组，公共必修课俄语和体育同样设立了教学小组，中文、外文、历史等 10 个系也纷纷建立了教学组。同时，学校要求系主任必须亲自掌握一个教学小组，每半月召开一次教师课代表联席会议，及时听取教师和学生的反映和建议。随着教改的深入，教研组织不断增加。刚开始，全校总计建立了 14 个教研组，26 个教学小组，各专业大部分基础课程都建立了教研组，80％的教师参加了教研组或教学小组，86％的课程由教研组或教学小组承担。②到 1953 年第一学期，教学小组发展到 41 个，加上 14 个教研组，全校共有教学组织 55 个，涵盖 166 门课程，占开设课

---

① 《山东大学百年史》编委会编：《山东大学百年史》，山东大学出版社 2001 年版，第 209～210 页。

② 《山东大学百年史》编委会编：《山东大学百年史》，山东大学出版社 2001 年版，第 209 页。另参见《山东大学教学组织情况　山东大学投递高教部关于成立的教学科研组织及各组主任》，山东大学档案馆馆藏档案，卷宗号：WSXB1955－1－015；《山东大学 1954 年师资培养计划与教学工作资料》，卷宗号：JX－ZH－021954－031。

程91%，全校99%的教师参加了教学组织进行教学，①并且几乎所有教学组织都制定了工作计划，一般也都能按照计划进行工作。教研组织在保证专业教学、提高教学质量、培养师资等各项工作中，开展讨论，集思广益，发挥集体力量和组织作用，有力地推动了教学改革。

第三，结合教学，改革教材。

采用苏联教材，吸收苏联科学成果，制定教学计划和改写教学大纲，重新编写教材，是20世纪50年代教学改革的一个重要内容。

1952年华岗提出山大的教材改革应该按照“边教边改，边改边教”的方针进行，也就是说一边照常进行教学，在教学实践中发现缺点和错误，加以纠正和改革，经过修正和改革，再拿到教学实践中去检验，这样有利于改变当时人言人殊的混乱局面。② 根据1953年山大教学工作计划，教材改革被列为重点之一。改进教材内容，核心是“提高教材的思想性、科学性”。为了实现这一目标，教务处在1953年教学工作计划中，明确提出下列要求：③

> 首先，国内已有苏联专业教材译本的课，如高等数学、数学分析、普通物理、普通化学、分析化学、普通植物学等，根据高教部修订的教学大纲，

---

① 《一九五三年度第一学期教学工作总结》，《新山大》，1953年第115期。

② 《校委会举行第十二次会议讨论通过本学期教务总务等计划》，《新山大》，1952年第62期。

③ 《教务处采用苏联教材情况与教师工作量情况》，山东大学馆藏档案馆馆藏档案，卷宗号：JXZH021954－032，第3页。

采用苏联教材，在实践中掌握其精神，积累经验，准备编写讲义。

其次，已根据苏联教材写成讲义的，主要继续深入研究苏联教材，结合中国实际情况加以修改。自定大纲写成讲义的，继续研究修改补充。

再次，有苏联教材但无译本者，可在教学之内制定计划，组织力量，将苏联原本译成中文，以边译边研究的办法，结合采用进行讲授。

最后，有苏联教材与大纲者，根据已修改的大纲编写或修改讲稿，或采用适当课本。

1953年第一学期全校理科6系开设63门课程之中，全部采用苏联教材的，有数学分析、高等代数、普通物理、无机化学、分析化学、天气学、理论气象等7种；基本按照苏联教材自编讲义的，有高等数学、微分几何、植物学、植物生理学等11种；部分参考苏联教材的，有理论力学、近代物理、普通化学、定量化学、化学工艺、生物学引论等20种。以上全部采用或者部分采用苏联教材的课程共计38种，占理科开设总课程的61%。① 在尚未采用苏联教材的课程中，有16种系水产系课程，这些课程当时国内都还得不到苏联教材。文科除中国历史、中国文学史课程必须采用中国教材以外，

① 但是《新山大》报道数字与此不符：1953年第一学期"理科方面6系开设的77门课程中，全部或部分采用苏联教材的共54门，占理科开设课程的70%。"（参见：《一九五三年度第一学期教学工作总结》，《新山大》，1953年第115期）。

基本英文已全部采用苏联教材,语言学引论、语言学、语法修辞、俄语语法、古代东方史、中世世界史、世界近世史、世界地理、自然地理等 9 种课程都是参照了苏联教材自编讲义和讲稿的。"语言学引论"课程教师,还学习了苏联格鲁吉亚科学院院士契柯巴娃著的《语言学引论》,并结合斯大林著《马克思主义与语言学问题》,举行讨论会。①

《新山大》对教师积极吸收苏联科学成就具体情形多有报道,主要介绍教师学习苏联教材的经验和体会,②我们且择一例如下:③

> 化学系的某些教学小组经常把苏联科学小丛书上的化学先进发明吸收到教材中去。普通植物教学小组在集体编写讲义过程中,在批判了过去一本常用的美国教本之后,采取了米丘林的研究路线,在他们的教学过程中,即按照着米丘林的原则来分析生物的变化。又如普通化学教学小组也根据列宁的学说来解释物质的概念;根据苏联学者对于唯能论的批判来讲质、能间的关系;根据热的运动与分子吸引力的矛盾,来解释气体液化的

---

① 《教务处采用苏联教材情况与教师工作量情况》,山东大学馆藏档案馆馆藏档案,卷宗号:JXZH021954－032,第 3 页。

② 参见刘鸿宾:《学习苏联教材的体会》,《新山大》,1953 年第 108 期;阎长泰:《感谢苏联教学改革对我们的帮助》,《新山大》,1953 年第 108 期。

③ 《全校师生逐步树立科学"一边倒"思想　学习苏联先进经验已获相当成绩　目前广大教职员学生已投入学习俄文的热潮》,《新山大》,1952 年第 66 期。

现象。动、植物系也根据苏联学者勒伯辛斯卡娅的活质学说，来批判旧的细胞学说；根据巴甫洛夫对于生物整体的观点，来批判欧美学者研究生物现象的破裂分割的观点。数学系也根据列宁的反映论，来批判“数学是人类理智的创造”的错误观点等等。

此外医学院在学习苏联先进教学经验上，也有相当成绩，并开始学习巴甫洛夫学说，实行了“重点分科”制，附设医院吸取苏联医学先进经验的成绩更为显著：组织疗法、无痛分娩法都先后实验成功和大力推广。正因为大家要求学习苏联先进经验的迫切，所以学习俄文已成为大家的一致的要求，这学期来全校仅教职员中参加业余俄文学习的就有380多人，就连一些白发苍苍的老教授也参加了俄文的学习，早晨晚上在校园内经常听到读俄文的声音，各系教学小组和教研组对每个参加俄文学习的教师也提出了具体要求：要求在一定时间内能读有关本系的俄文业务书籍和进行翻译。①

① 学习苏联运动兴起以后，学习俄语蔚然成风，学校组成立“俄文学习速成班”，有专门的老师负责指导，他们向华岗写信，表示一定努力完成学校交给的任务，华岗也回信表示感谢和鼓励（参见：《俄文学习速成班教师上书华校长表示坚决完成辅导任务》，《新山大》，1953年第76期；华岗：《预祝俄文学习速成胜利》，《新山大》，1953年第77期）；《山东大学1953年俄文阅读速成计划》，山东大学档案馆馆藏档案，卷宗号：JXZH021953－021。

第四，培养年轻教师。

解放初期，随着招生规模扩大和开设课程的增加，仅仅依靠老教师不敷使用，于是培养年青教师（主要是助教）成为华岗治理山大、建设山大的一项重大决策。华岗十分关心培养师资工作，他指出：

> 培养助教工作应以完成教学任务为前提，借口培养，拒绝工作是错误的，根据系的具体条件确定培养的途径：教师力量比较充实的系，可采取系统提高的途径，使助教在课前掌握系统的业务知识；教师力量比较薄弱的系，采取速成途径，助教应先开课，在工作中提高，采取的途径虽不同，最后的结果是一样的。教授和讲师对助教的帮助，在培养师资上，是有很大的作用的。各系应确定培养对象，指定导师，使培养助教工作作为制度执行。导师在一定的时期内，对所负责的培养对象，应进行考察，对努力不够的，应进行重点帮助，学期末，导师应作培养助教的总结，向系和教学组织报告培养经过和成绩。①

在华岗的号召下，各系在培养年轻教师方面，可谓不遗余力，②我们举例一二，略作说明。中文系在年轻教师培

① 《校委会举行扩大会议　总结一年来经验　华校长指出今后工作重点》，《新山大》，1952 年第 62 期。

② 参见《各系、教学组织订出师资培养计划》，《新山大》，1953 年第 107 期。

养方面经验丰富，他们认为培养助教，必须做到六条："教师们大家一条心，同心同德，全心全意工作"；"如果不是工作上有特别的需要，在培养方向上，当重视助教原有的学习基础"；"必须加强工作的计划性"；"培养助教对老教师们的科学研究是有帮助的，这不是个只出不进的'舍本买卖'"；"必须注意新老教师的团结"；"老教师在各方面起模范作用"。① 如果说上述经验还属务虚的话，那么对助教袁世硕的培养计划则具体地、详细地阐释了这些经验：②

一、培养助教的总计划

本组本学期的助教培养计划是根据本组培养助教的总计划写成的，因此，这个总计划有首先扼要提出的必要，它的内容约分八点：

（一）培养的人选——袁世硕。

（二）培养的方向——近代戏剧（主要是清代地方戏）。

古典文学中的小说，戏剧部分（特别是近代戏剧中的地方戏），过去是不曾得到应有重视的，所以不论是在研究，或是教学方面，这类人才现在都感到缺乏。针对这个客观的具体要求，本组乃以近代戏剧为第一个助教的培养方向。

---

① 中国文学史教研组：《对于培养助教的体会》，见《山东大学1954年师资培养计划与教学工作资料》，山东大学档案馆馆藏档案，卷宗号：JX－ZH－021954－031。

② 《中文系文学史教研组本学期助教培养计划》，《新山大》，1953年第105期。

（三）培养的时间——二年半（一九五三年秋到一九五六年春）。

在文学史中，近代戏剧是属于较后的阶段的，这段文学史在中文系四年级下学期方开，一九五四年春虽然也有这一段的课程，但因培养时间只有一年半，被培养者的能力还嫌不够，因此，将培养时间延长一年，一九五六年春方结束。

（四）培养的目的要求：甲、二年半后被培养者可以担任文学史课程中近代戏剧部分；乙、二年半后，被培养者对中国文学史有较深刻的认识。

（五）培养的内容：甲、在已有的基础上，对全部文学史做进一步的巩固、提高的学习；乙、对近代戏剧做深入的钻研。这两个内容是彼此紧密结合的，前者更是后者的基础，不了解中国文学的整个历史发展的人，在断代的或专题的研究上是搞不出好的成绩的。为此，本组对助教的培养，虽以近代戏曲为方向，但对于全部文学史的进一步学习也极重视（前项目的要求的内容也是根据这样的认识规定的）。

（六）培养的过程：第一年以甲项为重点，第二年以后，以乙项为重点，最后半年即开始准备讲稿。

（七）培养的负责人：由教研组的正副主任派专门教师组成指导小组，负责指导。

（八）研究性教学：在学校中，教学工作与研

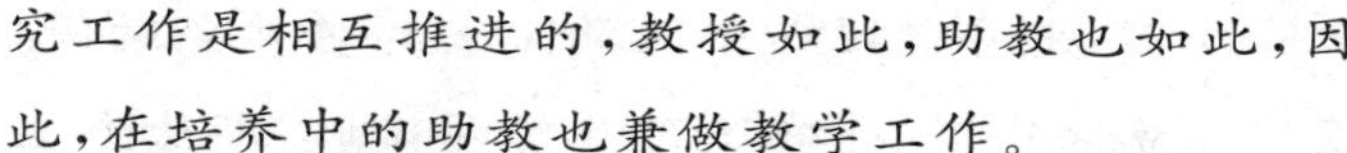

究工作是相互推进的，教授如此，助教也如此，因此，在培养中的助教也兼做教学工作。

二、本学期的培养计划

第一，教学工作：

本学期的助教培养计划约分两大项：教学工作与研究工作：

（一）教学工作内容与时间分配：由于语言教学小组的功课多，教师少，又无助教，所以本组助教代语言组做些工作，因此他的教学工作的内容与时间的分配是：① 本组的文学史（二）的辅导工作。② 语言组的课外作业一部分批改。③ 每周教学工作约为十八小时，本组约居三分之二，语言组约居三分之一。（二）辅导工作：本组的辅导工作是：① 随堂听课。② 参加讲稿的讨论。③ 深入了解学生学习情况。④ 发现学生学习上的问题时，如不能自己解答，即反映给主讲教师。⑤ 参加课堂辅导。⑥ 帮助教师看学生的习题答案或笔记。

第二，研究工作：

（一）研究内容：① 已有的基础上对文学史做稳固的学习。② 近代戏剧做深入的钻研。二者之中以前者为重点。

（二）研究的时间：① 每周约二十六小时，这二十六个小时的计算是：每周可工作四十八小时，除去教学工作十八小时，政治学习六小时，卫生工

作一小时，业务学习四小时及除去其它开会时间，实剩约十六小时，但每晚可自修两小时，即除去星期六、星期日两晚不算（作为文娱时间），五晚可得十小时，与前十六小时合计，共二十六小时。② 这二十六小时的分配是：文学史的巩固学习十三小时，近代戏剧钻研十三小时。但教学工作中的随堂听课与讨论讲稿对文学史的巩固学习少有帮助；加上这六小时（听课四小时，讨论两小时），可得十九小时，这方面在研究时间中显然是较大的。

（三）研究的方法：

文学史的巩固学习与近代戏剧的钻研的具体方法是不完全相同的，兹分别如下：

1. 文学史的巩固学习：甲、属于听课方面的：听课指的是听文学史的课，这可令获得的文学史知识巩固起来，并能因温故而知新。① 作笔记。② 看从前学习时未看的参考书。③ 接触作品。④ 对文学史中的大单元（如诗经，楚辞等）做融会贯通性的札记。乙、属于讨论讲稿方面的：讲稿讨论，对参加者都是一种教育，尤其是助教。在这里，他可以更直接地学习，在研究与教学中，问题是如何提出，如何解决，因而提高他对于文学史的认识。① 阅读。② 提意见。

2. 近代戏剧的钻研：本学期的主要工作是为研究近代戏剧做较广泛的准备。甲、学习近代史。这项工作的提出是因为:要深入地了解近代戏剧,必须熟悉它的历史背景,也就是这个时期的社会、政治、经济各方面的情况,而近代史的学习,正可以帮助解决这方面的问题。① 听历史系近代史课。② 学习近代史讲义。③ 阅读这方面的参考书。乙、阅读古剧方面的书籍。这项工作的提出是因为历史是不容割断的,在戏剧发展史上,近代戏剧与古剧(杂剧、传奇)是千丝万缕地联系着,阅读古剧作品与这方面的论著正是为研究近代戏剧作准备工作。① 阅读古剧作,本学期以阅读杂剧为重点。② 择要阅读关于古剧的论著。③ 阅读时作札记——札记的要点是:第一,论著所用重要材料要尽可能地接触。第二,对作者的观点与研究的结论采取批判的、择善而从的态度。第三,对剧作注意它的思想性与艺术性及作者的生活思想。

(四)对被培养者的要求:① 对于文学史,能在已有的认识上有所提高。② 对于研究近代戏剧的准备工作,包括熟悉杂剧的演变,对杂剧的名家与杰作有一定的认识。

(五)指导小组:本组正副主任分别是冯沅君、萧涤非。专门教师:关德栋。

(六)指导时间:每周一次,约两小时。

(七)参考书籍:参考书籍指的是:① 由指导小组(主要是指导教师)提出书目。② 书目中分重要与次要的两类。

（八）检查方法：① 每四周检查一次，由指导小组负责。② 学期中与学期末，被培养者应在教研组会议上，报告研究经过与收获。

（九）具体研究计划：研究计划由被培养者自拟，经教研组会议通过。

袁世硕先生1953年毕业于山东大学中文系，后来成为国内著名学者，曾担任国家古籍整理出版规划小组成员、全国高校古籍整理研究工作委员会委员、山东省古典文学学会会长，出版了《孔尚任年谱》、《蒲松龄事迹著述新考》、《文学史学的明清小说研究》等著作。当然袁先生取得成就的原因是多方面的，最主要的是其天资和勤奋，但是他年轻时期这一段"被培养"的经历无疑也有一定的作用。

在助教培养过程中，如果处理不当可能会引起老教授与年轻助教之间关系紧张（事实上这种情况是存在的），华岗提醒大家"培养者与被培养者，都是教员，都是工会会员，应是平等的关系和同志的关系；同时，又是先进与后进的关系，教授、讲师先进一步，有培养后进的责任，应该爱护后进；后进应向先进虚心学习；任何顾虑和骄傲自满都是培养师资的障碍"①。在华岗的关心下，助教不仅学到了知识，学问有了提高，而且与老教授建立了密切的关系。例如，化学系的助教张克从、印永嘉、淳于宝珠就与系主任刘椽配合

① 《校委会举行扩大会议 总结一年来经验 华校长指出今后工作重点》，《新山大》，1952年第62期。

密切，相得益彰。这种情景可从张克从等人当时留下的文字见其大概：

> 在学期开始时，系行政就提出助教应制定教学计划，在计划中我们明确了主动争取教授帮助的重要性，并请我们的指导教师刘先生提出了意见；在计划执行过程中，我们在每周会议上都提出工作和学习情况，在课程内容上我们结合教学深度对所讲内容讨论，以更深入地掌握课程内容的精髓。在讨论中有疑惑就随时请问指导教师。在实验方面，对一些特殊仪器的使用和实验操作技术上的疑惑，经常向刘先生请教。在业务进修方面，则要求刘先生给我们更多的参考书籍和一定量的习题进行演算。在这种种方面，从刘先生的指导中我们知道了主动争取教授帮助的重要性。例如我们在制定计划时，刘先生就让我们从基础着手，先掌握理论同时复习高等数学。在常出现的问题中，必须对每一概念都很清楚。使用公式时应注意是否严格，只有独立思考，刻苦钻研，才能得到牢固的知识。刘先生还指出要重视实践，通过实践得出对理论的认识。当我们对实验松懈时，刘先生提醒我们要抓紧时间。①

第五，实行课代表制度。

---

① 物理化学教学小组助教张克从、印永嘉、淳于宝珠：《我们体会到争取教授指导的重要》，《新山大》，1953 年第 111 期。

在班级实行课代表制度是教学改革的一项重要内容。从理论上讲，课代表的作用主要体现在他是老师和学生之间的桥梁，起一个沟通的作用。

因为课代表本身就是学生，生活在同学中间，可以及时发现学生对教学的意见，并及时地将其反馈给任课教师，从而有利于督促教师改进教学。例如，医学院的课代表平时在了解同学学习情况方面做了很大的努力，他们通过小组、寝室及周围同学经常注意全班学习情况。小儿科课代表每星期都到小组长处收集意见，并推动小组长用书面口头等方式来了解情况。因为小组长是最基层的干部，最接近同学，因此了解情况比较具体。在了解情况后，课代表先做初步分析，然后和团支部共同研究，及时地反馈给教师，从而有利于改进教学。例如，由于课代表和任课教师的共同努力，产科教学获得了改进：

> 产科朱大夫初次教课，经验缺乏，尽管在编写讲义上作了很大努力，但上课效率不高，同学们意见纷纷，做出一些不尊师的表现。课代表发现后及时弥补了这一现象，把老师积极备课，接受同学意见并改正的实际情况告诉了同学们，使教师加强了教好的信心。自此，朱大夫讲课有了进步，提高了同学们的主动性。例如为了提高课堂效率，使同学更清楚地了解胎儿方位，就想办法用骨架代替母体，原先想用死小孩儿作胎儿，可是死小孩儿太硬，不能转动自如，于是做了一个松软能动的布娃娃。这种直观教学方法使同学们很快掌握了

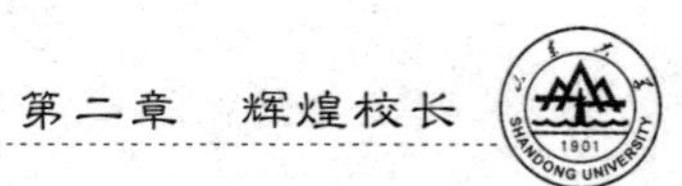

胎儿在母体内的方位，而且也易于记忆。①

在温课考试阶段，课代表协助教师收集疑难问题，把教师对温课的要求传达给同学，各科课代表协助班会全面重点掌握制定温课计划及具体时间分配，使同学们在温课时不致偏废和突击，踏实地掌握知识。

当然，课代表制度也存在问题，一是课代表不见得能够全面、正确地反映教学中存在的问题；二是有的院系课代表工作的范围定得太宽，影响了其学习。例如，医学院四班课代表要考虑如何实习、分组等，帮教师出席会议，上课时拿各种器材，擦黑板，跑腿，等等，事实上，课代表某种程度上成为了兼职助教。

第六，口试制度。

口试是苏联高等教育的重要创新之一，“实践也一再证明这个制度是非常优越的”②。从理论上讲，通过口试，对学生而言，既可以真实地检查学习成绩，又可以发现教材内容及教学方法方面的问题；对于教师而言，通过口试，可以更正确、全面、具体地了解学生的知识水平、学习程度与学习方法上存在的问题，积累经验，以便更有效地指导学生学习。

1952—1953学年度第二学期期末考试，外语、历史、数学、生物四系选择了个别课程，进行口试制度的试验。1953—1954学年度，全校各专业各班级普遍推行口试。

① 张樗：《医四课代表工作的经验教训》，《新山大》，1953年第112期。

② 《同学们参加口试应注意的几个问题》，《新山大》，1954年第139期。

1953—1954学年度第二学期，在全校各专业班级中，共有49门课程（60余门次）采用了口试制度。对于这样一种新兴的考试制度，师生都有些不适应。对于教师而言，主要存在三个方面的问题：[①]一是不太认同口试，不够重视，布置文件也不很好地学习，“有的觉得无所谓，反正到考试时出题给学生考试就是了，何必麻烦；有的因为用旧考试方法习惯了，不愿用新办法，强调客观困难，怕出问题，等条件够了再施行”。二是对通过考试检查教学、改进教学的目的性认识不够。三是教师普遍感到四级计分的标准很难掌握。对于学生来说，存在两种情况：一是由于对待考试的态度不正确，产生顾虑情绪，认为“口试比笔试难，不真正理解恐怕凑合不过去了”；同时，“当面答不出，面子多难看”。二是部分同学对新考试制度不了解，一听说“口试”就惶恐不安，存在种种疑虑。例如，“和先生面对面地答问，是否会糊涂起来呢”？“口才不好，表达不出来就糟了”；“口试没有准备时间，不如笔试好”，等等。

针对师生中存在的问题，学校要求教师做好考前准备工作。首先，帮助学生拟定全面的温课计划；其次，根据各门科学的性质，告诉学生温课方法，特别交代应掌握的一些关键问题；最后，重点辅导，特别注意对平时学习上较差的学生加强辅导。同时，老师也在课堂和校报上撰文，讲解如

① 《施行新考试制度中的问题与收获》，《新山大》，1954年第158期。另参见《山东大学1955年有关考试问题的材料》，山东大学档案馆馆藏档案，卷宗号：JXZH021955－016。

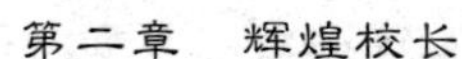

何准备口试考试。[①] 正是因为学校和大多数师生都高度重视口试制度，所以口试制度逐渐走上了正轨，从而在有的学生心中留下了美好的记忆。中文系的霍旭东回忆道：

> 每当考试，教授、讲师坐一排，当面准备，当面提问，当时回答，而又当时定出成绩。这对一个学生来说，真是胆战心惊，“如临深渊，如履薄冰”，简直像走进了“五堂对审”的公堂里。一次，考《中国文学史》（唐宋部分），抽签上的问题，回答了；临时的提问，回答了。主考冯沅君教授说：“学过的都能掌握、理解了，给你个‘优’。但是，你记的东西太少，一个学中国古典文学的人，不背几百篇诗文还成？”于是，我就利用假期拼命地背诵。又一次考《现代诗歌》，成绩也是“优”，但主考高兰教授说：“理解很好，就是语言贫乏。学文学的人，语言贫乏可不成，还是多读点诗和小说吧！”于是，我就积极地进行课外阅读。至今，我所能够背诵的诗文，还是当时下的工夫。[②]

由于任课教师出考题十分慎重，一般都经过教学组讨论，考试中当面给予评语和评分，教师在学生答完考题后指出其回答问题的优缺点和错误，有的教师还结合了学生平时学习情况，对其学习方法和学习态度提出意见，指出今后努力的方向，所以口试制度对学生的帮助是不小的。

① 《同学们参加口试应注意的几个问题》，《新山大》，1954 年第 139 期。

② 霍旭东：《母校校庆忆母校》，《山东大学报》，1981 年 3 月 31 日。

第七，重新重视学年论文、毕业论文、毕业设计制度。

学年论文和毕业论文既是提高学生科研水平的一种手段，也是检验学生学习成绩的一种方法。实际上，早在20世纪三四十年代，山大就实行了毕业论文制度，解放后一度中断。学年论文一般是要求三年级学生开始撰写，题目范围较小，字数较少，重在归纳整理和分析，不特别要求创见；毕业论文则要用整个学期来写，题目范围较大，字数也较多，重在分析问题的深度和广度，希望有新的观点。一般而言，文科和理科学生撰写毕业论文，而实践性质较强的学科实行毕业设计制度。①

例如1954年中文系的做法如下：

> 由系主任召集开会，研究决定学年论文及毕业论文的履行办法，计划学年论文为：(1) 与各教研组分别年级结合本年所学为原则，拟定论文题目交系统一公布。(2) 各教研组所拟题目数目，最多不能超过各年级人数的三分之一，总数不超过全班人数。(3) 学生应于规定期限内选定题目送系，由系召集各教研组负责人共同审定，并为聘请指导教师。(4) 学生所选题目，可以相同，当需适当掌握，亦避免过分地集中某一门类，必要时系及教研组应进行个别指导。(5) 对二年级所作论文，要求较低，对三年级则要求较高。毕业论文为：(1) 根据专业教学精神，四年级决定增设毕业



① 《积极推行学年论文和毕业论文》，《新山大》，1954年第151期。

论文，惟以缺乏一系列的准备过程，而学生上课钟点又多，时间上极感紧迫，因而在毕业论文本身的学术创造性要求不宜过高，希望通过这次的试行，在学生方面，初步取得独立进行科学研究工作的方法，在系、教研组、教师方面取得这一工作的经验。(2) 以教研组拟题交系审定并公布，学生自行选择，但亦可斟酌情况自拟题目，由教研组审定。(3) 指导教师由系与教研组直接聘请，指导办法暂由指导教师会同商量。

论文题目公布后，学生兴致很高，走廊上、操场上、宿舍内，到处都可见三三两两的同学，讨论选哪一个题目。有的同学说："我们连吃饭、走路、躺在床上时，都在思索研究这些题目，几乎把我们全部所学来了一个回忆。"① 当实在选择不定时，则主动去找教师，请老师提供意见；而教师对于论文尤其是毕业论文写作，一般也都抓得很紧，要求学生定计划，写大纲，列阅读书目，定期分段细致辅导，初稿、二稿、定稿都反复地指点、修改。在严格的论文写作过程中，学生既学到了如何做学问，又学到了工作要精益求精的精神。

## 三、山大史上第二个"黄金时期"

正是由于开展了和风细雨的思想改造和教学改革，山

① 韩长经：《中文系的学年论文和毕业论文工作》，《新山大》，1954 年第 151 期。

大较为顺利地实现了向“新民主主义大学”的转轨，为第二个“黄金时期”奠定了基础。人们常说20世纪50年代是山大历史上的第二个“黄金时期”，是相对于30年代而言的，其主要表现在学校集聚了一大批学有专长的名教授、力攀科学研究高峰的学研队伍和朝气蓬勃的校园生活等方面。

### （一）厚集各科师资力量

师资是大学关键中的关键，只有具备了雄厚的师资才有可能培养出优秀的人才。经过院系调整，在华岗等人多方延揽下，20世纪50年代山大师资队伍阵容强大，力量齐整，各系师资力量如下表：①

**表2—1　1953年初各系教师阵容表**

| 系别<br>职称 | 中文 | 历史 | 外文 | 数学 | 物理 | 化学 | 生物 | 水产 | 海洋 | 合计 | % |
|---|---|---|---|---|---|---|---|---|---|---|---|
| 教授 | 9 | 12 | 5 | 4 | 4 | 3 | 8 | 3 | 2 | 50 | 19.9 |
| 副教授 | 2 | 3 | 1 | 3 | 2 | 2 | 3 | 2 | 2 | 20 | 8.0 |
| 讲师 | 5 | 4 | 3 | 4 | 8 | 5 | 8 | 4 | 2 | 43 | 17.1 |
| 教员 | 2 | 2 | 0 | 0 | 0 | 0 | 0 | 0 | 0 | 4 | 1.6 |
| 助教 | 16 | 14 | 12 | 16 | 18 | 18 | 16 | 12 | 12 | 134 | 53.4 |
| 合计 | 34 | 35 | 21 | 27 | 32 | 28 | 35 | 21 | 18 | 251 | 100 |

① 《山东大学百年史》编委会编：《山东大学百年史》，山东大学出版社1991年版，第198页。

从上表可以看出，山大教授、副教授、讲师、教员①、助教分别占 19.9%、8.0%、17.1%、1.6%、53.4%。1953 年高校教师评级后，山大有一级教授 1 人（陆侃如），②二级教授 5 人（杨向奎、冯沅君、束星北、刘遵宪、潘作新），三级教授 21 人，四、五级教授 31 人。因为篇幅关系，下面我们只能从这群星璀璨的教授中，挑取数位略作介绍，以管窥山大教授风采。

中文系教授有陆侃如、冯沅君、高亨、萧涤非、吕荧、黄孝纾、殷孟伦、殷焕先、高兰、关德栋，副教授有孙昌熙、刘泮溪，此外还有教员蒋维崧、周迟明、琦书畊、刘本炎等，这些先生都各有专长，在全国学术界占有一席之地。例如高亨就是一例。

高亨（1900—1986），吉林双阳县人。1926 年从清华国学研究院第一期毕业后，先后在东北大学、河南大学、武汉大学、齐鲁大学、西北大学担任教授，1949 年后曾任西南师范学院教授，1953 年调任山大教授。高亨早年受教于王国维、梁启超两位大师，打下了深厚的国学基础。他一生著作丰富，达 17 种之多，在来到山大之前，就已经出版《庄子今笺》、《老子正诂》、《周易古经通说》、《周易古经今注》等著作，在学术界产生了重要的影响。来山大之后，在繁重的教学之余，他又出版了《诗经选注》、《楚辞选》（合著）、《墨经校

① 指因为种种原因，暂未定职称的教师，这类教师水平往往较高，甚至不次于一般教授。

② 《山东大学百年史》第 198 页说山大有 3 名一级教授，但是据历史文化学院黄冕堂教授说，第一次定级时，一级教授只有陆侃如 1 人。

诠》等专著。鉴于高亨先生的学术成就，他不仅担任了校学术委员会委员，还受聘兼任中国科学院哲学社会科学部哲学所研究员（即“学部委员”）。从1956年7月开始，与冯沅君同时被聘为副博士生导师（当时导师资格遴选极为严格，山大文科只有两名，全国也很少）。1963年中国社会科学院哲学社会科学部第四次委员会会议期间，毛泽东接见了10位先生，高亨是其中之一。返回济南后，高亨将《周易古经今注》、《诸子新笺》等六种著作寄呈毛泽东，毛泽东在回信中称赞说：“高文典册，我很爱读。”①高亨不仅科研突出，而且讲课认真并富于艺术性。黄炽回忆道：②

> 高亨先生的课堂常用语中，有六个字深深焊进我们的记忆：“根据我的考证……”甚至他的语调至今犹在耳边。高先生可以明白无误地指出，某一个字在所有先秦典籍中出现过多少次，分别作何解释，他可以如数家珍地列举毛传、郑注、孔疏的种种说法，然后逐一加以评鉴，最后，他会说：“根据我的考证，这个字在这里只能解释为……”至于为什么，“只能这样而不是那样”，当然会列出若干论据。

历史系同样人才济济，名流云集，是当时国内综合性大

---

①　参见王培元：《学映北斗　风范长存——高亨先生和山东大学》，见韩明涛等主编：《百年纪人》，知识产权出版社2004年版，第277页。

②　黄炽：《母校青春常在》，见张乐岭、高忠汉、陈崇斌主编：《峥嵘岁月》，山东大学出版社1991年版，第104页。

学历史系中实力最强的系之一。杨向奎、童书业、张维华、郑鹤声、王仲荦、黄云眉、赵俪生、陈同燮等“八大教授”之外，还有丁山、黄绍湘、吴大琨、许思园、莫东寅、袁寿椿教授，副教授有卢振华、韩连琪、孙思白、徐绪典，教员有华山。下面略为介绍童书业教授。

童书业(1908—1968)，字丕绳，浙江宁波人，出生于世家大族。自幼聪慧绝顶，记忆超群。少年时期在家中私塾接受旧式教育，后来断断续续在新式学校读过两三年书。1934 年以前除了短时期在外谋生以外，大多数时间终日在家读书、写作、习画。1934 年童书业与顾颉刚相识，次年顾聘童为私人研究助理，协助顾颉刚编写《春秋史讲义》，首倡古史“分化演变说”，受到中外史学界的注目。书成后童书业先后在上海光华大学、美术专科学校等校任教，1949 年 8 月，应聘为山大历史系教授兼文学所研究员。

长期以来童书业在山大已经成为传奇人物。

论学术，他出版了《先秦七子研究》、《春秋左传考证》、《春秋左传札记》、《中国手工业商业史》、《中国绘画史》、《中国瓷器史》等 14 部专著，发表了 129 篇论文。不仅涉猎之宽，鲜有能及者，而且其成果之质量实乃上乘，例如他的春秋史研究至今仍属顶尖水平。

论才气，他博闻强记，四书、五经读得滚瓜烂熟，闭目成诵，让人不可企及，令所有与他接触过的人无不佩服得五体投地。据山大历史系徐鸿修教授回忆，他曾趁童书业辅导自己学习之机验证过其记忆力：

“童先生，我的记忆力不好，早晨背过的书到晚上就记不全了，不知你早年背熟的书现在有没有回生？""没有，"童先生很自信地回答，"你可以从《尚书》里随便找一篇试试。"我翻开《十三经白文》，指着《禹贡》篇说："就试试这一篇吧！"他看了看题目，抬头朗朗地背诵起来："禹敷土，随山刊木，奠高山大川……"背到"岛夷卉服"，我请他暂停，改背《秦誓》，"嗟，我士听无哗……"童先生接着背了起来，直到最后一句"亦尚一人之庆"，果然是一气到底，一字不差。还有一次，谈话中偶然涉及了几个难字，要查《辞海》，我翻开《辞海》部首索引，口中念着"水部"，"757 页。"——童先生立即说出了水部的页码；"竹部"，"1007"；"面部"，"1465"，都是应声而答。显然，《辞海》的部首索引他也熟记于心了。①

顾颉刚先生曾这样评价童书业：

丕绳教授不仅学问精博，而且有惊人的记忆力和理解分析能力。重要的先秦古籍包括诘屈聱牙的《尚书》在内，都能背诵如流。这些古籍里的某个词汇出现过几次他不用查可以立刻告诉你。近人的学术著作他看过一遍就能历举其主要内容

① 徐鸿修：《敬佩从欢笑中开始——回忆童书业先生》，见山东省政协文史资料委员会编：《悠悠岁月桃李情》，中国文史出版社 1991 年版，第 181～182 页。

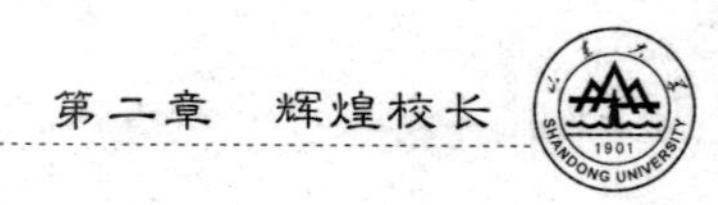

和论点。①

童书业不仅有着惊人的记忆力，同样具备惊人的理解分析能力，所以能在一些常人熟视无睹的细枝末节上发现问题，并迅速理出头绪，得出自己的结论。

论教学，他更是给历史系师生留下了难忘的印象，并历久不衰，为人们津津乐道。童书业给学生开设过16门课程和两门讲座，虽然不修边幅，但上课效果却极佳。他上讲台历来是手无片纸只字，滔滔不绝，口若悬河，内含宏富，逻辑谨严，深邃隽永，语言练达，时间进度都掌握得特别好，常常是“今天的课就讲到这里”，马上便听到了下课的钟声。也有时宣布讲授结束后还剩下极短的一点时间，这时他问大家还有什么问题，或者学生还未及提问，或者他用一两句话解答完问题，便听到了下课的铃声。②

物理系教授有束星北、王普、郭贻诚、张亮、周北屏，此外，杨有楙、刘鸿宾、佘寿绵、王承瑞、王应素、冯传海、陈成琳、陈继述、熊正威等副教授和讲师，在理论物理、理论力学、高能物理方面各有专长。这里我们简要介绍物理学天才束星北教授。

束星北（1907—1983），江苏扬州邗江人。早年就读于之江大学、齐鲁大学。1926年考进美国堪萨斯柏克大学物理系，后转往加州大学。其间束星北始终半工半学，以支付

① 王兴华：《童书业先生二三事》，见韩明涛等主编：《百年纪人》，知识产权出版社2004年版，第341页。

② 黄冕堂：《怀念童书业先生》，《文史哲》，1998年第6期。

学费、维持生活。1927 年，束星北离开美国，游历了日本、朝鲜、苏联、德国，最后到了英国爱丁堡大学，师从著名理论物理学家惠特克和达尔文（进化论创始人达尔文之孙）。在这里，束星北仅用一年多时间就获得了硕士学位。在惠特克和达尔文的推荐下，1930 年 2 月，束星北来到剑桥大学，师从著名的理论天体物理学家爱丁顿博士。在这位利用日全食验证了爱因斯坦广义相对论的物理学大师那里，束星北开始系统接触相对论。1930 年 8 月，爱丁顿又推荐束星北到麻省理工学院做研究生和数学系助教，师从著名数学家斯特罗克教授，在他的指导下束星北继续研究"用最简练的文字概括出一幅最美丽的世界图画"的拉狄克方程。在麻省理工期间，束星北曾将自己的关于相对论的论文寄给爱因斯坦，并得到回信。不久 25 岁的束星北获得了麻省理工学院硕士学位，1931 年 9 月回国。回国后，先后任教于中央陆军军官学校、浙江大学、上海交通大学，1952 年院系调整时来到山大。

1952 年山大成立海洋系，物理系气象组转入海洋系，束星北任海洋系气象研究室主任。在山大期间，束星北在教学和科研中显示出了非凡的才华和激情。他先后开设了热力学、理论物理、电动力学、数学物理方法等课程。他讲课生动活泼、深入浅出，着力培养学生的独立思考能力，因此深受学生欢迎。早在 20 世纪三四十年代的中国科学教育界，束星北的大名就无人不知，无人不晓，他是一位杰出的物理学家、教育家，被誉为"天下第一才子"。还是来看一看束星北的学生是如何评价的！

诺贝尔物理学奖获得者李政道说：

> 我一生最重要的机遇，是很年轻时能极幸运地遇到三位重要老师，得到他们的指导和帮助。束星北老师（李政道浙大求学时的老师——引者注）的启蒙，吴大猷老师的教育及栽培和费米老师的正规专业锻炼都直接地影响和造成了我以后的工作和成果。我的一生和他们对我的影响是分不开的。而我最早接受的启蒙光源就是来自束星北老师。①

1937年世界著名物理学家玻尔来中国讲学，受校长竺可桢邀请，到浙大作关于原子核的报告，束星北和王淦昌与玻尔进行了广泛而深刻的交流，束星北给玻尔留下了极为深刻的印象。据浙大物理系教授朱福炘回忆：

> 玻尔回去后，不断收到上海几所大学和浙江大学师生的信笺，多为探讨物理学的有关问题，有些师生向他请教、询问到外国深造学习的途径，有的则直接让他帮忙介绍。对于这些要求，玻尔回答的千篇一律：中国有束星北、王淦昌这么好的物理学家，你们为什么还要跑到外边去学习物理呢？②

束星北在他那并不连贯、有时条件极为恶劣的学术生

① 刘海军：《束星北档案》，作家出版社2005年版，第2页。

② 刘海军：《束星北档案》，作家出版社2005年版，第38页。

涯中取得了极高的成就，早在抗战期间他就在通常被看做世界上最顶尖的自然科学刊物《Nature》(《自然》)上发表文章。尽管他从1955年以后科研基本上被迫中断，但是他仍然在电磁学、热力学以及气象学、航天航空等领域有卓越建树，是中国量子力学和相对论研究的先驱者。他的学生、中科院学部委员、国防科工委顾问程开甲对他的评价是：

> 那个时代，像束星北这样集才华、天赋、激情于一身的教育学家、科学家，在中国科学界是罕见的，他的物理学修养和对其理解的深度，国内也是少有的……
>
> 束星北科学素养与天分是毋庸置疑的，他的思想与认识直到今天仍在发挥着作用，很多见解在今天的实践过程中被证明是正确的。只是由于历史条件和机遇(的原因)，没能显示出来，这是十分令人惋惜的。①

生物系教授有童第周、曾呈奎、陈机、曲漱蕙、王祖农、方宗熙、王敏、钟兴正，副教授有郑柏林、叶毓芬、黄浙、高哲生、李冠国等，讲师有陈惠民、周才武、陈倬、周光裕、方同光、尹光德、李桂舫等人，故而生物系师资阵容在全校各系中占着较强的优势。下面简要介绍童第周教授。

童第周(1902—1979)，浙江鄞县人。由于家境贫困，17岁才迈入学校大门，1927年毕业于复旦大学生物系，1934





① 刘海军：《束星北档案》，作家出版社2005年版，第37页。

年获比利时布鲁塞尔大学科学博士学位。回国后曾先后任山东大学、中央大学、同济大学、复旦大学教授，中国心理生理研究所研究员，剑桥大学和耶鲁大学客座研究员，1948年当选为中央研究院院士，1955年当选中国科学院学部委员，后又曾任中国科学院发育生物学研究所研究员、中国科学院生物学部主任、中国科学院副院长。

童第周是中国实验胚胎学的创始人，40年代曾以《鱼类胚胎学》论著发表在英国皇家学会的杂志上而闻名中外。童第周在山大工作时，结合教学和科学研究，对鱼类和脊椎动物遗传中的细胞质和细胞核关系进行了艰苦的探索和反复验证，取得了重大的突破。以后又与美国坦普尔大学牛满江教授合作，在1973年从鲫鱼成熟卵的细胞质中提取信息核糖核酸，注入金鱼的受精卵中，培育出有鲫鱼和金鱼两种性状的子代，开创了人类可以按照需要人工培育动物新品种的先例，提出了动物遗传学说中的新见解，为探索生命奥秘及其未来揭开了新的一页，这一科研成果被国际上以他的名字命名为“童鱼”，所以有人说童第周是“克隆的先驱者”。

除上述各系外，其它如外文、数学、化学、水产、海洋等系的教师队伍同样是群星璀璨，各显才华。①

其如外文系。系主任吴富恒，曾留学哈佛大学，对中国文学、美国文学造诣皆深，是哈佛的荣誉博士。赵太侔曾在哥伦比亚大学研究院攻读西洋戏剧，对西洋文学和戏剧有

① 下文系由《山东大学百年史》第201～204页有关内容概括而来。

专门的研究,翻译能力亦很强。黄嘉德毕业于哥伦比亚大学研究院,曾任《西风》主编,著有《萧伯纳传》、《生活的艺术》等书,被誉为“萧伯纳研究专家”。梁希彦精通英国文学,在教学和翻译工作中都有较好的成绩。乔裕昌英语基础扎实,教学甚具水平。谢震亚专长俄文和俄语,笔译、口译都较流畅。

又如数学系。系主任李先正对数学理论有深入探索,专长三角级数,曾在伦敦数学学会杂志上发表《三角级数的一个注记》的论文,美国《数学评论》当即转载,因之在数学界较有声誉。莫叶是华盛顿大学研究院的哲学博士,对复变函数甚有功力,著有《复变函数论》,并以教学效果良好而著称。刘智白对高等数学、周怀生对代数、胡昭全对实变函数、张学铭对微分方程、谢力同对运筹学,都各有研究。

又如化学系。系主任刘椽,官费留学美国,获伊利诺大学有机化学硕士,从事教学工作20余年,为培养人才作出了杰出的贡献,著名化学家卢嘉锡、蔡启瑞皆出自其门下。刘遵宪是留学美国的化学博士,专长理论化学和工业化学的研究,著有《理论化学教材》、《原子核化学》等论著。徐国宪留学日本,在电化学的教学与研究中有一定成就。

再如水产系。系主任沈汉祥曾留学日本,不但在水产养殖和加工方面有理论修养,而且具有实践经验。薛廷耀专长水产捕捞和加工,在教学和研究中都取得了较好的成绩。邹源琳在水产动物的分类、性态、回游、繁殖等方面有渊博知识,是擅长水产捕捞和养殖的学者。

即使如新设立的海洋系同样人才济济。其中系主任赫崇本曾留学美国，对海洋物理、海洋气象都有深入研究；唐世凤专长海流和潮汐学理论的研究；文圣常专长海洋动力和波浪学的研究；牛振义专长气象学的研究。

### （二）力攀科学研究高峰

20 世纪 50 年代初期，山大文科的中文、历史和理科的生物、数学在全国占有相当重要的地位，取得了丰硕的成果。之所以能够如此，原因当然是多方面的，但是相当大的程度上应该归功于华岗对科研的重视。自从担任校长那一天起，华岗就努力为山大师生创造良好的科研条件和环境，这主要表现在三个方面：成立权威学术机构，发挥其在学术引导和评价等方面的作用；举办“校庆科学讨论会”，推动全校兴起科研热潮；创办《文史哲》和《山东大学学报》，为师生提供展示自己成果的舞台。

1. 建机构聚集科研实力。

1951 年 3 月 18 日，校务委员会讨论了如何开展科研工作的问题，并作出决定：

> （一）每年校庆活动期间举行科学讨论会，检阅一年来的科研成果。
>
> （二）重新组建校学术委员会，由童第周副校长任主任委员，陆侃如副校长和何作霖教务长任副主任委员。规划全校的科学研究工作，筹办出版文、理、工、农、医各学科综合性的学术刊物《山东大学学报》。
>
> （三）各系必须制定科学研究计划，包括选

题、内容、负责人、完成时间等等，以迎接每年的校庆科学讨论会。

（四）科学研究工作由教务长分工领导，教务处设专人处理日常的各项具体工作。①

4月2日、6日山大召开了合校后的第一次校委会会议，研究并通过了六项议案。其中“关于加强学术研究案”中，华岗支持并同意了由童第周提出的四项初步意见：“一、利用本校现有基本条件，以经济的方式去做研究工作（如：工学院可以同实习工厂密切联系，研究和解决问题）；二、编译书籍；三、出版学术性的刊物；四、各系举行学术讲演。”②

为加强学术研究、提高学术水平和教学效果，山大成立了学术审议委员会。5月23日校常务委员会讨论通过《学术审议委员会组织草案》。6月8日成立了学术审议委员会，讨论通过了《学术审议委员会组织条例》，③决定学术审议委员会由教务长、副教务长、各院院长以及历史语文研究所、海洋研究所所长组成，设主席1人、副主席2人，由正副教务长分任。委员会的任务为：（1）审议教员升等所提出之论著及其它有关学术研究之报告；（2）审议员生申请

---

① 《山东大学百年史》编委会编：《山东大学百年史》，山东大学出版社1991年版，第204页。

② 《校委会举行第一次会议讨论通过六项重要议案》，《新山大》，1951年第3期。

③ 山东大学档案馆编：《山东大学大事记》，山东大学出版社1991年版，第86页。

奖励之有关学术的创造、发明、发现、著作、调查报告等；(3) 审议各院、系提出奖励有特殊价值之毕业论文；(4) 审议各院、系、所以教学为主的学术编译计划及准备发刊之学术丛书；(5) 协助本校学报之编审工作。①

1953 年“全国综合大学会议”以后，华岗立即组织进行贯彻落实会议精神，围绕“培养科学研究工作和教学的专门人才”的任务和目标，把科学研究列为学校工作的重点。1953 年 12 月 25 日，校长办公会议决定成立山东大学“科学研究委员会”，主任委员为童第周，副主任委员有郭贻诚、杨向奎、徐佐夏，委员有方宗熙、吴大琨、李先正、沈汉祥、冯沅君、梁希彦、赫崇本、刘遵宪、穆瑞五。② 科学研究委员会制定出工作计划，加强全校科研工作的组织和领导，使科研工作建立在经常和广泛的基础之上，有计划、有组织地进行。同时原有教学小组调整为教研组，把教学、科研紧密结合起来，互相促进；学生做学年论文和毕业论文，提高科研能力和教学质量；助教补做毕业论文，进行论文答辩；组织行政人员学习专业，自觉地为教学科研服务。这样全校上下形成了浓厚的科研氛围和良好的科研环境。③

近代以来的科学史表明，一所大学的学术发展离不开由专家组成的学术机构的护航。首先，专家们可以根据环

① 华岗:《加强学术研究工作——学术审议委员会成立》,《新山大》,1951 年第 8 期。

② 《本校科学研究委员会正式成立》,《新山大》,1954 年第 119 期。

③ 刘培平:《华岗与 20 世纪 50 年代山东大学的辉煌》,《山东大学学报》,2003 年第 5 期。

境、人才、资金等各种因素，判断出何种研究是自身的长处，更容易获得成功，同时也可以判定成功以后成果会在社会上产生何种影响，从而又进一步促进学校科研的发展。其次，学术研究需要有效、客观、公平的激励机制，在高校，升等（职称评定）是对教师激励和检验的最重要的手段之一，所以其评判者不仅需要真正具备学术水准，而且还必须要有学术良心和学术道德，由德高望重的教授膺任此职自然最为合适。总之，学术委员会、学术审议委员会、科学研究委员会等机构的设立，为山大学术提供了可靠的制度保障，指明了发展的方向，从而有力地促进了学校科研的繁荣。

2. 造氛围加大科研声势。

如上所述，1951 年 3 月 18 日，校委会决定每年校庆活动期间举行科学讨论会，其组织工作大体步骤是：头一年的年底各系报送包括论文题目、作者、内容简介、讨论范围的校庆科学讨论会计划，教务处（后由科研处）研究批准后与各系协商，拟订包括主持人、报告人、时间、地点、参加人员等项目的讨论会程序，经校学术委员会讨论、校长审核后，印发校内各单位及校外有关部门。讨论会依据论文的性质、水平和实用价值等，分为大、中、小三种类型。大型讨论会吸收或邀请校外有关人员参加，由学校负责人主持；中型讨论会由学科相近的几个系参加，由教务长或系主任主持；小型讨论会则为本系人员参加，由系主任或教研室主任主持。讨论时间约一个月，即自 3 月 15 日开始，至 4 月中旬结束。讨论会的论文经过修改、补充后，由《山东大学学报》、《文史哲》杂志或校外刊物发表，有时还出版校庆论文

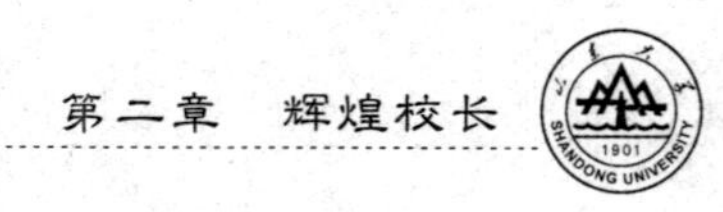

专集。①

校庆科学讨论会自1952年开始，组织工作一年比一年好，论文质量一年比一年高，数量也一年比一年多。每届校庆科学讨论会，不仅普通教师、学校领导纷纷撰写论文，学生也踊跃参加。据统计，1952年校庆科学讨论会期间，全校师生提交论文62篇，1953年94篇，1954年120余篇，1955年150余篇。1954年校庆期间，举行了"教学与研究工作展览会"，展出了几年来进行教学改革和科学研究的成果。② 1955年山大79%的教授制定了科研计划，科学研讨会上28人提交了25篇论文；71%的副教授制定了科研计划，13人提交了9篇论文；60%的讲师制定了科研计划，30人提交了论文；50%的助教在老教师的指导下初步开始了科研工作或研究的准备工作，48人提交了论文。③ 每次科学讨论会期间，学校还安排学术报告。例如，1953年陆侃如作了《论古典作家宇宙观和创作方法的矛盾》的学术报告。1954年华岗作了《综合大学如何开展科学研究工作》的报告，童第周作了《关于胚胎学发展学说的探讨》的报告，两人对科学研究方向的确定、科学研究的途径和方法等诸多问题进行了阐述，引导、帮助教师做好科研工作。正是由于校庆科学讨论会的推动，全校形成了浓郁的学术研究空

① 《山东大学百年史》编委会编：《山东大学百年史》，山东大学出版社1991年版，第206页。

② 《山东大学1954年校庆教学和研究工作展览会》，山东大学档案馆馆藏档案，卷宗号：WSKY－1954－003。

③ 《一年来贯彻统一教学计划获初步成绩》，《新山大》，1955年第207期。

气，从而在建国初期就结出了累累的科研成果。

科研尤其是自然科学研究成就之取得，需要一定的周期，华岗从1950年入主山大，到1955年去职，前后不过5年半时间，其时又恰值新政权刚刚建立，各种政治运动不断，再加之山大科研底子薄，要让其取得太大的成就无异于苛求前人。即便如此，在华岗担任校长期间，山大不仅取得了一定的成绩，而且也为未来的成就奠定了基础。例如，中文系开创的鲁迅研究和《红楼梦》讨论，受到学术界的重视。中国文学史教研组的教师还接受出版社的委托，编写《中国文学简史》、《宋元戏曲史注》、《李白》、《白居易》等专著。历史系对中国古史分期、土地制度史、农民战争史等问题的研究，在史学界产生了较大的影响。这一时期中文、历史两系教师还出版了大量的著作，发表了大量的论文，从而在全国树立起山大"文史见长"的形象。

理科的教师遵照学校"配合当前社会实际情况，特别是与青岛、山东的生产建设事业相结合，辅助其大力发展"的科研原则，①积极解决一些实际问题。例如，数学系结合经济建设中的实际问题，加强函数论、控制论、运筹学研究，运筹学后来还受到毛泽东的重视。物理系对青岛电力、仪表、机械、冶金工业的发展给以热情的关注。化学系在山东特别是青岛的橡胶业、印染业的生产中，做了大量的有益的工作。水产、生物、海洋三系，与中国科学院海洋生物研究

① 《校委会举行第一次会议讨论通过六项重要议案》，《新山大》，1951年第3期。

室及中央水产实验所合作，进行黄海、渤海的渔场调查，了解渔业生产情况，对提高鱼类产量和改善人民生活有一定贡献。医学院把山东和青岛的地方病列为攻关课题，同时受卫生机关委托，分析鉴定某些中药的作用及价值，有的科系经常了解工矿卫生状况，研究改进。[①] 尤其值得一提的是，新中国成立后，国际上用中国人姓名定名的科研成果共11项，与山东大学有密切关系的就有两项，即“童鱼”和“夏道行函数与夏不等式”。“童鱼”虽然是童第周在20世纪70年代才实验成功，但其基础是在山大奠定的。“夏道行函数与夏不等式”是指夏道行对解析函数的研究成果，称为“夏道行函数”，其泛函分析研究成果，被称为“夏不等式”，而夏道行是1950年从山东大学数学系毕业的。[②]

3. 开园地推展科研成果。

20世纪50年代山大之所以在全国高校中占有一席之地，重要原因之一是《文史哲》为其带来了巨大的荣誉，而《文史哲》的创办与发展又与华岗密不可分，这主要表现在如下三个方面。

第一，《文史哲》是在华岗的大力支持下才得以创办和发展的。

1906年，中国的大学的第一家学报《东吴月报》诞生于东吴大学，随后各大学纷纷仿效，其中蔡元培执掌北大时期

① 参见《前进中的新山东大学——东海边上的学习乐园》，《新山大》，1954年第136期。

② 《山东大学百年史》编委会编：《山东大学百年史》，山东大学出版社1991年版，第223页。

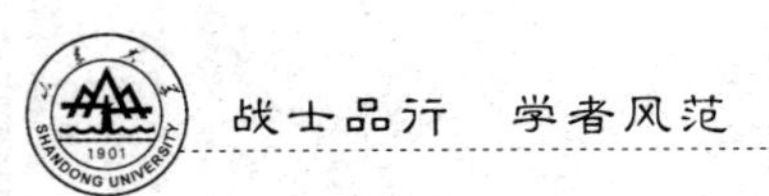


创办的《北京大学月刊》可以被视为典范。然而山大在这方面即使在第一个“黄金时期”也明显落后了，只是在1933年出版过两期《科学丛刊》，1934年出版过一期《文史丛刊》。

为了使广大教师有一个固定的发表学术成果的园地，从而更好地开展学术研究，1951年4月，华岗支持中文、历史两系和历史语文研究所的部分教师，创办了综合性的学术刊物《文史哲》，由华岗担任社长，陆侃如和吴富恒担任副社长，杨向奎任主编。《文史哲》最初是一个同仁刊物，杂志社没有专职的编辑人员，编辑工作主要由文史两系和研究所的几位教师兼任，特别是杨向奎、童书业、王仲荦、赵俪生、吴大琨、殷焕先、卢振华、孙思白、孙昌熙、刘泮溪等编委，在《文史哲》创办过程中做了大量工作，他们不仅要写稿、审稿、校对，而且还要负责包装、发行，但没有任何报酬。

《文史哲》创刊时，虽然学校也曾从科研经费中给予一点资助，但是数量很少，办刊经费主要依靠同仁自筹。参加办刊的教师都出了钱，其中以华岗个人支持的经费最多，他以自己的稿费收入作为办刊基金。杂志社规定山大教师发表文章，包括华岗本人的文章，一律不给稿费，但是校外的稿子给少量稿费，最早是1000字3万元，即新币3元。① 刚创刊时，因为要支付印刷费、稿费、邮寄费，再加上销路没打开，所以赔钱。到1952年，实在支持不下去了，又不能停刊，在华岗的请求下，山东省委统战部和青岛市委拨了2000万元（新币2000元），使杂志得以渡过难关。1953年后，销

① 刘光裕：《华岗与〈文史哲〉》，《出版史料》，2006年第4期。

路打开，经费问题已经解决，到 1956 年杂志社已经有上万元的盈余，①这在当时已经是一个不小的数字了。

此外，《文史哲》创刊之时，正是新政权建立不久之际，各种政治运动接连不断，此时办刊物是要冒极大的政治风险的。所以从这个角度说，即使文史两系的教师有能力办刊物，但是缺乏华岗的支持，他们也未必敢办。正如论者所说："谁都知道，当年创办《文史哲》离开华岗这个强大后盾，就是不可能的事。华岗是中共山东分局三人领导成员之一，又是著名的马克思主义理论家与史学家。他的地位，他的个性，足以做刊物的后盾。"②

第二，《文史哲》之所以能够产生巨大的影响，最主要的原因是华岗抓住了时代的脉搏。

《文史哲》第 1 期《编者的话》指出："我们的宗旨是刊登新文史哲方面的学习和研究文字，通过写作的实践，来提高我们的理论水平，并藉以推进文史哲三方面的学习和研究。"③《编者的话》是华岗起草的，我们不难发现其主旨是借《文史哲》"提高理论水平"。客观地说，华岗创办刊物之旨趣与一般教师还是有差别的，华岗虽有借《文史哲》繁荣学术之意，但他同时把《文史哲》看做是对教师进行"思想改造"和将山大改造成社会主义新型大学的一个工具，而正是这一点符合了时代的节拍。

---

① 杨向奎：《山大〈文史哲〉创刊前后》，见山东省政协文史资料委员会编：《悠悠岁月桃李情》，中国文史出版社 1991 年版，第 377 页。

② 刘光裕：《华岗与〈文史哲〉》，《出版史料》，2006 年第 4 期。

③ 《文史哲》第 1 期，1951 年 5 月 1 日。

《文史哲》1951年5月创刊到1955年7月总共出版了35期，华岗共发表了35篇（内含2篇分上、下篇，若分开则为37篇）文章，其中只有第12、20、26、27、28、30、31、33、34期没有华岗的文章，直至被捕的前一个月即1955年7月，他还有文章在《文史哲》刊布。第1至5期，华岗发表了5篇关于鲁迅研究的文章。以后各期文章情况如下：第2期《学习〈实践论〉和改进教学工作》；第3期《学习中共党史的意义和方法》；第4期《从抗日到抗美的规律》（以上为1951年）；第5期《目前形势、思想改造和学制改革》；第6期《清算教育工作者中的资产阶级思想》；第7期《学习〈矛盾论〉，推进思想改造》、《论中国民族资产阶级的历史地位》；第8期《本校“三反”运动总结与全面转入思想改造的意义和方针》、《思想改造中的根本问题》；第9期《山东大学思想改造运动总结和今后努力方向》、《贯彻毛泽东文艺方针的根本关键》；第10期《学习斯大林论语言学著作的意义》（以上为1952年）；第11期《学习斯大林论语言学著作的意义》（续）；第13期《沿着斯大林所指示的道路前进》；第14期《辩证唯物论——马克思列宁主义政党的宇宙观》、《哲学上的两大阵营——唯物论和唯心论》；第15期《宇宙的物质性及其发展的规律性》、《物质第一性和意识第二性》；第16期《宇宙可知性及实践性，认识过程中的决定作用》（以上为1953年）；第17期《唯物辩证法的历史根源和意义》；第18期《唯物辩证法论宇宙间诸现象的互相联系和互相制约》；第19期《巴甫洛夫学说的哲学基础》；第21期《论社会主义基本经济法则在我国过渡时期的作用》、《自然界和社会中的运动、变化和发展》；第22期《从量变到质变的发展规律》；第23期《辩证法的核心——发展是对立面的斗争》；第24期《中华人民共和国宪法草案的特征和意义》、《辩证法和形式逻辑（上）》；第25期《辩证法和形式逻辑（下）》；第29期《怎样在古典文学研究领域清除资产阶级反动思想》（以上为1954年）；第32期《论胡风文艺思想的唯心论的实质》；第35期《纪念瞿秋白同志殉难二十周年》（截止于1955年7月）。

从华岗发表的文章可以看出，领域涉及虽然很广，但都是紧紧围绕传播新意识形态这一根本而展开的，所以当年《文史哲》的编辑葛懋春先生说："无论是他学习实践论、矛盾论、斯大林语言学著作、社会主义经济问题、辩证唯物主义等基本理论方面的著述，或者是他阐明中国革命经验以及评论鲁迅、瞿秋白的文章"，"集中到一点就是结合中国革命实际和历史实际阐明马克思列宁主义、毛泽东思想"。[①] 华岗不仅自己写文章宣传中国共产党的路线、方针和政策，而且《文史哲》上还刊载了大量有关思想改造的文章，这才是当时刊物得到社会广泛关注、肯定的根本原因——尽管它也刊发了一定数量的"用马列主义毛泽东思想"来解读文学、历史的文章。

第三，由于华岗鼓励学者争鸣，《文史哲》开辟了一系列新的研究领域，从而赢得了巨大的学术声誉。

---

① 葛懋春：《回忆早期〈文史哲〉杂志社社长华岗同志》，《文史哲》，1981年第4期。

虽然说《文史哲》宣传主流意识形态抓住了时代的脉搏，但它毕竟是一个学术刊物，必须要在学术方面有所建树，才能获得广大知识分子更广泛的认同，在这方面华岗做得同样十分出色。《文史哲》创办不久，就对中国古史分期问题、农民战争问题、“亚细亚生产方式”问题、土地制度问题、资本主义萌芽问题、《红楼梦》研究问题和鲁迅研究等，在全国范围内开展了一系列讨论，活跃了国内文史研究气氛。

据粗略统计，第 1 至 35 期《文史哲》共发表了 17 篇关于中国古史分期的文章：童书业在第 2、9、29 期发表了《中国封建制的开端及其特征》、《关于中国古代社会性质的问题》、《中国古史分期问题的讨论》；杨宽在第 2、19、24 期发表了《战国时代社会性质的讨论》、《论春秋战国间社会的变革》、《论春秋战国间阶级斗争对于历史的推动作用》；杨向奎在第 9、11、12、16、27、28、29 期发表了《关于西周的社会性质问题》、《中国历史分期问题》、《读〈马克思、恩格斯论中国〉兼论中国封建社会的历史分期问题》、《试论后汉北魏之际中国封建社会的特征》、《试论先秦时代齐国的经济制度》、《“中国古史分期问题的讨论”商榷》；王承袑在第 11 期发表了《周代社会史试论》；萧耦在第 29 期发表了《中国古史分期问题座谈记录》。在全国关于古史分期的热烈讨论中，山大以其发起讨论较早、学者阵容强大、学术观点异彩纷呈并具有代表性，而居于众多高校和科研机构的前列。而山大之所以能够做到这一点，《文史哲》起了非常重要的作用，它在创刊 10 年内共发表古史分期方面的论文 50 多篇，在全国学术刊物中居于首位。1982年上海人民出版社出版的总结性论著《中国古代史分期问题讨论五十年(1929—1979)》，在述及建国以来的讨论情况时，“几乎在每一小节和每一具体问题上都要提到山大教授的名字”①。

农民战争史是当时史学界又一个热点。据粗略统计，35期以前，《文史哲》共发表了14篇关于中国农民战争史的文章：赵俪生在第3、12、14、15、20、21、23、28期发表了《武训时鲁西北人民的大起义》、《北宋末的方腊起义》、《明初的唐赛儿起义》、《北魏末的人民大起义》、《南宋金元之际山东、淮海地区中的红袄忠义军》、《论有关隋末农民大起义的几个问题》(与高昭一合作)、《记卢兼三同志关于“红袄军”遗址的来信》、《明正德间几次农民起义的经过和特征》；高昭一在第14、17期发表《试论中国农民战争的特点》、《秦汉三次农民大起义的比较》。此外，陈湛若、卢南乔、郦禄遒、华山、李燕光分别在第19、23、27、32、35期发表《义和团的前史》、《元末红巾军起义及其进军高丽的历史意义》、《太平天国的供给制度》、《南宋初的范汝为起义》、《论黄巢的远征》。正是由于这些文章，使得山大农民战争史研究在全国也占有重要地位。

“亚细亚生产方式”是马克思提出的概念，他认为中国、印度、俄国都是从这种形式中发展起来的，他还认为这种生产方式至少有三个特点：第一，没有土地私有制，至少土地

① 胡新生：《山东大学与中国古史分期问题的讨论》，见孙长俊主编：《山大逸事》，辽海出版社1999年版，第357页。

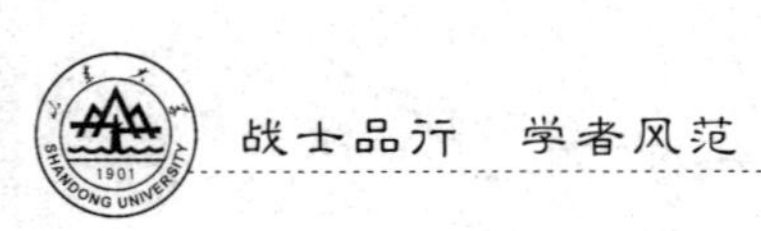


属于国家所有；第二，社会基础是村社制，每一个村社通过农业和家庭手工业的紧密结合而达到自给自足；第三，中央集权起着支配作用。因为亚细亚生产方式问题牵涉到中国共产党革命的理论根据、中国社会的性质等一系列问题，早在20世纪30年代就引起学界热议，建国后再次成为热点，《文史哲》做出了积极的回应。关于亚细亚生产方式，童书业在第4、6、11期发表了《读〈亚细亚生产方法〉》、《答日知先生论亚细亚生产方法问题》、《从古代巴比伦社会形态认识古代"东方社会"的特征》；日知在第6期发表《与童书业先生论亚细亚生产方法问题》等文章。

关于土地制度问题，《文史哲》在第11、12期发表了吴大琨的《论前资本主义社会地租的三种基本形态》、《论地租与中国历史分期及封建社会的长期阻滞性问题》；王亚南在第13、18、23连续发表了《由封建的领主经济和地主经济引论到中国社会发展史上的诸问题》；王仲荦、刘业农在第20、30期分别发表了《春秋战国之际的村公社与休耕制度》、《北朝的均田制》。土地制度问题是20世纪50年代史坛"五朵金花"（农民战争、古史分期、土地制度、民族问题、资本主义萌芽）之一，山大教师利用《文史哲》积极参与了讨论。

关于资本主义萌芽问题，王仲荦、周清和在第2、7期分别发表了《明代苏松嘉湖四府的租额和江南纺织业》、《关于中国资本主义起因和大同学说的问答解答》等文章。

1954年第9期（总第25期）《文史哲》发表了山大1953年中文系毕业生李希凡、蓝翎《关于〈红楼梦简论〉及其他》

一文。文章批评了《红楼梦》研究中的某些“唯心主义烦琐考证”的倾向，引起了国内文学界和国外“红学”研究者的重视，并受到了毛泽东的重视与肯定。1954 年 10 月 16 日，毛泽东写了《关于〈红楼梦〉研究问题的信》，这封信发表后，在全国引发了一场长时间的全国性《红楼梦》大讨论。《文史哲》也以此为契机，及时开展《红楼梦》研究，从 1955 年第 1 期（总第 29 期）到第 7 期（总第 35 期），共发表了 20 余篇有关文章，在山大掀起了《红楼梦》研究的热潮。借助《红楼梦》研究，山大和《文史哲》均扩大了在全国的影响。

1951 年 3 月 18 日，校务委员会议决筹办《山东大学学报》。4 月 2 日和 6 日，校务委员会关于加强山大学术研究案中再次强调筹办《山东大学学报》。4 月 19 日校长办公会议成立了学报编辑委员会，由童第周、何作霖、吴富恒、郭贻诚、丁履德、陈瑞泰、徐佐夏、杨向奎、赫崇本等 9 人组成，童第周任主编。

1951 年 5 月 1 日第 1 期《文史哲》出版时，《新山大》就报道了《山东大学学报》即将创刊的消息，并向校内外公布了“征稿简则”。“简则”除说明技术性要求外，要点有两条：第一，学报为学术性刊物，专载校内外有创造性的论文；第二，凡经学报登载的论文，由杂志社赠送 10 份杂志和 30 份单印本，但概不致送稿费。[①] 1951 年 8 月中旬，《山东大学学报》第 1 期出版，这是新中国成立后高等学校创办最早的

① 《文史哲双月刊今日创刊》，《新山大》，1951 年第 5 期。

一份学报。①

在发刊词中，华岗阐述了创办《山东大学学报》的原因、目的、方针及其实现途径。关于创办目的，华岗说道，山大虽然出版了《文史哲》杂志，“惟内容仅限于文学、史学和哲学方面，而本校除文学院及政治、艺术两直属系以外，尚有理、工、农、医四院从事自然科学研习的师生，亦有加强学术研究的要求”，所以创办了综合性的《山东大学学报》。学报的目的是“推进课程改革和学术研究”。学报办刊的方针是“促使教学与研究相结合，理论与实践相结合”。实现办刊方针的途径是：“认真学习马列主义及其中国化的毛泽东思想，认真学习共同纲领文化教育政策，总结和交流教学经验，积极推动课程改革；有系统地批评旧教育思想，以剔除其封建性买办性的糟粕，吸取其民主性科学性的精华；提倡用科学的历史观点，研究各种学术与现实问题，藉以充实和改进教学内容，以便我们能够更好地为人民和国家建设服务。”②

《山东大学学报》开始为文理综合版，每年出版两期。1953 年 2 月，经华岗和武杰以山东大学党委书记、副书记的名义向中共青岛市委宣传部呈文请示，决定将《山东大学学报》改为自然科学版和文史哲版两种，自然科学版为年刊，文史哲版为双月刊。4 月中共山东分局宣传部复函山东大

① 《山东大学百年史》编委会编：《山东大学百年史》，山东大学出版社 1991 年版，第 214 页。

② 华岗：《山东大学学报发刊词》，《山东大学学报》第 1 期，1951 年 8 月。

学党组表示同意，这样《山东大学学报》也就基本定型了。①

20世纪50年代，《文史哲》和《山东大学学报》在山大乃至在全国，都产生了重要的影响，大致说来主要表现在两个方面。

首先，开风气之先。20世纪50年代初期，全国文科学术刊物很少，主要有1949年9月在北京创刊的《新建设》和1951年创刊的《文史哲》与《山东大学学报》等。1951年时任上海市市长的陈毅曾评价说："大学就是要通过教学与科研，为国家培养合格而又对路的有用人才。而学报正是检验这一成就的标尺。山大创办《文史哲》是开风气之先，已引起全国各大学的重视。"陈毅还建议各个大学仿照山大的做法，以山大为师，都创办一个各有特色的校刊，作为提高教学和研究的学术园地。② 正是在《文史哲》的带动下，北京大学等其它各高等院校，才于1955年以后纷纷创办了文科学报。

其次，促进了山大学术的繁荣，提高了山大在国内外的知名度。

著名学者杨向奎曾说："刊物是培养学术的泥土，没有刊物，研究成果就得不到学术界的讨论和评价，就无法进行检验，就容易枯萎下去。有了刊物，才有学术的繁荣。"③

① 郁庆治：《华岗的学报编辑思想》，《山东大学学报》，1993年第4期。

② 罗竹风：《华校长永远活在我们心中》，见刘培平主编：《战士·学者·校长》，山东大学出版社2003年版，第97页。

③ 《山东大学百年史》编委会编：《山东大学百年史》，山东大学出版社1991年版，第215页。

事实也正是如此，如前所述由于有了《文史哲》这个园地，山大才得以在中国古史分期、鲁迅研究等领域引领学术，在农民战争史、土地制度史、资本主义萌芽、《红楼梦》研究等领域深入和广泛地回应全国学术界的研究。同时这些领域的研究又使山大将文史哲研究力量展现在国人面前，正如论者所说："《文史哲》杂志不但把已有地位的山大中文系突出地摆在同行面前，也使刚刚从中文系独立出来的山大历史系陡然崛起于兄弟大学历史系甚至于老牌历史系之间……山东大学的哲学、特别是中国哲学史的研究广为学界所知，亦得益于《文史哲》杂志。"①

客观地说，山大在20世纪50年代全国高校中，无论是其师资，还是其所取得的科研成就，并不是十分突出。从某个角度上说，山大所获得的声誉、在社会上的高度认同，是与山大的实际不十分相称的——尽管本人知道很多人出于感情因素不同意笔者的说法。但是随着《文史哲》和《山东大学学报》的创办，一大批学者纷纷在《文史哲》上发表文章，例如王亚南、顾颉刚、周谷城、罗尔纲、黄药眠、陈子展、齐思和、杨宽、日知等先生多次为《文史哲》写稿，有的甚至还把自己得意之作特地送给《文史哲》发表，这无形之中提

① 转引自王学典：《华岗与山东大学文史哲研究传统的形成》，《光明日报》，2003年6月3日。据统计，解放后至1955年底文科各系发表论文共221篇，其中历史系教授共发表论文99篇，除少数几篇外，基本上是刊登在《文史哲》杂志上（见《解放后本校教师科学研究工作成果》，山东大学档案馆馆藏档案，卷宗号：WSRS－56－17），这对于提升1951年8月刚刚从文史系分离出来的历史系在国内的学术地位，其重要性是不言而喻的。

高了山大在全国的地位。同时由于当时政治环境的原因，《文史哲》获得了毛泽东的高度重视，尤其是被毛泽东誉为"两个小人物"的李希凡、蓝翎在《文史哲》上发表了关于《红楼梦》研究的文章，更是使得山大在全国为人瞩目。《山东大学学报》创刊以后，和《文史哲》一道被学校赠送给苏联科学院图书馆，无疑提高了山大在国际上的地位。同时不仅《文史哲》受到毛泽东的重视，而且《山东大学学报》也引起了他的注意。1955 年 11 月 23 日，中共中央办公厅秘书室函告山东大学："你校出版的《山东大学学报》，我们准备给毛主席订阅两份。但是其中的一至三期北京的书店没有发行；这三期如果你校出版，还有存余，可否售给我们两份。盼复。"接到函件后，学校迅速寄去第 1～4 期《山东大学学报》合订本 2 册和第 5 期学报 2 册。[①] 总之，《文史哲》和《山东大学学报》带来的"意外"收获，是造就 20 世纪 50 年代山大辉煌非常重要的原因之一，而这一切相当程度上又应归功于华岗。

**（三）营造校园文化氛围**[②]

关于"校园文化"，学者们有各种界定。例如，台湾学者林清江说，学校中各组成分子所构成的价值行为体系，称为校园文化。朱颜杰教授认为，所谓校园文化，是指一所学校内部所形成的共同遵守并得到同化的价值体系、行为准则

① 贾乐耀：《华岗——新中国的大学学报的奠基人》，见刘培平主编：《战士·学者·校长》，山东大学出版社 2003 年版，第 320 页。

② 这里主要叙述学生的精神面貌，一般不涉及教职员工。

和共同作风的总和。我们这里不就“校园文化”的概念做细致的学术探讨，而把20世纪50年代存在于山大的种种正面现象笼统归于“校园文化”进行叙述，当然种种良好的现象之所以能够出现，是与华岗的提倡分不开的，也可以说是以华岗为首的山大校领导积极营造的结果。

1.“为建设祖国而努力学习”。

1949年10月中华人民共和国宣告成立，同时也宣告了大规模建设时代的到来。然而，新中国是在“一穷二白”的基础上建立起来的，旧中国不仅经济基础薄弱，而且各方面人才也极为匮乏。新时代呼唤建设祖国的人才，山大的年轻学子们积极响应祖国的号召，回应时代的召唤，为了早日实现祖国富强的目标，争做祖国建设的合格人才，在“为建设祖国而努力学习”这一激动人心的口号鼓舞下，刻苦向上，锐意进取。① 当时，整个山大校园呈现出人人争学习、个个比成绩的感人景象。还是让我们借用那个时代的亲历者的自述吧，或许这比我们这些后来者的描述更加真实而动人。1953年中文系毕业生任思绍的回忆向后人展示出这样的一道风景：

> 每当上课铃声响过，山大校园就沉浸在静谧的氛围里，静谧得如同连一丝风儿也没有的沉睡的海洋。而当下课之后，另一幅画面又展开了，从各个教室里拥出来的人群，经过一阵轻松的短暂

① 宋为民:《山大培育了我》，见张乐岭、高忠汉、陈崇斌主编:《峥嵘岁月》，山东大学出版社1991年版，第328页。

时间的骚动，然后逐渐散开，或独个儿，或三三两两地分别选择他们自修或复习的地方。顿时，图书馆、宿舍、菩提树荫或绿色草坪，都热情地接待着它们的新朋旧友，于是，另一种形式的课堂学习又开始了。入夜，华灯初上时，全校又陷入一片沉静，山大人正伏案向科学进军。当时，同学们都很善于掌握自学时间，不肯让一分一秒被“浪费”夺走，因为他们深深懂得：浪费时间就是犯罪。就这样，他们贪婪地吮吸着教师们传授给的知识，又从图书馆里，社会上，生活中勤奋地猎取和采撷着新知识。①

1954年入学的楼友勤、陈柏中的回忆则给我们提供了这样一幅图景：

课堂教学主要是听课记笔记，虽然那时没有现在这么好的铅印教材，讲义多为油印，当时能听到这么多学者名家的讲授确是难能可贵，所以谁也不肯轻易缺课，课堂上十分安静，只有老师讲课的声音和记笔记的沙沙声，大家都十分珍惜这不可多得的条件。

入夜，图书馆灯火通明，座无虚席，校园一片宁静。数千青年学子埋头书本，像蚕食桑叶，虽然大家正当花前月下的年龄，山大又有这么幽美的

① 任思绍：《春城无处不飞花》，见张乐岭、高忠汉、陈崇斌主编：《峥嵘岁月》，山东大学出版社1991年版，第62～63页。

环境。特别是春天，叶子还没有绿，贴梗海棠已绽出火红的花，接着丁香、十姊妹、樱花、槐花次第开放，空气里充满沁人的芳香。夏季绿树荫浓，秋日金蝶纷飞，玉树琼枝、粉妆玉琢的银色世界是冬的校园。堪称良辰美景的四季，双双对对情侣的倩影，只在节假日或课余饭后的休息时间才能见到，上课和自修时间决无游荡的闲人。浓厚的学习空气，良好的校风校纪是一种巨大的力量，宝贵的传统，也是五十年代前期母校人才辈出的重要原因。①

如果说上文的回忆，还属于“宏大叙事”的话，那么，中文系学生颜新留下的文字则给读者们展示了一幅山大学子勤奋苦读的个人照：

检查过去，我虽然在学习上抓得较紧，从不浪费一分钟。当钟声一响，我就夹着书本跑到教室或阅览室去了，若没课的时候，甚至于连中午休息时间也进行学习。有时候我疲乏得不能支持的时候，我就走到窗子前，叫凉风吹吹再继续看下去。我为什么这样坚持学习呢？我常这样想：毕业的时间一天天接近了，也就是说，为祖国服务的时候快要到来了，可是将来我凭着什么走上工作岗位去为人民服务呢！我是学中文的，世界上的文学名著，我看过多少本？有好多东西我还不知道啊！

① 楼友勤、陈柏中：《山大的魅力》，见张乐岭、高忠汉、陈崇斌主编：《峥嵘岁月》，山东大学出版社 1991 年版，第 84 页。

……当我想到这里的时候，我的心立刻跳动起来，我很想一口把所有的知识都吞到肚子里去。因此，我在看书上贪快，往往不顾及阅读一本书后的效果。可是这样的学习方法在效果上如何呢？今天检查起来，成绩是不够好的，对于看过的书时间一长，书中的人物、主要情节也都忘记了。也就是因为没有学习计划，从图书馆借来两本书，常常发生不知先看哪本好，为决定先看哪本书，都是先看过"序"之后再决定，因此在这方面不知浪费了多少时间。

现在我的学习，因为有了计划，学习重点找出来了，对于每门功课的目的要求也明确了，到时间看什么书都早已计划好，不再忙忙乱乱，精力集中，学的东西在自己脑子里的印象更深刻了，同时，也有了适当的休息时间，学习效率不断提高。它使我感觉像航行在雾海里的一只小木船找到了正确的方向一样；在这个目标下，前进一步自己也感觉出来了。①

---

①　颜新：《执行学习计划提高了我的学习效率》，《新山大》，1953年第68期。又，50年代校报《新山大》上刊登了大量有关如何制定学习计划以及制定学习计划后如何取得成效的文章。参见中文系学习股：《我们是怎样掌握同学订学习计划的》（《新山大》，1953年第67期）；周秉一：《积极争取学习热潮的早日到来，全校同学普遍酝酿制定学习计划》（《新山大》，1953年第67期）；韩贻仁：《我要把学习计划订得更切实可行》（《新山大》，1954年第121期）；教务处：《关于加强学生学习指导工作计划》（《新山大》，1954年第129期）等文章。

可以说，像颜新一样制定学习计划、刻苦学习的学子在山大比比皆是。山东大学从1951年下半年开始到华岗蒙冤去职，一直提倡学生制定“学习计划”，按计划学习提高效率。对此，历史系学生田纪寅等人的回忆可以说是对颜新的个人留照最好的说明。田纪寅谈到自己如何对待学习中遇到困难的问题时说：“我时常这样想：不克服困难，哪能学到东西呢？只有克服困难，才有胜利，我们党不是在困难中斗争起来的吗？任何困难在革命者面前，在共产党员面前都是可以克服的。我学习中克服困难就是：发挥头脑，钻研思考，学习上大公无私，不仅能自己钻研功课，而且能热心地主动地和别人相互研究、相互学习。”艺术系学生张亮不仅通过勤奋努力，使自己成绩大幅度提高，而且还把自己所在的一个互助小组整个地都带起来了，因此被评为学习模范。物理系的戴祖海“由于对时间的计划性强，虽然担任了繁忙的工作，但始终无落课的现象，终日保持高涨的学习与工作情绪”；他“不论问题的大小深浅，都虚心地提出来与同学讨论，不轻易放过一个问题”；同时由于生活有规律，“保证了他学习与工作的积极性和持久性”。①

陈立贵是山大附设工农速成中学的学生，1952年夏天曾到惠民工农速成初等学校学习一年，1953年报考山大速中并被录取。经过一年的艰苦学习，陈立贵取得了长足的进步：

① 《团委会各支部模范团员事迹及团委评选名单》，山东大学档案馆馆藏档案，卷宗号：WSTW1951－018，第43、45、50页。

譬如在历史方面：我来学校前简直不懂什么是历史，我国经过了哪些朝代更不知道。经过了这一年的学习，我知道了我们祖国已经有了几千年的伟大而光荣的历史，也认识到了中国人民从来都是勤劳勇敢的。劳动人民的创造和发明如造纸、火药、印刷术和指南针的发明都远在世界各国之前，这使我对祖国更加热爱。在语文方面：才来时我只能认一千多个孤零零的单字，四五个钟头连四五百字的短文都写不出来，并且错别字一大堆。现在我已经能认识四五千字了，一般能做到会写、会讲、会用，并能在三四小时内，写出两三千字的文章，一般还比较通顺，错别字也比从前少得多了。对一般的文章也能够分析它的主题和结构了。在算术、地理和其他功课上也都有很大的提高，各门课的考试成绩平均都接近九十分。①

2. 意气风发的精神面貌。

20 世纪 50 年代的中国，是一个充满了理想的年代，是一个激情澎湃的年代，人们充满了改造现实世界的强烈欲望，对未来充满了信心。社会大环境影响了山大校园，同时由于大学是年轻人集中的地方，从而使得山大呈现出意气风发的精神面貌，所以，那些过来者回忆起 20 世纪 50 年代的山大，不仅充满了感情，而且总是诗情画意，仿佛自己又回到了那青春燃烧的岁月。1954 年进入山大数学系的白

① 陈立贵：《信心、劳动和胜利》，《新山大》，1954 年第 146 期。

孝温回忆道：

> 当时，我们根本无法想象今日莘莘学子们的苦闷、彷徨和百无聊赖的情绪，我们很少像今天的大学生们总是念念不忘毕业分配以及未来的生活怎样，似乎也从没有为“读书有什么用”这个问题困惑过。当时，我们觉得外界也没有什么压力，平时也很少有人来督促训导；但自己好像总有一股无形的力把我们凝聚起来，使人向上，催人奋发，努力求学而不辍。那时，大家都能自觉地安排好自己的生活，处理好各种关系。我们听党的话，向英雄人物学习，似乎都有一个信念：人的一生不能庸庸碌碌，应有所追求，为了祖国的富强，在事业上应干出点名堂，不管干什么工作，都有上进、好强、不甘落后、不甘无为的精神。①

20 世纪 50 年代初期政治运动不断，山大师生亲历了镇压反革命、取缔反动会道门、戒鸦片、贯彻婚姻法、抗美援朝、捐献飞机大炮、“三反”和“五反”、土改等运动，虽然还在求学期间，但是学子们也努力将自己与社会紧密地联系在一起，积极投身社会活动。我们仅以抗美援朝为例，略作说明，借以窥豹。

朝鲜战争爆发后，1950 年 11 月 10 日，全校抗美援朝、反美侵略动员大会上，344 名大学生签名要求赴朝参战。

---

① 白孝温：《八关山下琐忆》，见张乐岭、高忠汉、陈崇斌主编：《峥嵘岁月》，山东大学出版社 1991 年版，第 87～88 页。

进入12月,山大出现爱国参军高潮,在动员参军大会上,有的同学当场咬破了食指,用鲜血写下了参军申请书。仅仅从12月12日至14日报名参军者就达600余人。在"欢送参军同学去军干校报名入伍的那一天,锣鼓震响,鞭炮齐鸣,由四人叠成的'人马',驮着一个个胸前佩戴大红花的志愿军新战士,欢呼着,簇拥着缓缓前进。山大师生的欢送队伍堵塞了道路,十里长街,一片沸腾的人海"。① 1951年2月,山大医学院附属医院和附设高级护士学校的医护人员,前后组成三批医疗队(约300多人),奔赴抗美援朝前线,参加抢救伤病员。②

那些没有走上战场的大学生也积极地通过其它方式贡献自己的力量。艺术系的学生利用自己的专长,组织"美术供应社"对外服务,夜以继日地为各单位作画,赚下了3000多万元(旧币),捐献飞机大炮。地矿系四年级学生陈书田在抗美援朝捐献运动中,从由分家得来的1300万元(旧币)遗产中拿出1000万元作为捐献;③许多同学把勤工俭学和投稿得来的报酬和稿费全部捐献出来……

我们说20世纪50年代山大校园呈现出意气风发、蒸蒸日上的精神面貌,不仅仅指山大学子关心国家大事,而且

① 任思绍:《春城无处不飞花》,见张乐岭、高忠汉、陈崇斌主编:《峥嵘岁月》,山东大学出版社1991年版,第60~61页。

② 山东大学档案馆编:《山东大学大事记》,山东大学出版社1991年版,第79、80、83页。

③ 《团委会各支部模范团员事迹及团委评选名单》,山东大学档案馆馆藏档案,卷宗号:WSTW1951—018,第22页。

也表现在他们严于律己、宽以待人的日常生活之中。那个时期，同学之间的感情很好，有矛盾就通过“交换意见”来解决。每个班星期六下午的“生活检讨会”是不留情面的，互相批评起来非常尖锐，但是事后大家关系会更好。当时大学生思想很单纯，私心杂念不多，而且同学间互相关心，互相照顾，每个班级，每个院系，甚至整个山大，简直就像一个大家庭。

勤俭节约是为人、持家的基本要求，也是中华民族的美德之一。20 世纪 50 年代全社会都以艰苦朴素为荣、铺张浪费为耻，山大学子们这方面的行为也足以垂范当代大学生。山大学生中虽然也有浪费粮食的不良现象，但因思想工作做得及时，所以这类事情很少出现。据宋为民回忆，有一次他们班“一位同学丢了半个馒头被高年级同学发现，批评了他，他很不服气，认为是自己花钱买的，吃不完丢了何妨？辅导员耐心地开导他，使他心悦诚服地认识到爱护粮食是公民的基本道德，是感情问题。并写出公开检查，愿意让广播站广播，以此教育大家”①。

古人对人格修养的要求之一是“君子慎独”，其大致含义是当没有他人在场的时候，自己同样能够遵守规范。往往一件小事就能反映一个人是否能够“慎独”，并进而可以反映其思想境界。据 1951 年考入医学院的王贤才回忆，

① 宋为民：《山大培育了我》，见张乐岭、高忠汉、陈崇斌主编：《峥嵘岁月》，山东大学出版社 1991 年版，第 329 页。又，《新山大》上也刊登有类似的事例。

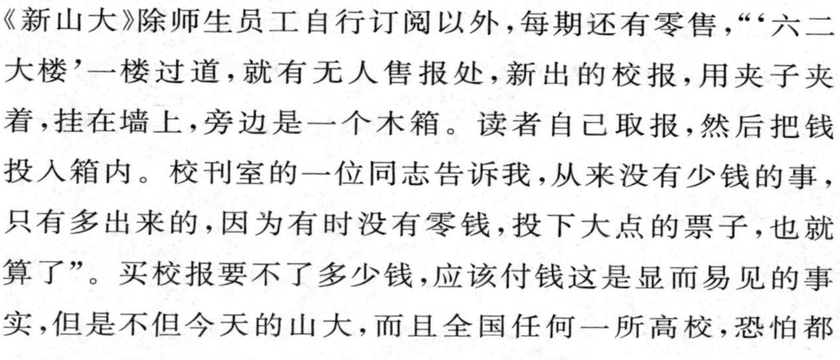

《新山大》除师生员工自行订阅以外，每期还有零售，“‘六二大楼’一楼过道，就有无人售报处，新出的校报，用夹子夹着，挂在墙上，旁边是一个木箱。读者自己取报，然后把钱投入箱内。校刊室的一位同志告诉我，从来没有少钱的事，只有多出来的，因为有时没有零钱，投下大点的票子，也就算了”。买校报要不了多少钱，应该付钱这是显而易见的事实，但是不但今天的山大，而且全国任何一所高校，恐怕都难以达到20世纪50年代山大学子的境界！

“言而有信”是人们经常挂在嘴边、许多人却又未必能够遵守的一句话，但是20世纪50年代的山大学子基本上做到了。王贤才回忆的“一件小事”，可为例证：

> 当时学生都在自己所属院系的食堂吃饭，52年以前吃饭是要交钱的，每月交一次饭费。有时钱不顺手，交不出，校园里另有一个营业性的饭馆，可以临时随意用膳，这个名叫“大众餐厅”的饭馆，其实只是个铁皮屋。想改善生活的，可以到此炒菜小酌；一时交不出当月饭费，不能到学生食堂就餐的，也可来此应急。记得餐厅进门处，就是个无人售饭处，桌上放着稀饭、馒头，还有些用小碟子盛好的简易小菜，都标有价钱，供人自取（当时尚未发行粮票）。这里连收钱的木箱都没有，各人取走饭菜，就把钱放在桌上。需要找零的，也是自己在桌上取。最有趣的是：还有欠账的。桌上常常留有“××院××系×年级学生×××欠洋××元，改日奉还”的字条。据说这是餐厅允许的。

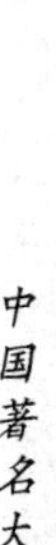

因此餐厅营业员对此都是淡然处之，随手放在一边，从不担心会有人赖账。有了钱，就会来还，你还多少，他接多少，也不会想到要索回借条的事……

现在看来，这些事都很不错，进入山大，大有进入“君子国”的风味，值得自豪。但是当时我们对此却都浑然不觉，漫不经意，没有谁放在心里，更没有人想到要表彰一下。大约也是久入芝兰之室，不觉其香吧。①

3. 丰富多彩的文体活动。

20 世纪 50 年代既是一个充满理想的年代，又是一个浪漫与激情并存的年代。山大学子不仅“风声雨声读书声，声声入耳；国事家事天下事，事事关心”，而且日常生活也可谓“团结紧张，严肃活泼”。大学生精力充沛，压抑不住的青春热情通过各种渠道迸发出来，文体活动就是最主要的途径之一。20 世纪 50 年代山大文体活动精彩纷呈，丰富多样，是“朝气蓬勃的校园”不可或缺的重要组成部分。

20 世纪 50 年代山大课外活动提倡“小型、经常、多样”，从这个意义上讲，部分大学生的文娱活动是“小型”的乃至是“个体”的行为。每当课后业余，学子们根据自己的爱好分别投入到各种文体活动中去了：他们或者沿海滨大道散步谈心，或者到海滨浴场搏击风浪，或者到汇泉公园享受海风的沐浴和浪花的洗礼，或者到市内看一场电影，或者到水

① 王贤才：《山大旧事》，《山东大学报》，2002 年 4 月 24 日。

族馆里看一看海洋动物，或者乘上市郊公共汽车到风景奇丽的崂山去远游，或者到僻远的海边去饱赏山色海光……或者哪里也不去，只是静静地呆在校园里，同样可以享受优美的风景，放松紧张的学习心情。总之，“个体”的课外活动虽然千差万别，但有一点是共同的，那就是，他们的生活可谓是“既紧张，又愉快；既沉静，又热情；既严肃，又活泼；谦恭诚朴，团结向上”①。

虽然一个人对个体经历的记忆难以忘怀，但是对某些集体活动的印象可能更加深刻，尤其是20世纪50年代又是集体主义至上的时期，所以无论是当时山大学子们留下的文字，还是后来的回忆，都对那时集体文娱活动印象极为深刻。每当周末、节假日，或者其它重大活动，学生会、各院系、各社团往往要组织晚会庆祝。我们看一看1953年五四晚会的欢乐盛况吧：

> 春天展开了“红五月”。在二号的晚上，全体山大人团聚在绿茸茸的广场上，迎接着青春的节日——“五四”。
>
> 八支明亮的火把，从远处，从黑暗里跳跃出来，燃着了场中央的营火。熊熊的火焰在腾升，它不但照亮了每个年轻人的脸，也把每个人浑身的血液沸腾。“歌唱我们亲爱的祖国，从今走向繁荣

① 任思绍：《春城无处不飞花》，见张乐岭、高忠汉、陈崇斌主编：《峥嵘岁月》，山东大学出版社1991年版，第64页。

富强……”歌声把大家都唤进场中，围绕着营火狂舞起来。脚不停地跳着，心也不停地跳着：“发出更大的光和热来吧！”

……

为了祖国，我们要顽强地学习，要顽强地锻炼身体，但我们也要有活泼愉快的生活。看吧，女同学的“土豆舞”在火光前面展开了，那是对劳动的歌颂，对青春赞美。在那美妙的音乐的旋律中，全场感到生活是多么的幸福和可爱啊！

是的，我们的生活是幸福的。你看，文艺节目中的猜灯谜开始了，它里面有一个小纸条写着：“生长在毛泽东时代，打一苏联小说名”。有许多同学都笑着把谜底争着交了上去。他们都猜对了，是啊，是《幸福》，一点都不差。

晚会最后一个节目是电影，上映了大家熟知的《普通一兵》。当马特索洛夫的形象展现在大家的面前时，全场在屏息着，静得甚至于能够听到每个人的心在胸膛内跃动的声音。“中国青年不但要学习苏联建设经验、科学技术和先进生产经验，更重要的还要学习苏联青年的高尚品质。”是呀，在散会后回到寝室的道上，每个人的脑际在涌现着柯察金、马特索洛夫、奥列格、卓娅和舒拉的形象：“把全部生命都为祖国和人民的利益而燃烧，

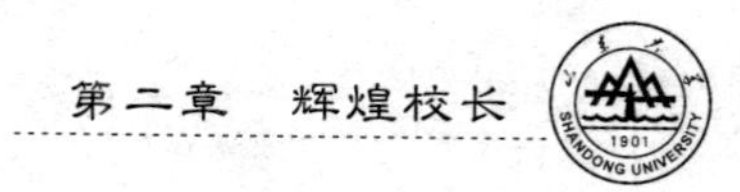

这才是全心全意为人民服务。”①

再让我们看一看一次非正式的集会——1954 年中秋节鲁迅公园山大部分师生集会的情景：

> 记得我们进入山大的那年，入学没几天就到了中秋节。新同学多来自华东六省。当时担任中文系主任的高兰先生极能体察初离家乡独在异乡的年轻学子的心，晚饭后他把我们这些新生还有部分高年级同学带到海滨鲁迅公园，观海赏月。我们散坐在礁石上唱歌，聊天，看海，赏月。此时海天一碧，皓月当空，有同学提议请高先生即兴朗诵。伴着阵阵涛声，高先生朗诵了《我们的生活，好！好！好！》，热情澎湃的优美诗句在银辉碧波间荡漾，诗句音调激越高亢，节奏热烈明快，歌颂新生活的激情如奔腾的溪流荡入我们青春的心田。沧海月明，师生情洽，我们沉浸在一种诗意的幸福之中。②

文娱活动离不开社团的支撑，相对而言，华岗执掌山大前期的学生文娱活动没有后期活跃，尤其是 1953 年之后，各种文艺社团纷纷建立。例如“国乐队”1955 年逐渐壮大，学校给配备了龙头胡、广东琴、琵琶、打琴等大批新乐器，人

① 木耳：《青春的火焰在腾升——记本校迎接五四晚会》，《新山大》，1953 年第 88 期。

② 楼友勤、陈柏中：《山大的魅力》，见张乐岭、高忠汉、陈崇斌主编：《峥嵘岁月》，山东大学出版社 1991 年版，第 81～82 页。

数也大为增加。1955 年上学期还成立了舞蹈组。中文系的诗社从 1954 年 3 月就开始活动，经常是刊印“习作”（油印）和进行诗的理论学习。为了学习诗的写作，诗社还曾经组织过四次讨论会，学习了艾青的诗，同时还请系主任高兰和关德栋教授作过关于诗的理论报告和向民歌学习的报告。外语系的学生根据各自的爱好，组织了俄文歌咏组、舞蹈组、朗诵组、乐器组、游艺组、曲艺组（包括京剧、越剧、相声）等各种群众性小型社团。[①] 这些社团在校学生会的调度下，经常组织各种类型和规模的晚会。

所学专业不同，学生的性格可能有所差异，一般而言，中文、艺术、外语系的学生性格更加奔放，他们的文娱活动往往更加活泼多姿，有声有色。下面我们看一看中文系的文娱活动：

> 每到星期三课外活动时间，中文系的诗歌朗诵队的同学们便进行活动了。每人捧着一份油印的诗篇在朗诵，有时独诵，有时合诵，每读完一遍，大家相互提出改进的意见：哪里应该高，哪里应该低；哪里音调应该趋于和谐，哪里感情应该激昂起来。
>
> 诗歌朗诵小组共有二十多位同学，特别使大家注目的是有诗人高兰主任的具体指导。他指导同学们如何去欣赏诗、理解诗、扩大诗的意境、丰富诗的感情。

① 《大力开展群众性的文化活动》，《新山大》，1955 年第 173 期。

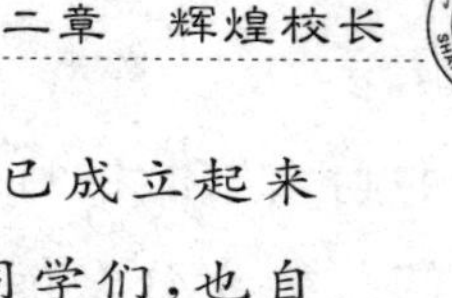

> 中文系的京剧组和话剧组也都早已成立起来了，一些具有演唱才能或爱好戏剧的同学们，也自愿地加入到这个组织。他们也是首先得到了老师的具体帮助，因为老师们对于剧组具有一定的研究和经验，所以同学们感兴趣，收获也不小。①

中文系还采取走出去和请进来两种方式，积极提高学生的艺术表演水平和欣赏水平。在1954年一年之内，中文系曾邀请山东省吕剧团、青岛市金光剧团、海军文工团，到山大举行示范性演出，并让学生到市内剧院观摩京剧、越剧演出，尤其是参加各个剧种的观摩会和座谈会。如果在放假期间，系里总是尽量争取全部同学都参加，并且指定某些同学特别注意哪几个节目，学习哪一部分的演出技巧。同时中文系还结合人民口头创作的正课学习，与青岛市广播站合作，在校内举行过两次地方戏和曲艺的录音欣赏晚会。②

20世纪50年代山大学子除了铆足劲头刻苦学习外，锻炼身体也蔚然成风，体育运动开展得红红火火。清晨，早操的铃声还没有响起，操场上早就热闹起来了，同学们三三两两，有的在单杠双杠上翻腾，有的在欢快地跳绳，有的在练习长跑；傍晚，在晚霞的辉映下，在嘹亮的革命歌曲声中，篮球场上龙腾虎跃，足球场上争先恐后。在“身体是国家宝贵

① 梯青:《让我们的文娱生活更加丰富多彩——记中文系同学的文娱活动》,《新山大》,1954年第136期。

② 高兰:《中文系同学的文娱活动》,《新山大》,1955年第173期。

的财富”和“锻炼好身体报效祖国”口号的鼓舞下，山大学子们既能充分发挥自律风格，积极参加日常锻炼，又能在体育运动会上一展自己的风采。

除了每周必修的体育课外，学校强制性的锻炼就是早操制度了。华岗出任校长之后，就让体育室制定了早操制度，规定在校生必须出席早操。由于学校督促有力，实行早操制度后80％以上的住校生都能自觉地参加。① 并且随着国家强调加强学生体质锻炼，以及山大群众性体育运动的开展，早操制度一直较好地得到了贯彻和实行。例如1953年10月到12月医学院专修科二年级同学创造了连续两个月百分之百出席早操的纪录：

> 跑步开始了，同学们迅速地排成了队伍，在医专二的行列中，可没有一个同学缺席或迟到。一个同学愉快地说：每当起床钟响过后，同学们都紧张地折被、洗脸，大家心里只有一个简单的想法：不能放过早操的锻炼啊！决不能迟到！偶尔有同学贪想再在被窝里呆一会，同学们都亲切地对他说，青年人，不要懦怯，“青年人是不会懦怯的”。几个月来，专二同学就以这种坚忍不拔的精神，坚持着体育锻炼，坚持着早操。
>
> 在实际生活中，他们深深体会到：没有健康的身体是不能工作的。在检查病号时，有的同学站

① 体育室：《蓬勃发展体育健康教育》，《新山大》，1951年第20期。

> 得太久了，体力支持不下了，就身不自主地坐到躺着病人的床上（照规定是不准医师坐的）。因此那些体质条件差的同学特别感到苦恼，当他们想起祖国美丽的远景，想到老师们恳切的叮嘱："一个医生是不分昼夜地执行维护人民健康的工作的"，更加使他们感到体格差，就不能胜任以后艰巨的工作，愈加感到体育锻炼的重要。①

为了使体育锻炼长盛不衰，1952 年学校大力提倡组织体育"锻炼小组"，认为锻炼小组是使体育运动群众化、经常化、有计划、有领导地开展的有力保证，是贯彻锻炼的关键。因为"体育锻炼"制度的推行和其他群众工作一样，必须进行周密的组织工作，不然就不能巩固，锻炼就会形成自流。由于小组内成员的互相鼓励、督促、检查、帮助，尤其是锻炼小组长认真负责地执行计划，不但能巩固组织，更能提高体育技术水平。事实证明，哪个锻炼小组的组织健全严密，哪个小组的体育活动就能蓬勃开展；相反，没有计划的小组，锻炼起来，就散漫无力。在山大众多体育锻炼小组中，卓娅、赵一曼、奥列格、黄继光锻炼小组最负盛名。② 成立于 1953 年成绩卓著的"卓娅锻炼小组"将他们的活动向我们作了这样的讲述：

---

① 李达祥、裴奇英：《十周来百分之百地出席了早操》，《新山大》，1953 年第 113 期。

② 傅宝瑞：《在冬季锻炼中应注意的几个问题》，《新山大》，1953 年第 114 期。

在开始组织起来以后，组长首先召开小组会。使大家把思想上的顾虑和对体育不正确的看法都谈了出来，有的过去根本不愿参加体育活动，有的身体不太健康，或基础差，因而对锻炼没有信心，有的认为体育就是玩玩……经过讨论后，大家都一致认识到：参加体育运动，锻炼身体，并不是个人的私事，而是要把自己培养成为才德兼备、体魄健全的祖国的建设者和保卫者。因此大家下定了决心，为了将来能更好地完成祖国交给自己的任务，要以卓娅克服困难的精神和毅力，不仅要努力学习，而且要加紧锻炼身体。在每个阶段，小组里都订出了切合实际、切合小组同学要求的锻炼计划。

这学期我们是二年级了，生理、生化、胚胎等都是一些新的功课，平常学习较紧张，自学时间感到不够用时，我们往往就会在课外活动时间上打主意。当小组长陆修平同学看到这一点，就想到：如果这样发展下去，等到同学们身体吃不消，脑子昏昏沉沉去拜访校医时，那不就来不及了吗？同时，也会影响同学们的学习。当他想到了这些，更感到做一个锻炼小组长责任的重大。这时期功课紧张，每次参加锻炼的人，很不齐，有的人到了操场，心还在书本上，每次遇什么就练什么，也没有计划，有时一连好几次都是打排球。由于这样混

乱，大家的情绪越来越不起劲。小组长这时期又赶紧召集了组员开会，使大家再一次从思想上明确了，功课愈紧，对身体健康的要求也就愈高，锻炼也就更加重要。同时大家也意识到，要使锻炼能保证经常地开展，使运动的技能有所提高，就必须组织起来。于是大家一致修改了小组的锻炼公约，并依据学校现有设备条件和同学们的基础，紧紧掌握住锻炼要循序渐进，运动量要逐步增加的精神，规定了每次锻炼时必须做好准备活动，并注意锻炼项目的季节性，天热时适于锻炼什么，天冷了又适于锻炼什么，并以锻炼多样化来满足同学的要求跟兴趣。

另外，小组长还经常了解组员在锻炼上存在什么困难，不但在小组会上讨论解决，而且还进行个别帮助。如丁汉伦同学过去没参加过体育活动，基础差，怕跟不上别人，跳不能跳，掷也掷不远……因此失去信心，这时小组长就和他谈心，告诉他不会就从头学起，谁不是从不会到会呢？同学们绝不会笑话你的，有困难，大家帮助解决，一定会提高的。真的，丁汉伦同学靠主观努力，靠大家帮助鼓舞，很快地提高了。如铅球已能及格，跳远已由不及格提高到三米，双杠也能很稳地撑起来，跳箱、垫上运动……什么都会了，早操时跑步也不像过去那样吃力了。

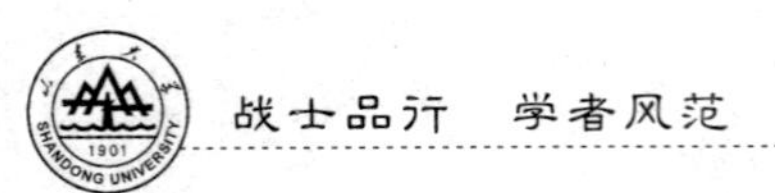


> 现在只要一到锻炼时间，我们小组的同学们便愉快地跑到了操场，排着整齐的队伍，先做运动前的准备操，然后便按体育股所分配的运动项目，进行有组织的锻炼。一直到现在，我们的锻炼没有间断过，以后也不会间断。①

除了学校推行的强制性锻炼和同学们自愿锻炼外，学校还经常组织各种球类比赛和体操比赛，每年还举行春秋季运动会以及其它形式的比赛，借以推动群众性体育运动。例如 1951 年秋季田径运动会，报名人数 1100 余人，实际参加比赛的 800 余人，教职员工 200 余人，达到得分标准的有 300 余人，体育水平比春季运动会有所提高，17 项比赛创造了学校的新纪录。又如 1952 年 7 月 17、18 两日青岛市第三届游泳比赛大会上，山大共获 5 个冠军（男女团体总分第一，男子 100 米自由式接力、300 米混合接力、女子 300 米混合接力等均荣获第一）。② 我们还是借助 1953 年春季山大与青岛工学院合办的运动会的一段速写，以观其时山大体育运动的盛况，并从中了解山大学子优异的体育成绩，以及他们团结友爱、奋发向上的体育精神吧：

> 在朝阳四射的光芒中，一队队祖国未来的年轻建设者们，朝气勃勃地出现在人们的面前。健

① 戴秀珠：《把身体锻成钢——记卓娅小组是如何开展锻炼的》，《新山大》，1954 年第 118 期。

② 山东大学档案馆编：《山东大学大事记》，山东大学出版社 1991 年版，第 90 页。

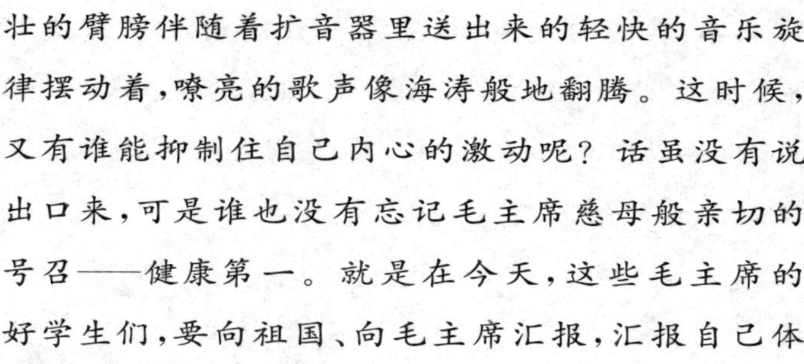

壮的臂膀伴随着扩音器里送出来的轻快的音乐旋律摆动着，嘹亮的歌声像海涛般地翻腾。这时候，又有谁能抑制住自己内心的激动呢？话虽没有说出口来，可是谁也没有忘记毛主席慈母般亲切的号召——健康第一。就是在今天，这些毛主席的好学生们，要向祖国、向毛主席汇报，汇报自己体育锻炼的成绩。

一千七百余人的广播体操，展开了大会的序幕。接着，许多穿着红、绿、蓝、白各色服装的男女运动员们，精神抖擞地活跃起来。与其说他们是“技术表演”，倒不如说是“友谊竞赛”更合适些。在各个场地上，运动员之间不断利用短暂的时间，倾谈着各自的锻炼经验，竞赛着，鼓舞着，是那样地友好、团结。那边，男子跳高比赛，杆子快升到一米六高，运动员们越来越紧张，不只是担心着自己跳不过去，也担心着自己的对手跳不过去。纺织专修科潘树仁同学，目不转睛地注视着对手，当一个同学跳过去之后，竹竿颤动着，他的心也颤动着，面孔也是那样紧张。可喜的是，竹竿没有落地，对手过去了。这时，他一面欢跃，一面和对手研究跳术。文学院的一位运动员在赛跑的中途突然摔倒了，情况是多么急迫啊！他爬起来之后应该马上赶上去，但适巧前边又有一位同学摔倒，他就停止了跑步，把这位同学扶起之后再跑。在拔河比赛，在其它表演中，互敬互让的动人事例是看不完的。在这里，我们只听见快乐的笑声和欢呼声，为运动员担心的声音，看不到丝毫的气馁、沮丧或者忌妒的表情……①



① 田广渠:《向祖国汇报体育锻炼的成果——本校及青岛工学院联合体育大会会场速写》,《新山大》,1953 年第 89 期。

# 第三章 治校方略

## 一、严规制民主治校

自从人类进入文明史后，大到一个国家，小到一个单位，“制度”于其管理就具有不可替代的地位和作用，大学管理也不例外。著名史学家、教育家章开沅先生曾说：“与个人资质相比较而言，应该承认制度更为重要。任何优秀的校长总有自己的任期（或长或短）限制，但健全的行之有效的规章制度往往可以延续数十年。我在海外一些名校工作，深感规章制度相对稳定的重要，而严格遵守规章制度更为重要……名校如同铁打的营盘，历经世变沧桑而长盛不衰，靠的就是一套人人必须遵守的合理制度。”①事实上山东大学也有重视制度建设的优良传统，20世纪30年代杨振声校长就把制定各种规章视为学校的一项根本工作。他说：“一个机关必须纪律化。一切规程，使其简而易守，然后大家循序而善行之，则学校事务，化复杂为简单，治纷乱以条理。”只有这样，大家才能“专心一志于学术上之建设，(学校)蔚然成为整肃庄严之学府”。② 为此，在其主持下，山大陆续制定了组织规程、学则、图书馆及各部课的章程及办事细则、各种委员会规程以至学生寝室规则等，大小规章数十种，从而使学校的各项工作得以有秩序地进行。华岗出任山大校长之际，正是新旧政权更替的建国初期，百废待兴，制度建设更为迫切和重要，他不仅继承了山大重视制度建设的优良传统，而且将其发扬光大，依靠制度民主治校。

**(一) 详定各种规章制度**

1950年6月，第一次全国高等教育会议制定了《高等学校暂行规程》，规定了新中国高等学校的性质、任务、组成等内容，山大以此为指南，仅仅于合校前后，在华岗主持下就制定了一系列规章制度：

1951年1月27日，校委会讨论通过了《山东大学暂行规程草案》和《山东大学行政工作条例》；2月15日，校务委

---

① 章开沅《总序》，见梁吉生：《允公允能 日新月异——南开大学校长张伯苓》，山东教育出版社2003年版。

② 《山东大学百年史》编委会编：《山东大学百年史》，山东大学出版社2001年版，第54页。

员会根据教育部的精神，重新拟定《山东大学暂行规程草案》，并于3月21日上报教育部待批；4月21日，公布《山东大学行政工作条例》；5月23日，校委会讨论通过《山东大学组织系统表》、《学术审议委员会组织草案》；6月8日，学术审议委员会讨论通过《学术审议委员会组织条例》；6月15日，校委会通过《转院转系学生暂行条例》；8月7日，校委会讨论通过《山东大学学则》和《教员进修暂行办法》；11月9日，校常务委员会通过《人事工作暂行条例》，等等。① 正是由于有这一系列规章制度可作依靠，使得刚刚合校的山大各项工作有条不紊，秩序井然。下面我们撷取其重要的规章制度略作介绍。

学校的宗旨、院系设置、招生、学生学习和考试、教学组织、行政组织等是一个学校的基本组成部分，需要有明确的条文规定下来，使之有据可依。1951年《山东大学暂行规程》（以下简称《规程》）对学校各个方面（特别是教学组织和校务委员会，后详）均作了相应规定，可以看做是学校制度的核心架构，山大就是依据它来运行的，《规程》共8章37条：②

关于办学宗旨，《规程》规定："以理论与实际一致的教育方法，培养具有高级文化水平，掌握现代科学和技术的成就，全心全意为人民服务的高级建设人才"，"以马列主义毛

① 山东大学档案馆编：《山东大学大事记》，山东大学出版社1991年版，第83～88页。

② 《山东大学暂行规程》，《新山大》，1951年第18期。

泽东思想为指导思想，以理论与实际一致为教学原则”等等。这些规定乍看似是套话，实则不然，因为它规定了山大的任务是培养科学技术和道德修养兼备的“高级建设人才”，而培养途径是“理论与实际一致”的教育方法。

关于院系组织，规定山大由文学院、理学院、工学院、农学院、医学院五院（包括 17 个系）和政治系与艺术系两系，以及历史语文研究所与海洋研究所两所组成。

关于“学生”，该条款不仅规定了学生入学条件，而且规定了学生在校的待遇：

> 凡年满十七岁，身体健康，在高级中学或同等学校毕业，或有同等学历，经入学考试及格者，不分性别、民族、宗教、信仰，均得入学。
>
> 对于具有相当于高中毕业程度的下列学生，予以入学及学习的特别照顾：一、具有相当工作历史的革命干部；二、工农青年；三、少数民族学生；四、华侨学生。
>
> 凡大学毕业或有同等学力，经考试及格者，得为研究生。
>
> 学生学习积极而经济确实困难，无力自给，或不能全部自给者，得申请人民助学金。
>
> 毕业生由中央人民政府教育部分配工作。

关于“课程、考试、毕业”，规定：

> 各院系课程，根据国家建设的需要及理论与实际一致的原则，并依照高等学校课程普案制定

之。

各院系共同必修课程为：社会发展史、新民主主义论、体育及政治讲座。

文、理、工、农四学院及两直属系，学生修业年限为四年，医学院学生修业年限为五年。

考试分为入学考试、平时考试、学期考试及毕业考试。

学生依照规定课程，修业期满，成绩及格者，由学校报请华东局教育部及中央教育部批准，发给毕业证书。

关于教学组织和行政组织，《规程》也有详细规定。例如关于行政组织：

采校长负责制，校长一人，由中央教育部呈经政务院提请中央人民政府委员会任命之，其职责如下：一、代表全校；二、领导全校一切教学研究及行政事宜；三、领导全校教师、学生、职员、工警的学习；四、任免全校教师、学生、职员、工警；五、批准校务委员会的决议。

此外，《规程》还对副校长、校长办公室主任、教务长、图书馆馆长、体育室主任、总务长、各学院院长、各系系主任、医学院各科主任、研究所所长、校务委员会等岗位和机构的设置及其职责，作了明确的规定。例如关于教务长，规定其职责是：

一、计划、组织、督导、检查全校各院系及科教研组的教学工作；二、计划、组织、督导、检查全校的研究工作；三、校长及副校长均缺席时，代行其职务。

再如系主任职责是：

一、计划并主持本系的教学及行政工作；二、督导执行本系教学计划；三、领导并检查本系学生的自习、实验及实习；四、考核本系学生成绩；五、总结本系教学经验；六、提出有关本系教职工任免之建议。

关于“社团”，规定学校工会、学生会等团体，“应团结全校员工学生协助学校完成教学及行政计划，推动全校员工学生的政治、业务、文化学习与文娱体育活动，并增进员工学习的生活福利”；学校“得成立各种学术团体以促进科学文化的提高与普及”。

学校虽是教学单位，但同时有赖于行政组织之辅助，学校制定的行政工作条例对规范各部门的职权有重要作用。《山东大学行政工作条例》规定：①

校长办公室下设秘书科及人事科，“秘书科执掌全校性的文书、电信、记录、卷宗与报告，保管印信、组织会议及对外联系与报导等”；“人事科执掌全校教职工人事的了解及职员升降调配的建议等事宜”。教务处下设注册科、教导科、出版科及校刊编辑室，“注册科管理全校注册课程、成

① 《山东大学行政工作条例》，《新山大》，1951 年第 4 期。

绩、教室、教具、招考、文凭及有关学生成绩教务档案等事宜”;“教导科负责全校学生思想情况的了解和鉴定,政治学习与学生课外活动的组织,助学金的评定,学生会指导及学生奖惩与毕业学生工作分配的建设等事宜”;“出版科管理讲义的缮写、印刷及分发等事宜”;“校刊编辑室负责全校性刊物的编辑、印刷、发行、交换等事宜”。体育室除负责全校体育教学外,“并指导课外体育活动,主办运动会及体育场地、器械的管理,用具的设计采购、保管与分配等事宜”。图书馆设馆务科及编纂科,“馆务科管理总馆图书期刊的采购、储藏、借阅及全校图书期刊的登记事宜”;“编纂科管理全校图书期刊的分类、编目及资料的编纂等事宜”。校总务处下设会计科、庶务科、校产管理科及医卫室,“会计科管理全校会计、审计及出纳等工作”;“庶务科管理全校的采购、水电、招待、交通、学生宿舍及膳食,与工友之调配及其它杂物等事宜”;“校产管理科管理全校房地产家具之修建保管及贵重仪器之登记事宜”;“卫生室管理全校人员的诊疗及卫生行政等事宜”。

学校是因学生的存在而设立的,毫无疑问学生是学校主角,随之而来的学生管理自然也就是学校管理的重中之重了。管理学生的方法很多,制定条例并使其遵守是重要手段之一。山大历来以管理严格著称,20 世纪 30 年代山大《学则》规定:“凡一学期中于某学程缺课逾三分之一或旷课满五小时者,不得参与该学程之学期试验,并不得补考”;“凡一学期中缺课逾所修各学程总时数三分之一或旷课满二十小时者，即令休学一年”。[1] 这些规定，在实践中成为督促学生勤奋用功的鞭策力量，使之不肯轻易请假或旷课，对于安定教学秩序、树立勤奋好学的优良学风起了积极作用。华岗担任校长之后，继承了山大对学生严格管理的传统，每年都对学则进行修订，使之符合实际情况。[2] 我们可以拿 1951 年的学则为例说明。

1951 年《山东大学学则》分“入学及学籍”、“注册及选课”、“试验及成绩”、“转院及转系”、“缺课、旷课、请假、休学、退学、复学”、“修业及毕业”6 章 45 条。[3]

关于“注册及选课”，规定：

> 本校学生于每学期开始时，须在规定日期内，亲自来校注册。
>
> 凡因故不能在规定日期内亲自来校注册者，须先行请假，经准假后，得缓期注册。但请假期限不得超过上课后两星期，请假超过此项限度即令休学一年。
>
> 凡必修之科目，有不及格者，须于次年该科目开班时重修之；隔年补修者，须有充足理由，并须

---

① 《山东大学百年史》编委会：《山东大学百年史》，山东大学出版社 2001 年版，第 89 页。

② 《山东大学 1950 年学则》、《山东大学 1951 年学则》、《山东大学 1952 年学则》、《山东大学 1953 年学则》、《山东大学 1954 年学则》，均为山东大学档案馆馆藏档案，卷宗号分别为：JXZH021950－001、JXZH021951－002、JXZH021952－003、JXZH021953－004、JXZH021954－005。

③ 《山东大学学则》(1951)，《新山大》，1951 年第 17 期。

经系科主任核准。

全年科目第二学期如有特殊理由，经系科主任同意后，可不继续补修，其第一学期所得之成绩仍记入平均成绩内，但其成绩虽及格亦不给学分或学时。

凡在规定日期内，未注册亦未请假者，即取消其学籍。

关于“试验及成绩”，规定考试分“临时试验”（由教员随时举行，每学期至少二次）、“学期试验”（学期终举行）、“毕业试验”（修业期满举行）。同时关于学生成绩及处置也有详细的规定：

学生各科成绩，以满六十分者为及格。学年科目之计算，以各学期成绩平均计算之，其余未修满学年科目之全部者不给学分。

学年科目如上学期成绩不及格者，下学期继续修习，如学年成绩仍不及格者，得补考一次，但补考范围以全年所授内容为准。

凡全年科目，其全年成绩不及格而满四十分者，得按规定日期补考或补交报告一次。补考仍不及格者，如系必修课应令重修。补考成绩在六十分以上者，一律按六十分计算，在六十分以下者，以补考成绩计算，不参加补考者，概以零分计算。学生因特殊事故或重病提出证明，经准假补考者，其补考成绩在六十分以上，其超出部分折半计算之。

学年成绩如有超过二分之一以上之学分不及格，应令留级。

学生于考试时有作弊，如夹带抄、袭、传递等情形之一者，该科目以零分计。

学生未经准假而不参加某科考试，该科目以零分计算，不得补考。

补考只限一次，并须在规定时间内补考，否则其缺考科目应令重修。

关于“缺课、旷课、请假、休学、退学、复学”，规定：

学生因故不能上课者，须先期请假，经系主任批准后送注册科登记，但期考期间请假须经授课先生、系主任及教务长之核准，否则不得补考。学生全部不参加学期考试又未经请假者，令其休学一年。

学生非有特殊情形提出证明，经系主任、教务长核准者，不得事后请求补假。

请假未经核准而不上课者，一律作旷课论——旷课一小时作请假三小时计算。

一学期内请假逾三分之一者不得参加学期试验，也不得补考，令其休学一学年。

华岗在任期间，为了规范学生的行为，养成全面发展的人才，不仅制定学则，而且还制定了学生守则，双管齐下。

例如1953年《山东大学学生守则》规定：①

学生应服从行政领导，遵守学校的规章制度，爱护公共财物，履行公约。

学生应尊敬老师，虚心听从教师的指导，在教学上有意见时，应善意地采取适当的方式提出，对教师要有礼貌，不得有任何无礼或轻视教师的行为。

同学之间应发挥团结友爱的精神，互助互勉，不得有吵架、斗殴、辱骂和相互歧视的行为。

学生应准时上课和自习，不得迟到和早退，不得无故缺课，因病或有婚丧事故，须按学则规定手续请假，请假必须经过批准，假满必须销假，如需延长假期，应提出正当理由申请续假。

在上课、实验、学习、听报告及自习时间内，应专心学习，不得做其他活动和喧嚷、吵架等有损教学和学习的行为。

上课前必须做好一切准备工作，在听课进行中，不得擅自离开课堂，未经教师指定和许可不得擅自发言，对听课内容有意见时，可于课后提出。

学生应在教师指定的期限内完成一切工作、实验、学习等工作，不得无故延迟，不得抄袭。

① 《山东大学学生守则》，《新山大》，1953年第108期。

学生实验和外出学习，应认真地根据教学计划的要求和教师的指导进行，严格地遵守实验和实习规则。

学生应遵守考试规则，按照考试日程参加考试，未经批准不得缺考，考试测验不得舞弊。

严格遵守作息时间，早晨按时起床参加早操，中午休息时不准喧嚷，晚上按时熄灯就寝，不得在外逗留。

耶鲁大学校长理查德·C·莱温教授以哈佛大学查尔斯·W·埃利奥特为例，分析了一个成功的大学校长应该具备的八种重要素质，其中之一就是要制定有效的激励机制。[①]为了加快学校的发展，多出人才、快出人才，华岗根据学校长期未评聘职称、职务的情况，作出加快评聘教职工职称、职务的决定，借以建立起人才发展的激励机制。合校后的每次校委会都要研究教师升等、职务评聘工作。1951 年 5 月 14 日，校务委员会常务委员会召开第二次会议，专门研究“教员升等标准问题”，对华东教育部《关于高等学校教授、副教授、讲师、助教升等问题的暂行办法草案》进行了修正，有的条款取消，有的条款修改。在副教授升教授项下，把副教授升教授年限由“四年”改为“三年”，把有“创造性著

① 莱温：《大学校长应具备的八种领导素质》，http://office.nenu.edu.cn/new/lingdck/show.asp? id=2215。

作”改为“专门著作”;把“在学术上有重大贡献”中“重大”二字取消;把“校内或校外审议机构郑重(同意)”等字取消,改为“本校学术审议委员会认可”。①

通过这种切合实际的修改,合校一年中,山大先后有17位教师晋升为教授,相当于全校已有教授数量的1/4:1951年6月4日校常委会决定,殷焕先、张学铭、王祖农、李传隆、傅宝瑞升为教授;7月4日决定杨枫先升为教授;8月7日聘王询先、周伯鼎、杨颐桂、曾璋先、刘永铭、蔡介甫、刘润周为教授;1952年1月8日校常务委员会决定,刘智白、曾友梅、蒋士和、关德栋升为教授。② 同时还有一大批讲师升为副教授,从而改变了教师构成,调动了教师的积极性。③

华岗在任期间,针对国家政策、教学和科研发生变化,学校总是及时地制定、修改规章制度,使一切都有“法”可守、有章可循:为响应国家号召,1953年11月学校制定了《山东大学精简节约方案》;④12月制定了《山东大学教职员工劳动纪律暂行办法》、⑤《图书馆图书统一采购办

---

① 刘培平:《华岗与20世纪50年代山东大学的辉煌》,《山东大学学报》,2003年第5期。

② 山东大学档案馆编:《山东大学大事记》,山东大学出版社1991年版,第86、87、89页。

③ 参见《山东大学1951年关于升等问题的申请材料》、《山东大学1953年关于教师升等、职工录用、转正通知及关于人事调动劳动纪律暂行办法》,山东大学馆藏档案,卷宗号分别为:WSRS1951－2－001、WSRS1953－2－004。

④ 《山东大学精简节约方案》,《新山大》,1953年第110期。

⑤ 《山东大学教职员工劳动纪律暂行办法》,《新山大》,1953年第112期。

法》;[①]1954 年制定了《山东大学 1954 年关于毕业论文条例》、[②]《山东大学科学研究委员会暂行工作条例》等[③]这些规章制度的建立,有力地促进了各项工作的开展。例如自从《山东大学教职员工劳动纪律暂行办法》颁布实行以后,在职员中实行签到制度。1953 年 10 月份全勤者占签到全人数一半,11 月增加到半数以上;10 月份 8 个单位全勤,11 月份增加到 13 个单位;10 月份迟到者共 61 人 175 次,11 月迟到人数减少到 45 人 90 次。另外,在请假方面,一般都能尊重请假制度,事先请假,并能做到按时或提前销假。[④]同样,学生在遵守纪律方面,也焕然一新。[⑤]

### (二)群策群力民主治校

规章制度之完备与否虽是管理好大学的必要条件之一,但是任何管理都是需要人来操作、执行和接受,管理过程中人与人之间关系的建立、地位的确定、理念的认同则更是重要因素,因此民主治校就成为良好的制度得以顺利运作和事业目标得到理想实现的核心要素。章开沅先生曾说:"对于大学来说,民主作风与学术自由具有同等重要意义。每一个办学卓有成效的著名校长,大多具有较高的民主观念,至少是逐步推行教授治校,努力发挥教职员工的积

① 山东大学馆藏档案,卷宗号:WSTS-1953-002。
② 山东大学馆藏档案,卷宗号:JXZH021954-005。
③ 山东大学馆藏档案,卷宗号:WSKY-1954-009。
④ 《职员十、十一月份出勤率不断提高》,《新山大》,1953 年第 111 期。
⑤ 金志良:《上课铃响过以后 外语系俄语组二年级纪律学习后的新面貌》,《新山大》,1953 年第 112 期。

极性。”①可以说大学的质量高下与民主管理的程度密切相关，大学校长必须是有着浓厚民主意识的管理者。

近代以来，中国的大学是在效仿欧美大学的基础上逐渐发展起来的，所以“大学自治”、“学术自由”、“民主治校”、“教授治校”等观念较为浓厚。1912年，蔡元培作为教育总长亲自制定《大学令》，规定：“大学以教授高深学术，养成硕学闳材，应国家需要为宗旨”；“大学设评议会，以各科学长及各科教授互选若干人为会员，大学校长可以随时齐集评议会，自为议长”；“评议会审议下列事项：一、各学科之设置及废止。二、讲座之种类。三、大学内部规则。四、审查大学院生成绩，及请授学位者之合格与否。五、教育总长及大学校长咨询事件”；“大学各科各设教授会，以教授为会员，学长可随时召集教授会，自为议长”；“教授会审议左（下）列诸事项：一、学科课程。二、学生试验事项。三、审查大学院生属于该科成绩。四、审查提出论文，请授学位者之合格与否。五、教育总长、大学校长咨询事件”。②《大学令》所规定的大学性质和管理模式一直为后来者所遵奉。③

事实上山大也有民主治校的传统。20世纪30年代杨振声校长就十分注意发挥群体的智慧与作用，实行民主办

① 章开沅《总序》，见梁吉生：《允公允能　日新月异——南开大学校长张伯苓》，山东教育出版社2003年版。

② 《大学令》，见杨东平编：《大学精神》，辽海出版社2000年版。

③ 虽然说南京国民政府公布的1934年《大学组织法》，名义上取消了教授治校的制度，实际上各高校依然奉行。

学。他认为，各种规章制度与计划是要严格遵守与执行的，因此制定这些规章与计划的时候，就“不能不十分审慎，专靠校长一人或数人是很危险的”。校长即使“经验多些，见解透些，那经验也有时而穷，见解也有时而偏”。所以必须要有“一个集思广益的组织，权在校长之上，然后种种的规程才能比较的完善”。这个“集思广益的组织”就是校务会议。当时校务会议由全体教授选出的代表（一般为3人）和教务长、秘书长、各院院长、各系系主任组成的，校长为当然主席。学校的一切重大事项都得由校务会议审议，它所作的各项决议，校长均得执行；“如有窒碍”，得由校长提交“复议”。校务会议既是学校的立法机构，又是全校的最高权力机构。实际上校务会议掌管全校大权就是校长主持下的教授治校制度，因为虽然从表面看教授代表在校务会议中占极少数，教务长、秘书长及各学院院长均系校长所聘任，各系系主任由各学院院长商承校长所聘任，然而，各学院院长及各系系主任均为教授兼任，教务长、秘书长也都是教授，而且大都兼课，所以，山大的行政体制实质是由校长主持下的教授治校制度。

同时，杨振声虽为一校之长，但并不专权，而是以身作则，严守纪律，认真执行校务会议的各项决议，遇事从不任便处理。他说：“要学校有法纪，第一个得先从校长做起，校务会议的决议案，校长是第一个负执行的责任与遵守的义务的。”如果校长不能遵守法纪，遇事以个人的私意任便处理，以为自己是个“首领”，可以出言为法，那他不仅不能督促旁人执行与遵守，而且久之学校的事务将无法纪可循，必陷于紊乱状态，学校就很难办好。他提醒大家说："一国独裁则一国必坏，一个机关独裁则一个机关必坏，这是公例。"于是杨振声提出，他作为校长不仅"个人应当引为警惕"，"同事同学也应当有些顾虑"，并对他进行监督。①

1949 年 6 月青岛解放，8 月校长赵太侔去职，山大各方代表组成临时校务委员会，代行校长职务，丁西林任主任，杨肇嫌、赵纪彬任副主任。10 月 8 日新的校委会成立，由教授 17 人、讲师助教代表 2 人、学生代表 2 人共 21 人组成，并设常务委员会，委员 9 人。校务委员会成员为丁西林、杨肇嫌、赵纪彬、童第周、王统照、刘椽、魏一斋、陆侃如、罗竹风、李善勤、郭贻诚、潘作新、陈瑞泰、杨向奎、许继曾、曾呈奎、郭宣霖、王应素、侯家泽（上 2 人为讲师助教代表）、王方、魏金陵（上 2 人为学生代表），前 9 人为常务委员，主任委员为丁西林，副主任委员为杨肇嫌、赵纪彬。校委会每月召开一次，必要时可随时召开临时会议。常委会开会时，讲师助教代表及学生代表可各推一名列席。②

1950 年 4 月 23 日，山大新校务委员会正式成立，由 27 人组成，并设置 11 人组成的常委会。主任委员为华岗，副主任委员为陆侃如、赵纪彬、杨肇嫌，常务委员为罗竹风、魏一斋、刘椽、童第周、陈瑞泰、丁履德、李正先；委员为樊翕、杨向奎、何作霖、许继曾、潘作新、沈汉祥、郭贻诚、鲍文、陈

① 王先进：《杨振声和国立青岛大学》，见樊丽明、刘培平编：《我心目中的山东大学》，山东大学出版社 2005 年版，第 7 页。

② 山东大学档案馆编：《山东大学大事记》，山东大学出版社 1991 年版，第 72 页。

机、陆光庭、颜子平、王承瑞、冯祖寿、张学铭、董国楹、王明理。① 校务会作用重大，学校一切重大决策都由其决定。

1951 年山大、华大合校以后，山大实行校长负责制。在华岗的主持下，建立了由他任书记的山大党组，作为学校的领导和决策机构。山大党委属于机关党委性质，负责处理党内日常事务。同时又建立了由 36 人组成的校务委员会和 15 人的常委会，不仅保留了校务委员会这个机构，而且委员和常务委员人数均有增加，使其更加具有代表性，从而延续了 30 年代的教授治校、民主治校的优良传统。

1951 年 9 月公布的《山东大学暂行规程》的若干条款也表现了华岗民主治校的理念。例如第 33 条规定：

> 本校在校长领导下，设校务委员会，由校长、副校长、教务长、副教务长、总务长、副总务长、各院院长、各系主任、医学院科主任代表六人，图书馆长、体育室主任、工会代表四人至六人，及学生会代表二人组成之。校长为当然主席。校务委员会职权如下：
>
> 一、审查各系及各教研组的教学计划，研究计划，及工作报告；
>
> 二、通过本校预算和决算；
>
> 三、通过本校各种重要制度及规章；
>
> 四、议决有关学生重大奖惩事项；

① 山东大学档案馆编：《山东大学大事记》，山东大学出版社 1991 年版，第 75 页。

五、议决全校重大兴革事项。

本校校务委员会设常务委员会及各种临时专门委员会。

《山东大学暂行规程》不仅体现了学校上层管理的民主化，而且还体现了基层管理的民主化。例如《山东大学暂行规程》第 34 条规定："本校在教务长主持下举行教务会议、教研组主任联席会议；在总务长领导下举行总务会议；在院长领导下举行院务会议；在系主任领导下举行系务会议。"这些基层会议的目的即是要民主地讨论本单位的事务。

上文所说华岗民主治校基本限于制度层面，下面我们看他在实践中是如何贯彻执行的。

华岗在任期间，始终重视和依靠集体的力量，努力协调各方面的关系，调动各种积极因素，从而领导好学校的各项工作。在党内，华岗是书记，他重视发挥党委会的集体作用，以坚持党对学校的领导。在行政上，他是校长，配置的副校长、教务长和总务长都是知名教授，形成了一个以专家学者为主的行政领导模式。① 以合校时期为例，各院负责人分别为：文学院院长吴富恒，理学院院长郭贻诚，工学院院长丁履德，农学院院长陈瑞泰，医学院院长徐佐夏。他们不仅是学有专长的教授，而且还有着丰富的教学和治校经验，华岗给予他们充分的权力，使其在各自的岗位上发挥最大的作用。尤其是对童第周和陆侃如两位副校长，华岗不

① 陈鹏万：《怀念华岗校长》，见刘培平主编：《战士·学者·校长》，山东大学出版社 2003 年版，第 337 页。

但尊重他们的学识，而且非常尊重他们的职权，凡是有关学校的重大事项，都和他们共同商量，一起作出决定，然后再各自分工去执行。从现存的档案中，我们可以看到华岗在各种场合都非常尊重两位副校长的意见。例如 1951 年 4 月，当华岗筹办《文史哲》时，童第周感到有必要创办一份除文史哲内容以外，涵盖自然科学和其他社会科学内容的综合性学报，于是在校务会上提出创办《山东大学学报》的想法，他的提议立即得到了华岗校长的支持。在《文史哲》创刊的同时，《新山大》上发布了《山东大学学报》即将创刊的消息和征稿启事，8 月，也就是《文史哲》创刊以后的 3 个月，《山东大学学报》就正式出版了。此外，童第周在担任副校长期间还曾担任山东大学学习委员会主席、山东大学"科学研究委员会"主任、"山东大学人民法庭"副审判长（华岗为审判长）、教学研究委员会主任等职，这些职务均是实职实权。由此可以看出，作为山东大学党委书记兼校长，华岗在管理工作中非常尊重和充分发挥两位副校长的作用，让他们真正分担行政、教学、学术等方面的管理工作，实行分管校长负责制，使他们有职有权。①

此外，华岗民主治校不仅体现在给学校各职能部门及其负责人职权方面，而且还表现在他非常重视来自群众的意见。例如，学校设有专门机构负责处理人民来信，②重

---

① 参见楼蔚文：《华岗与童第周》，见刘培平主编：《战士·学者·校长》，山东大学出版社 2003 年版，第 162 页。

② 参见《人民来信处理情况月报表》，山东大学档案馆馆藏档案，卷宗号：WSXB—1953—2—016。

视教代会、工会等群众团体的意见，等等。

## 二、定重点突出特色

### （一）国家政策与个人思路

全国高等学校自1952年院系调整后，综合性大学与专门学院已经有了明确的分工，各个综合性大学的专业设置也已经大致确定，但是各综合性大学应以哪些专业为重点，尚未明确。为此，1953年5月，高教部向全国发出通知，要求各综合性大学详加研究，汇报自己的重点发展方向。通知要求各校在研究发展重点与方向时，应注意：

第一，每个学校应确定以哪些专业作为发展重点，每个专业应确定向哪些专门化方向发展，并以哪个专门化作重点。

第二，应考虑国家建设的需要，一般应以理科为重点（特别是数学、物理、化学）；但国内稀少又具有一定条件的或一向有成绩的某些专业，也可列为重点。

第三，应从现有的师资设备条件及可能创造的条件（如可能培养的师资及可能购置的设备等）出发，不能寄托于不易实现的条件上（如等待上级调配师资）。

第四，应取得当地研究部门的密切配合。各校应与学校所在地的科研机关联系，以便学校的发展重点和方向能与当地科研机关紧密配合。某些专业，如动物、植物等专业，还应注意地理环境，以适应地区需要和便于教学。如中山大学、厦门大学、山东大学在海洋生物的研究方面，应各

有适当重点范围。①

高教部要求综合性大学明确各自的重点发展方向，主要是基于国家经济建设的考虑，属于国家行为。尽管建国后大学校长的权力缩小，但这并不等于他们没有自己的办学理念，也不等于他们完全没有自主余地和实际举动。1952 年院系调整后，山大成为一所文、理性质的综合性大学。当时，全国综合性大学几乎是一个模式，系、专业设置也都差不多，学校的特色被淡化了，这就使得大学不得不考虑各自的发展重点问题。

作为一个有魄力、有见识、有责任心的大学校长，在院系调整结束、山大已经基本定型的情况下，华岗就不失时机地提出了如何办出山大自己特色的问题。1952 年 11 月 24 日，华岗把童第周、陆侃如两位副校长请来，和他们共同商讨学校的发展重点和如何形成山大的特色的重大问题，对学校的重点和将来的蓝图作了粗线条的描绘。华岗提出要把山大办成有自己重点、有自己个性的学校，即要形成自己的特色。童第周、陆侃如副校长也主张建立自己的特色学科，扬长避短，发挥优势。

关于文科，他们一致认为中文、历史两系师资阵容齐整，水平较高，教学和科研都已打开局面，并取得了重大成绩，可以作为学校的重点发展学科。

① 参见《中央人民政府高等教育部指示——关于各综合大学研究发展重点与方向的指示》，见《关于我校重点发展方向及贯彻综合性大学会议决议的报告》，山东大学档案馆馆藏档案，卷宗号：WSXB1953－1－014。

关于理科，一是他们认为山大生物系的师资力量较强，青岛又地处黄海之滨，有研究和开发海洋生物的地利之便，而且动物胚胎学的教学与研究在国内为数不多，山大起步早，并已取得一定的成绩，所以生物系应作为重点学科加以发展；二是山大海洋系虽然刚刚建系，师资力量和教学设备都有待充实，但是有数学、物理、化学三系的人力支援，又有青岛海洋生物研究所和气象台的密切配合，发展前途极为广阔，也应该成为学校发展的重点。这样，经过华岗、童第周、陆侃如三位领导的商讨，山大办学特色大体显露出来了。①

**（二）确立重点和突出特色**

高教部《关于各综合大学研究发展重点与方向的指示》是 1953 年 5 月 23 日到达山大的，由于对学校发展目标、建设特色早有准备，所以仅经过校长、教务长、总务长和系主任两次专门研究，在原来校领导商定意见的基础上作了一些具体补充，学校很快就拟定了《关于我校重点发展方向及贯彻综合性大学会议决议的报告》，于 6 月底呈报高教部。

1．理科各重点专业设置。②

山大理科当时有 6 个系 10 个专业：物理系物理专业，

① 《山东大学百年史》编委会编：《山东大学百年史》，山东大学出版社 2001 年版，第 218～219 页。

② 参见《关于我校理、文两科发展重点与方向》，见《关于我校重点发展方向及贯彻综合性大学会议决议的报告》，山东大学档案馆馆藏档案，卷宗号：WSXB1953－1－014。又，《山大办学特色的确立》一节里凡是没有标明出处的引文均来自《关于我校理、文两科发展重点与方向》。

数学系数学专业，化学系物理化学专业与有机化学专业，海洋系物理海洋专业，生物系海洋生物专业、动物专业、植物专业，水产系海水养殖专业与海洋渔业专业。

山大不仅靠近海洋，学校有关海洋教学与研究工作的海洋、生物、水产三个系已经具备一定的基础，而且青岛还有中国科学院海洋生物研究室、海军部队所属青岛气象台、中央水产实验所、水产公司青岛养殖场等科研和生产机构可供合作，再加上从国家建设方面考虑，海洋开发迫在眉睫，所以山大“在总的发展方向上，应该面向海洋，从事海洋方面的教学与研究”。为此，学校目前“应以物理海洋、物理及海洋生物三个专业为发展重点，但为了围绕面向海洋的方向发展，也需要海洋化学、海洋气象以及海洋地质等专业上做准备，求得能够设置以上有关海洋方面的专业创造条件”。

山大理科上报各重点发展专业及其具体情况如下：

第一，海洋系物理海洋专业，以海洋资源调查分析为发展方向。

中国有漫长的海岸线与辽阔的海洋，沿海水产资源丰富，为了国防建设与开发水产资源，必须训练有丰富海洋科学知识与技术的人才，开展海洋科学的研究与调查工作。特别是新中国刚刚建立，处于大规模建设的初期，分析海洋情况、调查海洋资源，更显重要。作为地处海滨、有一定研究基础的山大，将海洋系物理海洋专业作为重点发展方向，培养这一方面的研究人才和师资，自然责无旁贷。

山大海洋系当时师资还很薄弱，教授仅赫崇本（系主

任）和唐世凤2人，讲师有景振华1人，助教也只有辛学仪、陈宗镛、江克平3人。赫崇本担任波浪学及气象学两课，唐世凤担任潮汐测量及海洋观测课，景振华担任动力海洋及海洋学课。辛学仪担任海洋化学课，陈宗镛担任海洋学的辅导，江克平从事海洋实习的准备工作。海洋工程及海洋沉积分析两门课因缺乏教师暂时还开不出课来，师资有待培养。好在海洋系基础课均由物理、数学、化学三系开设，流体力学由物理专业配合开设，各种气象课程依靠物理系气象组开设，仪器的研究和改进则与物理系合作进行，这为系里腾出了一定的精力来进行师资的培养。同时，海洋系也为生物系及水产系开设海洋学及海洋化学课程，以充分利用人力资源。

第二，物理系以理论物理、光谱分析为重点，但因学校的重点发展方向是海洋研究，所以应"争取时间创造条件求得在流体力学方向为物理专业的发展方向"。

相比较而言，物理系的师资在山大理科中属于较为强大的队伍。系主任郭贻诚教授长于电学及电动力学；束星北教授长于电动力学及相对论，研究集中在理论物理方面；张亮教授长于量子力学，主要研究原子核物理；周兆屏教授长于理论力学；杨有楙副教授专长实验物理及仪器制造；刘鸿宝副教授长于物理学史；讲师余寿绵、王承瑞、王应素、陈成琳、冯传海、陈继述、熊成威等青年才俊可根据实际需要培养使用。此外，物理系原来拟定设立气象专业，从山大及外单位抽调一些人员（或者兼职）组成了一个教学班子，他们是：长于理论气象的赫崇本教授，长于天气分析的青岛观象台台长王彬华副教授，青岛观象台技师孟人杰，从南京大学借聘的于宝琛助教和杨先馥助教。因为海洋专业中气象专门课程约占1/3，海洋气象的研究也须以气象专业为基础，上述五位教师可供海洋系开设有关海洋气象课程教学之用。

第三，生物系有海洋生物、植物和动物三个专业，以海洋生物为重点发展专业。海洋生物专业的重点发展方向初步定为调查和研究海洋生物演化史，以配合国家海洋资源调查和促进海水养殖产业。

生物系师资在山大理科之中应该说实力最为雄厚，其中海洋生物专业师资如下表：

**表3－1　海洋生物专业师资**

| 姓名 | 职别 | 性别 | 年龄 | 专长 | 备注 |
| --- | --- | --- | --- | --- | --- |
| 王敏 | 教授 | 男 | 44 | 藻类形态 | |
| 曾呈奎 | 教授 | 男 | 44 | 海藻养殖利用 | 兼职 |
| 高哲生 | 副教授 | 男 | 44 | 无脊椎动物学 | |
| 李冠国 | 副教授 | 男 | | 浮游生物 | |
| 李嘉泳 | 副教授 | 男 | 39 | 无脊椎动物胚胎学 | 兼动物学 |
| 郑柏林 | 副教授 | 女 | 38 | 海洋生态分类养殖 | |
| 王筱庆 | 讲师 | 女 | 27 | 浮游生物 | 培养方向 |
| 张彦衡 | 助教 | 女 | 34 | 无脊椎动物学 | 培养方向 |
| 黄世玫 | 助教 | 女 | | 浮游生物 | 培养方向 |
| 沈景尧 | 助教 | 男 | 26 | 无脊椎动物胚胎学 | 培养方向 |
| 仝治国 | 助教 | 男 | 28 | 浮游生物 | 培养方向 |

资料来源：《关于我校理、文两科发展重点与方向》。

此外，海洋生物专业还可以充分利用中国科学院海洋生物研究室、农业部中央水产研究所、山东水产局养殖场等科研机构的资源，并可与山大本身动物专业、海洋物理专业、养殖专业、植物专业实行资源共享。

植物专业非重点发展方向，拟向高等植物专门化发展，师资如表3—2：

**表3—2　植物专业师资**

| 姓名 | 职别 | 性别 | 年龄 | 专长 | 备注 |
|---|---|---|---|---|---|
| 陈机 | 教授 | 男 | 38 | 植物解剖 | |
| 王祖农 | 教授 | 男 | 36 | 普通微生物、土壤微生物 | |
| 方同光 | 讲师 | 男 | 28 | | 在北师大进修 |
| 白毓谦 | 讲师 | 男 | 29 | 微生物 | |
| 陈倬 | 讲师 | 男 | 36 | 植物分类 | |
| 陈惠民 | 讲师 | 男 | 32 | 植物生理 | |
| 杨才文 | 讲师 | 女 | 24 | 植物解剖 | 培养方向 |

资料来源：《关于我校理、文两科发展重点与方向》。

动物专业也非重点发展方向，现设胚胎专门化研究，其任务是培养中学和高等学校的师资以及胚胎学方面的研究人才。动物专业师资如表3—3：

**表3—3　动物专业师资**

| 姓名 | 职别 | 性别 | 年龄 | 专长 | 备注 |
|---|---|---|---|---|---|
| 童第周 | 教授 | 男 | 52 | 实验胚胎 | |
| 方宗熙 | 教授 | 男 | 41 | 达尔文主义 | |
| 曲漱蕙 | 教授 | 男 | 36 | 人体胚胎 | |

续上表

| 姓名 | 职别 | 性别 | 年龄 | 专长 | 备注 |
|---|---|---|---|---|---|
| 叶毓芬 | 副教授 | 女 | 48 | 实验胚胎 | |
| 李嘉泳 | 副教授 | 男 | 39 | 无脊椎动物胚胎 | 兼海洋生物专业 |
| 黄浙 | 副教授 | 男 | 37 | 动物学 | |
| 周才武 | 讲师 | 男 | 34 | 比较解剖学 | |
| 李桂舫 | 讲师 | 女 | | 动物生理学 | 现在北大进修 |
| 阎淑珍 | 助教 | 女 | 27 | 拟培养方向胚胎学 | |
| 粟翼玟 | 助教 | 女 | 23 | 胚胎学 | 培养方向 |
| 沈星尧 | 助教 | 男 | 26 | 无脊椎动物胚胎 | 兼海洋生物 |

资料来源:《关于我校理、文两科发展重点与方向》。

第四,数学系以特殊函数为重点发展方向,因为物理海洋均迫切需要该专业。特殊函数方面主要师资有:长于复变函数的李先正教授,长于复变函数、椭圆函数、r函数、超越几何函数的莫叶教授,长于富氏级数、级数论的张学铭教授;长于高等数学分析的刘智白教授,长于实变函数的胡昭全教授,长于高等数学分析的董树德副教授。

第五,化学系以物理化学专业、电化学专门化为发展重点,同时争取设立化学海洋专业。

之所以将电化学专门化作为重点发展方向之一,是因为电化学尤其是电解在化学工业中属于重工业部分,向这方面发展可以直接帮助国家建设。因为青岛是全国重要产盐区之一,而电解食盐产品氢氧化钠、氢及氧等都是工业上的重要原料,所以向这一方面发展,切合青岛地区条件,并可促进工业进步,同时还可以在技术上帮助青岛纺管分局

化工厂不能解决的问题。在电解方面有了一定水平之后，拟向电解制镁及电解制铝方向发展，因为由海水制镁和由博山钒土制铝都是工业上的重要问题。物理化学专业的师资主要有：长于电化学、胶体化学的刘遵宪教授，长于热力学及晶体学的尹敬执副教授，长于热力学的徐国宪教授，以及长于物质结构及量子化学的邓从豪讲师。有机化学专业的师资主要有刘椽教授和讲师陈鸿宅、杜作栋以及助教王汝聪和唐思齐。

2. 文科各重点专业设置。

山大文科当时共有 3 个系 3 个专业，即历史系历史专业、中文系中国语文专业以及外文系俄语专业，山大文科上报高教部重点专业时，突出以“史”的研究为重点发展方向。

第一，历史系以历史专业为发展重点，以中国近代史专门化为重点发展方向。

之所以将历史系历史专业作为重点，一是因为山大资料丰富，有关历史方面书籍达 10 万册；二是因为历史系师资当时在全国属于最强的系别之一，不仅教授多（14 人），学有专长，而且大多正处于年富力强的时期，其具体情况如下：

杨向奎：文学院院长、历史系主任，44 岁，专门研究中国古代史、中古史及中国思想史。

童书业：历史系副主任，45 岁，专门研究中国古代史、世界古代史、中国社会史。

赵俪生：37 岁，专门研究辩证唯物论、历史唯物论、中国农民战争史、中国中古史、明史。

吴大琨：37 岁，专门研究政治经济学、中国近代经济史。

王仲荦：44 岁，专门研究中国中古史、世界中古史（中国通史教研组主任）。

郑鹤声：48 岁，专门研究中国近代史、太平天国史、中国近代史料学（近代史教研组主任）。

黄云眉：54 岁，专门研究中国近古史。

张维华：52 岁，专门研究中国近古史、中西交通史。

莫东寅：40 岁，专门研究中国经济史。

陈同燮：52 岁，专门研究世界古代史、世界通史（世界史教学小组长）。

许思园：40 岁，专门研究欧洲思想史、世界中世纪史。

陈云章：48 岁，专门研究政治经济学、欧洲现代史。

袁寿椿：46 岁，专门研究自然地理、世界地理。

王漱如：60 岁，专门研究古典文学（现在历史系教授国文）。

特别值得一提的是，校长华岗是国内知名的中国近代史、中国革命史研究专家，可以起到中国近代史研究领军的作用。

此外还有孙思白（37 岁）、卢振华（41 岁）、徐绪典（37 岁）3 位副教授。孙思白专门研究中国近代史、中国新民主主义革命史（兼近代史教研组副主任），卢振华专门研究秦汉史、朝鲜史（兼中国通史教研组副主任），徐绪典专门研究中国近代史。讲师有 3 人：赵殿诰（44 岁）专门研究中国地理，朱作云（36 岁）专门研究历史唯物论，韩连琪（44 岁）专

门研究中国古代史、中国古代语文。助教有 6 人：葛懋春（26 岁）研究历史唯物论，路遥（25 岁）研究中国近代史及现代史，黄冕堂（27 岁）研究中国近古史，高昭一（34 岁）研究中国农民战争史，孔令仁（28 岁）研究中苏关系史。

第二，中国文学系的中国文学专业，以文学史为发展方向，中文系古代文学史方面有 4 位教授：

陆侃如：50 岁，专门研究中国文学史、中国诗史。

冯沅君：52 岁，专门研究中国文学史、中国戏曲史。

萧涤非：42 岁，专门研究中国文学史、乐府、唐诗。

黄公渚：53 岁，专门研究古代散文、楚辞、唐宋词。

此外研究陶渊明的赵省之（48 岁）副教授，研究诗经及古代散文的高晋生教授，研究小说史的关德栋教授，研究中国现代文学史的高兰教授也可以纳入到文学史研究的队伍中来。

通过研究《关于我校理、文两科发展重点与方向》，我们清楚地看出，1953 年 6 月山大向高教部上报的材料中，理科依次提到了海洋系、物理系、生物系、数学系、化学系，只有水产系没有单独列出，明确指出理科重点发展专业是物理海洋专业、物理专业、海洋生物专业；文科依次提到了历史系历史专业、中文系中国语文专业，外文系没有特别强调。同时，从《关于我校理、文两科发展重点与方向》中，我们也可以清楚地看出华岗突出山大办学特色的思路是：理科方面以海洋研究为中心，文科方面以中国近代史和中国文学史研究为重点。笔者这里的分析与山大校史的一般说法颇有出入。据《山东大学百年史》记载，当时学校确定上报“汉

语言文学、历史、海洋生物、动物胚胎、植物、物理海洋六个专业为重点发展学科；物理、化学两个专业师资力量和设备条件都较好，又承担理科各系的基础课程，对教学质量的提高关系重大，再加上国家的重视，所以也定为重点学科，力求得到发展”。① 山大校史如此论断然而又未标明根据，笔者在山大档案中也没有查到，所以相信笔者的分析才是正确的。

再者，人们概括20世纪50年代前期华岗任校长时的山大特色，一般有两种说法：一是“文史见长，发展生物，开拓海洋”；一是“文史见长，加强理科，发展生物，开拓海洋”。② 其实，这是后来人们根据20世纪50年代前期山大实际情况概括出来的，并不是华岗本人明确提出的，笔者认为“开拓海洋，加强理科，发展文史”更为符合华岗的办学思路。当然，20世纪50年代山大实际情况与华岗办学思路还是有些差别的，这从上文所述也可以看出一二。

耶鲁大学校长莱温教授认为，一个成功的大学校长必须能够制定远大的而又能够实现的目标。章开沅先生也说成功的大学校长“善于节约运用有限的资源，决不好大喜功，贪大求全，而是在一定时期集中有限力量办好若干重点专业和重点学科，以求形成自己的特色，并在某些领域形成

① 《山东大学百年史》编委会编：《山东大学百年史》，山东大学出版社2001年版，第218～219页。

② 《山东大学百年史》编委会编：《山东大学百年史》，山东大学出版社2001年版，第221、262页。

优势”①。建国初期，华岗不失时机地建立起山大自己的重点学科，明确办学的前进方向，使学校有了鲜明的个性和特色，功不可没。事实证明，华岗所确定的重点学科对山大后来的发展影响巨大，这主要表现在以下几个方面：第一，文科重视历史专业和中国文学史专业，使得本来基础就很雄厚的学科得到进一步发展，从而使山大赢得了“文史见长”的称誉。第二，理科强调面向海洋，也有巨大成就，尽管1958年山大西迁济南，不可能再以海洋为重点，但是当时打下的基础并没有随山大搬迁而消失，留在青岛的海洋生物学科发展成为后来的中国海洋大学。客观地说，中国海洋大学能够在全国、在亚洲乃至在世界上以自身的特色占有一定的地位，是与当年华岗校长的远见卓识和山大整体实力的吐故纳新分不开的。② 第三，华岗在重视文史、海洋的同时，也重视物理、数学、化学等基础学科，为山大搬迁济南后学科的发展打下了基础，如今山大数学、光学、生物和微生物在全国具有重要地位和影响，与华岗当初确定其为重点学科是有一定关联的。

同时，通过确定山大的办学特色，我们还可以看出：

第一，华岗具有敏锐的判断力、审时度势的能力和决策魄力。尽管20世纪30年代初山大生物系就设立了海洋生物学课程，抗战胜利后，童第周又在山大成立了海洋研究

① 章开沅《总序》，见梁吉生：《允公允能　日新月异——南开大学校长张伯苓》，山东教育出版社2003年版。

② 邵世友：《论华岗教育思想》，见刘培平主编：《战士·学者·校长》，山东大学出版社2003年版，第257页。

所，1952 年院系调整时又将厦门大学海洋系一部分调整到山大，似乎将海洋系作为理科重点发展方向是顺理成章的事，其实不然，只要看一看海洋系的师资力量，就可以看出华岗具有非凡的魄力。

第二，大学的职责之一是为地区和国家的经济建设、社会发展服务，尤其是新中国刚刚建立，百业待举，各行各业迫切需要大学的技术支持，华岗在考虑学校发展方向时，始终牢记山大要服务于现实，应该说也是难能可贵的。

第三，在确定学校的重点发展方向时，体现了山大校领导的高尚情操。确定重点学科实际上涉及到利益的再分配，而利益分配往往是棘手的问题，但是无论是华岗还是童第周、陆侃如都表现出宽阔的胸襟：华岗不以自己研究中国近代史为避嫌就不以其为重点发展方向，童第周也没有因为自己是副校长，就把动物专业作为重点发展方向，而是根据国家需要将海洋生物作为重点发展专业，这种胸襟应该是我国很多高校领导所应具有的。

## 三、重师资真心揽护

### （一）千方百计延揽人才

1917 年 1 月 9 日，蔡元培在北京大学校长就职演说中曾说："大学者，研究高深学问者也。"①1919 年 9 月 20 日，

---

① 蔡元培：《就任北京大学校长之演说》，见高平叔编：《蔡元培全集》第三卷，中华书局 1984 版。

在《北大第二十二年开学式演说词》中蔡元培又说："诸君须知，大学并不是贩卖毕业文凭的机关，也不是灌输固定知识的机关，而是研究学理的机关。所以，大学的学生并不是熬资格，也不是硬记教员讲义，是在教员指导之下自动地研究学问的。为要达上文所说的目的，所以延聘教员，不但是求有学问的，还要求于学问上很有研究的兴趣，并能引起学生的研究兴趣的。"①1931 年梅贻琦就任清华大学校长时说："办大学，应有两种目的。一是研究学术，二是造就人材。"要达到这两个目的，"必须有两个必备的条件，其一是设备，其二是教授。设备这一层，比较容易办到，我们只要有钱而且肯把钱用在这方面，就不难办到。可是教授就难了。一个大学之所以为大学，全在于有没有好教授。孟子说：'所谓故国者，非谓有乔木之谓也，有世臣之谓也。'我现在可以仿照说：'所谓大学者，非谓有大楼之谓也，有大师之谓也。'我们的智识，固有赖于教授的教导指点，就是我们的精神修养，亦全赖有教授的 inspiration。"②又据清华施嘉炀教授回忆，抗战胜利后，梅贻琦在《校友通讯》中写道："纵使新旧院系设备尚多欠缺，而师资必须蔚然可观，则他日校友重返故园时，勿徒注视大树又高几许，大楼又添几座，应致其仰慕于吾校大师又添几人，此大学之所以为大学，而吾清华最应

---

① 蔡元培：《北大第二十二年开学式演说词》，见高平叔编：《蔡元培全集》第三卷，中华书局 1984 版。

② 梅贻琦：《就职演说》，《国立清华大学校刊》，第 341 号，1931 年 12 月 4 日。

致力者也。”①从蔡元培和梅贻琦多次演讲和谈话中，我们勿需再谈著名学者对大学的重要性。同样，对作为一个曾在云南大学任教、与云大和西南联大众多教授有过密切接触的华岗校长来说，师资对一个大学的重要性是不言而喻的。孙思白教授回忆道：“记得有一次他和我谈论起中国过去著名的大学时说，‘著名的大学关键是靠有一批学识深厚的著名教授’”；并且认为华岗“这话看来不是随便说的，是蕴蓄已久的有得之言”。② 华岗不仅对过去的著名大学有如此认识，而且身体力行，将延聘著名学者作为治理山大的重要方略之一。

提高师资的质量，一则在于充分调动现有教师的积极性并开发其潜能，一则在于延聘外来教师，所以梅贻琦在就职演说中说好教授“决不是一朝一夕所可罗致的”，“只有随时随地留意延揽而已。同时对于在校的教授，我们应该尊敬，这也是招致的一法”。在此，我们仅以中文、历史两系为例，说明华岗是如何重视人才、延揽人才的。

据统计，1953 年历史系 15 位教授、3 位副教授中，有 9 位是在华岗任校长期间新来的，其中包括郑鹤声、张维华、黄云眉、许思园、陈同燮、吴大琨、赵俪生等名教授，占全系高级职称教师的 60%。中文系 11 位教授、副教授中有 5 位是新来的，其中包括高亨、高兰、殷孟伦、关德栋等名师，占

① 施嘉炀：《怀念梅贻琦先生》，见西南联合大学北京校友会编：《笳吹弦诵情弥切》，中国文史出版社 1988 年版，第 13 页。

② 孙思白：《怀念华岗校长》，见山东省政协文史资料委员会编：《悠悠岁月桃李情》，中国文史出版社 1991 年版，第 51 页。

全系高级职称教师的45%。这么多名家教授云集山大，除了全国性的并迁调整外，华岗个人魅力和真诚邀请也是非常重要的因素。①

1951年历史系刚成立时，师资力量比较薄弱，只有华岗、杨向奎、王仲荦等教授。为了加强师资力量，系主任杨向奎建议聘请顾颉刚、童书业、赵俪生等人任教授，除顾颉刚因交通困难以及其他原因没有到校外，童书业和赵俪生在开学前及时来到了山大。② 此外，华岗还先后聘请了黄绍湘、黄云眉、吴大琨等人任教授，再加上从齐鲁大学因院系调整过来的张维华、莫东寅等人，历史系教授最多时达15人。在延聘这些教授时，一些事例被传为美谈，我们试聆一二。

赵俪生是学界的才子和传奇人物，才华横溢，桀骜不驯。在清华读书时他就是“一二·九”运动北平学联骨干、“民族解放先锋队”队员；后往第二战区山西抗日前线加入抗日游击队，成为游击战士，并担任第二战区政治保卫队营教导员；抗战后期到过延安但很快又离去；后来转任华北大学第四部研究员、济南市市政府秘书、中国科学院编译处副处长、中国科学院学习组组长等职。在华北大学，因为引用列宁的话要成仿吾尊重知识分子而被迫离开；在中国科学院，因为看不惯某些人对副院长吴佑、陶孟和的颐指气使，

① 乔幼梅:《华岗与山东大学以文史见长》,《文史哲》,2003年第3期。
② 罗竹风:《悼念华岗同志》,《柳泉》,1980年第2期。

屡发牢骚而转到东北师范大学。① 正当屡屡辗转之际，华岗注意到这位才华横溢而性格直率的人物，于是赵俪生“应华岗校长之邀”，1950年冬从长春来到青岛，重返这个他初中、高中呆了七年的城市。七年之后，赵俪生因1957年“反右”时发表题为《放的关键在于领导》的文章被打成“右派”，被迫离开山大，远走兰州。据有关资料可知，“正是因为当年华岗同意派专人专车不远万里从东北将赵先生的数十箱图书资料运至青岛，赵先生才欣然接受邀请来山大任教的”②。

吴大琨教授抗战时期曾于短时间内在华岗领导下工作，据其回忆，由于华岗一贯重视政治思想教育，又经常和他讨论一些理论上、学术上的问题，使其受益匪浅。③ 后来吴大琨被中共派往美国，1951年底回到北京，住在一个招待所里听候中央分配工作的时候，还“仍然不时想起华岗同志”。1952年吴大琨在东安市场闲逛时无意中发现一家书摊出售新出版的《文史哲》，喜出望外，立即给华岗写信，表示愿意到山大工作：

> 看到杂志封面上刊有华岗同志的文章目录时，我当时真有说不出的高兴。我马上把《文史哲》杂志初出的几期都买了，带回招待所去，一边

① 乔幼梅、王学典：《又为学界哭英灵——痛悼赵俪生先生》；金雁：《导师赵俪生》，http://www.acriticism.com。

② 史永志：《大写的华岗——〈可酬热血换文章〉摄制组采访手记》，见刘培平主编：《战士·学者·校长》，山东大学出版社2003年版，第365页。

③ 吴大琨：《沉痛悼念华岗同志》，《山东大学报》，1980年5月28日。

阅读一边就给华岗同志写了信，告诉他我已回国，现在住在北京的招待所里听候分配工作，如果他需要我去工作的话，请他马上就给中央领导写信提出要求。我自己后来也给周恩来总理写了信，提出了要去青岛山东大学工作的请求。周总理为此，还亲自给我写了复信。所以后来中央统战部领导决定我的工作的时候，就同意了我的要求，把我分到青岛山东大学工作了。这是我由于原来就认识华岗同志，所以能在五十年代初被分配到山东大学去工作的原因。①

或许三次邀请吕荧来山大工作，更能说明华岗是如何地求贤若渴、爱才如命的。

吕荧，安徽天长县(时为炳辉县)人，著名的文艺理论家、美学家、翻译家，建国前创办过《浪花》、《时代周报》，出版过《人的花朵》、《火的云霞》、《普式庚论》(译著)、《叶甫盖尼·奥涅金》(译著)、《叙述与描写》(译著)，先后在贵州大学、台湾师范学院任教，1949 年来到北京。华岗本来与吕荧并不熟悉，但是当他担任山大校委会主任后，很快就了解到吕荧(很有可能是因为研究鲁迅而得知)在文艺理论、文艺美学等方面的深厚造诣和在学术界的影响，于是 1950 年亲自写信邀请吕荧来山大任教，并在人才济济的中文系任命吕荧担任系主任。吕荧初来山大，工作十分积极，他讲授

① 吴大琨：《回忆五十年代初期我在山东大学时所受到的党的教育》，《山东大学校史资料》第 6 期，1983 年 11 月。

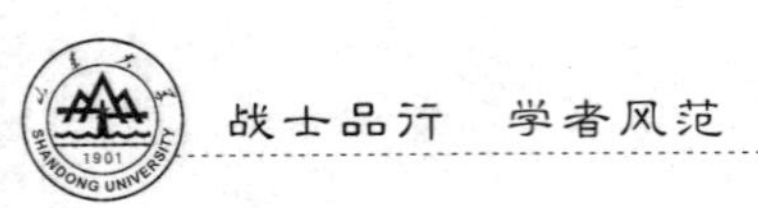


"文艺学"课程，观点新颖，内容丰富，条理清晰，很受学生欢迎。

但是，1951 年 11 月《文艺报》发表了山大中文系一篇以来信形式题为《离开文艺思想是无法进行文艺教学的》的文章，"揭发和批评"吕荧在教学中"严重脱离实际和教条主义的倾向"。吕荧甚为恼火，华岗多次约他谈话，几次劝他有则改之，无则加勉，只要做一下自我批评就可以了，但是吕荧认为自己没有问题，坚决不肯做自我批评，并于 1952 年不辞而别，跑到在上海的友人何满子家中去了，①任凭华岗怎么劝说也决不回头。直到人民文学出版社等单位争聘吕荧时，华岗还顶住"左"的压力，亲笔致函吕荧，再次劝说他回山大任教，但因当时吕荧已被人民文学出版社聘走，所以未回山大。此事于华岗来说，一直觉得是个遗憾。于是，当 1953 年暑假吕荧来青岛休假，华岗再次上门做吕荧的思想工作，真诚地检讨学校在学术管理工作上的欠缺，同时也指出吕荧存在的缺点，希望他留山大工作。在华岗苦口婆心的劝说下，吕荧终于同意留下来教授俄罗斯文学和苏联文学。吕荧留下教书后，华岗亲自给他解决住房问题，使他能够安下心来投入到教学工作中去。②

**（二）知识分子的贴心人**

华岗不仅积极延揽人才，而且真心爱护人才，这主要表

① 吕荧是想让何满子推荐他到复旦大学任教，但未成功。

② 关于华岗三聘吕荧，参见王玉平：《华岗与吕荧》，见刘培平主编：《战士·学者·校长》，山东大学出版社 2003 年版，第 160 页。

现在他对山大教授生活上关心、政治上保护、业务上为其创造条件等方面。

首先，华岗是山大教授们生活上的关心者。教学和研究是脑力劳动，一个安定、良好的生活环境，可使教授们心情舒畅，工作效率提高。尤其是解放前教授们生活总体上比较安逸，某种程度上讲过惯了有些养尊处优的生活，但是解放初期山大各方面生活条件都比较差，华岗总是尽最大努力，极力为他们营造一个较为舒适的生活环境，替他们排忧解难，使其安心工作。

鱼山路26号山大第一宿舍，是山大名教授公寓，它最初是日占时期日本人为其教员修建的别墅。对山大来说，那是最好的住宅。华岗一上任，就作出规定，只有应聘到山大的第一流教授才能住到这里，而不让行政级别高的人占住。生物学家童第周、教育学家吴富恒、文学家陆侃如和冯沅君夫妇、物理学家束星北、化学家刘遵宪等都被安置在这里。① 当吴大琨来山大工作时，华岗怕他一家刚回国，对校内的住房不习惯，特意在信号山路33号一位姓赵的医生家里租了半幢西式楼房供他居住。1951年郑鹤声从南京调来山大，因种种原因匆匆离开南京，大部分书籍没有带来，给教学工作带来了极大的不便，华岗知道后立即帮助他解决困难，把书运到青岛。这不仅对其教学和科研工作帮助很大，而且给予了他精神上很大的鼓舞，使其感受到党对知识分子的温暖和关怀。正是这种润物细无声的关怀，促使

① 刘海军:《束星北档案》，作家出版社2005年版，第3页。

其“思想觉悟不断提高，全心全意地做好教学工作”。根据郑鹤声回忆，他在山大期间，深感华岗态度和蔼、谦逊、真挚，对教授们的“政治思想、教学工作、家庭生活关心了解得非常仔细，在言谈和工作中，常给以指导、鼓励与支持”①。生物系曲淑蕙教授家里人口多，生活比较困难，工作难以安心，华岗知道后就派人了解情况，给予经济补助，解决生活问题，使曲淑蕙教授全身心投入到教学科研中去。20 世纪 50 年代初期山大正处在上升时期，加上青岛优美的自然环境以及和谐的校园氛围，华岗担任山大校长期间，人才流入的多，除了上级强行调动和院系调整走的，几乎没有流失人才。②

其次，华岗是教授们政治上的理解者。20 世纪 50 年代初期山大教授来自解放区的很少，大多数在国民政府主办的大学或者教会大学里教过书，毋庸讳言，他们的思想与当时的主流意识形态有一定的差距，所以如何做好其思想工作尤为重要。正是由于华岗对山大教授们在政治上理解、宽容、耐心、贴心，才使他们深受感动，并心甘情愿为山大尽心尽力地工作。

华岗对解放前遗留下来的知识分子非常重视，称他们是“旧中国留给我们的财富”，提醒大家在办学上要信赖他们，这给老教授们以极大的安慰，以至于几十年后郑鹤声在

---

① 郑鹤声：《我对华岗校长的回忆》，《山东大学报》，1980 年 1 月 10 日。

② 刘培平：《华岗与 20 世纪 50 年代山东大学的辉煌》，《山东大学学报》，2003 年第 5 期。

《我对华岗校长的回忆》一文中感慨道："在我的记忆中，华校长对我们从旧社会过来的知识分子，从不另眼相待。"自然，华岗对于曾经参加革命的知识分子也是同样爱护有加，这方面的事例也很多。据曾呈奎院士回忆，20 世纪 50 年代初期在山大工作时，他曾与童第周多次去华岗家，每次都受到华岗的热情招待。他说："华岗本人也是一个知识分子。他给我留下的最深刻的印象就是他非常尊重知识分子。"① 据吴大琨回忆，他虽然一直为党从事地下工作，但究竟是在何时何地入党的，一直到来山大时为止，还没有找到能证明的人，于是，"党籍发生了问题"，这使他"在精神上一时受到的打击很大"，内心很痛苦。来到山大后，华岗问明情况后，多次找他谈话，安慰他说，"这样的情况，党内是经常发生的，你要相信党，党是一定会把问题搞清楚的"，并告诉他安心工作，向其他公开的党员学习。正是华岗的这些熨心话使吴大琨安下心来，不仅认真积极地搞好教学，还在科研上倍加努力，在《文史哲》上发表了大量文章，而他的党籍问题，因有了华岗的前期关照，后来在 1957 年终于查清。②

由于新山大是在老山大与华大合并的基础上发展起来的，有些加入山大的华大干部，"左"倾思想严重，与华岗真诚对待知识分子不同，他们不仅对知识分子有偏见，有时甚至持敌视态度。下面的一个历史细节虽是 1957 年大鸣大

① 史永志：《大写的华岗——〈可酬热血换文章〉摄制组采访手记》，见刘培平主编：《战士·学者·校长》，山东大学出版社 2003 年版，第 366 页。

② 吴大琨：《回忆五十年代初期我在山东大学时所受到的党的教育》，《山东大学校史资料》第 20 期，1983 年 11 月。

放时期的事，但是通过此事也不难想象50年代初期的情形。据回忆，“大鸣大放”之初，山大“一个身居要职的领导在传达全国宣传工作会议精神，要求知识分子大胆向党展开批评时，突然发威，他以手作枪指着台下的学者教授们说：你们要给我整风可以，不整也不行。毛主席定的。可是在你们整我们之前，我这里先要给你们一点劝告，你们别以为给我们提个意见骂个娘就能把我们给骂蔫了。告诉你们，这江山是我们共产党脑袋扎在裤带上打下来的，谁也翻不了天”①。华岗处在这种环境下，其内心的无奈、焦虑是可想而知的。据罗竹风回忆，1953年冬天他为奔父丧回家乡，路经青岛，曾在华岗家里坐了很久，“夜深沉，两人相对，无限依恋”。临别时，华岗对他说了这样几句话：“你离开山大也好，这里的工作是艰难的，对知识分子粗暴是一大隐忧，难呀，难！”“这就算是他的简单概括吧，其中是充满辛酸的。”②

华岗不仅在实践中善待知识分子，尤其难能可贵的是，他对知识分子在理论上的认识亦达到了非凡的高度。早在1951年5月13日山大工会第一届代表大会上，华岗就说：“教育工会的性质，就是新民主主义国家性质的体现；教育工作者加入工人阶级的队伍，成为国家的领导阶级，这种做法将更快地促进国家性质的改变。”③1952年华岗又提出

---

① 刘海军：《東星北档案》，作家出版社2005年版，第115页。

② 罗竹风：《悼念华岗同志》，《柳泉》，1980年第2期。

③ 《团结全体会员改进教学提高教学 本校工会隆重举行第一届代表大会 通过今后工作方针任务 选出首届执委会》，《新山大》，1951年第7期。

“教育工作者是工人阶级的一部分，教授是学校的主导力量”①；在“三反”运动总结中华岗说，“我们的国家已经是工人阶级所领导的新国家，而教育工作者则是工人阶级的一部分”。② 正是由于华岗有如此的认识，加上他长期在白区工作，善于与高级文化人打交道，善于有原则地团结知识分子，所以才能较好地贯彻党的方针政策，在短期内把全校教师的积极性调动起来，共同把山大的教学、科研秩序搞得井井有条，蒸蒸日上，让山大人的精神状态蓬蓬勃勃，富有朝气。③ 也正因为如此，吴大琨感慨道：

> 什么是五十年代初期山东大学的真正优点？凡是在五十年代初期在山东大学工作或学习过的，不论是老师、学生还是干部，今天都很怀念当时的山东大学，甚至有些同志称之为山大历史上的“黄金时代”。当时的山东大学，确实有很多优点，很值得我们怀念。但总的说来，按照我的体会，最主要的一条应该说是由于当时山大的党委会包括华岗同志在内，真正贯彻执行了党的知识分子政策，即团结、教育和改造知识分子的政策，从而正确调动了知识分子的积极性，发挥了知识分子的特长。大学是知识分子最集中的地方，如

① 崔玉婷：《气有浩然　学无止境——华岗的理想人格与其办学理念》，《天津市教科院学报》，2004 年第 1 期。

② 《本校“三反”运动总结与全面转入思想改造的意义和方针》，《文史哲》，1952 年第 4 期（总 8 期），1952 年 7 月 1 日。

③ 孙思白：《读向阳〈华岗传〉的感受》，《文史哲》，1994 年第 3 期。

果不能贯彻执行党的知识分子政策，不尊重知识分子，特别是不尊重知识分子的专业，不让他发挥他的特长，采取粗暴和简单的方式对待知识分子，那是肯定办不好大学的。华岗同志由于他本身是一位学者，又长期在国民党地区从事过公开的和地下的统战工作，熟悉知识分子，所以当他担任解放后第一任山东大学校长职务的时候，就能够比较正确地贯彻执行党的知识分子政策。他自己亲自为全校作大报告，重视通过政治理论教育来对全校师生员工进行政治思想教育，他贯彻执行"百家争鸣"的方针来主编《文史哲》杂志等。①

最后，华岗是在政治运动中受到冲击的教授们的保护者。华岗出长山大的五年多时间，正是新中国成立后除旧布新之际，各种政治运动接连不断。有着悠久历史的山大，教师的出身与思想情况相当复杂，所以每当一项政治运动来临，总有一些知识分子无辜地受到冲击，而华岗一则总是千方百计地把政治运动限制在思想领域，二则是对受到冲击的教师尽量保护，极力反对"武器的批判"。可以说在 20 世纪 50 年代这样一个特殊时期，华岗成为山大知识分子的保护伞，离开了他这个大树的遮风挡雨，山大教授们必然会受到更大的冲击。

保护张维华教授就是华岗保护知识分子的一个例子。

---

① 吴大琨:《回忆五十年代初期我在山东大学时所受到的党的教育》,《山东大学校史资料》,1983 年第 20 期。

历史系教授张维华原来在齐鲁大学任教，是齐鲁大学文学院院长，1951年齐鲁大学停办，调山大历史系工作。张维华教授长期在教会学校工作，并且是美国退还“庚子赔款”管理委员会委员。“三反”运动时，各个学校都在“打老虎”（反贪污），济南齐鲁大学留守处认为张维华政治上和经济上都可能有问题，派人来到山大，要求山大同意将张维华押回济南接受审查批判。虽然山大党委中有人已经同意，但当来人提出交涉时，华岗理直气壮地回答说：“齐鲁大学和山东大学都在共产党领导下，都执行共产党政策，张维华现在是山大的人，请你们把材料转来，山大党委保证按党的政策处理，不必多此一举。”①这样，张维华教授的问题得以在山大处理，后来经过仔细审查，发现他没有任何“政治、经济问题”。华岗作古多年之后，张维华教授每每谈起此事时，依然声泪俱下，他说：“是华校长保护了我，使我免遭劫难。他了解知识分子，是知识分子的贴心人。在他领导下工作，大家的心情比较舒畅。”②

保护外语系方未艾副教授和中文系吕荧教授也是华岗爱护知识分子的典型事例。方未艾副教授对俄国文学素有研究，曾翻译托尔斯泰的著作，俄文教得好，这在解放初期是难得的人才。方未艾抗战前曾参加“左联”，与进步作家萧军、萧红是好朋友，但抗日战争时期为生计所迫，曾在新

① 赖谋新：《华岗同志轶事》，见刘培平主编：《战士·学者·校长》，山东大学出版社2003年版，第20页。

② 史若平：《知识分子的良师益友》，见郑友成主编：《华岗纪念文集》，青岛出版社2003年版，第198页。

疆某县警察局做过事。1951年青岛市公安局要逮捕他，华岗说："据我们了解，他没有血债，也无大罪；现在为我们的政权服务，应该发挥他的一技之长。如果抓起来，反倒成了废物，而且对学校的震动太大。"并表示可以将其留在学校监督使用，不同意逮捕，但华岗的话未能起作用，方未艾最终还是被抓走了，这件事后来成了他"包庇反革命"的一大罪状。1952年《文艺报》发表批评吕荧的文章后，中文系党支部书记曾在一个班上动员："谁不批吕荧，是党员的开除党籍，是团员的开除团籍。"但在开大会时，华岗坚持不在横幅上标出"批判"两字，最后只写了"文艺学教学思想讨论会"。后来直到吕荧因"胡风案"受到牵连，已经形成批判之势，华岗也已自身难保时，但他仍然坚持将对吕荧的批判限制在思想斗争领域。①

"三反"、"五反"运动中，山大一些教授受到冲击，华岗总是客观、理性地对待，使得全校没有出现大的失误，但是华岗个人的力量毕竟有限，难以保护所有的教授，所以还是发生了个别悲剧事件。在"三反"运动中，医学院生物化学专家陈慎昭教授被打成"贪污分子"，并且在党委副书记刘宿贤领导下炮制的材料中，说陈慎昭是国民党帮美国特别培训出来双手会打手枪的"女特务"，将其隔离审讯。华岗说："教桌上哪来的'老虎'（指贪污分子——著者注）？"明确指出，"不要怕别人说我们'右倾'，只要我们实事求是就行

---

① 赵淮青：《华岗的卓越贡献与悲惨遭遇》，见刘培平主编：《战士·学者·校长》，山东大学出版社2003年版，第385页。

了；对陈先生首先应该解除隔离，在未拿到确凿证据前，还是一边教学，一边审查为好。”①但是党委副书记刘宿贤，消极抵制华岗的指示，对陈慎昭继续实行禁闭逼供。陈慎昭教授终因不堪心理重负，而服氰化钾自杀。这就是当时在山大影响极大的“陈慎昭事件”。② 事件发生后，华岗极为愤怒，批评刘宿贤说：“这样的人才千金难买，万金难求，陈教授的死损失太大，影响极坏，真是岂有此理！”③并责令刘宿贤立刻作出检查。华岗批评刘宿贤时，赵俪生碰巧在校长办公室的第二间会客室里等候谈话，近半个世纪后，赵俪生还清晰地记得当时的情景：“我听到在第一间会客室里华岗拍着桌子骂刘宿贤在陈慎昭问题上‘太左’了，‘影响很坏’，刘不服，一摔门就走了。这是我亲见的，经 49 年犹历历在目。”④事后在 1952 年 5 月 12 日全校师生员工“三反”运动总结与思想改造动员大会上的报告中，华岗还作了检讨，并向教育部作了自我批评。

总之，如果没有华岗在建国初期历次政治运动中坚持党的知识分子政策，坚持实事求是，坚持理性，那么山大必

---

① 赵淮青：《华岗的卓越贡献与悲惨遭遇》，见刘培平主编：《战士·学者·校长》，山东大学出版社 2003 年版，第 384 页。

② 具体情况参见《“三反”运动中教授兼生化科主任陈慎昭的坦白材料及绝命书》(一)、(二)，均为山东大学档案馆馆藏档案，卷宗号分别为：WSDBS1952－2－007、WSDBS1952－2－008。

③ 赵淮青：《华岗的卓越贡献与悲惨遭遇》，见刘培平主编：《战士·学者·校长》，山东大学出版社 2003 年版，第 384 页。

④ 赵俪生：《我和华岗校长的接触以及我对他的理解》，见刘培平主编：《战士·学者·校长》，山东大学出版社 2003 年版，第 99 页。

然有更多的教授受到更残酷的冲击，学校的教学和科研也必然受到严重的影响，从而也就有可能没有 20 世纪 50 年代山大的辉煌！

## 四、倡争鸣繁荣学术

### (一) 学术自由是大学应守的铁律

从理想上讲，中外绝大多数学者都认为大学应该是学术自由的。例如，英国著名的教育家纽曼在 1873 年出版的《大学理念》一书中写道，大学是“一切知识和科学、事实和原理、探索和发现、实验和思索的高级保护力量，它描绘出理智的疆域……在那里对任何一方既不侵犯也不屈服”。又如，德国“现代教育之父”洪堡认为，“大学应相对独立和享有学术自由，摆脱国家政治和经济的干扰。这并不是特权生活的保证，而仅仅是作为献身学术事业的先决条件，以便更主动地承担为社会服务的责任”。① 在当代，联合国也赋予学术自由以崇高的地位，实际上学术自由已经成为国际上公认的价值标准：

> 没有学术自由，大学就不能履行其主要职能之一：成为新思想的催化剂和庇护所……学术自由承认学者确定自己的研究领域和以自己的方式追求真理的权利，学术自由可以对提高高校质量



---

① 向洪等主编:《哈佛理念》,青岛出版社 2005 年版,第 11 页。

以及整个高等教育的质量做出重大贡献，但是它既需要在高校内部得到理解和重视，也需要高校的上级部门的理解与尊重。①

中国近代高等教育基本上是向西方学习的产物，在长达半个多世纪的历程中，经过蔡元培、陈独秀、胡适、傅斯年、梅贻琦、蒋梦麟、任鸿隽、冯友兰、贺麟、潘光旦、陈寅恪等学人的立言或事功，在复杂多变的历史进程中，尤其是在与国民党"党化教育"的斗争过程中，学术自由的理念才得以艰难地建立起来。②

1917 年蔡元培出任北京大学校长，"采思想自由原则，取兼容并包主义"，从那时起，学术独立或曰学术自由的思想日益彰显，逐渐成为我国大学占主流地位的理念。③

陈寅恪虽然仅仅是一个学者，但是他对 20 世纪二三十年代以来中国人文精神的影响是无比巨大的，尤其是他在《清华大学王观堂先生纪念碑铭》中的某些话语一直为人们所津津乐道：

士之读书治学，盖将以脱心志于俗谛桎梏，真理因得以发扬。思想而不自由，毋宁死耳。斯古今仁圣同殉之精义，夫岂庸鄙之敢望。先生以一

① 联合国教科文组织：《发展中国家的高等教育：危机与出路》，转引自李卫东等：《华岗：一位大学校长治校理念的启示》，见刘培平主编：《战士·学者·校长》，山东大学出版社 2003 年版，第 273 页。

② 参见杨东平编：《大学精神》，辽海出版社 2000 年版，第 4～5 页。

③ 向洪等主编：《哈佛理念》，青岛出版社 2005 年版，第 11 页。

死见其独立自由之意志，非所论于一人之恩怨，一姓之兴亡。呜呼！树兹石于讲舍，系哀思而不忘。表哲人之奇节，诉真宰之茫茫。来世不可知也，先生之著述，或有时而不彰。先生之学说，或有时而可商。惟此独立之精神，自由之思想，历千万祀，与天壤而同久，共三光而永光。①

1941 年 10 月，贺麟撰文说学术不仅需要独立，而且学术自由的影响决不仅仅限于学术本身：

最易而且最常侵犯学术独立自主的最大力量，当推政治。政治力量一旦侵犯了学术的独立自主，则政治便陷于专制，反民主。所以保持学术的独立自由，不单是保持学术的洁净，同时在政治上也就保持了民主。政府之尊重学术，亦不啻尊重民主。

学术在本质上必然是独立的自由的，不能独立自由的学术，根本不能算是学术。学术是一个自主的王国，它有它的大经大法，它有它神圣的使命，它有它特殊的广大的范围和领域，别人不能侵犯。②

---

① 陈寅恪：《清华大学王观堂先生纪念碑铭》，见陈寅恪：《金明馆丛稿二编》，上海古籍出版社 1982 年版，第 188 页。

② 贺麟：《学术与政治》，《当代评论》，第 1 卷第 16 期，1941 年 10 月 20 日。

如果说抗战时期昆明是"民主堡垒"的话，那么西南联大则可谓是昆明"民主堡垒之母"。我们只拿两个事例作为例证。其一，1939 年教育部要求高校实行统一教材、统一考试，遭到西南联大教授的集体反对。1940 年 6 月，由西南联大教务长主持、全体教授参加的一次教务会议，通过了《教务会议呈常委会文》，向教育部提出了措词严厉的批评和抗议，西南联大最终没有实行该政策，以致有学者说《教务会议呈常委会文》"可视为民主思想与专制思想公开抗争、捍卫学术自由的檄文"①。其二，1946 年冯友兰在《国立西南联合大学纪念碑》碑文中同样阐述了学术自由的合法性和重要性：

> "万物并育而不相害，道并行而不相悖，小德川流，大德敦化，此天地之所以为大。"斯虽先民之恒言，实为民主之真谛。联合大学以其兼容并包之精神，转移社会一时之风气，内树学术自由之规模，外来"民主堡垒"之称号，违千夫之诺诺，作一士之谔谔。②

当然，我们虽然说学术自由是现代大学所应遵循的最基本的准则，是大学不可或缺的灵魂，但应该说明的是，实际上并不存在绝对的学术自由，它事实上是置于一定社会法律制度之下的，必须符合国家和民族的利益。并且学术

① 杨东平编：《大学精神》，辽海出版社 2000 年版，第 5 页。

② 李瑞山编：《大学语文》，南开大学出版社 2002 年版，第 190 页。

自由是一种精神层面的自由，具有非实践性。① 此外，我们还应该特别指出的是，“学术自由”与“学术争鸣”还是有很大的区别的，两者甚至是存在着本质的区别。当然，我们还应该看到在20世纪50年代不要说提倡“学术自由”，就是提倡“学术争鸣”，不仅需要见识，而且更是需要胆量的，从这个意义上讲，我们应该牢记在“历史场景”中来讨论问题、不苛求前人的原则，也只有这样才能对华岗提倡学术争鸣给以公允的评价。

### （二）学术争鸣的倡导者和实践者

早在学生时代，华岗就具有批判精神，不拘泥于陈说，这也是他学术生涯中一贯坚持的立场。据杨乔回忆，1948年某日他与华岗同在翦伯赞处，谈到学术研究时，翦伯赞和华岗共同的见解是：“在学术问题上不能以权势压人。如果以势压人得逞，中国学术界就会出现‘奉承哲学’，就会出现一片荒芜，就会出现倒退，那将是中国学术界的悲哀。中国各种学术界的前辈们要用心培育后继者，让他们走宽广的路，发挥所长；让他们各抒己见，有所建树；不要阻拦他们、妨碍他们。”②华岗主张学术争鸣以繁荣学术有很多事例，我们且举几例，以窥其一斑。

1951年《文史哲》创刊时，尽管“双百方针”尚未明确提出，但《文史哲》在实际办刊过程中，已经开始鼓励学术上不

① 周光礼：《学术自由与社会干预：大学学术自由的制度分析》，华中科技大学出版社2003年版，第11页。

② 杨乔：《缅怀华岗教授》，《华岗研究》，1986年第1辑。

同观点和意见的探讨和争论，关于中国古史分期讨论就是典型的例子。

中国古史分期问题是 20 世纪 30 年代以来学术界讨论的热点问题，各种主张纷然杂呈，马克思主义史学家范文澜、吕振羽、翦伯赞、王亚南等持西周封建说，郭沫若持战国说，华岗也持西周封建说。华岗知道山大历史系教授观点不一样，于是他鼓励学者们发表意见，但是“当时有些教授不大明确学术和政治问题的界限，不敢同持西周封建论的人争鸣，总想听听他（华岗）的意见”①。华岗多次鼓励童书业教授消除顾虑，发表自己的看法。在华岗的鼓励下，1951 年 7 月，童书业在《文史哲》第 2 期上发表了《中国封建制的开端及其特征》，主张战国封建说。随后《文史哲》刊登了大量有关古史分期的文章，山大历史系和中文系的学者们纷纷表达了自己的观点：杨向奎、高亨主张西周封建说，童书业、吴大琨主张战国封建说，韩连琪主张两汉封建说，王仲荦、赵俪生主张魏晋封建说，张维华主张整个战国秦汉时期处于奴隶制向封建制过渡的阶段。这样以上述诸教授为核心，山大古史分期研究者们各抒己见，相互切磋，讨论充满热烈、平等的气氛，山大关于该问题的研究从而在全国也占有非常重要的地位。②

《文史哲》支持李希凡、蓝翎《水浒》研究和《红楼梦》研

① 葛懋春：《回忆早期〈文史哲〉杂志社社长华岗同志》，《文史哲》，1981 年第 4 期。

② 胡新生：《山东大学与中国古史分期问题的讨论》，见孙长俊主编：《山大逸事》，辽海出版社 1999 年版，第 360 页。

究，是华岗主张学术争鸣的又一例证。据李希凡回忆，1954年他将与历史学家张政烺先生讨论如何评价《水浒》的一篇文章（《略谈〈水浒〉评价问题》）寄给《文史哲》杂志编辑葛懋春，文章的核心意思是不能用历史论证的方法来对待文学作品，譬如不能用历史上的“宋江三十六将”否定《水浒》的千军万马大起义的艺术真实。张政烺先生是历史学大家，《宋江考》又是一篇很系统并具有说服力的考证文章，张先生还是《文史哲》主编杨向奎的挚友，所以如果不发表李希凡的文章也是正常的，但是《文史哲》1954 年第 4 期就将李希凡的文章刊登出来了。对此李希凡晚年感叹道：“不拘于权威之见，鼓励争鸣，在华岗校长和我的老师们的学术思想和办刊思想里，是非常自然的事。”当然，《文史哲》主张学术争鸣最为典型的事例，还是它发表了李希凡、蓝翎与《红楼梦》研究权威俞平伯商榷文章（《关于〈红楼梦简论〉及其他》）一事。李希凡说该文“也曾想向北京文艺刊物投稿，探询了一下，没有回音，我只得又把它寄给懋春，恳求母校的支持”。《文史哲》1954 年第 9 期发表了该文，尽管随后因得到毛泽东的重视，“从而引起一场思想文化战线上的大风波，或者称之为思想批判运动，那结果则既非两个青年学生所能想象到的，也绝非《文史哲》和华岗校长预料中的事”①。但是从中我们可以看到华岗是如何重视学术争鸣，难怪著名学者蔡尚思说：“《文史哲》致力于百家争鸣、百花

① 李希凡：《华岗校长与“百家争鸣”》，《文史哲》，2003 年第 3 期。

齐放，因而繁荣学术，功不可没！”①

支持郑鹤声和赵俪生的相关研究也是华岗坚持学术争鸣的例证。1951 年《文史哲》创刊号发表了《天王洪秀全状貌考》一文。据郑鹤声回忆，当时写这篇文章的目的是因为南京举行太平天国一百周年纪念会要挂洪秀全的像，因为洪秀全没有留下照片，而太平天国革命失败后，天京的档案、文物都遭到破坏，后来流传关于洪秀全的状貌，形象众多，莫衷一是。所以他写这篇文章，就是要分析、考证洪秀全的状貌，使会议开得更加严谨。但是文章发表后，引起了“理论棍子”关锋在报上公开批判指责，歪曲郑鹤声的原意，说他搞烦琐考证。据郑鹤声回忆：“我看了心中很不服气，但又有顾虑，不敢加以申辩。正是华岗校长支持我、鼓励我，叫我不要有顾虑，只要做了对革命有益的工作，就应该肯定。那种不加分析，随意给别人扣帽子、打棍子的做派，是不符合马列主义和党的政策的。这样就使我放下了思想包袱，大胆地进行学术研究。”②

赵俪生 1951 年 4 月在《历史教学》上发表了《斯大林对史学的新指导——学习〈论马克思主义在语言学中的问题〉札记》，文章将斯大林的上层建筑（包括意识形态）一定会“或迟或速”地随着经济基础而发生变动，概括为上层建筑随经济基础变动具有“不迅速性”的特点。时任山西大学校

① 陈炎：《薪火相传的事业》，见刘培平主编：《战士·学者·校长》，山东大学出版社 2003 年版，第 340 页。

② 郑鹤声：《我对华岗校长的回忆》，《山东大学报》，1980 年 1 月 10 日。

长的赵宗复写了一篇争鸣文章，由《历史教学》编辑部转来询问赵俪生是否写答文。于是赵俪生就把自己的文章和赵宗复的文章都拿给华岗看，请他作出评论。在仔细阅读了两人的文章后，华岗说赵俪生的文章“犯了粗疏的毛病，但还说不上是右倾错误；但赵宗复先生反其道而行，说某些风俗习惯犹如‘破砖烂瓦’，言外竟是一扫除即可净尽，这可带有了‘左’倾虚无主义毛病”。最后他评说：“双方各有精彩，各有失误，不是一方为绝对性的对，另一方为绝对性的错，所以这个‘局’，还是有充分答辩的余地的。”华岗让赵俪生“回去再把资料仔细过一遍，平心静气写一篇答辩文章寄去”。这样，赵俪生和赵宗复的文章同时在8月出版的《历史教学》上刊出，①赵宗复也没有再写文章回应，看来是接受了赵俪生的观点，由此赵俪生感慨道：华岗“确确实实是政治论争和学术论争中的一名老资格的舵手”②。

通过1952年山大所谓的“王竹溪事件”，也可以从一个侧面观察到华岗对待学术争鸣的态度。1952年底，著名的热力学家王竹溪教授在山大大众礼堂作了一场关于热力学的报告。王竹溪20世纪30年代初在清华跟随周培源研究湍流理论，后师从剑桥大学著名物理学家福勒，27岁回国后便被西南联大聘为教授，院系调整后，成为北京大学物理系教授、理论物理教研室主任。于良先生生动地回忆了那

① 赵宗复：《细密地学习上层建筑和基础的关系问题》、赵俪生：《再论建筑与基础并答赵宗复先生》，《历史教学》，第2卷第2期，1951年8月。

② 赵俪生：《我和华岗校长的接触以及我对他的理解》，见刘培平主编：《战士・学者・校长》，山东大学出版社2003年版，第100页。

场报告的情形：

那天，大众礼堂座无虚席。物理系、数学系的教师、教授们大都到场了，华岗校长和一些校领导也来了……在我印象里，王先生的学术报告内容广泛，涉及卡诺热机运行、平衡状态下的压缩气体、热的气体运动等，也不时穿插一些国际上有关热力学最新动态和争论。他一边讲着一边随手在黑板上写出一些流畅漂亮的公式或重要的概念……

学术报告大约进行了将近50分钟时，坐在前排的会议主持问，用不用休息一会儿。兴意盎然的王先生说不用。他正准备继续讲下去的时候，身穿蓝色长袍高大魁梧的束〔星北〕先生走向讲台。他也不做任何解释或开场白，在人们疑惑的目光里，将双手撑在讲台上说：我有必要打断一下，因为我认为王先生的报告错误百出，他没有搞懂热力学的本质。他捏起粉笔一边在王先生几乎写满黑板的公式和概念上打着叉，一边解释错在哪里。

最难受的应该是王先生，他呆呆地“干”在一旁，看看半路杀出来的“程咬金”，又求援似地看看台下。上也不是，下也不是。会场主持人也不知如何是好，只能拿眼使劲地瞅华岗和其他领导。会场发出了一阵骚动。束先生好像根本就没有看到别人的情绪和反应，也不在乎别人是什么样的感觉，一味在那里“正本清源”。大概是见华岗没有反应，会场渐渐平静下来，束先生一口气讲了大约有40分钟。也可以说，是对王竹溪“清算”了近40分钟。这期间，王竹溪一直尴尬地站在一旁，主持人几次让他坐下来，他都未从……

王竹溪先生是著名的大科学家，关于热力学的报告，和束星北教授的讲解应该是各有千秋，笔者无意亦无力评论其优劣高下，①我们这里关注的是在这样一种场面下，华岗没有做和事佬，说一些“关于这个问题我们以后再仔细讨论”之类的话，从而结束尴尬的场面，这是何等的气度！毕竟，王竹溪是作为教育部派到南方各重点大学相互交流学习的北方代表啊！试问在今天这个比20世纪50年代远远宽松的大环境下，又有几个大学校长能够如此！

如同前文所说，如果没有华岗真诚延揽和保护著名学者，就可能没有20世纪50年代山大的辉煌；同样，我们也可以说，如果没有对学术争鸣的真心提倡，也就极有可能没有20世纪50年代山大的辉煌。

## 五、抓全面服务“中心”

大学作为教育机构，所要完成的核心任务自然在于培

① 束星北之所以如此做，并非要出风头，或者是存心让王竹溪难堪，事实上，这是他一贯的行事方式和对待学术的态度。在浙江大学，他经常和王淦昌因为学术问题而争得面红耳赤，有时甚至能打起架。玻尔在浙江大学讲学时，束星北同他也进行了激烈的学术辩论。

养合格的知识人才，因此，必须把教学作为全盘工作的中心环节，使学校的科研、后勤、行政等都为教学服务。华岗担任山大校长期间常说的一句话，就是学校要“以教学为中心”，“总务后勤必须要为教学服务，政治思想工作更应环绕这个中心”。[①] 需要特别指出的是，华岗强调以教学为中心，不是在做一件根本不需要强调的事情，考虑到 20 世纪 50 年代初期的国情，他的所作所为具有特殊的时代意义；与之相应，在大学已经严重官僚化的今天，华岗的做法更值得大学校长们去反思和学习。

### （一）高度重视教学工作

“以教学为中心”是华岗一贯的思想，除了强调科研、后勤、行政应为教学服务外（下详），还表现在华岗对教学工作的高度重视方面。在此我们通过爱国公约内容、成立相应机关辅助教学、亲自下课堂听课、政治运动与教学的关系等方面，来探讨华岗如何重视教学。

1951 年全国兴起了制定爱国公约的热潮，11 月公布的《山东大学爱国公约》体现了学校以教学为中心的指导思想，例如公约第 6 条规定：“全校职工坚决树立‘以教学为中心’的思想，一切为改进和提高教学而服务。健全工作制度，统一领导，精密分工，分别负责，遵照工作系统办事，提高工作效率。”[②]学校爱国公约公布后，校部各处、科、室纷纷以教学为中心，结合本单位的工作职责，以提高工作效率

① 余修：《深切怀念华岗同志》，《文史哲》，1981 年第 4 期。
② 《山东大学爱国公约》，《新山大》，1951 年第 22 期。

为内容订立爱国公约。例如,教务处教导科制定的爱国公约规定:“全力贯彻思想政治教育,深入开展抗美援朝爱国主义学习,保证配合做好教学工作,树立以教学为中心的思想”;“密切联系同学,深入了解情况,加强团结,及时解决问题,树立为同学服务的思想”。① 各系爱国公约内容更是以教学为中心,例如,病虫害系爱国公约规定:“教学大纲和进度必须做到有计划”;“研究工作必须是为了配合教学和解决实际问题,并坚持贯彻预定的研究计划”等。②

全校的教学工作虽然由教务处负责,但是它往往还需要更高级别的专门机构在宏观上进行把握、指导,在这种思想指导下,1951 年 5 月 21 日学校成立了“教学研究委员会”,由童第周任主任委员,何作霖为副主任委员,余修、罗竹风、吴富恒、郭贻诚、丁履德、陈瑞泰、徐佐夏 7 人为委员。“教学研究委员会”的任务为领导并推进教研工作,改进教学方法,研究课程改革等。③ 为了全面了解教学单位工作情况,加强对教学工作与科研工作的领导,1955 年 2 月 12 日经校长办公会议研究决定,自 1955 年上半年开始建立教学单位负责人轮流汇报制度。每周二、周五校长办公会上,由一个或者两个教学单位负责人,汇报本单位工作情况,汇报内容包括以下几个方面:第一,当前正进行的重大工作情况、问题及解决办法;第二,教学计划与科研工作计划执行

① 《各单位纷订爱国公约》,《新山大》,1951 年第 6 期。

② 《病虫害系教职员爱国公约》,《新山大》,1951 年第 6 期。

③ 《教学研究委员会成立》,《新山大》,1951 年第 7 期。

情况与问题；第三，各课程教学进度情况及教学效果；第四，学生学习情况与实习情况；第五，对领导及其它有关方面的要求、意见及建议。① 通过这种方式，动态地掌握教学情况，以便及时调整。

华岗不仅思想上高度重视教学，制度上规范教学，而且经常深入课堂听课，了解教学情况，以便发现问题并及时整改。陈鹏万这样回忆了1953年春开学不久的一天华岗听课的情形："华校长带领一帮人从后面的门进入教室，坐在后排，那时的校长办公室主任叶锦田同志把一本全校的课程表翻到化学系这个年级的一页，指指今天上什么课，讲课的是谁等，华校长仔细看了一下就认真听讲，还不时点头表示认可，直到一节课休息才离去，这是对青年教师的督促，也是一种鼓励。"②几十年后有的学生对华岗下课堂听课的情形还历历在目，楼友勤、陈柏中等人回忆道："有一次我们正在文学馆听刘泮溪先生讲文艺理论课，华校长轻轻推门进来，站在后面听课，直至结束。"③

20世纪50年代，各种政治运动接连不断，如果处理不当就会影响教学。华岗虽然极力通过各种方式在山大进行思想改造，但他从未让政治运动冲断教学，而是让其为教学

① 《校长办公会议建议教学单位负责人汇报制度》，《新山大》，1955年第164期。

② 陈鹏万：《怀念华岗校长》，见刘培平主编：《战士·学者·校长》，山东大学出版社2003年版，第337页。

③ 楼友勤、陈柏中：《山大的魅力》，见张乐岭、高忠汉、陈崇斌主编：《峥嵘岁月》，山东大学出版社1991年版，第84页。

服务。对此他指出："一方面要贯彻运动，同时又不能太多，影响同学们的学习，因为保证上课的正常进行，是教育工作者的主要责任。"①在开展"三反"、"五反"运动时，因为措置有方，山大没有像全国其它大学那样停课搞运动，而是教学、工作、学习三不误。② 校报《新山大》创刊时，华岗指示校刊的报道"要以教学为中心"。③ 有一次，校报根据部分学生干部反映，说有些学生有忽视政治的倾向，便开辟了一个"政治与业务关系问题"的讨论专栏。"讨论了几期，华岗便提出要'适时而止，停止讨论'。开始，编辑们不太理解他的意图。后来他对此作了解释：政治是不能忽视的，但对学生政治上的要求要适当。学生应该学好政治课，参加一定的社会活动，注意自己道德品质的修养，端正自己的学习态度。但是，学生应把主要精力放在科学文化的业务学习上。没有科学文化知识，你用什么本领去建设祖国呢？口号喊得最响的人，并不都是最革命的人……因此，这方面的讨论要适时而止，不能空喊口号。"④在政治运动风起云涌的年代，并不是所有当政者都能够或者都愿意甚至敢于像华岗这样做的！

---

① 《华岗在课前和全体教师谈话》，《新山大》，1952 年第 48 期。

② 华岗：《本校"三反"运动总结与全面转入思想改造的意义和方针》，《文史哲》，1952 年第 4 期（总 8 期），1952 年 7 月 1 日。

③ 田广渠：《华岗与校报——纪念华岗诞辰 90 周年》，《山东大学报》，1993 年 11 月 5 日。

④ 王静、贵明：《华岗与新闻事业》，见刘培平主编：《战士·学者·校长》，山东大学出版社 2003 年版，第 305 页。

## (二)科研应服务于教学

科研和教学是大学最重要的两项功能,究竟如何看待两者的关系,可以见仁见智,但是如果我们回到20世纪50年代初期的中国,考虑到稳定新政权的客观需要,以及迫切需求大量各种专业建设人才的现实,强调科研应以教学为中心,总体看来还是符合时代要求的。

为了达到科研以教学为中心的目的,在华岗主持下,凡是有关科研的政策都强调以教学为中心。1951年4月2日和6日召开的合校后第一次校委会会议上,确定了学术研究的三项基本原则,其中之一就是"学术研究工作应围绕教学去进行,帮助和加强教学"①。在培养助教方面,华岗要求助教应以服从教学工作为原则,不应以单纯要求培养的思想而影响教学工作的进行。② 尤其是1953年大规模学习苏联运动开始后,结合采用苏联教材,学校更加强调科研为教学服务。1954年,科学研究委员会在向学校提交的《关于科学研究工作的报告》中指出,科研要有明确的目的:"综合大学主要是一个教学机构,而且本校在教学上有许多重大问题,迫切需要科学研究工作来解决,因之全校研究工作的总的目标方向就是:科学研究工作主要应结合教学,为准备各专业开设专门化课程服务,为提高教学质量服务,为培

① 《校委会举行第一次会议讨论通过六项重要议案》,《新山大》,1951年第4期。

② 《校委会举行扩大会议　总结一年来经验　华校长指出今后工作重点》,《新山大》,1952年第62期。

养学生独立工作能力——如指导毕业论文及设计、课程论文及设计——服务。”当然，学校的科研并不是仅仅限制在这一点上，“与校外机构合作或受委托进行的结合生产的研究工作，以及根据需要而做的科学普及工作，本校有条件从事的各教学单位也应当开展”。① 1954 年制定的《山东大学开展科学研究五年计划纲要》指出，山大在确定今后科学研究工作时应配合学校五年改革具体实施计划，以保证实现专业教学，提高教学质量为总的方针任务：① 编写出有较高度思想性、科学性的各课教材（包括苏联教材的逐步中国化），② 逐步开展有正确方向的专题研究为具体努力奋斗目标。为了达到上述目的，第一，根据各单位具体情况，集中力量编制教材者，暂缓订立专题研究计划；着手专题研究或写专书的工作者应尽快着手进行；第二，研究工作应以密切结合教学，结合实际为原则，研究计划应以系科教学组织的计划为根据；第三，各单位——首先是文科各单位——应逐年就教学工作中发现的问题，适当组织有准备的科学讨论会，使学术讨论逐渐成为普遍风气。② 在科研应服务教学思想的主导下，20 世纪 50 年代山大文理两科的科研成果都与教学有着密切的关系，从而为专门化教学提供了坚实的支撑，有利于培养国家急需的建设人才。

---

① 《关于科学研究工作的报告》，见《山东大学 1954 年师资培养计划与教学工作资料》，山东大学档案馆馆藏档案，卷宗号：JXZH021954－031。

② 《山东大学开展科学研究五年计划纲要》，见《山东大学科学研究情况报告》，山东大学档案馆馆藏档案，卷宗号：WSKY－1954－001。

### （三）后勤要为教学服务

大致说来，大学是由教学、行政、后勤三个部分组成的，行政与后勤是为教学服务而存在的，教学和教师居于学校的核心地位，一所好大学自然需要教师、行政、后勤三者良性互动。华岗关于后勤要以教学为中心的思想，包括后勤必须全心服务于教学和勤俭办学两层含义。

关于教学与后勤的关系，华岗说教务工作开展起来，总务工作就需要加强，高教部"关于总务工作的指示中已指出一切总务工作必须围绕教学工作，为教学工作服务，为科学研究服务，但总务工作绝不是侍候教学人员，总务工作不是低一级，学校里教师职员都是教育工作者，这一点必须明确起来"①。在这种思想指导下，学校有限的资源要尽量满足教学需求。例如，当时山大的中心建筑物是"六二楼"，该楼是为纪念解放青岛而命名的，校部的办公室就设在里边。华岗担任校长后，指示"六二楼"绝大部分房间归教学使用，办公用房只是占用三间，凡与教学无直接关系的用房，尽量合并使用。②

山大是一所具有艰苦奋斗、节俭办学优良传统的学校，③20 世纪 30 年代杨振声校长就是勤俭办学的典范。

---

① 王佛生、戈兆华：《本校隆重举行开学典礼——华校长报告学年重点》，《新山大》，1954 年第 144 期。

② 余修：《深切怀念华岗同志》，《文史哲》，1981 年第 4 期。

③ 参见《山东大学百年史》编委会编：《山东大学百年史》，山东大学出版社 2001 年版，第 91～93 页；杜光埙：《忆国立山东大学》，见山东省政协文史资料委员会编：《悠悠岁月桃李情》，中国文史出版社 1991 年版，第 15～17 页。

他说："我们惟有节省经常费来补充设备费。我们经常费能多省一文，即设备上能增加一点，也便是学校的基础上多放一块基石"，"故在行政上多花一文，这一文便是虚耗，在基础上多花一文，这一文便是建设"。①　为了节省开支，杨振声把公家为校长提供的较好住房让给教职员住，自己出钱另租房子住；他不用学校的家具，自己花钱置备；开校务委员会时，由他自己提供茶叶和香烟；在学校购买汽车时，为省钱只买了一辆旧车，连出差他也是自掏腰包。②　在这种思想指导下，虽然山大经常费年仅 40 余万元，但杨振声执掌山大两年期间，竟然节省经费 45 万元用于学校建设：采购大批图书，置办先进仪器，建造科学馆。

应该说华岗继承和发扬了山大节俭办学的传统。在开展"三反"运动时，华岗亲自带队深入到各系各科，检查教学设备、教材浪费的情况，清算形式主义和教条主义思想。1953 年 11 月，学校又制定了《山东大学精简节约方案》，方案规定：

> 切实爱护公共财物（教学设备、房舍校园、桌椅床橱、医药用品、文艺体育用具、玻璃门窗、水管便具、取暖设施、交通用具等）。在不影响教学工作人员健康条件下，尽量节约用电及烧煤，节约教

① 王先进：《杨振声和国立青岛大学》，见樊丽明、刘培平编：《我心目中的山东大学》，山东大学出版社 2005 年版，第 6 页。

② 《山东大学百年史》编委会编：《山东大学百年史》，山东大学出版社 2001 年版，第 91 页。

学及办公用品，紧缩房舍与家具的使用，节制长途电话与汽车的使用，节制印刷表格与资料。各单位与个人应做到不多领用具，多余不用的房屋、用具要自觉地交还，以便适当调剂，节省用具和房租的开支。

厉行国家制度，加强财务计划，严格核实预决算，紧缩经费开支。设备购置与建设事项，应掌握可办可不办者停办、非迫切者缓办、必须办理者则经过精打细算切实办好的原则。

加强采购计划性，加强保管责任，及时处理与利用积压物资。一切器具能代用的尽量代用，能修理利用的尽量利用，稀少仪器、物品能合用者则合用，务使物尽其用。破料空瓶、废物废纸也应随时搜集，加以利用。

继续巩固劳动纪律，克服忙乱现象，严格遵守时间，有计划地布置并掌握会议活动，提高工作效率与工作质量，充分发挥员工潜在能力。①

在学校节约方案出台后，山大各单位根据学校精简节约方案的精神，纷纷订立精简节约计划，取得了较好的成绩。例如，总务处仅在1953年8月到12月间，经费开支就节约了7.05亿元（旧币）；医学院根据精简节约的精神，将24亿元（旧币）的预算，缩减到10亿（旧币）元。② 更重要的

① 《山东大学精简节约方案》，《新山大》，1953年第110期。

② 《本校各单位进行精简节约的检查》，《新山大》，1954年第118期。

是，由于全校教职员工从思想上逐步树立了精简节约的原则，不仅节约了经费，而且在工作上能够以主人翁的态度积极想办法、找窍门、克服困难，发挥创造性，从而为国家节省了大量资财。

尽管20世纪50年代初期国家经济力量还很薄弱，同时又处于大规模建设时期，教育经费投入有限，山大每年经费不过180万元，但是由于学校厉行节约，精打细算，压缩不必要的行政开支，将有限的经费尽量用于直接服务教学的方方面面——添置教学设备和开展科学研究的关键事项上，所以山大的硬件还是有一定的发展。例如，院系调整后，全校仅有仪器不全的实验室10个，各类图书不足14万册，到1957年，全校图书增长近一倍，达26万册，教学仪器新增700余件。①

### （四）行政因教学而存在

教学是大学一切工作的主要环节和中心任务，但这并不等于说大学只有教学，或者其它各项工作都无足轻重。事实上，大学还有一套行政机构，还有相当数量的行政人员为维持教学工作正常运行而劳动。如果真正做到以教学为中心，除了加强教学工作之外，还必须加强行政工作，使其主动地、认真负责地为教学服务。教学如果没有行政的配合，则将难以发挥作用，甚至其中心环节亦将无法体现；同样，行政如果离开教学，则将失去设置目的和存在意义。

---

① 《山东大学百年史》编委会编：《山东大学百年史》，山东大学出版社2001年版，第216～217页。

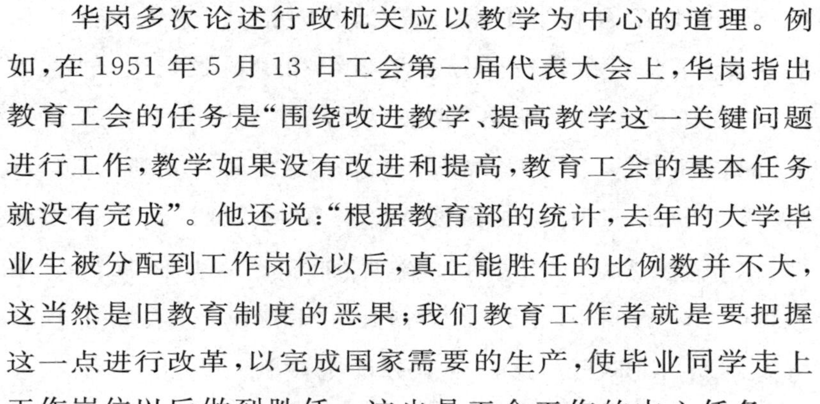

华岗多次论述行政机关应以教学为中心的道理。例如，在1951年5月13日工会第一届代表大会上，华岗指出教育工会的任务是“围绕改进教学、提高教学这一关键问题进行工作，教学如果没有改进和提高，教育工会的基本任务就没有完成”。他还说：“根据教育部的统计，去年的大学毕业生被分配到工作岗位以后，真正能胜任的比例数并不大，这当然是旧教育制度的恶果；我们教育工作者就是要把握这一点进行改革，以完成国家需要的生产，使毕业同学走上工作岗位以后做到胜任。这也是工会工作的中心任务，一切脱离这一任务的做法都应该受到批判。”①华岗不仅指出行政机关要为教学服务，他甚至认为学生团体也应该服从于“一切以教学为中心”的要求。例如，在1951年4月11日学生会第一届执委会会议上，他明确指出，“学生会的任务是保证执行教学制度”②。

20世纪50年代的山大行政工作，在华岗领导下逐步明确和树立了为教学服务的指导思想，从而加强了工作的目的性、计划性，保证了教学的顺利进行。这主要表现在：其一，广大师生员工坚持系统的政治理论学习，树立了学校一切都要为教学服务的思想，明确教学人员和行政人员都是教育工作者，同样受国家和人民的委托，培养高级建设人才，从而加强行政人员的积极性和责任感，使其主动地、富

① 《团结全体会员改进教学提高教学　本校工会隆重举行第一届代表大会　通过今后工作方针任务 选出首届执委会》，《新山大》，1951年第7期。

② 《学生会第一届执委会产生》，《新山大》，1951年第3期。

有创造性地配合教学工作。其二，及时批评、纠正一些错误的观念。例如，在学校部分教学组织和少数教学人员中，有把"行政工作为教学服务"混淆为"行政工作为教学人员服务"的错误看法，因而表现高大骄傲，对行政人员瞧不起，认为"小职员，听吩咐"，对行政单位不尊重，对行政制度不遵守、不执行，行政人员稍加解释则斥责以"不为教学服务"。[①] 其三，制定《山东大学行政工作条例》、《人事工作暂行条例》、《山东大学教职员工劳动纪律暂行办法》、《山东大学爱国公约》、《山东大学精简节约方案》等相关规章制度约束、规范行政人员的行为。

## 六、育人才众育并举

大学的核心任务就是为国家培养合格的建设人才。什么是"合格"的人才呢？我们可以根据华岗担任校长期间提出"大学教育的核心就是培养目标问题"时，[②]多次对这一"培养目标"提出要求，探知其"合格"的人才标准。1951 年 11 月 18 日，在山大秋季田径运动会开幕式上，华岗号召"全体同学要向德、智、体、美四育兼备的人才来发展"。[③] 1954

① 张君侠:《高等学校的行政　教学工作服务——学习辩证唯物论与历史唯物论心得》,《新山大》,1954 年第 145 期。

② 台旭:《多么好的教学环境》,见刘培平主编:《战士·学者·校长》,山东大学出版社 2003 年版,第 148 页。

③ 体育室:《继续发扬秋季田径运动会检阅大会精神》,《新山大》,1951 年第 30 期。

年上学期，他又对学生提出了“热爱专业，培养独立思考能力，全面贯彻三好[①]”的目标要求。[②] 在 1954 年 9 月开学典礼上，华岗希望山大学子们把自己培养成具有一定的马克思列宁主义修养、具有比较广博的基础科学知识、具有独立的工作能力、身体健康的建设社会主义社会的骨干。[③] 在 1955 年 5 月校委会举行第 23 次会议上，华岗指出，教师应该从政治、业务、健康等方面去关心学生，对学生进行全面教育，使之德智体美正常发展。[④] 由此可见，华岗希望山大培养出来的学生是德、智、体、美全面发展的合格的建设人才。缘此，我们根据今日人们常说的德、智、体诸方面来介绍华岗的人才培养观及其实践。[⑤]

### （一）育人应以德育为先

不同历史时期的“道德”概念有不同的内涵，而且“道德”涵括着人们常说的“公德”和“私德”。我们这里所说的“道德”，是指 20 世纪 50 年代中华人民共和国全体国民所应遵守的“公德”。根据 1949 年 9 月 29 日公布的《中国人

---

① 1953 年毛泽东在《青年团的工作要照顾青年的特点》一文中提出，青年要“身体好、学习好、工作好”，是为“三好”的来历。

② 教务处：《关于加强学生学习指导工作的计划》，《新山大》，1954 年第 129 期。

③ 王佛生、戈兆华：《本校隆重举行开学典礼——华校长报告学年重点》，《新山大》，1954 年第 144 期。

④ 《校委会举行第二十三次会议》，《新山大》，1955 年第 178 期。

⑤ “美育”是以培养学生感受、表现、鉴赏、创造美的能力，从而促使学生追求人生的情趣与理想境界等为目标的教育。华岗虽然也在讲话中多次提到美育，但由于时代的原因未曾对其作过多的具体论述，故不涉及。

民政治协商会议共同纲领》规定，国家“提倡爱祖国、爱人民、爱劳动、爱科学、爱护公共财物为中华人民共和国全体国民的公德”，作为新时代的大学生更应该是新公德的遵守者和实践者。在华岗担任校长期间，他就是以这个新公德来要求学生的。

在1951年毕业典礼上，华岗说大学生要“不讲地域，不讲待遇，不强调个人兴趣，完全按照祖国的实际需要服从分配，愉快地走上各种工作岗位，才能真正贯彻‘为人民服务’和‘随时响应祖国召唤’的伟大宗旨和誓言”；“要全心全意为人民服务，一刻也不脱离群众，一切从人民利益和国家建设利益出发，而不要从自己个人利益出发”。① 也就是说大学生必须以国家的利益为最高准则，确立全心全意为人民服务的人生观，这才是爱祖国、爱人民的真正体现，才是道德要求的最高水准。对“爱劳动”和“爱科学”，华岗也有自己的认识，他说：“马列主义修养首先表现在劳动态度上，没有劳动观念和态度，就不可能为社会主义建设事业服务。出身于剥削阶级家庭的同学，对此更需要有深切的认识。科学是劳动的产物，离开劳动就没有科学。”②

---

① 《华岗校长在一九五一年毕业典礼上讲话摘要》，《新山大》，1951年第14期。又，从一般的意义上讲，“科学是劳动的产物”没有错误，但是“劳动”不应仅指“体力劳动”。从这些言论中，我们可以感受到华岗理解的马克思主义理论还是有些教条。不过，也许教条一些更有利于当时的社会改造和调动人们的积极性。

② 王佛生、戈兆华：《本校隆重举行开学典礼——华校长报告学年重点》，《新山大》，1954年第144期。

朝鲜战争爆发后，1951 年 2 月 2 日，中共中央发出了《关于进一步开展抗美援朝爱国运动的指示》，由此引发了全国普遍订立爱国公约运动，华岗对山大学子道德的要求更具体、更集中地反映在爱国公约中。中央发出号召后，全校各单位纷纷订立爱国公约，山大也拟定了爱国公约草案，为求其完善，直到 10 月份才公布，主要内容有："拥护毛主席，拥护中国共产党，拥护人民政府，拥护人民解放军，拥护和坚决执行共同纲领"；"坚决反对侵略战争，反对美国武装日本以及美英帝国主义所签订的非法对日和约……努力支援中国人民志愿军和朝鲜人民军"；"全校学生提高学习自觉性，树立为人民服务的人生观和学习态度，尊师爱生，遵守校规，加强同学间团结友爱，求得德、智、体、美的全面发展"；"全校师生员工加强政治学习和业务学习，提高政治觉悟及科学文化水平，改善环境卫生，注重身体健康，开展文娱教育活动"；"全校师生员工加强团结，厉行节约，遵守时间，树立教学相长、尊师爱生、团结互助、实事求是、谦虚朴素的校风和学风"，等等。①

关于爱国公约，华岗对其颇为关注并予以很高的评价，他说："爱国公约的最大作用，就是使各团体各单位以及个人的具体任务，和爱国主义的主题结合起来，并把各界人民的自觉要求集中起来和统一起来，变成具体条文，以便共同遵守、相互监督，互相学习优点和改正缺点，藉以发挥群众

① 《山东大学爱国公约》，《新山大》，1951 年第 22 期。

的积极性和创造性。”①在山大，爱国公约不是口号、空话，而是得到了彻底的贯彻和执行，②因此在实践中产生了良好的效果，给学校带来了勃勃生机。例如，土木系的同学“愉快地响应了市学联参加修建人民广场的号召”，拿出自己“最大的力量和学来的技术”，为完成该项工作而努力。③

**（二）育才重在能力养成**

建国初期百废待兴，国家正处于大规模建设时期，不仅需要大量的各行各业专门人才，而且尤其需要能够独当一面的建设者。为了满足国家需求，华岗特别强调学生独立思考和工作能力的培养。

华岗认为，明了祖国社会主义建设事业需要青年学子刻苦学习，是养成独立思考和工作能力的前提条件。为此，他对下列现象进行了严厉批评：“有些同学在学习中遇到一点疑问就问教师或同学，自己从来不肯动脑筋钻研，有些学生自己不下苦功做习题，常常抄袭别人的现成结论，甚至请别人代做习题或作业，有些学生在学习中敷衍塞责，只求考试及格，并不想把功课好好消化一下或进一步研究一下，有些学生一味依赖教师，自己没有下苦功，却把学不好和考试不及格的责任，完全推在教师身上。”④这些都是不正确和

① 华岗：《关于政治学习中的几个疑问及解答》，《新山大》，1951 年第 4 期。

② 参见艾周：《对贯彻爱国公约的意见》，《新山大》，1951 年第 5 期。

③ 参见卓宗仁：《爱国公约带来了生气》，《新山大》，1951 年第 8 期。

④ 华岗：《培养独立思考能力的主要关键》，《新山大》，1954 年第 156 期。又，本小节凡未注明的引文，均来自该文。

偷懒的行为，只有严格要求自己，养成刻苦钻研的精神，才谈得上培养独立思考和工作能力。

培养独立思考和工作能力，对学生而言，有一系列的原则必须遵守：第一，课堂上"要集中注意力于教师所讲的教材内容上，不要让思想开小差，更不应该在上课的时候偷看小说或做其它的事情"。第二，充分利用"想象力和记忆力，以增强学习的理解程度"。第三，为保证及时完成作业，学生"必须控制自己的意志，使自己有组织性和纪律性，遵守学习纪律，及时做好实验、实习、辅导和课程讨论中所得到的知识并使之系统化，对于不了解和不明确的地方，则重新考虑一下"，这种复习和检验能够进一步培养学生的独立工作能力。第四，应该按照学校统一的教学计划，学好各种规定的课程，不能脱离学校课程按自己的意愿随意学习，"因为凡教学计划中所规定的课程，都是根据国家培养专业人才的目标制定的，整个教学计划中的各门课程都有其互相辅助的有机联系，而各门课程又都有其独特作用和特有的规律"，"统一的教学计划本身就贯彻了理论与实际结合和逐渐培养学生的独立思考能力的原则"。最后，独立思考是贯彻在学习过程中的各个环节的，学生应该自觉严格执行学习计划，"因为没有计划的学习必然是忙和乱，结果当然不能保证充分的独立思考"，当然学习计划不仅仅是学习时间分配表，而是必须使其跟培养独立工作能力密切结合起来，使执行计划的过程变成独立工作的过程。

培养学生独立思考和工作能力，对教师而言，同样有一些原则必须遵守。例如，教师必须提高自身的政治水平和业务水平，改善教学内容和教学方法；不仅将最新的科学知识传授给学生，更重要的是要“有意识地启发学生进行独立思考，使学生在听讲之后不但能够明确所讲学科的基本观点，并且懂得和找到如何更深入地去钻研的方向”。那些认为只需多布置些作业或多出些难题给学生去做，让学生“独立”地去思考和钻研的做法是错误的。

1954年上学期，华岗指出学生工作应以“热爱专业，培养独立思考能力，全面贯彻三好”为中心，于是由教务处组织，在全校范围内开展了培养学生独立思考和工作能力的教育活动。①

此外，在叙述华岗对学生的“智育”观时，我们还应特别指出的是，他对学生知识面的要求和重视。20世纪50年代，“又红又专”是理想的人才模式，“红”是指政治上坚持马列主义、毛泽东思想；“专”是指在某个领域比较精通，可以胜任某项专门工作。“又红又专”是当时对人才的普遍性要求，华岗自然不能违背，但是对于人才培养，他还是有自己的见解的。例如，在1954年9月开学典礼上，华岗对学生提出的要求之一，就是“必须具有比较广博的基础科学知识，知识领域不能太窄”；“在广博的科学知识基础上，还必须具有一门或数门科学技术的专长”。② 华岗还提出各种知识都有相通的真理，主张文科学生学点自然科学，理科学

① 教务处：《关于加强学生学习指导工作的计划》，《新山大》，1954年第129期。

② 王佛生、戈兆华：《本校隆重举行开学典礼——华校长报告学年重点》，《新山大》，1954年第144期。

生学点人文知识，文理两科教师可以互相兼课。[①] 这在20世纪50年代虽然说被有些人说成是“标新立异”，但是按今天的眼光来看，华岗无疑是主张“素质教育”的先驱了。

### （三）人才自应身康体健

解放前由于生活水平低、医疗卫生条件差，导致建国初期的大学生体质较差。据华东军政委员会教育部的调查，“学生的健康情况是不很好的，患各种疾病者占相当大的百分比”。[②] 山大情况也是如此。例如，有学生开玩笑说土木系土三班是“病号”班，不足20个人，有1/4患过或还患着肺病，其他人也患着气管炎、关节炎或疝气。[③] 所以，当时国家和政府非常重视大学生的身体健康，[④]如华东军政委员会教育部就指示华东区各公私立高等学校要重视学生身

---

① 赵淮青：《华岗的卓越贡献与悲惨遭遇》，见刘培平主编：《战士·学者·校长》，山东大学出版社2003年版，第385页。事实上，山大有融汇文理教育的传统。20世纪30年代初，蔡元培先生曾经对山大的院系学科设置中体现的文理渗透的精神给予高度评价，指出“山大还有几点特色，是其他各大学少有的”：“第一，文学院与理学院合并为文理学院——因为文理不能划得界限太清楚了……如果文理两院合并，自然可以使文科的学生不致忽略了理科的东西，理科的学生也不致忽略了文科的课程。所以，山大合并来办是非常好的。”（《山东大学百年史》编委会编：《山东大学百年史》，山东大学出版社2001年版，第60～61页。）

② 《华东军政委员会教育部关于加强体育健康的指示》，《新山大》，1951年第20期。

③ 卓宗仁：《爱国公约带来了生气》，《新山大》，1951年第8期。

④ 建国初期政府非常重视健康问题的国际背景是，美国在朝鲜战场上使用了细菌武器，身体差者更容易感染，因此毛泽东提出“健康第一”、“除四害”也与此有直接关系。

体健康问题，并明文规定：

> 各校在实施新民主主义的教育任务中，应大大提高对体育健康教育的重视，应将体育健康教育视为新爱国主义教育中的重要部分。
>
> 为加强学校体育健康教育的领导，各校可在校长（校委会）之下设立专门委员会之类的组织，藉与各部门沟通联系，相互配合。
>
> 各校各级应普及体育健康课程，一、二年级必须开设两小时（每周），三年级以上各级争取同样开设两小时（每周）。
>
> 各校应建立集体的早操制度。
>
> 在体育课及早操之外，各校应大力开展其它课余群众性的体育文娱活动，由学校行政指导、推动，所需时间不算在学生每周课外活动六小时最高限度之内……①

华岗非常重视学生的健康和体育锻炼，他说："只有普遍地锻炼成强健的体魄，将来才能更好地为人民服务。《共同纲领》规定：'提倡国民体育，推广卫生医药事业，并注意保护母亲、婴儿和儿童的健康。'最近毛主席也发出'健康第一'的号召，都是启发我们要注意自己的身体，因为一个人无论他有多么高深渊博的学问，如果弱不禁风，那是不能为

① 《华东军政委员会教育部关于加强体育健康的指示》，《新山大》，1951年第20期。

人民服务的。”①华岗之所以重视体育锻炼大致有三个方面的原因：一是他自己学生时代就反对死读书、不锻炼；二是他本人身体不好，深知健康和锻炼的重要；三是他对国家的方针政策非常重视。华岗不仅经常强调锻炼的重要，在每年的春秋季运动会上亲自给同学颁奖，更重要的是成立机构、制定政策，使学校的体育锻炼持久稳定地开展。

在《华东军政委员会教育部关于加强体育健康的指示》下发不久，山大就成立了健康委员会。② 1951 年 8 月 6 日，中央人民政府政务院公布《关于改善各级学校学生健康状况的决定》后，10 月山大制定了具体实施方案，其要者如下：

> 一、关于学生日常学习及生活
>
> （一）学生每日上课、学习、实验、绘图等时间，不得超过九小时；
>
> （二）学生每日睡眠时间为八小时；
>
> （三）保证学生每日体育娱乐活动及生产劳动时间为一小时半（体育课时间不在内），学生从事生产劳动，应避免过重的体力劳动；
>
> 二、关于开展体育娱乐活动
>
> （一）由体育室负责组织学生普遍参加体育

---

① 华岗：《学习〈实践论〉和改进教学工作——一九五一年六月二日在山东大学政治讲座上的报告》，《文史哲》，第 1 卷第 2 期，1951 年 7 月 1 日。

② 山东大学档案馆编：《山东大学大事记》，山东大学出版社 1991 年版，第 85 页。

活动，及文化娱乐活动，活动方式应多种多样化，应根据学科性质有所不同，并适当照顾学生年龄、性别和身体状况。

（二）纠正锦标主义，及运动过度损害健康的现象。

（三）定期举行体育大会，及文化娱乐的集会。……①

《山东大学执行中央人民政府政务院“关于改善各级学校学生健康状况”的决定的实施方案》执行以后，1951 年上学期山大学生体育锻炼有了很大的改观。早操制度已经建立起来，80％以上的住校同学都自动地参加了早操，各类球赛和各年级广泛开设的体育课，使得山大的体育运动正向着群众性的方向发展，并已有了一定的收获。但是总体来看，与新型的正规大学的体育教育水平还是存在一定的差距，于是体育室研究规定 1951 年下学期住校学生全体参加早操，走读生尽量争取参加，每日按时点名，每周公布各单位上操的人数，借以鼓励同学遵守早操制度的自觉性；正课教学方面，根据各年级不同的情况，讲授田径、球类、体操各项运动的基本动作与知识，适应季节进行重点教学，讲授与习作相结合，等等。②

为了掌握学生体育锻炼情况，学校还实行定期检查制

① 《山东大学执行中央人民政府政务院“关于改善各级学校学生健康状况”的决定的实施方案》，《新山大》，1951 年第 20 期。

② 体育室：《蓬勃发展的体育健康教育》，《新山大》，1951 年第 20 期。

度。例如，1954 年 5 月 7 日教务处、体育室、学生会、团委共同组成山东大学 1954 年度学生体育锻炼标准委员会，对已参加体育锻炼小组的学生进行检测。① 检测持续了一个月，参加测验者 1160 人，在已全部测验完毕的同学共有 837 人中(另 323 人作部分测验)，全部 6 个项目均达到优秀级者 6 人，达到良好级者 86 人，及格级者 49 人，共占已全部测验人数的 68%以上。不及格的有 266 人，约占已全部测验人数的 31%。② 这次测验对促进全校同学的体育锻炼起了一定的推动作用。

此外，值得注意的是，20 世纪 50 年代山大盛行的体育锻炼，不仅强健了学生的体魄，而且还培养了学子们忍耐、坚强、勇敢的品质，战胜困难、对未来充满信心的精神，以及服从组织、遵守纪律的习惯，从而在走上工作岗位后能够尽职尽责。③

---

① 《学生体育锻炼标准测验将开始》，《新山大》，1954 年第 134 期。
② 《学生体育锻炼标准测验胜利结束》，《新山大》，1954 年第 140 期。
③ 刘化昆：《新民主主义的体育方向》，《新山大》，1951 年增刊。

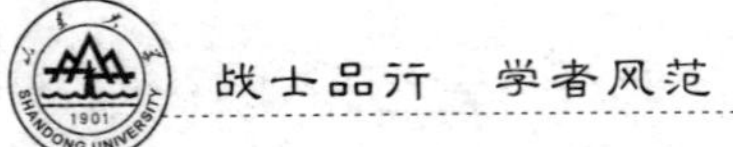


# 第四章 人格魅力

## 一、持批判精神的马克思主义者

### (一) 积极的马列主义宣传者

1. 思想改造的必要性和原则性。

中华人民共和国成立后，马列主义、毛泽东思想成为中国主流意识形态，而山大的教师大多是“从旧社会中走过来的”，思想复杂。作为一个坚定的马克思主义者，华岗积极响应党的号召，在山大对知识分子开展了思想改造活动，他是新中国最早领导全校师生系统学习马列主义的大学校长。[①] 华岗说："在这个天翻地覆的大革命之后，对那些至今还怀疑我们和藐视我们的人们，急需进行思想改造，帮他们打开顽固脑筋，睁开眼睛看看事实，重新考虑一下自己和国家命运的问题。"[②]为了阐述思想改造的必要性，华岗在《新建设》上撰文，解答诸如毛泽东说"思想改造，首先是各种知识分子的思想改造，是我国在各方面彻底实现民主改革和逐步实行工业化的重要条件之一"，是否与"存在决定意识"的原则冲突；"资产阶级和小资产阶级是中华人民共和国人民的一部分，共同纲领既然承认了他们的合法地位，为什么还要对他们进行思想改造"；《共同纲领》第五条明确规定"中华人民共和国人民有思想、言论、出版、集会、结社和宗教信仰的自由"，"为什么现在又要实行思想改造，剥夺我们的思想自由和信仰自由"等种种疑难问题，从理论上为山大思想改造扫清障碍。[③]

华岗一方面论证思想改造的必要性，一方面强调思想改造的原则性，以防止出现偏差和过激行为。在1951年7月18日，山大学习党史动员大会上，华岗指出："实行批评与自我批评，坚持真理，修正错误，也是中国共产党革命力量的源泉之一，没有它，革命也不能胜利。"[④]因此，山大思想改造应该坚持"批评与自我批评"的原则。在1952年3

① 刘光裕：《华岗与〈文史哲〉》，《出版史料》，2006年第4期。

② 华岗：《思想改造中的基本问题》，《文史哲》，1952年第4期(总8期)。

③ 华岗：《思想改造问题答问》，《新建设》，1952年1月号。

④ 华岗：《论学习中国共产党史的意义和方法》，《文史哲》，第1卷第3期。

月 26 日全校第三次反贪污坦白检举大会上作总结发言时，华岗指出，要“正确运用严肃与宽大及改造与惩治相结合的方针”对待“三反”运动。① 在学习《矛盾论》活动中，华岗说：“我们在学校、医院和其它科学研究机关进行“三反”运动，为了保证运动的健康发展和取得应有的效果，避免可能发生的偏差和错误，就应首先明了学校、医院及其它科学研究机关的特点，不能把学校、医院及其它科学研究机关和一般企业机关等同看待，因为学校及其它科学研究机关首先是思想阵地，而思想矛盾主要依靠思想斗争来解决。”②在华岗的支持下，山大学委会制定了思想改造必须遵守的纪律：

> 第一、不准追逼恋爱问题及生活细节，应多注意根本问题的重点解决。
>
> 第二、不要干涉宗教信仰自由，因为共同纲领有明文规定，宗教信仰是自由的，因此我们不能加以干涉。对于政治思想的不同意见，应该根据政治思想的原则来解决。
>
> 第三、不能使用组织手段来解决思想问题，思想问题只有用思想方法，即批评与自我批评的方

① 谈滨若、华山青：《华岗年表》，见刘培平主编：《战士・学者・校长》，山东大学出版社 2003 年版，第 448 页。

② 石父：《学习〈矛盾论〉，推进思想改造》，《文史哲》，1952 年 5 月号（总 8 期）。

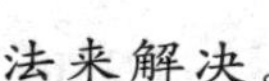

法来解决。

第四、未经领导批准，不准开斗争会，在思想改造的运动中，除了原有的小组会以外，如果需要召开其它会议，要经过慎重考虑后再行召开。未经审查批准，不许开斗争会。

我们的思想改造，是全体参加的，我们要正确地使用批评与自我批评的武器，达到与人为善、治病救人的目的，而不应该把大家分成改造与被改造两部分。因为大家都从旧社会来，谁都不能保证自己没有错误，不过表现的方式不同，因此应该相互帮助，运用批评与自我批评，使大家都得到改造。①

在对“三反”运动进行总结时，华岗说：“我们应该痛切认识到在任何时候与对待任何工作，都应该实事求是，自以为是在任何时候都有害处。有些人以为运动的初期是不能实事求是的，这当然是错误的看法，因为实事求是就是科学，应该贯彻运动的始终。在运动当中，有些单位的个别同志，保证本单位没有问题，但结果却发生了问题，这便是没有从实际情况出发，自以为是的鲜明例证”；“如果有个别单位在事实上已经发生‘左’倾幼稚病，而人们还在抽象地反对右倾，那更是脱离实际，这样结果就会出毛病，这个经验

① 华岗：《本校“三反”运动总结与全面转入思想改造的意义和方针》，《文史哲》，1952 年第 4 期(总 8 期)。

教训值得我们深深记取。"①总之，思想改造是为了治病救人和共求进步，思想改造"必须是自觉自愿与互相启发结合"，不能强迫进行；"思想问题必须用思想方法解决，如果违背这条原则，就会发生毛病"。②

正是因为华岗既倡导思想改造，又注意讲求方式方法，所以总体看来20世纪50年代初期山大教授们基本上还是心悦诚服地去学习马列主义，并接受马列主义的。吴大琨教授回忆道：

> 我在山大开讲政治经济学的课程后，郑老（郑鹤声——引者注）就亲自来旁听我的课程。我对历史系的学生讲了一年课，他就旁听了一年课，从未缺席。这种老教授似饥如渴学习马列主义的精神是很动人的。当时，不仅文科各系的教授重视政治理论学习，即使是理科各系的教授们——如郭贻诚教授、赫崇本教授等也都是十分重视政治理论学习的。③

历史系极为重视史料辨伪的"古史辨"派健将童书业教授，在学习马列主义的热潮中，虽然已经年过不惑，但仍然刻苦研读马列原著，对恩格斯《家庭、私有制及国家的起源》

---

① 华岗：《本校"三反"运动总结与全面转入思想改造的意义和方针》，《文史哲》，1952年第4期（总8期）。

② 华岗：《山东大学思想改造运动总结和今后努力方向》，《文史哲》，1952年第5期（总9期）。

③ 吴大琨：《回忆五十年代初期我在山东大学时所受到的党的教育》，《山东大学校史资料》，1983年第6期。

一书烂熟于胸，能够大段大段地背诵。①

生物系陈机教授回忆说：

> 解放初期，我对马列主义可说是一窍不通，是华岗校长帮助我学习辩证唯物主义，使我逐渐树立了正确的人生观，并指导我制订全校的学习计划（陈机时任山大学委会副主任——引者注），来推动政治理论学习。当时全校师生员工的学习热情是那么高涨，与解放初期的形势有关，也同华岗校长的善于领导分不开的。②

在思想改造运动中，童第周特别值得一提，因为他原本对马列主义丝毫不了解，但在思想改造运动中发生极大变化，并以辩证唯物论来指导自己的科研工作。据童第周回忆，华岗曾多次为他讲解《实践论》、《矛盾论》，讲解唯物论辩证法的基本观点，使其获益匪浅，并使他最终成为一个唯物辩证法的信仰者。1953 年，童第周在《生物科学与哲学的关系》一文中，回顾了各种哲学观对历史上生物学家的影响。他说："当唯物论胜利的时候，科学即向前发展，当唯物论失败的时候，科学亦跟着衰落"；"科学上的唯心论观点，会不会阻碍科学的进步呢？肯定说是会的"；"为了要获得科学的发展，我们第一先要端正我们的宇宙观，肃清唯心的、形而上学的观念，以辩证唯物论的范畴与方法，来武装

① 黄冕堂：《怀念童书业先生》，《文史哲》，1998 年第 6 期。

② 史若平：《知识分子的良师益友》，见郑友成主编：《华岗纪念文集》，青岛出版社 2003 年版，第 198 页。

我们的思想”。[①] 在1953年撰写的《胚胎学与辩证唯物论》一文中，童第周从“发长过程中物质的运动现象”、“发长过程中各部分的相互关系”、“个体的发长与环境的关系”、“发长过程中的整体性与矛盾现象”、“量与质的问题”等方面，论证“个体的发长，只能以辩证唯物的观点去解释，才能正确地了解发长的规律”。[②] 此后童第周又发表了《简谈生物学上的理论学说及其发展史》、《生物的发展是辩证的》等一系列文章，阐述他关于生物科学的唯物辩证观。童第周曾在总结自己学术研究方法时说：“懂得了辩证法，才使我在生物研究中有了新的突破。”[③]

2. 以理服人：以与束星北的争论为例。

当然，20世纪50年代山大思想改造运动并非在教师中没有遇到抵制，束星北就是典型。

束星北是全国著名的物理学家，28岁就成为名教授，经历丰富，个性耿直豪爽，是一个带有传奇性质的人物。他的父亲束曰璐和伯父束曰琯（张謇之婿）是张謇的左膀右臂，帮助其办理盐业和纺织业。虽然出身富贵之家，但束星北童年却与生母过着清苦而劳累的生活。在美国留学期间，他曾经参加美国共产党，还同一些自诩为中国革命的先

---

① 童第周：《生物科学与哲学的关系》，见煦峰、文药编：《童第周：追求生命真相》，解放军出版社2002年版，第110页。

② 童第周：《胚胎学与辩证唯物论》，见煦峰、文药编：《童第周：追求生命真相》，解放军出版社2002年版，第190～210页。

③ 华贻芳等：《深切怀念父亲华岗同志》，《山东大学报》，1980年6月21日。

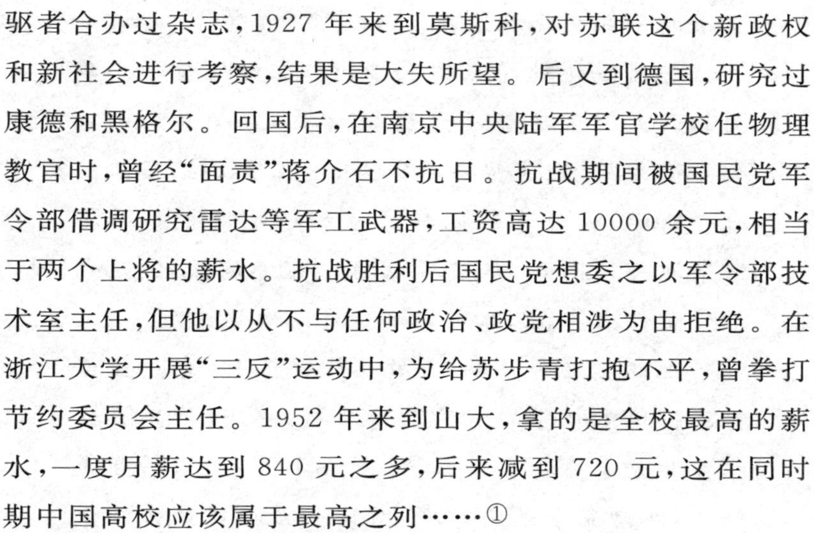

驱者合办过杂志，1927 年来到莫斯科，对苏联这个新政权和新社会进行考察，结果是大失所望。后又到德国，研究过康德和黑格尔。回国后，在南京中央陆军军官学校任物理教官时，曾经“面责”蒋介石不抗日。抗战期间被国民党军令部借调研究雷达等军工武器，工资高达 10000 余元，相当于两个上将的薪水。抗战胜利后国民党想委之以军令部技术室主任，但他以从不与任何政治、政党相涉为由拒绝。在浙江大学开展“三反”运动中，为给苏步青打抱不平，曾拳打节约委员会主任。1952 年来到山大，拿的是全校最高的薪水，一度月薪达到 840 元之多，后来减到 720 元，这在同时期中国高校应该属于最高之列……①

束星北来到山大之日，正是思想改造如火如荼之时。50 年代初期山大物理系主任刘洪宾先生对他引荐束星北与华岗第一次见面的情形，多年以后他这样回忆道：

> 束先生与华校长第一次见面就剑拔弩张，我没想到。本来我以为两个人一定会成为朋友的……
>
> 刚坐下来，气氛还是友好亲切的，华岗先问束先生的家庭安置和家人情况，束先生也很客气地问及华校长的家庭。之后束先生谈到了竺可桢时代的浙江大学，谈到自己正在研究的狭义相对论，华岗也谈到了自己的历史，谈到在香港期间打过

① 参见刘海军：《束星北档案》（作家出版社 2005 年版）第 1、2、3、4 章有关内容。

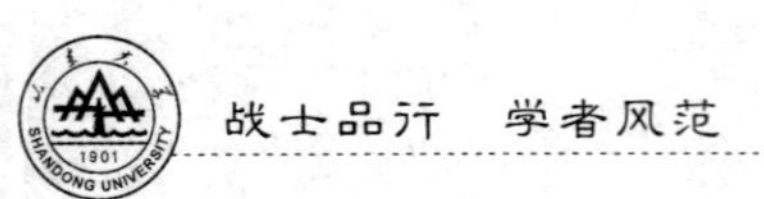


交道的一些文化界名人。

华岗很快就将话题谈到了“本行”：哲学。华岗的马克思主义哲学大课影响很大，一直为山东大学引为骄傲，声势弄得很大，不但青岛很多单位来旁听学习，外省市包括北京的一些高校也慕名前来取经。因而，华岗对他的“专业”是很自信的，不管是什么事，他都能联系到辩证唯物论上。

也就是这个时候，气氛发生了变化，束先生直截了当地对哲学的意义表示质疑。他说他不否认哲学和科学有一定关系，但是哲学是哲学，科学是科学，两者完全是两回事，所谓关系也只是方法上的关系……

在我的感觉里，华校长最初只是把束先生的思想当作一种糊涂认识。华校长是非常自信的，尤其是辩证唯物论又是他的拿手好戏，因而，等束先生说完，华校长便开始正本清源。他的观点和思路与上大课讲演一样，讲到哲学的来源，讲到唯心主义和唯物主义，然后讲到马克思列宁主义的辩证唯物论。最后的结论是：马克思列宁主义的辩证唯物论是放之四海而皆准的真理。

束先生不同意华校长的说法，他认为，不管谁的理论都属于哲学，哲学是抽象的东西，不能成为放之四海而皆准的真理……

两个人你一句我一言地争论起来，华校长反复强调马克思的辩证唯物论不仅是具体的真理，

而且是一切科学的科学。束先生则认为世界上不存在这样的哲学。哲学说到底就是白马非马，这样说也可以，那样说也可以，不能解决具体问题，而自然科学如物理、化学、数学、生物学都是很具体的，是要解决客观世界的各种问题的。两人越争越凶，最后竟像小孩似的，就辩证唯物论和物理学"谁大谁小"较起真来。华校长说：辩证唯物论是一切科学的科学，自然要管到所有的科学，而束先生说：哲学就是哲学，物理学就是物理学，各分各的账，谁也管不着谁。两人简直是水火不相容，最后闹得不欢而散……①

此后，束星北和华岗在政治学习问题上展开了不断的争论。在束星北看来，山大之所以成为一潭"政治沸水"，始作俑者便是华岗。他时常在一些场合发表自己的不满："学生不是政治家，大学不是党校，谁要是做政治家，那就应该去专门培养政治家的学校"；认为哲学不独"不能管物理学，其他科学也不能管"；"哲学应该和自然科学分家"。② 束星北不仅写信和华岗辩论，在不同的场合宣扬自己的观点，而且经常在学习"辩证唯物法"时提出一些难以解答的问题进行刁难，例如，他说运动员跳高，哪是量变，哪是质变，弄得华岗一时不好回答。

① 刘海军：《束星北档案》，作家出版社 2005 年版，第 65～67 页。
② 刘海军：《束星北档案》，作家出版社 2005 年版，第 65、67 页。

我们这里关注的并非束星北和华岗争论的问题本身，而是关注华岗解决争论的方式。尽管在20世纪50年代华岗在山大拥有无可争议的话语权，但他还是从一个学者的角色出发，用学术争鸣，而不是以行政高压的方式，让束星北接受辩证唯物论。为此，尽管工作繁忙，他还是尽量抽出时间学习物理学、医学等自然科学知识，并专门出版了《辩证唯物论和物理学》一书，回应束星北的挑战。在该书的“引言”中，华岗说：

> 我们在学习辩证唯物论的过程中，曾经遇到一些疑难问题，其中特别是讨论到辩证唯物论和物理学关系问题的时候，竟有个别物理学教授表现出很不虚心的态度，公然认为“辩证唯物论不是普遍真理，不能应用到物理学领域，特别是物理学中的微观世界，完全受自由意志所支配，根本没有什么客观规律可说，也不是辩证唯物论所能解决的”。有人居然公开声言“自然科学应该和哲学分家”，要求辩证唯物论不要“过问”和“干涉”自然科学，尤其不要“过问”和“干涉”物理学。我们不难看出在这种声言中所包含的根本意义，这在实质上是唯心论者对于辩证唯物论的一种反攻。全部科学史已经给我们证明：任何一个扬言拒绝辩证唯物论的自然科学家，都存心把自己的研究领域引进唯心论。事实上凡是责骂进步哲学的人，都

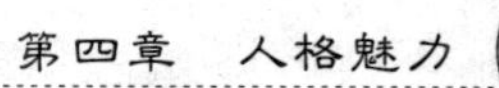

不可避免地要成为最丑恶的哲学体系的奴隶或俘虏。①

刘海军在撰写《束星北档案》时，明显对束星北充满了感情甚至同情，但他在评述束星北和华岗的关系时，却显得相当客观：

有人称，束星北栽到了华岗手里，或者说，造成他另一种命运的源头始于华岗，这显然是误解，华岗从不以权势压人，也从不随意给人扣政治帽子，即使一些已被划到敌人营垒里的人，他也不会轻易举起致人死命的拳头，一般情况下，他会放一放，抻一抻，宁可让时间来说明问题。

…………

华岗没有因同他（指束星北——引者注）政见不同和公开顶撞而挟私报复，反倒多次在他人生紧要的关头帮助他或为他网开一面。为了他和一些思想认识上有问题的“过来人”，华岗一直戴着“右倾”帽子。批判大会上，山东大学党委当众宣布华岗的十大罪状，其中有一条就是包庇历史反革命分子束星北。束星北这时才知道，若不是华岗的着意保护，他也许早就“倒下”了。于是他决定向华岗道歉。

以后我（指刘洪宾——引者注）听说，束星北

① 《华岗选集》编辑委员会选编：《华岗选集》第三卷，山东大学出版社2003年版，第2603页。

果真给华岗道了歉，当然华岗他是见不到的，他通过华岗夫人将自己的歉意代为转达给监狱中的华岗的，随后，他又数次致信全国人大委员长刘少奇为华岗鸣冤叫屈。①

是的，尽管1954年山大对束星北开展过公开的批判，但必须看到，这仅仅局限在思想斗争的范围内，我们完全有理由设想，如果当时山大校长不是华岗，而是思想比较"左"倾的人，束星北的命运又将如何呢？

**（二）坚持不懈的真理追求者**

对于某一理论的信奉者来说，能够保持批判精神是最为难能可贵的。华岗虽然是一个真诚的马克思主义者，但却不是盲目的信徒。建国初期，无论是对于各种政治运动，还是他本人的思想，华岗都非常清醒和理智，始终保持着一种批判精神。事实上这也是华岗一贯的做法。古念良回忆道："在重庆一起过小组生活以至在香港时的闲谈中，我曾听他不止一次地表达过这样的观点：我们不论对出自何人的意见，都要独立思考，加以分析。我们信仰的真理，是科学共产主义，而不是个人迷信。"②

在1951年批判武训运动中，华岗曾对文学院的几位教授说："臧否历史人物，不能离开当时的背景和条件，用今人的角度衡量古人，不是历史唯物主义。"同年春天，华岗与杨向奎去杭州开会，在火车上他对杨向奎说："不能把大功劳

① 刘海军：《束星北档案》，作家出版社2005年版，第71、115页。
② 古念良：《不胜高山仰止之思》，《羊城晚报》，1983年3月6日。

和好名声都归到一个人头上，这样来树立一个领导人的威望，是很危险的。”①曾任山大社会学系主任的徐经泽教授，50年代初期根据在人民大学研修班听苏联专家讲课的内容，向华岗请教联共（布）党史与国际共运史的关系问题和《联共（布）党史》第四章第二节所讲哲学问题时，华岗对他说，马列主义“也不能定于一尊”。② 此外，徐经泽很早就听华岗说过，斯大林也是有错误的。华岗虽然极力在山大推行思想改造运动，但是关于思想改造的最后目标，华岗说：“思想改造的最后目的是否要全国人民都跟共产党说话，那更是幼稚可笑和存心诬陷。我们已经再三说过：思想改造的最高目标，是要彻底扫除反动和错误的立场、观点和方法，建立进步和正确的立场、观点和方法，而反动和进步的区别，错误和正确的区别，则以最多数人民群众的最大利益以及是否符合客观真理为标准。”③凡此等等言论，在当时不仅需要清醒的头脑，还需要过人的勇气。

20世纪50年代中苏蜜月期间，苏联是老大哥，是中国学习的榜样，但是，在学习苏联的热潮中，华岗批评了苏联科研中的教条主义。在庆祝苏联十月革命胜利37周年大会上，华岗作了《中苏会谈公报和学习苏联科学研究工作中反对教条主义斗争的经验》的报告。报告介绍了苏联反教

---

① 赵淮青：《华岗的卓越贡献与悲惨遭遇》，见刘培平主编：《战士·学者·校长》，山东大学出版社2003年版，第386页。

② 刘光裕：《华岗与〈文史哲〉》，《出版史料》，2006年第4期。

③ 华岗：《山东大学思想改造运动总结和今后努力方向》，《文史哲》，1952年第5期（总9期）。

条主义的五条措施：开展批评和自我批评；科学研究应深入现场；强调劳动纪律，指斥怠工现象；反对个人崇拜，反对依赖思想；正确阐释主客观因素的作用，反对自流。尤其是关于"开展批评和自我批评"，华岗指出，"例如李森科在这个问题上就犯了错误，因为过去有些成就就骄傲和自满起来，喜欢别人奉承他，不愿意虚心接受别人的批评，当有人批评他（因他不顾条件硬搬威廉士的学说）时就给人加上魏斯曼主义的大帽子"。关于"反对个人崇拜，反对依赖思想"，华岗指出，"要反对科学研究工作中的教条主义，必须反对个人崇拜，个人崇拜和马克思主义没有共同之点，提倡个人崇拜，就必然忽视人民群众的创造性"。①

华岗报告之后，山大掀起了清算学习苏联运动中教条主义行为的高潮。马列主义教研室指出，虽然他们在思想上早就重视"理论联系实际"，但是实际上教学中并没有贯彻好，表示要"积极地采取有效措施，在调整教学过程和教学工作各方面，经常地向教条主义和简单化倾向展开有力的斗争"。② 外语系指出该系教学和科研工作的教条主义，主要表现在以下两个方面："教学方法方面，有时不根据外语系同学学习的具体情况去考虑问题，硬搬人家外语教学的理论"；"采用苏联教材方面，在最初阶段中国化的工作做得不够。没能仔细考虑教学要求和同学水平，把苏联教材

① 《华校长报告中苏会谈公报意义和学习苏联科学研究工作中反对教条主义斗争经验》，《新山大》，1954 年第 153 期。

② 马列主义教研室：《我们正在展开反教条主义的斗争》，《新山大》，1954 年第 155 期。

内容适当地中国化”。① 化学院对待苏联教材，单纯从全部搬用的观点出发，而没有深入仔细地考虑客观条件，没有去研究教材与学生业务水平间的距离，因而产生了教条主义教学方式。② 医学院自认为“教条主义十分普遍的存在”，主要表现在下列三方面：

（一）轻视实践，轻视感性经验……例如，在学习苏联先进经验中，仅作肤浅的理解，不深入，甚至十分庸俗地在任何场合下都把那些浅陋的理解作幌子，因而常常歪曲了先进理论，如在学习巴甫洛夫学说中，不管任何问题，顺口将大脑皮质、高级神经活动、条件反射等加入……

（二）教条主义者不愿接近群众，往往会教训群众，而不向群众学习……过去搬英美资产阶级的词句公式，现在以类似的态度对待苏联先进经验，例如短短一段讲稿中，罗列十多个外国人名，或在文章中生硬地援引一些苏联名人语录。

（三）教条主义者不了解绝对真理和相对真理的辩证关系，片面地承认绝对真理，而否认相对真理，认为它不论在任何时间任何地点任何条件下，都是管用的。这种情况，充塞在我们的教学研究中，特别在学习苏联先进经验中。如组织疗法本来是一种在若干适应症有用的疗法，然而在学

① 黄嘉德：《外语系的反对教条主义检查》，《新山大》，1954 年第 155 期。

② 阎长泰：《化学教学中的教条主义》，《新山大》，1955 年第 162 期。

> 习之初，不加选择滥用一气，甚至随便加入教材。睡眠疗法还在实验性研究进行期间，它在临床上毫无根据地广泛使用，不明了这种针对着发病机制的疗法会引起很多严重的合并症，尤其荒唐的，在治疗上也存在教条主义，不深入检查个体病案，使诊断发生不应有的错误。①

尽管华岗具有批判精神，但是客观地说，由于时代的限制，华岗思想中既有跟不上最高当局思想的认识，也有僵化且后来证明是错误的东西。例如，华岗说"三反"、"五反"的真正目的"乃是为了打退资产阶级的进攻，粉碎资产阶级篡夺国家领导权的阴谋，革除资产阶级的五毒行为和五毒思想，使资产阶级由违背共同纲领进而遵守共同纲领和人民政府的一切政策法令，进行合法经营，帮助促进国家工业化；决不是在今天就要消灭资产阶级和私人资本主义，也决不是要取消民族资产阶级在中华人民共和国中的应有地位。假使有人这样想过这样做，那就会犯历史错误，就会违背历史发展规律和要求"②。又如华岗曾说："米丘林和李森科的生物学，能够改进农业生产，能够产生新的品种，能够化沙漠为良田，能够帮助社会主义的建设，所以是进步科学；反之，摩尔根与蒙德尔的生物学，则根本不能提高生产，

---

① 沈福彭：《医学教学研究中的教条主义》，《新山大》，1955 年第 163 期。

② 石父：《学习〈矛盾论〉，推进思想改造》，《文史哲》，1952 年 5 月号（总 7 期）。

而且成为美帝国主义实行侵略的工具，所以是反动科学。"①事实证明这种论断是错误的；当然，这种错误是一种"时代"的错误！

## 二、懂政策有能力的高校管理者

在政权更替、社会剧变的20世纪50年代，对于一个大学校长来说，不仅需要有学识、有能力，而且还需要"懂政策"，只有这几者兼备才有可能办好一所大学，而华岗就具备了这些条件，所以能够造就20世纪50年代山大的辉煌。

### （一）懂政策：紧抓时代的脉搏

对于建国初期的大学校长来说，存在三个必须解决好的问题：一是尽快把"资产阶级的大学"转变为"新民主主义的大学"或者"社会主义的大学"，引导知识分子尽快适应时代变化；二是尽快尽好地为新中国培养德才兼备的建设人才；三是为社会主义建设提供科学技术支持。抓住了这三点，就是"懂政策"，就是"抓住了时代的脉搏"。

所谓把"资产阶级的大学"转变为"新民主主义的大学"或者"社会主义的大学"，最主要的就是把握好办学方针，根据《共同纲领》的文教政策来办大学。《共同纲领》规定："中华人民共和国的文化教育为新民主主义的，即民族的、科学的、大众的文化教育。人民政府的文化教育工作，应以提高

① 华岗：《思想改造中的基本问题》，《文史哲》，1952第4期（总8期）。

人民文化水平，培养国家建设人才，肃清封建的、买办的、法西斯主义的思想，发展为人民服务的思想为主要任务。”① 《共同纲领》是建国初期“全国人民的大宪章”，其最大特点就是：“最恰当地概括了全国各民主阶级、各民主党派与各兄弟民族的共同利益，同时又把这个全国人民的共同利益和最先进阶级即工人阶级的长远历史利益结合起来。”②所以贯彻了《共同纲领》中的文教政策，也就解决了办学方针问题。

贯彻《共同纲领》文教政策，最重要的内容就是对知识分子进行思想改造，引导知识分子尽快适应时代变化。建国初期，在华岗领导下，山大组织全校师生员工进行了政治理论学习，先后学习了《共同纲领》、《社会发展史》、《新民主主义论》、《实践论》、《矛盾论》、《马克思主义与语言学问题》、《苏联社会主义经济问题》、《苏共第十九次代表大会文件》、《辩证唯物论》等文献或课程。通过政治学习，山大师生的思想总体上发生了很大变化，基本上接受了马列主义。也正是因为如此，山大文科才能在 20 世纪 50 年代出现许多学者运用马列主义新观点，创造出丰硕的科研成果，使得“山大文科居于学术潮流的前沿地带，暂时取得了符合时代潮流的一种学术优势”。③

新中国成立后，百废待兴，急需大批建设人才。在知识

① 教育部社会科学司组编：《普通高校思想政治理论课文献选编》，中国人民大学出版社 2003 年版，第 1 页。

② 华岗：《学习共同纲领，学习毛泽东思想》，《新建设》，1952 年第 8 期。

③ 刘光裕：《华岗与〈文史哲〉》，《出版史料》，2006 年第 4 期。

分子思想改造的同时，1951年中央人民政府政务院颁布了《关于改革学制的决定》，并于1952年进行大规模的院系调整，其目的就是要在最短的时间内培养大量的建设人才。在华岗的领导下，山大主要通过实行专业教学培养专门人才、举办工农速成中学和提倡科研为现实服务三种途径，积极响应国家号召，为经济建设提供人才和科技支持。

首先，实行专业教学。

华岗说，据各方面初步估计，在四五年内，全国经济建设约需高级技术干部和管理干部15万人左右，中级和初级技术干部50万人左右，高级师资1万余人，中级师资10万余人，初级师资150万人左右，高级和中级医药卫生干部20万人左右。其它如财经、政法、民族等方面，也都需要大批的干部。但是“如果按照资产阶级旧型正规的方法来培养，根本无法满足上述的要求”，所以“必须彻底抛弃脱离实际的资产阶级教育思想，对现有学校加以根本改革”。① 为什么呢？因为中国的旧学制，“起初抄袭日本，后来抄袭美国。既然不是根据中国社会实际情况所制定的学制，当然也就不适合中国社会的需要”。旧学制的最大特点，“第一是剥夺了工农劳动人民的教育权利，第二是便利帝国主义的文化侵略，第三是与中国社会生产相脱节”。为了完成人才培养的紧急任务，就“必须充分和合理地运用现有力量，适当

① 华岗：《清算教育工作者中的资产阶级思想》，《文史哲》，1952年3月号（总6期）。

调整院系，改革课程内容，改善教学方法，防止人力浪费，提高工作效率”。① 华岗认为：

为了在短期间依靠现有学校培养大量干部，就需要使现有学校发挥几倍以至几十倍的力量，就需要使课程和教材尽量精简集中，教学方法尽量切合实际，修业年限尽量缩短，并大量举办专修科、速成班、补习学校、补习班或函授学校。同时，必须打破资产阶级铺张浪费的恶习，用不怕因陋就简的办法，来解决大量培养干部所遭遇的物质困难和师资困难。学校的修建必须力求朴实，以便用较少的金钱修建较多的校舍。师资的配备和学生的招收，也必须不拘一格。总之，我们必须掌握革命建设初期的特点，以革命的精神和革命的办法来克服困难，首先满足目前国家建设的需要，将来再一步步改善提高，一步步地实现新民主主义的正规化。共同纲领规定：中华人民共和国的教育方法为理论和实际一致，我们必须根据新中国建设方针，切实改革旧的教育制度、教育内容和教学方法。②

20 世纪 50 年代中国提倡培养“专业”人才，既是现实的

① 华岗：《目前形势、思想改造和学制改革》，《文史哲》，第 1 卷第 5 期。

② 华岗：《清算教育工作者中的资产阶级思想》，《文史哲》，1952 年 3 月号（总 6 期）。

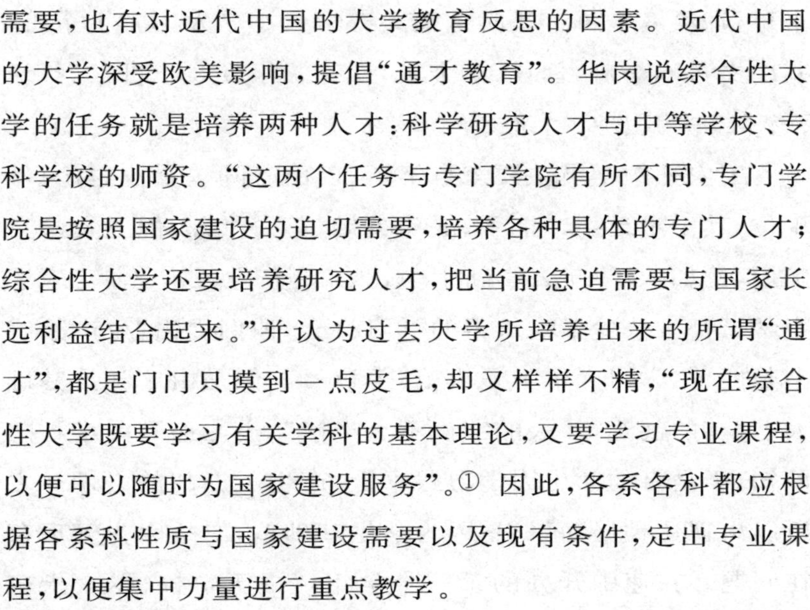

需要，也有对近代中国的大学教育反思的因素。近代中国的大学深受欧美影响，提倡“通才教育”。华岗说综合性大学的任务就是培养两种人才：科学研究人才与中等学校、专科学校的师资。“这两个任务与专门学院有所不同，专门学院是按照国家建设的迫切需要，培养各种具体的专门人才；综合性大学还要培养研究人才，把当前急迫需要与国家长远利益结合起来。”并认为过去大学所培养出来的所谓“通才”，都是门门只摸到一点皮毛，却又样样不精，“现在综合性大学既要学习有关学科的基本理论，又要学习专业课程，以便可以随时为国家建设服务”。① 因此，各系各科都应根据各系科性质与国家建设需要以及现有条件，定出专业课程，以便集中力量进行重点教学。

其次，举办工农速成中学。

1951 年，中央《关于改革学制的决定》规定各地应举办速成中学，培训工农学员。为响应国家号召，培养工农业建设人才，山大于 1952 年 11 月成立了附设工农速成中学，12 月正式招生。1952 年度招收新生 162 人，一个年级 4 个班，第一学期未分科，第二学期分为文、理科各 2 个班。1953 年招收新生 320 人，分为 7 个班，理科 5 个班、文科 2 个班，并将二年级 2 个班合并为 1 个班。1953 年下学期又将各班中不适合升入高等学校长期学习的学生编为 1 个班，毕业后分配工作。1954 年招收学生 499 人，分为[illegible]个班，文科 2

① 华岗：《改进教学工作的主要关键》，《新山大》，1952 年第 59 期。

个班，理科 8 个班。是时全校共有学生 953 人，共 21 个班，其中文科 6 个班，理科 15 个班，计有三年级 3 个班，二年级 8 个班，一年级 10 个班。①

工农速中学员主要来自工厂、矿山、部队、企业、机关等单位，其中不乏生产能手、战斗英雄、革命干部，但主要来自工厂，例如 1954 年入学新生中，80％是产业工人。② 工农速中学员都十分珍惜这难得的学习机会，他们提出“生产战线上是能手，学习岗位上是模范”等口号。但是由于学员基础太差，有的甚至“斗大的字识不上半筐”，学习遇到困难可想而知，于是有的学生因学习跟不上，产生了退却的心理。之所以出现这种局面，一是因为学生基础差，二是因为管理存在问题。在速中开办的第一个学年，“由于学校领导（指速中领导——引者注）及教师对工农速中的特点、性质和任务在实际上认识不足，因而在教学上存在着急躁冒进的情绪”，③教师赶教材、赶进度，学生赶功课，造成贪多、贪快、食而不化的现象，非常忙乱，师生相互埋怨。

为了改变这种局面，1953 年 10 月 28 日华岗给速中师生员工作了《如何掌握工农速中教学规律》的报告。在报告

① 《山东大学附设工农速成中学三年教学基本经验总结》，见《附中毕业生、优秀生及三年工作总结》，山东大学档案馆馆藏档案，卷宗号：WSXB1955－1－027。

② 李肇年：《前进中的工业速中》，《新山大》，1954 年第 147 期。

③ 《山东大学附设工农速成中学三年教学基本经验总结》，见《附中毕业生、优秀生及三年工作总结》，山东大学档案馆馆藏档案，卷宗号：WSXB1955－1－027。

中，华岗首先指出工农速中教育是个新兴事业，有它本身的特点和规律，起初由于缺乏经验，没有把握其特点和规律，所以工作中存在一些问题。接着华岗分析了速中存在的主要矛盾，指出速中学生与普通中学学生存在四个方面的不同，并说这就是速中学生的特点。华岗指出，找出速中的主要矛盾和特点后，就应该讲清道理，使学生自觉地、尽快地适应工农速中的学习环境，而不是师生互相埋怨。最后华岗提出了速中的办学方针，即“提高信心，专心教学，打好基础，稳步前进”，[①]速中的党团、工会、学生会都必须掌握这一方针来推动工作。在该办学方针指导下，1954 年速中基本克服了忙乱现象，教学逐渐走上正轨。20 世纪 50 年代，速中为新中国培养了大批建设人才。

最后，科研应服务现实。

大学的重要功能之一是为社会生产力的发展提供科学上的支持。华岗在 1951 年发表的《论中国自然科学的历史命运》一文中指出：“一切自然科学要能实现提高生产和增进文明的伟大效能，就必须和广大的人民群众相结合，使科学成为人民群众所有，这样科学才有力量。”[②]可见华岗非常强调科研服务现实的功能。在山大和华大合并后的第一次校委会确定的学术研究三项原则中，有两项与服务现实有关：科研应“配合当前社会实际情况，特别是与青岛、山东的生产建设事业相结合，辅助其大力发展”；“配合全国的学

① 《华校长向速中师生员工报告如何掌握工农速中教学规律》，《新山大》，1953 年第 108 期。

② 《山东大学学报》创刊号，1951 年 8 月。

术研究计划与政府的政策”。[①] 在 1954 年《综合性大学应如何开展科学研究工作》一文中，华岗指出：“我们开展科学研究工作，是根据两个基本原则提出的，一方面为了保证祖国完成社会主义建设和社会主义改造，另方面是为了我们高等学校本身教学质量的提高。”[②]特别需要指出的是，华岗所谓科研要服务现实，不仅仅指自然科学，还包括人文科学。华岗不仅撰文阐述科研要服务现实，而且还经常做知名教授的工作，劝说他们将科研与现实结合起来。

在华岗的倡导下，山大科研服务现实的氛围甚为浓厚，我们可以从 1953—1954 年《山东大学科学研究情况报告》中得到证明。[③] 1953—1954 年山大科研立项有：黄渤海区重要经济鱼类渔场调查研究、巴甫洛夫学说学习研究、血吸虫研究、鲁迅研究、关于中国古代及中世纪社会经济及农民起义的研究、中国文学史 20 讲、辩证唯物论大纲、天气分析的有关理论问题、海洋的动力应用问题等，这些选题都与现实有着较为密切的关系。

**（二）有能力：善协调与抓大事**

大学校长首先是一个管理者，要想管理好学校，就必须

① 《校委会举行第一次会议讨论通过六项重要议案》，《新山大》，1951 年第 4 期。

② 华岗：《综合性大学应如何开展科学研究工作》，见《山东大学 1954 年师资培养计划与教学工作资料》，山东大学档案馆馆藏档案，卷宗号：JX－zh－021954－031。

③ 《山东大学科学研究情况报告》，山东大学档案馆馆藏档案，卷宗号：WSKY－1954－001。

善于协调各方面的关系。华岗长期从事统战工作，有与高级文化人打交道的丰富经验，善于有原则地团结知识分子，解决知识分子中的矛盾与纠葛。华岗在担任山大校长期间，尽管要面对各种历史遗留问题和现实问题，但他处理起来仍然游刃有余。例如，在还没有真正介入山大之前，华岗参与处理“郭宣霖事件”，就是他善于协调各方关系的一个典型事例。

1949 年 11 月，山大因选举“山东省人民代表会议”代表，爆发了所谓“郭宣霖事件”。事情的经过大致是这样：向明、罗竹风等人召集各系系主任开会，推选代表去济南开会，但是他们却没有经过讨论，就直接宣布郭宣霖（时任教务处注册科科长，党员）为代表，于是立即有 72 名（一说 71 人）教授签名反对。① “郭宣霖事件”是“解放以来尚未及时治疗的山大内在病症”的“总爆发”，②处理起来非常棘手，尽管华岗当时还是山大的“客人”，但是由于他的介入，使事情得以圆满解决。孙思白教授回忆道：

> （郭宣霖）事件的牵动面甚广，震动度甚高，如解决不好，就会造成教师队伍的分裂，会给山大本身带来无法预估的损失。因此，市委和军管会召开了上述的这次会议，请华岗出席指导。事件的

① 童第周：《我在山东大学当副校长》，见煦峰、文药编：《童第周：追求生命真相》，解放军出版社 2002 年版，第 29 页。

② 《山东大学两年来思想政治教学工作总结》，《文史哲》第 1 卷第 5 期，1951 年 1 月 1 日。

> 原委，乍一听是够棘手的。然而当问题提到华岗面前，在听取了汇报，摸清了情况之后，他随即分析了事件原因，指出了问题实质，归结出几条解决办法。他言简意赅，态度从容，按照他拟定的办法，不几天就把问题顺利解决了。不但教师中的对峙立消，而且争议的双方都虚心地接受了他的意见，使两方开诚相见，互相承认了对方的合理成分，各自作了自我批评，不但没有留下任何芥蒂，而且出现了山大后来更为和谐的局面。这是我第一次接触华岗所见到的。我觉得在处理如此纷纭的问题上，他不但确乎高人一筹，而且简直是游刃有余，给我留下了难忘的印象。①

华岗在出任山大校长之后，为建设一个民主、团结、高效的领导班子，可谓殚精竭虑，不辞辛苦。

首先，坚持邀请童第周辞去中国科学院海洋生物研究室主任职务而出任山大副校长。据童第周回忆，华岗出任校长后，让他当第一副校长，陆侃如为第二副校长。但是童第周“坚决不同意”，原因是自己“没有行政能力”。华岗则说：“你不干，我也不干，请高教部另派人！”②这样在华岗的坚请下，童第周还是出任了山大副校长。其后，童第周在

---

① 孙思白：《读向阳〈华岗传〉的感受》，《文史哲》，1994 年第 3 期。又，因为当事人都已故去，山大档案中又未找到相关记载，所以华岗到底如何处理“郭宣霖事件”不得而知，但结果是清楚的，即圆满解决。

② 童第周：《我在山东大学当副校长》，见煦峰、文药编：《童第周：追求生命真相》，解放军出版社 2002 年版，第 30 页。

华岗担任校长期间，多次拒绝调往北京工作的机会，坚持留在山大。

其次，实行民主管理。对童第周、陆侃如两位副校长，华岗给以实权，把行政、教学、学习、学术等工作的管理，全部分给他们，实行分管校长负责制，华岗从不个人包办，从不搞"一言堂"，而只是通过校长办公会、校务委员会和党委会议对学校工作进行组织领导和协调，这样使童第周、陆侃如感到在华岗身边工作非常愉快、舒畅。用童第周自己的话来说，就是"以后这几年工作比较顺利"。华岗不仅对两位副校长如此，在工作中，对同事、对下级、对学生、对不同意见的处理都是如此，所以山大老员工一提起华岗来，大多赞赏他"作风民主"。①

最后，特别值得注意的是，尽管华岗讲求民主，讲求团结，讲求和谐，但是他却从不和稀泥，而是在坚持原则的基础上搞好团结，并认为只有如此，才不会将精力浪费在一些琐事上，在他看来：

> 所谓团结，一定要在坚持原则的基础上团结，避免将可贵的时间，消耗到无原则的纠纷中去。我们必须树立原则，衡量一个人要从原则着眼，在学校中来说，便是看其对人民利益是否关心，教学内容是否正确。如果他教学思想错误，不符合人民利益，即使他是自己的朋友，也必须展开批评；相反的，如果他原则上很好，而存在小缺点，我们

① 刘光裕：《华岗与〈文史哲〉》，《出版史料》，2006年第4期。

便不能斤斤计较，陷于非原则的纠纷。①

表面上看来，大学只是一个教学和科研机构，事务并不复杂，实则不然，因为它牵涉到学生、教师、行政人员等方方面面，尤其是20世纪50年代政治运动此起彼伏，大学的管理工作实际上极为烦琐，在这种情况下，校长很容易被具体事务淹没。由于华岗善于抓大事，"牵牛鼻子"，所以他没有成为山大的"管家"，而是学校大政方针的制定者、领航者。耶鲁大学校长莱温教授曾说过，一个成功的大学校长应该"选择强有力的部门领导，并给予他们充分的自由，让他们自己去创造"，从而使自己"能腾出足够的时间集中完成主要的战略任务"②。应该说华岗的所作所为，还是比较符合莱温提出的成功大学校长标准的。

华岗出任山大校长后，陆续制定了一系列规程条例，建立起一套民主高效的行政管理体系，这样就能充分发挥职能部门的作用，使之有职、有权、有责和有法可依。在日常工作中，华岗精心组织党委会、校委会、校长办公会，最大限度地发挥这些集体会议的作用。在"三会"之中，校长办公会议对处理日常事务最为重要，每周一次，华岗必然按时到会。出席会议的有童第周、陆侃如两位副校长，正副教务长和总务长以及与议题有关的处室负责人。在开会前，校长

① 华岗:《山东大学思想改造运动总结和今后努力方向》,《文史哲》,1952年第5期(总9期)。

② 莱温:《大学校长应具备的八种领导素质》,http://office.nenu.edu.cn/new/lingdck/show.asp?id=2215。

办公室把要讨论的各项议题与文件整理好;经校长认可后,再进行讨论,作出决定,然后由两位副校长批交各处室去执行。①

华岗的工作作风"开阔,远大,他经常考虑的是任务、方向、方法与重点"②,善于抓大事,"牵牛鼻子"。每一学年开始,华岗往往提出12字或16字方针,或者是24字工作重点作为全校工作的指针。例如,1951年10月23日毛泽东在全国政协会议上提出继续进行抗美援朝、增产节约、思想改造三大号召后,山大根据这个号召先后开展了"思想改造、教学改革、增产节约"运动。1952年元旦,毛泽东号召开展"三反"运动,山大根据这个精神,"在思想改造、教学改革、增产节约的学习基础上投入'三反'运动"③,并将"推行专业教学"作为教学改革的重点。

1952年7月26日,校委会召开第16次扩大会议,华岗根据教育部总的教育方针,提出山大下学年度工作重点是"整顿纪律、培养师资、专业教学、提高质量",并对其进行了解释。关于"整顿纪律",华岗指出教职员工的劳勤纪律和学生的学习纪律应同时进行整顿,并且"要在制度上予以限制,促使其自觉,应由行政与工会、学生会共同执行"。关于"培养师资",华岗着重强调培养者和被培养者是平等关系,

① 孙思白:《怀念你,华岗校长》,《山东大学报》,1988年5月31日。

② 孙思白:《怀念华岗校长》,见山东省政协文史资料委员会编:《悠悠岁月桃李情》,中国文史出版社1991年版,第119页。

③ 华岗:《本校"三反"运动总结与全面转入思想改造的意义和方针》,《文史哲》,1952年第4期(总8期)。

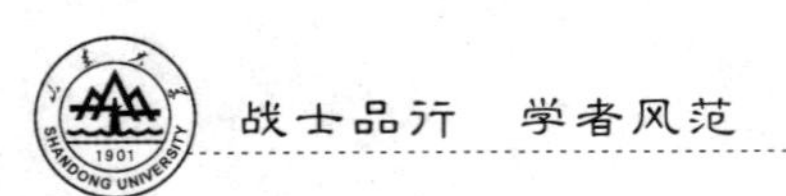


培养助教工作应以完成教学任务为前提。关于“提高质量”，是指提高教学质量和工作效率。提高教学质量，就是“科学上已经有了正确结论的，必须遵照进行教学，不应随便更改；科学上已经有了新的水准的，必须按照新的水准进行教学；科学上尚无定论的，可以介绍”。① 行政工作方面是指在不增加劳动强度的原则下提高工作效率，并对于合理化建议给以鼓励和采取施行。

1953 年“全国综合大学会议”后，华岗立即组织贯彻落实会议精神，将大力开展科学研究工作和实行专业教学作为年度工作中心。② 1954 年上学期，华岗又要求今后学生工作要以宣传“热爱专业，培养独立思考能力，全面贯彻三好”为中心。③

在 1954 年 9 月 2 日召开的 1954—1955 学年第一学期开学典礼上，华岗根据中央文教委员会“整顿巩固、重点发展、提高质量、稳步前进”总方针的指导，确定“贯彻专业教学、开展科学研究、积极培养师资、加强劳动纪律”为山大新学年度的工作重点，其它一切工作都必须围绕该重点来进行。华岗指出贯彻专业教学是山大最基本的任务，是中心的中心，并且“必须保证专业的科学性、系统性，对每个专业

---

① 《校委会举行扩大会议　总结一年来经验　华校长指出今后工作重点》，《新山大》，1952 年第 62 期。

② 《山东大学 1954 年师资培养计划与教学工作资料》，山东大学档案馆馆藏档案，卷宗号：JX－zh－021954－031。

③ 教务处：《关于加强学生学习指导工作的计划》，《新山大》，1954 年第 129 期。

要有全面的认识，保证专业的完整性，只有如此，才能培养符合社会主义建设要求的人才”①。“培养师资”一直是1952年以来工作中心之一，但由于师资来源少，学生数量增加快，师生比例一直存在矛盾，所以应该继续将其作为学校的重点之一。“加强劳动纪律”包括加强劳动观念、完善劳动制度、遵守各种制度、遵守劳动纪律等，它们是完成“贯彻专业教学、开展科学研究、积极培养师资”三项任务的保障。

总之，正是由于华岗这种工作方式，使得自己能够从具体事务中解脱出来，抓全面，议大事，管本行，腾出更多的时间深入到师生中去参加各种活动，进行全面调查研究，抓主要问题，从而使山大出现了教学秩序好、工作效率高、生气勃勃奋发向上的局面。②

### （三）会办学：教育思想大写意

作为一个优秀的大学管理者，华岗“会办学”还体现在其教育思想上。应该说华岗的教育思想较为广泛，前文所述其关于建设新民主主义大学的探索、把山大办成有重点有特色有个性的学校、倡导学术争鸣和追求学术自由、学校一切应以教学为中心、重视人才的思想、应培养学生德智体全面发展等，都属于其教育思想，但是这里仅就华岗对教育

---

① 王佛生、戈兆华：《本校隆重举行开学典礼——华校长报告学年重点》，《新山大》，1954年第144期。

② 陈鹏万：《怀念华岗校长》，见刘培平主编：《战士·学者·校长》，山东大学出版社2003年版，第337页。

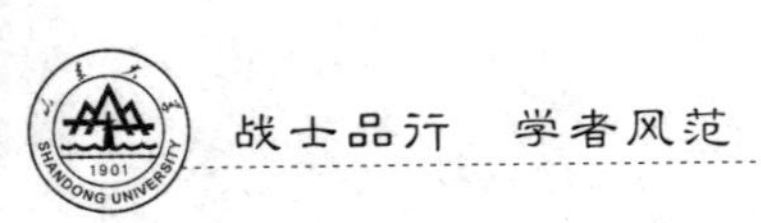


的本质以及新中国的教育方针和前途、"素质教育"思想、教师的职责与学生的角色三个方面略作分析。

首先，教育的本质及新中国教育方针和前途。

华岗1951年7月发表的《学习〈实践论〉和改进教学工作》一文，充分体现了他对教育本质以及新中国教育方针和前途的认识。① 在该文中华岗说，"一切认识都从实践产生，教育也决不是从天而降，必然有其实践的历史根源和社会基础"，既然劳动创造了人，那么劳动也就是教育的起源。原始社会的教育是平等的，奴隶社会出现了私有财产和阶级，出现了劳心和劳力的划分，教育成为阶级的教育。

人类进入封建社会后，教育呈现出新的特征：第一，提倡"君君、臣臣、父父、子子"的等级和特权制度。第二，提倡宗教迷信，压制科学，使哲学变成宗教的奴婢，教育的内容就是迷信，含有极强的神学性。第三，提倡"民可使由之，不可使知之"的愚民政策。第四，蔑视体力劳动，倡导劳心尊贵、劳力卑贱，认为劳心者应该骑在劳力者的头上，劳力者有责任养活、侍候劳心者。

资本主义社会的教育又不同于封建社会的教育，它具有四个方面的特征：第一，由于实行机器生产，需要工人懂得一些技术，所以提倡技术教育，便于为资本家培养技术干部。第二，适应资本主义价值规律，提倡知识买卖，使师生关系变成卖主与买主的关系。第三，提倡实用主义，以是否实用作为真理判断标准。第四，提倡改良主义和个人主义，

① 华岗：《学习〈实践论〉和改进教学工作》，《文史哲》，第1卷第2期。

以应对和消灭革命。

新中国的成立改变了中国社会的性质，作为上层建筑的教育也发生了相应的变化，其方针、特征和前途是：第一，逐步实行全民教育，消灭文盲，实现教育平等。第二，实行理论与实践相统一的教育，摒弃两者相脱节的恶习。第三，教育要树立为人民服务的思想。第四，消灭脑力劳动与体力劳动的对立和分裂，逐渐使其走向统一。第五，实施集体主义的教育，培养人们遵守纪律的自觉性。第六，提倡德智体全面发展。总之，新中国的教育方针就是要肃清封建思想、买办思想和法西斯思想，实行民族的、科学的、大众的新民主主义教育。

其次，提倡进行“素质教育”。

20 世纪 50 年代初期中国的大学人才培养提倡的是“又红又专”，尽管华岗批评了解放前大学“通才”教育模式，但是他在办学实践中，非常注重学生综合素质的培养，这主要表现在他主张文理之间、文科和理科内部之间相通等方面。

华岗主张文理之间要打破老死不相往来的旧习。解放初期，尽管工作繁忙，华岗仍然尽量挤出时间，广泛研究生物学、物理学、地质学以及医学等各种自然科学，一面向身边的专家求教，一面应用辩证唯物主义结合自然科学的知识，给全校师生讲解如何理解巴甫洛夫学说、米丘林学说。华岗的论著如《巴甫洛夫学说的哲学基础》、《辩证唯物论和物理学》等都是将自然科学与社会科学紧密结合的典范，因为他综合了自然科学与社会科学的最新理论、最新观点，所以常常给人耳目一新的感觉。华岗不但自己做学问、教学生、作报告，将自然科学与社会科学融会贯通，而且他还主张山大文科学生学点自然科学，理科学生学点人文知识。

中国古代的学问往往是多位一体的，近代西方大学教育模式传入中国后，学科细化严重，即使是人文科学之间也彼此隔离，互不往来。华岗治学，从史学入手，出入哲学、文学，横跨文史哲三大领域。华岗主张“文史哲不分家”，这从他将山大学报刊名定为《文史哲》就可以看出来，因为这体现了文史哲大综合的思想，这一思想不仅是山大学报办刊的宗旨，而且是华岗治学历程和经验的凝结，也是他对山大办学，特别是文科发展提出的一个方针。20 世纪 80 年代以后，许多大学在本科生的培养中，提出创办文史哲大文科，招收“文史哲基地班”学生，而华岗早在建国之初，就高瞻远瞩地创造性地提出这一重大问题，可谓开全国风气之先，功不可没。①

最后，教师的职责与学生的角色。

学生与教师构成了大学的主体。教师的职责主要有两个，一是科学研究，二是教书育人。尽管建国初期培养人才更加迫切，但是华岗仍然十分重视教师的科研。在合校后第一次校委会会议上，华岗就决定重组校学术委员会，规定每年校庆活动期间举行科学讨论会，检阅一年的科研成果。早在 1951 年秋天，华岗就向全校师生提出了“向科学进军”

① 周来祥：《华岗关于文史哲大综合的思想》，《东岳论丛》，2004 年第 1 期。

的口号，早于中央的号召（这也成为他日后被批判的理由之一）。① 值得注意的是，华岗提倡教师进行科学研究有两个基本原则，一是科研要服务现实，二是科研要服务教学。② 华岗特别强调“一碗水和一桶水”的道理，他说：“我们综合大学的任务，主要是培养理论和基础科学方面从事研究工作或者教学工作的专门人才……既要将学生培养成科学研究人才，就得教师自己进行研究，如果教师自己不进行科学研究工作，就难以实现培养符合现代水平的科学研究人才任务。”③

华岗对教师的教学职责进行了详细的论述，他认为教师是教学活动的主持者、组织者和引导者，在教学活动中处于主导地位；师生关系必须建立在教学相长的基础上，教师必须随时了解学生学习情况，善于倾听学生的意见和要求，善于启发学生的积极性和创造性。华岗还特别具体地指出了教师在教学活动中的指导作用：

> 一、教师是教学活动的舵手，即在教学过程中教师应起掌舵作用，他必须切实掌握每一次教学活动的具体方针，把教学引导到目的地。在规

① 孙思白：《怀念华岗校长》，见山东省政协文史资料委员会编：《悠悠岁月桃李情》，中国文史出版社 1991 年版，第 120 页。

② 当然，当今大学的科研，并不见得要遵守这两项原则。考虑到建国初期中国科技落后、急需人才的现实，华岗的主张在当时还是合理的。

③ 华岗：《综合性大学应如何开展科学研究工作》，见《山东大学 1954 年师资培养计划与教学工作资料》，山东大学档案馆馆藏档案，卷宗号：JX－zh－021954－031。

定每一个教学单元时，应充分考虑到这一单元应教学些什么知识、技能、思想，必须经过怎样的过程，才能达到我们的教学目的。

二、教师是教学活动的组织者，要负责规定课程内容，适当支配时间，把讲解、阅读、实验、实习、讨论、复习、考试等，每一教学环节都能有计划地组织起来，找出重点，及时推动，使教学的效率更高。

三、教师是教学活动的启发者和鼓舞者，教师应该站在启发与鼓励地位，在教学过程中，要把每一科和每一课的教学目的向学生讲解清楚，使学生充分了解这一课的意义，以及为什么要学习，这样，学生才会发挥力量去钻研、学习。在教学过程中教师要把握时机，适当地运用说明、暗示、比较、示范、帮助、表扬、批评等方法，以提高学生的学习情绪，但不要随便提倡突击和竞赛，因为教学和其它工作性质有所区别，不应随便采取突击和竞赛方法。

四、教师必须指导学生取得正确的学习方法，告诉他怎样才能获得真理，不但要使探求结果符合客观真理，并使探求过程亦符合客观真理。

五、教师必须经常地进行督促检查，不使学生自流，一方面在教学过程中，不要实施突击与竞赛，但也不可任其自流，必须加以适当的检查、督促和推动。一个好的教师不但要注意改进自己的教学，同时还要关心到学生的自学活动。

六、教师必须不断学习，随时补充新知识，做到教学相长。教育者必须自己受教育，因为历史不断进步，社会不断发展，一方面不断有新知识出现，同时原有结论可能在实践中随时得到校正和补充，教师不应该死守旧原则和固步自封，而要随时吸收新知识，不断改正自己的讲义和课本，做到"苟日新，日日新，又日新"，才能随着时代的进步而进步。①

学生的角色似乎并不需要阐述——那就是学习，但是如何才能够学到丰富的知识呢？华岗提出了两个基本要求：必须积极参加实验和实习，使间接经验逐渐变成直接经验；将学习变成创造性的劳动，通过自学使所学得的东西融会贯通。同时，为了教学和学习正常进行，学生还必须遵纪守法，尊敬师长，团结同学，使大家在有序、和谐的环境中学习。

## 三、学跨文史哲的博通型名学者

华岗一生出版了《一九二五～一九二七中国大革命史》、《中国民族解放运动史》、《社会发展史纲》、《苏联外交史》、《中国历史的翻案》、《五四运动史》、《太平天国革命战

① 华岗：《学习〈实践论〉和改进教学工作》，《文史哲》，第1卷第2期，1951年7月1日。

争史》、《辩证唯物论大纲》、《辩证唯物论和物理学》、《美学论要》、《规律论》、《目前新文化运动的方向和任务》、《鲁迅思想的逻辑发展》、《政党论》、《现代战争论初步》等15部著作，另有《社会主义、现实主义在中国的萌芽和发展》、《自然科学发展史》、《科学的分类》、《列宁表述辩证法十六个要素试释》等4部著作未单独出版。此外，他还发表了160多篇论文。华岗一生著述，不仅数量庞大，而且涉猎范围甚广。对此，王学典教授评论道："无论今天如何估计华岗的学术成果，都无法否认他是一个学跨文史哲而且均有造诣的博通型学者。"①美学家周来祥教授认为，华岗"不仅在学术领域上横跨文、史、哲三大学科，而且在学术思想上、在理论体系和内在结构上，也把文、史、哲三大学科相互补充、相互渗透、相互推动而形成为一个思想整体"②。鉴于华岗学术研究范围极为广泛，笔者这里不论其作品发表时间，仅挑取其代表性著作略作评述，以管窥其学术成就和学术思想之一斑。

**(一) 哲学思想和成就**

1.《辩证唯物论大纲》。

1953年4月起，由于提高教学质量、开展科学研究和改善学校行政工作的迫切需要，山大全体师生开始系统学习

---

① 王学典：《华岗与山东大学文史哲研究传统的形成》，《光明日报》，2003年6月3日。

② 周来祥：《华岗关于文史哲大综合的思想》，《东岳论丛》，2004年第1期。

辩证唯物论，一直到1954年9月结束，此即前文所说“政治大课”最重要的内容，讲课人即华岗，讲课内容由韩长经、袁林、王启新、徐经泽、李平衡、张祺等人记录，先后在《新山大》和《文史哲》上发表。后来华岗接受华东人民出版社（现上海人民出版社）的建议，“把讲课记录稿加以整理，其中有所补充，也有所删除，并且做了一些必要的注释，但基本内容还是当时的产品，面貌也没有改变多少，大体上依然是提纲性质和讲稿形式”，书成后由华东人民出版社于1955年出版，是为《辩证唯物论大纲》。①

为了说明《辩证唯物论大纲》在中国马克思主义哲学发展史上占有一定的地位，我们挑取当今比较通行的一本《辩证唯物主义历史唯物主义》教材，②对两者进行简单的比较。从赵光武先生主编的《辩证唯物主义历史唯物主义》的章节安排，我们可以看出，尽管《辩证唯物论大纲》章节与之有些出入，但是两者重合部分还是居多。《辩证唯物论大纲》不仅较为系统地阐述了马克思辩证唯物主义的基本内容，而且诸多论述在20世纪50年代初期还具有较强的现实意义，例如华岗说：

> 人类认识的历史告诉我们：许多理论的真理是不完全的，经过实践的检验而纠正了它们的不完全性；许多理论是错误的，经过实践的检验而纠

① 《华岗选集》编辑委员会选编：《华岗选集》第三卷，山东大学出版社2003年版，第2153～2154页。

② 赵光武等主编，北京大学出版社1992年版。

> 正了其错误……①
>
> 矛盾就其本性来说，可以分为对抗性矛盾和非对抗性矛盾。过去有的人往往把矛盾与对抗混为一谈，认为矛盾就是对抗，一切矛盾都是对抗性的，这是不对的。②

当然，由于时代的制约和环境的限制，今天看来，《辩证唯物论大纲》也存在一定的缺陷：

第一，《辩证唯物论大纲》在某些问题的论述上，还有欠缺甚至错误。例如，虽然华岗也谈实践、认识论问题，但从总体上来看，他对认识论注意不够，没有科学地说明认识的来源、本质及其辩证发展过程，没有充分认识实践的特点、本质、规律以及实践在人类活动中的地位和意义。又如，关于"否定之否定"规律，华岗的认识在今天看来是错误的。他说："'否定之否定'这个公式本身，就带有均衡论或循环论的性质。"③

第二，《辩证唯物论大纲》在理论联系实际方面存在诸多欠妥之处，有生拉硬扯、牵强附会的嫌疑，甚至有庸俗化辩证唯物论的倾向。例如，华岗以苏联和中国的关系来说明本质联系和非本质联系就欠妥当。又如，关于时间和空

---

① 《华岗选集》编辑委员会选编：《华岗选集》第三卷，山东大学出版社2003年版，第2328～2329页。

② 《华岗选集》编辑委员会选编：《华岗选集》第三卷，山东大学出版社2003年版，第2516页。

③ 《华岗选集》编辑委员会选编：《华岗选集》第三卷，山东大学出版社2003年版，第2363页。

间的解读，华岗在没有真正理解爱因斯坦相对论的情况下，对相对论的“批评”就非常勉强。

第三，《辩证唯物论大纲》无论是进行理论阐述，还是引用实际事例，往往以苏联为准则，尽管在当时条件下是可以理解的，但今天看来，存在本本主义和教条主义的嫌疑。

总之，尽管《辩证唯物论大纲》还存在这样和那样的问题，但是其成就是主要的，它不仅阐述了辩证唯物主义的基本观点，而且论述深入浅出，概括了大量哲学史材料和自然科学成就，并结合当时中国社会主义革命和建设的实际，在建国初期还没有一本很好的辩证唯物论教材的情况下，《辩证唯物论大纲》一书对人们学习马列主义起到了巨大的、积极的促进作用。

2.《规律论》。

1962 年，中共中央召开 7000 人大会，总结“大跃进”的经验教训，华岗在监狱中从报上得知这一消息后，开始思考规律问题。经过几年的努力，华岗对社会主义革命和建设中的规律问题进行了系统的、科学的研究，终于撰成《规律论》一书。

华岗在《规律论》中多有阐发，这里只指出其两点贡献，一是关于规律客观性问题的论述，二是关于“矛盾”和“差别”关系的论述。

所谓规律，按照马克思主义的观点，是指事物发展中固有的、本质的、必然的、稳定的联系。但是在 20 世纪 50 年代初期，社会上对于规律或法则这个概念和范畴的含义，却常有不同的理解和分歧，误用和滥用的现象甚为普遍。例如，“有人把法则（规律）同法律混淆，有人把规律同定理相混淆，也有人把仅仅属于自己主观愿望而在客观实际上未曾存在的东西当作规律，有人甚至认为可以随心所欲地创造规律和废除规律。”①针对这种情况，华岗在《规律论》中写道：

> 自由是对必然性的认识，是对客观规律的认识和运用。必然性和规律性是事物或现象的内在联系和运动发展所遵循的严格确定的秩序，自由只有在认识必然规律性的基础上才有可能。人们对于客观事物或现象所固有的必然性和规律性缺乏正确认识，自己的行动就会无所适从，甚至陷于盲动；相反地，人们正确认识了客观事物或现象所固有的必然性和规律性，就能使自己的行动取得主动和能动的地位。②

哲学家熊复说，如果要用一句话来评价《规律论》的话，那就是：“这部著作表现了很强的时代精神。”③正如党史研究专家廖盖隆所说，“华岗在《规律论》一书中，批评了社

① 《华岗选集》编辑委员会选编：《华岗选集》第四卷，山东大学出版社2003年版，第2887页。

② 《华岗选集》编辑委员会选编：《华岗选集》第四卷，山东大学出版社2003年版，第2887～2888页。

③ 熊复：《时代的哲学思索——读华岗同志遗著〈规律论〉》，《人民日报》，1982年6月4日。

会主义建设中不顾客观规律而蛮干的现象”，①尽管华岗写得不是那么直白：

承认规律的客观性，能使人们满怀信心地去征服自然力和创造自己的社会历史，能使人们防止力量的浪费……我们要想取得工作的胜利即取得预想的结果，就必须要使自己的思想和方针符合于客观存在的规律性，如果不符合或甚至违反，就会在实践活动中遭到挫折和失败。

……

人们能够发现各种客观规律，认识它们，研究它们，在自己的行动中估计到它们，利用它们来为社会谋福利，但是任何人都不能改变或废除这些规律，尤其不能制定或创造新的规律。②

有人认为，在社会主义制度下发生作用的若干经济规律，包括价值规律在内，是在计划经济的基础上改造过的，或者甚至是根本改造过的规律。这种观点和看法没有丝毫根据，因而也就没有丝毫现实意义。规律不能改造，尤其不能根本改造。如果人们能够改造规律，那也就能消灭规律，而以另外的规律去代替它们了。但在实际上，人们只

---

① 廖盖隆：《华岗述评——向阳著〈华岗传〉序言》，见刘培平主编：《战士·学者·校长》，山东大学出版社2003年版，第185页。

② 《华岗选集》编辑委员会选编：《华岗选集》第四卷，山东大学出版社2003年版，第3006页。

> 能限制这些或那些规律发生作用的范围，也可以防止它们可能发生的破坏作用，但是任何人都不能改造或消灭任何一种客观规律。①

如果从纯粹学理的角度来考察《规律论》关于规律客观性的论述，或许它并无特殊贡献可言；但是，我们应该考虑到华岗写作的时代环境，如是，我们则不禁钦佩华岗的勇气和胆魄。此外，即使从纯学理的角度来看，《规律论》在某些方面也有一定的建树。例如，华岗说："和马克思主义以前的旧哲学不同，辩证唯物主义认为认识论包括社会实践，因为社会实践是认识的出发点、决定的基础和目的，同时又是检验真理的标准。"②这可以看成是"实践是检验真理的唯一标准"的较早表达。又如，关于唯物辩证法的三大规律，华岗不仅改进了以前的说法，而且也有所创新，他说：

> 否定规律和否定的否定规律是辩证唯物主义第三个基本规律，这条基本规律所以称为"否定规律和否定的否定规律"，而不是简单地称为"否定的否定规律"，乃是因为仅有"否定的否定规律"并不能概括有关否定的全部现象。在客观现实中，有些现象通过"否定的否定规律"去进行活动和发展，同时也有些现象则仅通过"否定规律"就能实

① 《华岗选集》编辑委员会选编：《华岗选集》第四卷，山东大学出版社2003年版，第3007页。

② 《华岗选集》编辑委员会选编：《华岗选集》第四卷，山东大学出版社2003年版，第2918页。

现自己的发展任务。①

对立面的统一和斗争规律是唯物辩证法的三大规律之一，是唯物辩证法的核心，世界万物无不存在矛盾，但是“矛盾”和“差别”，既有联系又有区别，不能完全等同。华岗在《规律论》中，多处谈到两者的不同：

差别和矛盾是两个不同的范畴，有它各自不同的含义，所以不能说差别就是矛盾，因为差别固然可能包含着矛盾或在一定的条件下引导到矛盾亦即转化成为矛盾，但并不是任何一个差别在任何情况下都是如此。

……

只有差别尖锐化，达到本质的差别，达到对立，才能转化为矛盾；至于那些没有尖锐化即没有达到对立的差别，依然是非本质的差别，而不是矛盾。②

如果客观事物或现象本身并不存在矛盾，或只有差别而这个差别并未发展成为矛盾，那就不应该无中生有地或捕风捉影地臆造矛盾。

……

不应该把对抗性矛盾缩小成为非对抗性矛

① 《华岗选集》编辑委员会选编：《华岗选集》第四卷，山东大学出版社2003年版，第3120页。

② 《华岗选集》编辑委员会选编：《华岗选集》第四卷，山东大学出版社2003年版，第3073～3074页。

盾，同时也不应该把非对抗性矛盾夸大成为对抗性矛盾。

……

马克思主义者和共产党的光荣任务是实事求是地去发现矛盾和解决矛盾，而不是臆造矛盾和夸大矛盾。一切以臆造矛盾为业绩的思想和行为，都必然制造悲剧和阻碍历史的进步。①

宇宙间有许多对立面的矛盾，并不是采取一方打倒另一方和一方消灭另一方的斗争方式来解决，而是长期甚至永远处于又矛盾又统一的运动过程中。这种又矛盾又统一的自动调整，就是该事物或现象的生命之所在。这种又矛盾又统一的运动过程一经停止，该事物或现象的生命也就结束。②

如同关于规律客观性的论述一样，华岗关于“矛盾”和“差别”关系论述的意义，不在其理论贡献，而在于其现实意义。实际上，列宁就认为“差别”和“矛盾”不是同一个东西，华岗不过坚持并阐释了列宁的学说而已；再者，“差别”和“矛盾”的关系也没有那么玄奥，从某个角度说，只是一个常识而已。但问题是，华岗的论述与毛泽东的相关表达不同。毛泽东在《矛盾论》中说：“人的概念的每一差异，都应把它

① 《华岗选集》编辑委员会选编：《华岗选集》第四卷，山东大学出版社2003年版，第3075页。

② 《华岗选集》编辑委员会选编：《华岗选集》第四卷，山东大学出版社2003年版，第3091～3092页。

看作是客观矛盾的反映。客观矛盾反映到主观的思想，组成了概念的矛盾运动，推动了思想的发展，不断地解决了人民的思想问题。""世界上的每一差异中就已经包含着矛盾，差异就是矛盾。"①由此可以明见华岗的论述与毛泽东的观点相异，这在当时是需要很大勇气的，很显然，华岗是借对"差别"和"矛盾"的探讨，来批评当时阶级斗争扩大化倾向，具有强烈的现实关怀，也正因如此，华岗关于"矛盾"和"差别"的论述，才真正具有了非凡的意义。

3.《列宁表述"辩证法十六个要素"试释》。

列宁曾经简单总结了辩证法的16个构成要素，但是他没有深入地加以论述。在监狱中，华岗针对列宁总结的辩证法16条要素，逐一进行分析和诠释，形成了大约10万字的读书笔记，取名为《列宁表述"辩证法十六个要素"试释》。华岗在《列宁表述"辩证法十六个要素"试释》一书中，对差别和矛盾的区别、准确理解矛盾的重要性、否定之否定等问题作了较为深刻的论述，不仅具有一定的理论创新意义，更重要的是它们具有明显的现实意义。例如华岗指出，应该准确、全面地理解矛盾及其现实意义：

> 看不到或轻视对立面的统一性或同一性，就会导致理论上和实践上的严重错误。例如斯大林在《辩证唯物主义与历史唯物主义》及其它著作中，几乎都只强调对立面的斗争，根本不提对立面

---

① 中共中央文献编辑委员会：《毛泽东选集》第一卷，人民出版社1991年版，第306～307页。

> 的统一，这种对于辩证法的片面理解和应用，正是斯大林在理论上和实践中犯错误的重要根源之一。①
>
> 在实践中如果看不到主要矛盾的变换，抓不住在某个发展阶段中实际生活业已表现出起决定性或关键性作用的主要矛盾，在任何情况下都把基本矛盾当做主要矛盾来看待，而不会灵活地运用辩证唯物主义和历史唯物主义去处理问题，就会脱离实际和脱离群众，而且放弃了任何一个发展阶段中主要矛盾的解决，必然有害于基本矛盾的解决。②

在《列宁表述"辩证法十六个要素"试释》一书中，华岗思想更加稳健、中肯。例如，关于"否定之否定"，华岗说道：

> 否定规律和否定的否定规律不仅说明了事物发展的前进性，而且说明事物发展的继承性。事物作为向自己的对立面的转化的否定，是以继承性为前提的。③
>
> 在人类历史上，每一个新的社会经济结构不仅保存着过去已经达到的生产力发展水平，而且

① 《华岗选集》编辑委员会选编：《华岗选集》第四卷，山东大学出版社2003年版，第3358页。

② 《华岗选集》编辑委员会选编：《华岗选集》第四卷，山东大学出版社2003年版，第3364页。

③ 《华岗选集》编辑委员会选编：《华岗选集》第四卷，山东大学出版社2003年版，第3409页。

保存着前一社会的上层建筑中的肯定的即一切有价值的东西。①

对历史传统采取粗暴态度，就不可能为新制度、新文化、新生活进行积极而自觉的斗争。②

当然，客观地说，从纯粹学理的角度看，《列宁表述“辩证法十六个要素”试释》仍然存在一些缺陷。该书最大的问题就是关于“辩证法”和“形而上学”及其相互关系的通俗解释。华岗不是把人们的思维从常识上升到哲学层面，而是把哲学层面的理论下降为经验常识问题，这样容易引导人们总是停留在经验常识中理解“辩证法”和“形而上学”。《列宁表述“辩证法十六个要素”试释》经常用最新的科学发现、科学实例(包括数学、物理、化学、生物等)以及社会发展实例来解释辩证法，这种经验层面上事实的罗列，并不能从哲学上、从逻辑上来解释辩证法 16 要素。对于类似解释，列宁曾批评普列汉诺夫，说他把辩证法变成了“实例的总和”。总之，由于时代的局限，华岗没有能够从整个哲学史和哲学基本问题的角度来思考辩证法，他所理解的辩证法仅仅是与形而上学和唯心主义相对的教条主义，甚至他对于形而上学和唯心主义的理解也还处于半朦胧状态。例如，他说：“唯心主义者认为世界是我们的感觉，表象，概念

① 《华岗选集》编辑委员会选编：《华岗选集》第四卷，山东大学出版社 2003 年版，第 3409 页。

② 《华岗选集》编辑委员会选编：《华岗选集》第四卷，山东大学出版社 2003 年版，第 3409～3410 页。

的运动，或者是‘宇宙精神’、‘绝对理念’的运动；形而上学者认为事物是不变的，世界永远如此，如果说世界有变化，也只是数量的增减和场所的变更。”①由此可见，华岗对于唯心主义和形而上学的理解，还停留在经验层面上或者仅限于字面意义上的理解。我们说黑格尔是唯心主义者，但理由并不是如华岗所说的那样，在黑格尔那里，表象是本质的表象，概念是运动的客观，他所反对的正是对于概念和思维的经验化理解。

**(二) 文学思想和成就**

1．鲁迅研究。

1951 年第 1 至第 5 期《文史哲》连续发表了华岗《鲁迅思想的逻辑发展》、《鲁迅论中国历史》、《鲁迅论科学》、《鲁迅论文艺》、《鲁迅论妇女问题》等 5 篇文章。1953 年上海新文艺出版社以《鲁迅思想的逻辑发展》为书名结集出版。

华岗在《鲁迅思想的逻辑发展》一书中，给予鲁迅以极高的评价。鲁迅研究专家孙昌熙评论道，该书：“一扫以前鲁迅评论中的种种阴霾，坚定、热情地宣传了党中央和毛泽东同志对鲁迅的科学评价。这对于刚刚从黑暗的旧中国解放出来的人民，对于受旧文化影响甚深的知识分子，是堪称起了发聋振聩的作用的。同时，这本书中努力阐述、宣传鲁迅向封建主义、帝国主义进行不妥协战斗的革命精神，对于当时在政治、经济、思想领域里反帝反封建的斗争起了有力

① 《华岗选集》编辑委员会选编：《华岗选集》第四卷，山东大学出版社 2003 年版，第 3341 页。

的配合作用。"①华岗不但自己致力于鲁迅研究，而且于1952年提出在山大中文系开设鲁迅研究课，这在全国是开风气之先。为此中文系成立了备课小组，华岗亲任组长，与刘泮溪、孙昌熙等人一起讨论教学大纲，1953年上半年正式开课。华岗等人在山大开设的"鲁迅研究"课程讲稿，经过刘泮溪、孙昌熙和韩长经等人整理，在《文史哲》上陆续发表，并于1957年初由作家出版社出版。鲁迅研究专家高旭东教授评论道："在解放后的短短几年，山大就有两本鲁迅研究的专著问世，并且把'鲁迅研究'课搬上了山大课堂，使山大一时成为全国鲁迅研究的重镇。而这不能不归功于华岗校长的努力倡导和亲身指导。"②

2.《美学论要》。

华岗1957年被送往秦城监狱时，正处全国第一次美学大讨论的高潮时期，于是狱中的华岗也积极参与到争论中来，他运用马克思主义的立场、观点、方法，系统地阐述了自己的美学观点，于1959年写成了《美学论要》。

关于《美学论要》所反映出华岗的学术造诣，美学家周来祥教授和马龙潜教授这样评论道：

> 首先，他对美学的基本问题，如美的本质、功用，美的种类、范畴，审美的独特规律等都发表了

---

① 孙昌熙：《怀念山大鲁迅研究的开拓者华岗同志》，《山东大学报》，1980年6月21日。

② 高旭东：《华岗与鲁迅研究》，见刘培平主编：《战士·学者·校长》，山东大学出版社2003年版，第286页。

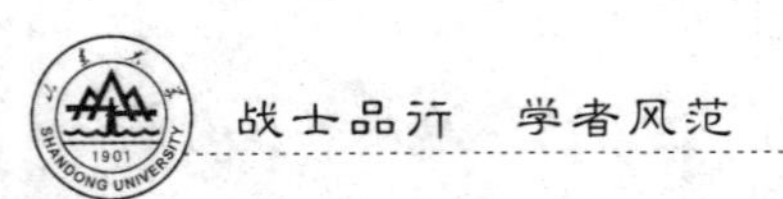


自己的意见，初步形成了具有整体性和系统性的理论观点。其次，他把文艺的本质、文艺的地位和作用、艺术典型、艺术创造、艺术批评等问题，都提升到美学的高度来进行考察。这就比一般的文艺理论对艺术的研究表现了更大的整体性和深刻性，对后来人们建立文艺美学这门美学的分支学科具有开拓性意义。最后，他始终把自己美学研究的立脚点放在美学与现实生活的关系上，放在培养人高尚的审美观念，促使人们热爱生活的美，创造美的生活这个根本点上，而从不陷入纯学理的议论或纯经验的描述之中。①

华岗曾多次强调，自己“首先是战士，其次才是学者”，所以，关于《美学论要》，我们更加关注的是华岗的现实情怀，他说：

曾经流行过这样一个论调：艺术不是别的什么东西，它是艺术家表达的思想的总和，就是体现在形象中的思想的总和。同时，还有人把艺术和政治的关系解释成为艺术只是政治的手段和工具，因此，政治需要什么，艺术家就得创作什么，否则就是“脱离政治和脱离现实”。在这里，最值得注意的是“只是”两字，这样说来，艺术和鼓吹手简直成了同义语，似乎除此之外，艺术就没有什

① 周来祥、马龙潜：《华岗的美学思想》，《文史哲》，1989年第4期。

么意义了。①

把艺术变成只是政治的手段或者只是思想的总和的说法，必然导致否定艺术的特殊发展规律，并且也忽视了艺术创作中的一个决定因素——艺术家对于现实生活及其发展规律的研究。②

美学向来主张先进的思想内容要和适当的形式相结合，通过形象反映和典型塑造让它自然流露后暗示出来。如果用标语口号或贴标签的方法，把文学艺术作品变成政治话筒，其结果就显然会降低文学艺术的作用，甚至使艺术不成为其艺术。③

艺术家必须具有强烈的感情，善于捕捉形象和塑造典型，善于通过形象反映方式去再现现实生活中具有审美性质的东西，使人们读了或看了感到激动，从而受到感染和得到教育。一部艺术作品如果没有激情，即使具备了其它条件，也不能算作佳作。④

---

① 《华岗选集》编辑委员会选编:《华岗选集》第四卷，山东大学出版社2003年版，第2782页。

② 《华岗选集》编辑委员会选编:《华岗选集》第四卷，山东大学出版社2003年版，第2783页。

③ 《华岗选集》编辑委员会选编:《华岗选集》第四卷，山东大学出版社2003年版，第2713页。

④ 《华岗选集》编辑委员会选编:《华岗选集》第四卷，山东大学出版社2003年版，第2725页。

华岗的上述言论，在今天也许算不了什么惊人之论，但是在政治标准第一的20世纪50年代，把审美、情感作为艺术的首要条件，是需要很大的理论勇气和无畏的科学精神的。

**(三) 史学思想和成就**

1. 历史学的基本观念。

在20世纪出版的中国史学史论著中，华岗处于边缘地带；在20世纪中国马克思主义史学发展史上，华岗也被笼罩在李大钊、郭沫若、吕振羽、范文澜、翦伯赞、侯外庐等人的光芒之下。① 但是，华岗却是一位值得重视的马克思主

---

① 长时段的史学史论著，基本上都没有提到华岗；在中时段的史学史论著中篇幅也不多，如蒋大椿的《20世纪中国马克思主义史学》（见罗志田：《20世纪的中国·学术与社会·史学卷》，山东人民出版社2001年版）里，有关华岗的论述也仅百余字；只有在短时段的史学史论著中，华岗才会作为比较重要的史家得到论述，例如田亮的《抗战时期史学研究》（人民出版社2005年版）一书，以“华岗的爱国主义史学思想”为题进行了专节论述，但位于马克思主义史学家（“重庆篇”）的最后一位。除此之外，20世纪80年代华岗冤案平反昭雪后，一些从正面评价、肯定华岗史学思想的论文陆续出现。例如叶桂生、刘茂林著文，论述了华岗在中国近现代史研究、历史研究方法论等方面对中国马克思主义历史学的建立与发展作出了一定的贡献（叶桂生、刘茂林：《华岗在历史学上的贡献》，《文史哲》，1988年第5期）；王记录认为华岗对中国近现代史研究有开拓之功，对社会发展史研究有推进作用，在史学理论和史学方法上进行过可贵的探索，因此华岗在中国马克思主义史学发展史上有着不可忽视的地位（王记录：《论华岗在马克思主义史学发展史上的地位》，《山西师大学报》，1999年第2期）；李文海从“求真”、“致用”和“创新”等方面，论述了自己对华岗史学思想的认识，认为华岗是“坚持用唯物史观认识和把握中国国情”的典范（李文海：《坚持用唯物史观认识和把握国情——学习华岗史学思想的一点体会》，《山东大学学报》，2003年第3期）。

义史学家，他的史学论著不仅含有同时代中国马克思主义史学家共同的思想，同时也具有自己的特色，丰富和发展了马克思主义唯物史观史学。解放前，华岗撰写了《为什么要研究中国历史》、《研究中国历史的基本方法》、《研究中国历史的锁钥》、《历史为什么是科学和怎样变成科学》、《怎样学习中国历史》、《论中国历史翻案问题》、《评侵略主义者的中国历史观》等一系列研究史学理论和史学方法论的文章。这里选取他比较有特点的《社会发展史纲》和《中国历史的翻案》两部论著，来探讨其史学基本观念。

首先，历史学是一门科学。

关于历史学科学化问题，在 20 世纪三四十年代是一个热门的话题，争论较多。唯物史观史学家基本上都是自觉的历史学科学化的拥护者和提倡者，他们认为中国传统史学必须走向科学的史学，但是对于历史学如何科学化，则是见仁见智。华岗不仅出于捍卫马克思主义唯物史观的需要，提出了史学科学化的口号，而且在努力遵循学术规范的前提下，探讨了史学如何成为科学的问题。

华岗认为历史应当是科学的。在华岗看来，科学“就是有系统的关于客观现实事物的规律知识，以及实事求是，探求真理，并勇于变革这客观现实事物，以适应人类进步要求之方法的学问”①。华岗认为，“科学关于社会发展规律的

① 《华岗选集》编辑委员会选编：《华岗选集》第二卷，山东大学出版社 2003 年版，第 1405 页。

论据，就是具有客观真理意义的确实论据”，在“社会历史已经成为社会之规律性的发展的情况下，社会历史之研究就能成为科学”。① 科学历史学的任务，就是要把社会形态与构成，“依照其时代的顺序加以排列，或是按其性质的异同加以分类”，并“从这人类实践生活的发展过程之关联中与变动中，即从人类历史运动的总行程中，加以全面的分析，探求出历史的规律；并根据这种规律，来说明并指导人类实践生活之历史的具体性及其发展动向”。②

那么，历史学怎样才能成为科学呢？华岗认为东西方自古以来的所有历史学家都没有解决历史学的科学化问题，只有“新的先进类群，即无产阶级的代表，从社会的经济发展中，从生产方法和交换方式的变动中，从社会上由此产生的类群分化中，从这些类群的斗争中，去观察世界历史的进程，去寻找一切重要的历史事变之基本原因和决定的动力，建立起新的唯物的辩证的历史观，才有能力做到这一步（即将历史变成科学——引者注）”③。马克思和恩格斯是“这种先进类群之最早的伟大代表，他们领受了和批判地改造了一切过去社会学与历史学的最高成果，并把这种社会理论跟实践联系起来。这样，他们就把旧的历史学和社会

① 《华岗选集》编辑委员会选编：《华岗选集》第二卷，山东大学出版社2003年版，第1423页。

② 《华岗选集》编辑委员会选编：《华岗选集》第一卷，山东大学出版社2003年版，第353页。

③ 《华岗选集》编辑委员会选编：《华岗选集》第二卷，山东大学出版社2003年版，第1435页。

学提高到了真正科学的阶段”①。

华岗指出，科学不仅能“明了已经规定出的科学的传统的力量和意义，善于为科学的利益而利用这些传统”，而且应当在“旧的传统标准与规定成为前进运动的阻碍时，就要有勇气有决心来破除这些传统，同时又能够创造新的传统和新的标准”。② 但是，在具体的史学研究中，由于自然和社会存在着巨大的区别，社会历史的研究不能够机械地搬用自然科学的法则。③ 作为科学的历史学，应遵守科学的精神，“必须实事求是，不能容许人们说谎行骗”。④ 在《社会发展史纲》中，华岗指出，历史学“如果想成为真正的科学，就不能再把历史作为帝王和将相的家谱，以叙述少数英雄伟人的行动为满足，而是应当首先研究物质资料生产者的历史，劳动群众的历史，各国人民的历史”。不仅如此，“研究社会历史的规律的关键”，不是在人们的头脑中，不是在社会的观点和观念中，“而是要在社会每个一定历史时期所采取的生产方法中，在社会经济中去探求”。⑤ 到了40年

① 《华岗选集》编辑委员会选编：《华岗选集》第二卷，山东大学出版社2003年版，第1435～1436页。

② 《华岗选集》编辑委员会选编：《华岗选集》第二卷，山东大学出版社2003年版，第1374页。

③ 《华岗选集》编辑委员会选编：《华岗选集》第二卷，山东大学出版社2003年版，第1435～1436页。

④ 《华岗选集》编辑委员会选编：《华岗选集》第二卷，山东大学出版社2003年版，第1374页。

⑤ 《华岗选集》编辑委员会选编：《华岗选集》第一卷，山东大学出版社2003年版，第359～360页。

代中后期，华岗有关历史科学化的认识又进一步得到了发展。他认为："真正科学的历史观，必须根据人类社会生产与生产方法的变更，来区分历史的社会性质，而根据这种方法来区分，那么中国历史，只能区分为原始公社制、奴隶制、封建制、半殖民半封建制、新民主主义制，以及将来必然到来的社会主义制。"①

从以上论述可以看出，华岗认为历史学应当是科学的，实际就是指唯物史观史学是科学的，这一思想是华岗史学观念的基础。华岗的《社会发展史纲》、《论中国社会历史发展阻滞的基因》等论著都是从这一基本观念出发而进行研究的。尽管在今天来看，华岗有关历史学是科学的论述，不但武断、缺乏足够的根据，而且语言晦涩，但是考虑到华岗当时所处的特殊环境和时代的约束，我们仍然不能不承认华岗关于史学科学化的论述，在唯物史观的传播和对以秋泽修二为代表的法西斯侵略史观的批判等方面，还是产生了一定的积极作用。

其次，应该利用阶级分析的方法，从生产力和生产方式演变的角度，探讨人类社会发展的历史。

20 世纪三四十年代关于社会史一类的书籍，虽已经出版不少，但是"要找一本观点正确、体系完整的，却实在不容易"，于是华岗撰写了《社会发展史纲》。该书 1940 年出版以后，在重庆等地畅销一时，多次再版。华岗认为他的这本

① 《华岗选集》编辑委员会选编：《华岗选集》第二卷，山东大学出版社 2003 年版，第 1399 页。

专著，努力避免了一般社会史著作的三个错误或缺点：第一，一般社会史著作，往往以“量的渐次性”之增大与减少的进化论，去取消作为“质的突变”的历史飞跃性——取消社会发展中革命事实的存在。第二，国内所出版的社会进化史或社会发展史著作，由于种种原因，差不多都只讲到资本主义为止。第三，一般编译的社会史著作，大都很少谈到中国，有些虽然偶尔提及，但都未能把中国社会历史的发展放在世界史的范围上来观察，并给出正当的评价。①

今天看来，华岗社会发展史观的主要贡献包括：

第一，明确地使用“社会发展”概念取代“社会进化”概念，这是华岗对唯物史观史学做出的重要贡献。20世纪以来，生物进化论和社会进化论在中国迅速传播，影响波及整个社会。但是，进化论在传播过程中逐渐被“庸俗化”，生物进化观念逐渐和社会进化观念等同起来，否认革命突变对于社会发展所起的重大作用。华岗根据马克思主义五种生产方式理论，完整论述了人类历史上的各种生产关系的基本形态和发展过程，从而说明了革命在历史发展过程中的作用。

第二，华岗认为社会发展史，首先是生产发展史，所以应当重视生产力和生产方式演变的研究。华岗依据历史唯物论，认为决定社会由这一制度发展为另一制度的主要力量，即社会发展的基础动力，“是人们生存所必需的物质资

① 参见《华岗选集》编辑委员会选编：《华岗选集》第一卷，山东大学出版社2003年版，第352页。

料的获得方式，即生产方法。①”所以，“社会发展史，首先就是生产发展史”，是“数千百年新陈代谢的生产方法发展史”，是“生产力和人们生产关系发展史”，是“物质资料生产者本身的历史”，是“劳动群众——他们是生产过程之基本力量并实现着为社会生存所必须的物质资料之生产——的历史”。② 概括起来说，社会发展史就是“研究人类社会实践生活及其发展过程，特别是研究生产规律及生产力和生产关系发展规律的科学”。③

第三，提倡用阶级分析法来研究历史。华岗认为“社会一切文明的过程，都是劳动者的血与火的记录”，历史“决不是人类精神和平进化过程之幽雅的牧歌，而是人类生活斗争及其革命的实践所推进社会发展之一贯的全面的总述”。④ 在华岗看来，历史是“人类实践活动的记述及其指导”，应该“概括过去全人类生活斗争与其创造之实践的成果”。而“阶级任务的实践，构成历史本身运动的动力”，这就要求我们“对于整个世界史，从其联系上、运动上、错综上、生灭过程上去理解，也就是要从历史上各社会集团之相

① 《华岗选集》编辑委员会选编：《华岗选集》第一卷，山东大学出版社2003年版，第358页。

② 《华岗选集》编辑委员会选编：《华岗选集》第一卷，山东大学出版社2003年版，第359页。

③ 《华岗选集》编辑委员会选编：《华岗选集》第一卷，山东大学出版社2003年版，第353页。

④ 《华岗选集》编辑委员会选编：《华岗选集》第一卷，山东大学出版社2003年版，第353页。

互斗争的具体历史事实中，发现出历史发展的规律，并以这规律去说明人类在其过去所经历之历史的生活实践的总体，并指出人类向前发展之历史的前程”。①

最后，历史研究求真重于致用，不能为了致用伪造和歪曲历史。

在20世纪中国唯物史观阵营里，华岗不能也不被视为“头面”史学家，但是，华岗却是极富特色的一位马克思主义史学家。这主要体现在，华岗虽然主张利用史学来宣传马克思主义，利用史学为中国共产党的各种斗争服务，但是他却极力将史学研究纳入学术范围，求真重于致用。

华岗看到了历史学在革命斗争中的巨大作用，也主张有效利用这种作用。在《社会发展史纲》的“自序”中，华岗明确指出：“历史科学是民族解放和社会解放斗争的有力工具。我们应该知道人类真正的历史，各国人民大众被奴役和解放的历史，应该知道我们从哪里来和到哪里去。尤其当此帝国主义强盗正在进行人类大屠杀与我们中华民族正在进行抗日民族解放战争的非常时代，更需要知道社会历史发展的规律，许多先进人类的奋斗经验和教训，来帮助我们挣脱苦难以争取解放和自由。”②他认为，“为着改造现在和争取将来，必须熟悉过去”。因为对于“过去知道得越

① 《华岗选集》编辑委员会选编：《华岗选集》第一卷，山东大学出版社2003年版，第355页。

② 《华岗选集》编辑委员会选编：《华岗选集》第一卷，山东大学出版社2003年版，第351页。

多，研究得越深，就越加多懂得现在，也越有把握改造现在和预测将来”。① 但是，华岗对利用历史学来进行革命斗争，设立了一个不可动摇的底线，那就是历史必须建立在真实的基础上，不能伪造和歪曲历史。华岗在《中国历史的翻案》一文中指出，“我们所需要的是真实的过去，即真实的历史，而不是伪造和歪曲的历史”。② 华岗从科学的历史学观念出发，认为科学的历史学家是一定不会伪造历史的，并对日本法西斯主义“历史学家”秋泽修二伪造和歪曲历史的卑劣行径予以痛斥。

尽管华岗认为“以说明人类生活斗争的实践及其发展为任务”的历史科学是“现实的及实证的革命科学”，③历史科学具有社会性、阶级性，但是也不能为了革命斗争的需要来超越历史真实的底线，歪曲历史、捏造历史。华岗在这一问题上以斩钉截铁的态度说：“我们坚决反对捏造历史和玩弄历史，并且反对借用任何理由来替捏造历史和玩弄历史的行为作辩护。”不但“剥削者和压迫者想靠捏造历史欺骗人民来维持反动统治”的行径不能饶恕；就是被剥削者和被压迫者“捏造一些有利于革命事业的历史事迹，以便鼓舞和推动广大民众参加解放斗争”的这种想法和做法，“也是

---

① 《华岗选集》编辑委员会选编：《华岗选集》第二卷，山东大学出版社2003年版，第1373页。

② 《华岗选集》编辑委员会选编：《华岗选集》第二卷，山东大学出版社2003年版，第1373页。

③ 《华岗选集》编辑委员会选编：《华岗选集》第一卷，山东大学出版社2003年版，第354页。

根本错误，而且不能容许的”。①

华岗从史学必须求真的观念出发，对怎样进行史学研究提出了自己的看法。历史要“从剥削者压迫者御用与奴役之下解放出来，变成人民的历史”，必须“完成中国历史的翻案工作，使中国历史从伪造与歪曲的深渊翻过身来”。这不仅需要变革历史的社会基础，同时也“需要变革历史本身，使之走出神学与玄学，而进入科学的研究，使它变成科学的中国史”。② 就中国史学来说，需要撰写“新的中国通史，中国思想史，中国经济史，及艺术各部门、文化各部门的专史”，要建设“货真价实的信史，亦即是科学的中国史”，必须“重新搜索史料，经过科学的整理和厘革，对于伪造的历史和被曲解的历史，要重新给以评定，被歪曲的要加以矫正，被粉饰过的要把粉饰去掉”，“还原出对象的本来面目”。③ 这是翻案工作与建设信史的必要前提。

为此，华岗特别重视史料的辨伪工作。他说：“缺乏史料，至多得不出结论而已，而史料不正确，便会得出错误的结论，这样的结论，比没有更为有害。”④所以，“考证辨伪是不可缺少的一环”。华岗还指出：“考证学在整个历史科

---

① 《华岗选集》编辑委员会选编：《华岗选集》第二卷，山东大学出版社2003年版，第1374页。

② 《华岗选集》编辑委员会选编：《华岗选集》第二卷，山东大学出版社2003年版，第1371页。

③ 《华岗选集》编辑委员会选编：《华岗选集》第二卷，山东大学出版社2003年版，第1382页。

④ 《华岗选集》编辑委员会选编：《华岗选集》第二卷，山东大学出版社2003年版，第1382页。

学中，乃是主力部队之一，不应该让它局限于旧的岗位，而应该移置在新的战略据点上。”①对于中国的传统考证学和“古史辨”派，华岗也承认他们有“相当的成绩”。在主流马克思主义史学史上，正面承认现代中国史学考证辨伪的积极地位，还要等到20世纪八九十年代，华岗的见解可谓早了40年。不过，华岗进一步指出，“只有考证的成果，还不一定就能建立起真正的信史”。② 要建立信史，历史学家还需要站在人民的立场上，具有实事求是的精神和先进的理论武器。

2. 重要史学著作。

(1)《一九二五～一九二七中国大革命史》。

《一九二五～一九二七中国大革命史》是华岗的第一部史学著作，也是他的第一部著作。华岗在《自序》中说，他写作此书的目的，一是为了保存历史的真相，使“真确史实”得以“流传”。二是要吸取历史教训，因为大革命“可以给予我们的经验和教训实在太多了”，它“不但教训了领袖，而且教训了群众”。中国当时又正是“大革命失败之后，同时又是新的更深刻的革命浪潮将要兴起的时候”，所以“更须仔细研究过去大革命各种重要流变的过程，学习过去大革命的经验，求得许多活的具体的历史辩证法的教训，以帮助推动我们当前的实际斗争任务，以保证我们将来的胜利”。三是

① 《华岗选集》编辑委员会选编：《华岗选集》第二卷，山东大学出版社2003年版，第1388页。

② 《华岗选集》编辑委员会选编：《华岗选集》第二卷，山东大学出版社2003年版，第1389页。

为了“纪念大革命中及大革命失败后成千上万为革命牺牲的英勇的战士”。① 广州起义不久华岗就准备编著该书，几经周折后终于在1930年养病期间才得以完成初稿，全书约30万字，1931年7月在鲁迅帮助下由上海春耕书店出版。该书出版后，深受欢迎，多次重印，20世纪30年代还被译成日文在日本发行。

《一九二五～一九二七中国大革命史》是一部在中国现代史研究上具有开拓意义的著作，②它是当代人写当代史的范例之作。《一九二五～一九二七中国大革命史》首次详细论述了大革命经过，此前，恽代英曾经出版《中国民族革命运动史》，虽然也涉及到大革命史，但是无论内容的广度和理论的深度，《一九二五～一九二七中国大革命史》较之都大大前进了一步。恽代英的著作系由给普通干部、群众讲演的讲稿结集而成，深入浅出，浅显易懂，引用资料不多，理论分析色彩不浓。而华岗的《一九二五～一九二七中国大革命史》偏重理论研究，引用资料丰富，分析色彩浓厚，学术影响较大。③ 著名党史研究专家廖盖隆说：“华岗同志这部文笔流畅、锋利的历史著作，为在第一次大革命中流血牺牲的几十万革命烈士，树立了一座不朽的丰碑。”他还说，大

① 《华岗选集》编辑委员会选编：《华岗选集》第一卷，山东大学出版社2003年版，第3、10、4页。

② 王记录：《论华岗在马克思主义史学发展史上的地位》，《山西师大学报》，1999年第2期。

③ 桂遵义：《马克思主义史学在中国》，山东人民出版社1992年版，第261页。

革命发生后的半个多世纪里，华岗的《一九二五～一九二七中国大革命史》是“详细论述中国第一次大革命历史的唯一著作”①。

1930年代初期，中国共产党还是一个年幼的党，对于当时国际国内形势还缺乏足够的正确认识，对于中国革命的前途和道路还处于探索之中，因此及时总结历史经验就显得非常必要和重要，尤其是当时革命处于低潮，《一九二五～一九二七中国大革命史》起到了鼓舞人心的作用，激励了无数的进步青年投身革命，因而被中共中央确定为党员的必读书目之一。许多老一代革命家深切地回忆了《一九二五～一九二七中国大革命史》的召唤作用。曾任全国人大常委会委员、中国社会科学院顾问的石西民回忆道：

> 《1925～1927中国大革命史》是一部火与剑的著作，使我或类似我这样追求真理的年轻人，受到了巨大的教育和鼓舞。他的那部书在今天看来，也可以说有一些不足与缺点，但是在当时，无疑是黑暗中放射出耀眼光芒的明灯。②

曾任山东省省长的赵健民说，《一九二五～一九二七中国大革命史》是“一本曾经在革命队伍内广为流传，对当时的斗争起过巨大鼓舞教育作用的革命史书”。他深情地回

---

① 廖盖隆：《〈1925～1927中国大革命史〉重版前言》，见华岗：《1925～1927中国大革命史》，北京文史资料出版社1982年版。

② 石西民：《忆〈新华日报〉第一任总编辑华岗同志》，见姚北桦主编：《报人生活杂忆》，重庆出版社1991年版，160页。

忆道：

这真是一本总结了血的教训，为着革命的迫切需要而迅速写成的书。1933年7月，山东的党组织遭到严重破坏，和中央北方局失掉了联系。在革命处于低潮的情况下，我们努力为恢复和发展党的组织而斗争，重任压肩，越发感到革命理论的重要。由于我们阅读了《中国大革命史》和其它一些革命书籍，就给我们增添无限的力量。①

(2)《中国民族解放运动史》。

1939年华岗利用在重庆郊区养病的机会，编撰了《中国民族解放运动史》，该书1940年8月出版时标题为《中华民族解放运动史》，后改名为《中国民族解放运动史》。在初版《自序》中，华岗说该书的目的在于"对鸦片战争以来的民族解放史实给以忠实的记载和扼要的分析，指出这些运动的根源、特征和教训，以便对于当前抗战建国大业有所借镜和帮助"②。由于《中国民族解放运动史》紧紧围绕民族解放这个全国人民十分关心的中心问题，所以受到广大读者的热烈欢迎，在数年之间重印8次之多。

《中国民族解放运动史》分析了中国近代史上历次反侵略民族战争的经验教训，鼓舞了全国人民抗战的勇气，增强

---

① 赵健民：《纪念华岗》，见赵健民：《赵健民文集》，山东人民出版社2002年版，第557页。

② 《华岗选集》编辑委员会选编：《华岗选集》第一卷，山东大学出版社2003年版，第492页。

了抗战必胜的信心，这里我们关注的是它在中国现代史学史上的地位。《中国民族解放运动史》在中国现代史学史上至少有三点贡献：

第一，20 世纪 40 年代以前，在上海、北平、武汉三地出版的有关近代中国史著作或教材，以“中国民族革命史”、“帝国主义压迫史”、“中国近世史”、“中国近代政治史”、“中国革命史”等各种名称出现的中国近百年史，除各种民国史不计外，就有 30 种左右，但是这类“中国近百年史虽都通过具体事件揭露了帝国主义的对华侵略，但它们多详于史实陈述，而较少于史论分析”，并且相当多的著作还深受马士《中华帝国对外关系史》一书的影响，没有真正揭示中国近代史的实质。而华岗的《中国民族解放运动史》则是利用马克思主义观点来阐述中国近代史的，所以是“一部中国近现代史的奠基之作”。①

第二，从写作方法上讲，《中国民族解放运动史》有两个显著的特点。一是华岗在评论近百年中国革命运动史时，总是放眼世界局势，无论是中国受外来资本主义、帝国主义的侵略，或是中国人民的民族解放和社会解放斗争，他都将其纳入世界范围内去考察并认定其地位，这一点在以往的教材或史著中常被疏忽，未予以应有重视。② 二是华岗把近百年的革命斗争看成是民族解放与社会解放两种斗争紧

① 路遥：《中国近现代史的奠基之作——评华岗〈中国民族解放运动史〉》，《山东大学学报》，2004 年第 3 期。

② 路遥：《中国近现代史的奠基之作——评华岗〈中国民族解放运动史〉》，《山东大学学报》，2004 年第 3 期。

密结合的发展史，并没有把谋求社会解放的革命运动单纯视为阶级斗争的表现，而是时时刻刻地启示人们应认识它亦具有民族自卫运动的性质。按照华岗自己的话说，就是“本书虽名为民族解放运动史，但对于中国内部的社会解放运动也还是加以记载，这是因为民族解放与社会解放根本是不能分离的”①。“一百年来我们民族的斗争历史，同时也就是一部阶级斗争的历史，一部克服阶级矛盾并在克服这些矛盾的基础上来争取民族解放的历史。”②

第三，华岗对鸦片战争以来的重大事件作了正确、深刻的阐释，一扫从前的不公评价，我们聊引数例以作说明。关于鸦片战争，华岗说：

> 鸦片战争正像马克思所说，“乃英国海盗政策之继续”，并不像许多帝国主义的历史学家及我国资产阶级的历史家所说的那样，是什么林则徐禁烟政策所激起。③

> 这（三元里村“平英团”起义——引者注）是中国民众最初的自发的反侵略与民族自卫运动。④

---

① 《华岗选集》编辑委员会选编：《华岗选集》第一卷，山东大学出版社2003年版，第492页。

② 《华岗选集》编辑委员会选编：《华岗选集》第一卷，山东大学出版社2003年版，第493页。

③ 《华岗选集》编辑委员会选编：《华岗选集》第一卷，山东大学出版社2003年版，第533页。

④ 《华岗选集》编辑委员会选编：《华岗选集》第一卷，山东大学出版社2003年版，第536页。

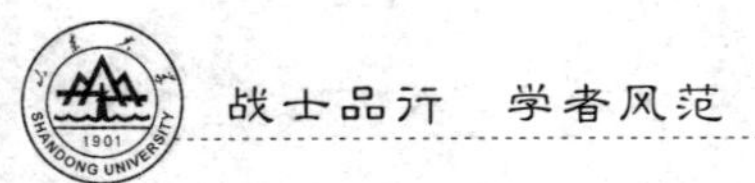


这一战争的性质，在英国方面是帝国主义的侵略战争，亦是非正义的战争。这里任何借口都不能为英国强盗辩护。①

关于太平天国运动，华岗说：

太平天国运动，就是用原始形式表现出来的第一次大规模的中国人民的民族自救更生运动。②

事实上，太平天国就正是创造这中华共和国的先声，他们已经开始在写着“自由、平等、博爱”这几个大字。太平天国虽然失败了，但太平天国先烈所流的血，却在开始渲染着中国历史的新篇幅。③

关于甲午战争，华岗的评价不仅符合历史事实，而且还有利于批驳当时社会上种种投降的奇怪论调：

甲午战后，一时舆论的呵斥，集中于李鸿章。然而后来的史家，却颇有替李鸿章开脱的。他们以为中国当时的海陆军本不堪和日本一战，如果

① 《华岗选集》编辑委员会选编：《华岗选集》第一卷，山东大学出版社2003年版，第537页。

② 《华岗选集》编辑委员会选编：《华岗选集》第一卷，山东大学出版社2003年版，第566页。

③ 《华岗选集》编辑委员会选编：《华岗选集》第一卷，山东大学出版社2003年版，第594页。

清廷能早听李鸿章的话，用外交方式来解决朝鲜问题，则中、日不致开战，纵失朝鲜，还不至于割台湾，更不至于订立丧权辱国的马关条约。其实这些话都是迷惑于历史的现象，不会从当时的社会背景、国际形势去作进一步的观察，所以成了不合实际的空论。①

关于义和团运动，华岗说：

悲壮热烈的义和团暴动，结果是葬送于血海中了！这一次事件，决不是什么少数无知“拳匪”的胡闹，而是旧中国衰败的结果，新局是以后中国革命的先兆。②

把义和团事件看成是“野蛮的排外”，自然是很大的错误。其实真正野蛮的倒不是义和团，而是帝国主义自己。③

他们这种反抗帝国主义的精神是非常之可敬的。不失为现代中国民族解放运动史上悲壮的一页。④

---

① 《华岗选集》编辑委员会选编：《华岗选集》第一卷，山东大学出版社2003年版，第614页。

② 《华岗选集》编辑委员会选编：《华岗选集》第一卷，山东大学出版社2003年版，第646～647页。

③ 《华岗选集》编辑委员会选编：《华岗选集》第一卷，山东大学出版社2003年版，第647页。

④ 《华岗选集》编辑委员会选编：《华岗选集》第一卷，山东大学出版社2003年版，第649页。

（3）《五四运动史》。①

1948年在香港养病期间，华岗将《中国民族解放运动史》第一卷最后一章《五四运动》修改扩充，交由上海海燕书店出版，是为《五四运动史》，此后一版再版，深受读者欢迎。

华岗《五四运动史》这本"小书"之所以能够如此流行，与该书的学术地位密切相关。概括起来说《五四运动史》至少有以下三点贡献：

第一，《五四运动史》是第一部用马克思主义观点系统论述五四运动的专史。该书是在阐发毛泽东《五四运动》、《中国革命与中国共产党》、《新民主主义论》等论著中关于五四运动论述的基础上写就的，因而它是第一部用马克思主义观点系统论述五四运动的专史。

第二，《五四运动史》是一部具有独到见解的专史。例如，它分析了五四运动发生的深刻背景和原因，对运动的基本内容的概括也别具特色。华岗指出，"五四运动总口号是'外争国权，内除国贼'，这表示了五四运动的基本内容：对外是反对帝国主义的侵略，争取中国民族的独立自由权利；对内是要打倒卖国贼及卖国政府，而这些卖国贼及卖国政府，乃是中国封建买办势力的代表，因而五四运动又正是中国革命反封建运动的具体表现。"②华岗把"外争国权，内

① 本部分内容系对朱玉湘教授《华岗与〈五四运动史〉的研究》（《中共党史研究》，1989年第3期）一文的改写。作者已经征得朱先生的同意，特此申明并向朱先生致谢。

② 《华岗选集》编辑委员会选编：《华岗选集》第二卷，山东大学出版社2003年版，第1557页。

除国贼”这个总口号提到新民主主义革命反帝、反封建基本任务的高度，无疑会加深人们对五四运动历史意义的认识。

第三，《五四运动史》是一部具有很强烈的时代感的著作。针对当时学术界热烈讨论的五四运动的领导权问题，华岗专门写了第八章《究竟是谁领导了五四运动》。当时有人拿《新青年》和《新潮》等刊物上发表的文章进行统计，得出了领导“五四”新文化运动的是资产阶级知识分子和小资产阶级知识分子，而不是共产主义知识分子的结论。对此，华岗强调指出：“共产主义的知识分子——无产阶级的思想，在这个运动中虽然数量比较小，质量却比较高，是最先进的，最能动员广大革命群众的一种思想。所以这种思想在这个统一战线中，最处于主导地位的，这是从发展的一方面着眼所得的科学结论。”①并且说新文化运动的领导责任，“不得不落在当时共产主义代表人物李大钊肩上，以及在当时以革命小资产阶级资格登场，但后来终于成为共产主义战士的鲁迅身上”。②

## 四、深受师生爱戴信赖的好校长

章开沅先生说过，大学校长“责任重大，不仅其办学理

① 《华岗选集》编辑委员会选编：《华岗选集》第二卷，山东大学出版社2003年版，第1591页。

② 《华岗选集》编辑委员会选编：《华岗选集》第二卷，山东大学出版社2003年版，第1593页。

念、谋划决策关系着学校的发展走向，而且其一言一行所体现的品格、作风，也悄然无声地对众多师生员工产生某些影响”。章先生还说，著名大学校长“本身就是全校师生员工学习的榜样，他们的人格魅力、深厚学养、儒雅风貌，如春天的细雨一样润物于无声。言教不如身教，乃是多数著名校长的准则。他们反对哗众取宠，恪守职业伦理，注重行为规范，这些都对学校优良传统的形成产生深远的影响”。① 如果以此为标准来衡量的话，那么华岗无愧于著名大学校长的称号：他不仅是一位富于批判精神的马克思主义者，是一位懂政策、有能力、会办学的大学管理者，是一位学贯文史哲的学者，而且他还是一位具备理想人格、深受全校师生爱戴和信赖的好校长。

**(一) 温文尔雅与外圆内方**

20 世纪 50 年代初期华岗任职山大期间，不仅其管理水平、学识程度为人们所赞誉，而且其行为举止、性格秉性、待人接物，甚至外在形象往往也为山大人所称道，他给山大师生留下了温文尔雅、平易近人的印象。让我们看一看在华岗作古多年以后人们对他的回忆吧。

山大教师史若平对他与华岗首次见面的感受这样回忆道：

他学识渊博，年富力强，谈笑风生，平易近人。

---

① 章开沅《总序》，见梁吉生：《允公允能 日新月异——南开大学校长张伯苓》，山东教育出版社 2003 年版。

> 他中等身材，操着浙江乡音的官话，侃侃而谈，同时他却耐心听取别人的意见。他资格老而不倚老卖老，造诣深而不自以为是。他给我留下了深刻的印象。①

罗竹风和孙思白与华岗的第一次见面，与史若平的感受颇为类似。罗竹风说他第一次和华岗见面，华岗“给我们的印象是温文尔雅，雍容大度，谈笑自若，有学者风度”②。孙思白说他对华岗的第一印象“是文雅、端庄、有条理”③。当时还是学生的王克成也回忆说，华岗“慈祥、谦恭、严肃而又和蔼”，“身材不高大，也不强壮，但目光炯炯，举止稳健，对我们这些年轻学子来说，像是一块强力的磁场，吸引着我们去认识新社会，理解新事物”。④

很多学者可能“温文尔雅”，但不一定“平易近人”，尤其是“从旧社会过来的知识分子”更是如此，然而华岗却是两者兼备。

罗竹风说：

> 华岗同志和山大的同学、教职员的关系非常密切。他平易近人，毫无架子。不管谁去见他都

---

① 史若平：《知识分子的良师益友》，见郑友成主编：《华岗纪念文集》，青岛出版社 2003 年版，第 198 页。

② 罗竹风：《悼念华岗同志》，《柳泉》，1980 年第 2 期。

③ 孙思白：《怀念华岗校长》，见山东省政协文史资料委员会编：《悠悠岁月桃李情》，中国文史出版社 1991 年版，第 116 页。

④ 王克成：《平易近人的华校长》，见刘培平主编：《战士·学者·校长》，山东大学出版社 2003 年版，第 168 页。

以诚接待，并且了解情况，加以指点。①

20世纪50年代初期曾任山大校务委员秘书的刘禹轩回忆说，华岗不仅“平易近人，爱护青年”，而且平等对待工友：

> 校委会办公室的工友翟魁武大爷是山大的“元老”，但他受到旧时代的影响，总觉得自己在校长办公室里是个“下人”，一见领导进来就从座位上赶忙立正站起，华岗总是请他坐下，还说“不要这样，你是老大哥，没事尽管坐着”。直到翟大爷习惯了为止。②

陈鹏万这样评价华岗：“平易近人，山大的师生只要有事找他，他总是和颜悦色地倾听着。从他亲切的神情中，人们总能找到同情、信任和理解，不由地〔得〕倾吐心声，然后他会坦诚地说出自己的看法，使你在不知不觉中得到启示。”③

余修建国初期曾在山大与华岗共事，担任党组成员、副教务长，他回忆说：

> 我和他在山大建校初期的一段共事过程中，

---

① 罗竹风：《华校长永远活在我们心中》，见刘培平主编：《战士·学者·校长》，山东大学出版社2003年版，第96页。

② 刘禹轩：《永远的华岗同志》，见刘培平主编：《战士·学者·校长》，山东大学出版社2003年版，第355页。

③ 陈鹏万：《怀念华岗校长》，见刘培平主编：《战士·学者·校长》，山东大学出版社2003年版，第337页。

觉得他平易近人，刻苦好学，谦逊待人，从不盛气凌人。纵然有时对某些具体问题的处理上，我们意见不尽一致，他也能耐心说服，善于等待；当他发现自己的见解有不尽符合实际时，能从谏如流，虚心采纳不同意见。他那种坚持真理、修正错误的精神，他那种尊重集体领导、个人服从组织的共产党人的品质，都留给我极深刻的印象。①

华岗不仅平等对待教职员工，而且对待学生亦是如此。20 世纪 50 年代山大学子赵光明说，华岗“虽然身为一校之长，但丝毫没有大架子，从不盛气凌人。他对人谦逊、真挚、和蔼，素日待师生员工态度热诚、平易近人，深为大家所爱戴”②。

吕家乡的一段生动回忆，更使我们看到华岗在学生面前一副长者的形象：

1949 年秋季，16 岁的我带着满身稚气和乡土考入了青岛山东大学文学院。在入校不久的一个星期天，我这个第一次离家远行的农村少年，正怀着思乡之情徘徊在校园，办公楼前，一辆稀罕的小轿车吸引我走近呆看。一会儿，从楼内走出一位戴眼镜的首长，正要抬步上车，忽然看到我，欣喜的笑容随即在他脸上展现。

---

① 余修：《深切怀念华岗同志》，《文史哲》，1981 年第 4 期。

② 赵光明：《有一分热，发一分光》，《华岗研究》，1987 年第 2 辑。

他问我：几岁了？学什么专业？为什么确定学文的志愿？又问我：家乡在哪里？几时解放？生活有没有困难……我一一回答，逐渐消除了腼腆。

他兴致勃勃地和我继续交谈，直到警卫员向他提醒时间。临别时他语重心长，拍着我的双肩："小鬼，好好干，闰土的后代进大学，这是地覆天翻！写封信告诉妈妈：决心做一个红色状元！"

他的目光是那样慈祥、亲切又那样深远，他的笑容显得欣慰、自豪又饱含着祝愿。不知为什么，我觉得他就像我的母亲；虽然他坐着轿车，穿着呢服，而母亲却穿着补丁衣衫，操劳在偏远的农田。①

事实上，平易近人是华岗的一贯作风，是革命年代他留给同事们最为深刻的印象之一。例如骆耕漠先生回忆说："一个《新华日报》社的总编，却很平易近人，他像兄长般亲和，他谈吐自若，作风朴实，乐于助人的风范，至今令我难忘。"②

华岗虽然外在形象儒雅、平易近人，但却又是一个坚持原则、毫不妥协的人，这从他参加革命以来就是如此，他的

---

① 吕家乡：《割不断的怀念》，《济南文艺》，1980 年第 4 期。

② 骆耕漠：《半生坎坷终无悔》，见刘培平主编：《战士·学者·校长》，山东大学出版社 2003 年版，第 345 页。

同志有很多类似的回忆。

哲学家熊复回忆说：

我认识华岗同志，是在1939年4月我进入《新华日报》做编辑工作之后。那时他是《新华日报》总编辑。他给我的印象，是一个学问渊博、文思敏捷的学者。他讲起话来，口若悬河，滔滔不绝；而写作评论文章如社论，真是“下笔千言，立等可待”。他对待同志和蔼可亲，平易近人，从没有见过他有疾言厉色的时候。但他对待政治上的原则问题却十分认真，从不苟同，也不轻易放弃自己的意见。①

从《新华日报》创办，到建国前夕在香港疗养，许涤新与华岗交往多年，许涤新在华岗平反昭雪后写道：

长期的工作接触，我对老华是有看法的。他相当聪明，又有工作经验，对问题分析得相当快，相当尖锐；写起文章，也是下笔千言。但是，他的能力，却使他的自信心顽固起来。由于过于自信，就不免主观，别人的话，当然听不进去。在统战工作上，关于有团结有斗争的运用，不能说他不老练，问题在于太自信，因而免不了带着主观或片面；对于在民主运动中的朋友，在团结与教育上，

① 熊复：《时代的哲学思索——读华岗同志遗著〈规律论〉》，1982年6月4日《人民日报》。

有时也失之过分。[①]

但是与华岗一道工作的朱语今和林默涵则与许涤新感觉不同。朱语今说华岗在“青年人面前，一点儿也不傲慢，态度是很谦和的”[②]。林默涵说：“我在和他的交往中，深感华岗同志是一个非常亲切而平易近人的长者，一点也没有领导人和学者的架子。”[③]为什么会有如此的差异呢？林默涵和刘光裕两位先生的解释或许能够给人以启迪。林默涵说：“大概一个人只要敢于说不同的意见，甚至只要敢于有自己的意见而不肯投合世情，随声附和，就往往被目为‘骄傲’而遭到忌恨。‘今天天气哈哈……’，这是一种便当的处世法。直言招憎，积毁销骨。”[④]刘光裕说：“敢想敢做的人，无不自信。过于自信可能流于骄傲，而自信者往往被别人视为骄傲。”[⑤]

如同革命年代一样，在山大担任校长期间，大多数人（尤其是下属）认为华岗“和蔼可亲”、“平易近人”、“很谦和”、“从谏如流”。例如，中文系教授萧涤非在诗中称赞华

---

① 尽管许涤新说了华岗的一些“缺点”，但这也是正常的。并且值得注意的是，许涤新还说：“我对他的这些看法，未必正确，但是，如果他的错误比我所说的还要大，我相信，那也是属于党内的批评、党内的处分的范围内的问题。”（许涤新：《悼华岗同志》，《山东大学报》，1980 年 5 月 28 日）

② 朱语今：《九泉闻讯亦欣然》，《读书》，1980 年第 11 期。

③ 林默涵：《美学要论・序言》，见华岗《美学要论》，人民出版社 1981 年版。

④ 林默涵：《美学要论・序言》，见华岗《美学要论》，人民出版社 1981 年版。

⑤ 刘光裕：《华岗与〈文史哲〉》，《出版史料》，2006 年第 4 期。

岗“君之为人，直通如矢”①。《文史哲》的编辑葛懋春回忆说：“在我和他六年的接触中，我从来没有见过他发过脾气，或盛气凌人地对待下级，即使我在工作中暴露一些缺点，他也是在事后温和地给予正面开导，使人感到既羞愧又温暖。”②但是在有些人看来，华岗则是“傲慢”的、有“问题”的。例如，政治运动中“包庇”、“保护”各种“问题”分子（如束星北、吕荧）等。此外，华岗既器重束星北学问，又对他挑战辩证唯物主义至高无上的地位毫不妥协，就是华岗坚持原则性最好的体现。

**（二）随意采撷的几片光彩**

1. 亲执教鞭。

尽管行政工作非常繁忙，身体又不好，但是除了给全校师生开设政治大课以外，华岗还为政治、中文、历史三系讲授业务课。在华岗的提倡下，中文系在全国率先开设“鲁迅研究”课，并成立了由刘泮溪、孙昌熙、韩长经等人组成的备课小组，华岗亲任组长，与他们一起讨论教学大纲，对教学任务作具体分工。从 1953 年上半年起，“鲁迅研究”正式开课，华岗不仅亲自讲课，而且还领先上第一次课。③ 武作育回忆了华岗讲授“鲁迅研究”第一课的情景：

---

① 萧涤非：《悼念华岗同志》，见刘培平主编：《战士·学者·校长》，山东大学出版社 2003 年版，第 108 页。

② 葛懋春：《回忆早期〈文史哲〉杂志社社长华岗同志》，《文史哲》，1981 年第 4 期。

③ 孙昌熙：《怀念山大鲁迅研究的开拓者华岗同志》，1980 年 6 月 21 日《山东大学报》。

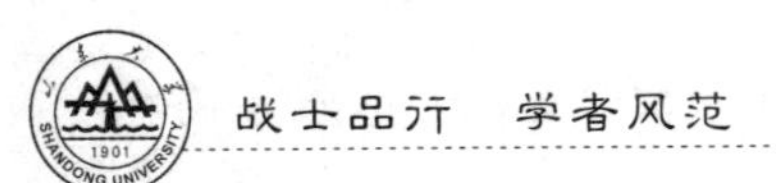


预备铃声刚落，忽见一辆小汽车驶来，人们急忙入室肃然端坐，静待开讲。随着上课铃声华校长健步而入。他身着整洁的中山装，戴一副阔边眼镜，目光炯炯有神，面容清俊慈和，一副学者气度，令人肃然起敬。我当时是这门课的课代表，坐在前排，有幸亲近这位“仰之弥高，即之也温”的一代师尊，油然而生如沐春风的幸福感。

在这堂课上，华校长一开始就向同学们说：今天是“鲁迅研究”的第一堂课，好像一本书的序言那样，要先讲明其微言大义，我今天就先讲讲如何向鲁迅先生学习的问题。接着华校长从以下几个方面作了阐述。

首先，华校长指出，学习鲁迅要像他那样勇于自我解剖，认真探索追求，在实践中改造世界观。华岗校长指出：鲁迅是“从旧营垒中来，情况看得分明”，他对那个他所处的半封建、半殖民地社会，乃至对几千年来的封建社会的黑暗本质，有着极为清醒的认识。他清楚地看到，那是一个人民大众“想做奴隶而不得”的时代，处在最底层的劳动大众，要取得解放，那就必须觉醒起来，勇于斗争，去掀翻这个“吃人的筵席”！为此，鲁迅先生首先弃医就文，用文艺作为武器，去揭露旧社会的黑暗，医治愚弱麻木的国民精神，引起“疗救者的注意”。他还大声疾呼“救救孩子”，他要“肩着黑暗的闸门，放他们到光明的地方去”。正是因为有着这种争民主、自由的胸怀，鲁迅才能始终上下求索、探索真理，认真改造世界观，使自己有着从进化论到阶级论的思想飞跃，有着从绅士阶级的逆子贰臣跨到无产阶级阵营中来的根本转变。华校长指出，鲁迅精神之所以可贵，值得借鉴承继，就在于他始终是清醒的。华校长指出鲁迅的一首诗，他说这首诗就体现了鲁迅的清醒的、战斗的精神。这首诗是："万家墨面没蒿莱，敢有歌吟动地哀。心事浩茫连广宇，于无声处听惊雷。"这说明这位文化革命的主将所追求的不仅是民主、科学，更重要的是一个得到解放的"人国"。

其次，华校长指出，生在光明的新时代青年，还要像鲁迅那样，发扬韧性战斗精神，同国内外反动势力，同旧思想、旧文化继续作斗争。当然，我们的任务还不仅于此，还要破旧立新，建设新文化。当时有的同学忽然问华校长，是否今天还存在杂文时代，还要不要学习运用鲁迅笔法时，华校长对同学的这种勇于思考探索的精神，显得很欣慰，立即作了肯定的回答。指出在今天阳光普照的新时代，还存在阴暗角落，还存在形形色色的旧思想、旧文化的残余，更应清醒地看到国内外的反动派还不甘心他们的失败，他们时时刻刻妄图颠覆新中国，我们要警惕，要战斗，打退他们的进攻。

再次，华校长强调指出：学习、发扬鲁迅精神，还要像他那样坚持真理，爱憎分明，像他那样："横眉冷对千夫指，俯首甘为孺子牛。”吃的是青草，挤出来的却是奶，同人民的敌人作韧性的战斗，同人民同呼吸、共命运，一起奋发图强，建设新生活，开辟新天地……讲到这里，会场上响起一阵热烈的掌声。

接着华校长布置了一个令人醒目的作文题："鲁迅思想逻辑探微"。随着铃声华校长健步迈出教室，登车而去。人们望着这位革命家、学者的高大身影，回忆刚刚受到亲炙薪传的这堂课，心情久久难以平静。①

在华岗的带领下，20 世纪 50 年代初期山大教授们大都积极承担了大量的本科生教学任务。据统计，当时所有的教授都担任本系的教学工作，其所授课程占总课程的 98.4%，因而学生的基础理论和专业知识都学得扎实、系统，思考能力与动手能力都较强。②

2. 躬亲要事。

华岗是一个对学校较为重要的教研方面的事情必以躬亲的人，我们以他对《新山大》、《文史哲》和《山东大学学报》的关心为例说明。史若平回忆说，《新山大》出版前必须由华岗亲自审阅，“他每次从头到尾，一字不落(拉)地看一遍，

① 武作育:《追忆一堂“鲁迅研究”课》，见刘培平主编:《战士·学者·校长》，山东大学出版社 2003 年版，第 413～414 页。

② 《山东大学百年史》编委会编:《山东大学百年史》，山东大学出版社 2001 年版，第 211 页。

发现错别字和不当的标点符号，一一改正过来，然后签字付印”①。

华岗是《文史哲》杂志社社长、编委会的指导者，当时每一期文稿，都要由主编杨向奎送到他那里做终审。葛懋春回忆道：

> 每期文章他都亲自审定，通读一遍。每次开常务编委会前，都听取我们对稿件初审的汇报，同时他对送审的稿件提出修改意见；为了赶上出版时间，他往往连夜突击改稿。他曾经是有名的《新华日报》的总编辑，长期担任党的宣传领导职务，有丰富的编辑经验。他在指导《文史哲》编辑工作中给我们留下了不少继承下来的遗产。②

3．扶持青年。

建国初期人才奇缺，华岗非常重视年轻学者的培养。下面一例可以证明这位身为校长的学者对后进的用心扶掖。据葛懋春回忆：

> 一次我随杨向奎先生去华岗同志家汇报《文史哲》工作时，他曾向我们提出一个编辑原则：尽量使每一期刊物上出现一个新作者。他不仅亲自动手给一些不熟悉马列主义的老专家出主意、改

---

① 史若平：《知识分子的良师益友》，见郑友成主编：《华岗纪念文集》，青岛出版社2003年版，第197页。

② 葛懋春：《回忆早期〈文史哲〉杂志社社长华岗同志》，《文史哲》，1981年第4期。

文章，而且积极鼓励青年人写作。①

尽管没有做到每期发表一个年轻作者的文章，但是华岗被捕之前，《文史哲》还是发表了相当多的年轻人的作品。例如，葛懋春、李泽厚的第一篇论文都是在《文史哲》上发表的。葛懋春的处女作《从昌潍土改工作中看封建剥削》，就是经赵俪生推荐，发表在1951年第3期上；李泽厚的第一篇学术论文《论康有为的“大同书”》发表于1955年第2期。此后葛懋春又发表了《上层建筑改变条件及其规律的几点商讨》（1952年第1期）、《学习斯大林关于基础和上层建筑理论的笔记》（1953年第3期）、《批判胡适的庸俗进化论》（与庞朴合作，1955年第5期）、《读〈马克思恩格斯论宗教〉》（1955年第7期）等文章，并且这些稿子“没有一篇不是经过他（指华岗——引者注）审阅修改的”②。

20世纪50年代前期《文史哲》刊登了相当数量年轻学者的文章：张传玺（后为北大教授，秦汉史专家）在1954年第10期发表了《项羽论评》，郦禄道（太平天国史研究专家）在1954年第11期发表了《太平天国的供给制度》，袁世硕（山大中文系教授）发表了《怎样对待〈红楼梦〉》（1955年第3期），《试论洪升剧作〈长生殿〉的主题思想》（1954年第9期），路遥（山大历史系教授）发表了《批判胡适派资产阶级

① 葛懋春：《回忆早期〈文史哲〉杂志社社长华岗同志》，《文史哲》，1981年第4期。

② 葛懋春：《回忆早期〈文史哲〉杂志社社长华岗同志》，《文史哲》，1981年第4期。

唯心论历史观》(1955 年第 6 期),韩长经发表了《鲁迅与儿童问题》(1953 年第 2 期)、《鲁迅先生七十二周年诞辰纪念——鲁迅的现实主义的发展道路》(1953 年第 5 期)、《鲁迅与农民问题》(1954 年第 1 期)、《鲁迅与文艺统一战线及文艺批评》(1954 年第 11 期)。

尤其值得一提的是,《文史哲》还发表了不少青年学子的文章。例如 1951 年第 4 期发表了中文系学生李希凡题名为《典型人物的创造》的文章,虽然它仅仅是文艺学课程的一篇作业,任课教师吕荧稍作修改后,推荐给《文史哲》,得到华岗的称赞,结果得以发表。① 李希凡《典型人物的创造》这篇文章是《文史哲》第一次发表学生的文章。在此后的《红楼梦》研究热潮中,中文系学生映白和孙慎之在 1955 年第 4 期《文史哲》上发表了《关于红楼梦所表现的矛盾的性质问题》一文。② 后来李希凡又在《文史哲》发表了《略谈〈水浒〉评价问题》(1954 年第 4 期)、《关于〈红楼梦简论〉及其他》(与蓝翎合作,1954 年第 9 期)等文章,后面一篇文章在全国引起了轩然大波。有鉴于此,我们有理由说《文史哲》在建国初期依照华岗的旨意为培养人文学科人才做出了重要贡献。

4. 引领学术。

在扶持年轻学者的同时,华岗还利用《文史哲》,鼓励老

① 李希凡:《〈文史哲〉培养了我》,《山东大学报》,1985 年 5 月 28 日。

② 楼友勤、陈柏中:《山大的魅力》,见张乐岭、高忠汉、陈崇斌主编:《峥嵘岁月》,山东大学出版社 1991 年版,第 85 页。

学者运用马克思主义批判唯心史观，开展各自的学术研究。

在华岗的推动下，历史系教师运用马列主义基本理论来研究中国历史，探讨亚细亚生产方式、中国奴隶社会和封建社会分期、中国土地制度史、中国农民战争史、中国手工业商业史、古代东方史、亚洲各国史等重大历史课题，其中中国土地制度史、中国农民战争史两门课不仅在全国高校中属于首创，还由此开拓了新的研究领域，产生了极大的影响。① 尤其值得一提的是，20 世纪 50 年代初期华岗还聘请黄绍湘先生在历史系开设美国史，这是中国综合性大学第一次设置美国史课程。对此，罗竹风有此评论："在当时'一面倒'（倒向苏联——引者注）的情况下，更为难能可贵"；②"如果没有胆识是做不到的，不提高到战略高度来看，也是很难理解的。"③此外，华岗还主张历史系应当增加少数民族历史课程的比重，加强周边国家如越南、泰国、柬埔寨、老挝、马来西亚等国历史的教学，虽然由于历史的局限，没有教师，也没有教材，这个愿望无从实现，但是这个设想和见解是可贵的。④

中文系在华岗提出开设"鲁迅研究"课程后，《文史哲》也支持教师们的研究。据统计，从第 1 期到 35 期，《文史

---

① 乔幼梅：《华岗与山东大学以文史见长》，《文史哲》，2003 年第 3 期。

② 罗竹风：《悼念华岗同志》，《柳泉》，1980 年第 2 期。

③ 罗竹风：《华校长永远活在我们心中》，见刘培平主编：《战士·学者·校长》，山东大学出版社 2003 年版，第 97 页。

④ 罗竹风：《华校长永远活在我们心中》，见刘培平主编：《战士·学者·校长》，山东大学出版社 2003 年版，第 97 页。

哲》共发表华岗和刘泮溪、孙昌熙、韩长经等人有关鲁迅研究文章20余篇，极大地推动了山大的鲁迅研究，孙昌熙、刘泮溪等青年教师迅速成长为鲁迅研究的专家。从1954年第7期开始，《文史哲》连续18期刊登陆侃如、冯沅君的《中国文学史稿》，通过这种方式，不仅促进了老学者利用马克思主义研究传统文化的热情，而且也将山大中文系“中国文学史研究”的特长展现在学术界面前，有利于提高山大的学术地位。李希凡、蓝翎的《关于〈红楼梦简论〉及其他》一文引起巨大反响后，山大掀起了《红楼梦》研究热潮，《文史哲》积极配合，也发表了20余篇文章，一时间，山大成为国内《红楼梦》研究的中心之一。

总之，山大“文史见长”的美誉与《文史哲》分不开，而《文史哲》这块学术园地的开辟又与华岗的推动与引领分不开。

**（三）深受师生爱戴和信赖**

华岗在山大工作虽然仅仅只有5年多的时间，但是他却赢得了全校师生的真心爱戴和信赖。

从某种意义上讲，华岗在龙口路40号那幢红瓦黄墙的德式洋楼的家，并不完全属于华岗和他的家人所有，而更像是一个办公的场所：

> 他的家有个小院子，小院正中有一条用贝壳镶了边的鹅卵石小路，夹在百日红、紫荆、迎春和丁香之间，小路的鹅卵石和贝壳都是华岗在海边捡来的。华岗还喜欢养花弄草，这样的情趣，在其

他领导人那里，很少能见到的。那时候，山大的师生，谁都可以走进华岗的家门，只要他在家，你一准会受到热情接待。①

是的，20世纪50年代前期，山大的老师、学生经常出入那栋小洋楼，华岗经常在那里与教授们谈心、谈学术，与管理人员谈工作，与青年学生谈理想、谈学习。赵俪生说，华岗配备小汽车后，有时候就派车到合江路宿舍来接他和童书业，到龙口路40号与他聊天谈心。史若平回忆说，每个星期五下午，他都从印刷厂拿着一份校刊《新山大》的清样，到龙口路40号华岗家中，请他审阅，无论工作怎样忙，华岗总是在会客室热情地接待他，看完清样后，如果有时间，华岗还同他一起聊聊天。山大师生对华岗的爱戴之情，通过元旦和春节给他拜年表露无遗。1952年元旦，山大百余名学生自发地在红布上签名，给华岗拜年。② 史若平说："我始终没有忘记50年代前期，华岗住在青岛龙江〔口〕路40号，春节期间师生一字长蛇阵，从院内一直排到大门外，成百师生自觉排队给他拜年的情景。"③由于师生对华岗的爱戴之情过于浓厚、过于直白，以致有人说华岗在山大搞"个人崇拜"。

一般说来，对于权势人物，当其在世的时候，人们的赞

---

① 刘海军：《東星北档案》，作家出版社2005年版，第65页。

② 谈滨若、华山青：《华岗年表》，见刘培平主编：《战士·学者·校长》，山东大学出版社2003年版，第447页。

③ 史若平：《知识分子的良师益友》，见郑友成主编：《华岗纪念文集》，青岛出版社2003年版，第197页。

誉之词，难免有可能阿谀奉承；然而在其作古之后，人们的褒奖之词，则乃肺腑之声。华岗不但在世时深受师生爱戴，而且作古多年以后，人们谈论起来仍然怀念不已。20世纪50年代初期山大青年教师孙敦璠、佟静一这样叙述了华岗蒙冤后自己的心情：

> 这些年来，我们每经过华校长为全校师生员工作报告的鱼山路广播站，每进到华校长当年办公的“六二”楼，触景生情，心里总是勾起对老校长的无限怀念。坐落在龙口路的一幢二层小楼，是华校长居住的地方，过去，我们到那里请示汇报工作，或者逢年过节去看望老校长，就像在自己家里一样，对老校长无限信赖，无话不说，工作以及思想上的问题，有什么谈什么。当时我们大都是廿多岁的青年，在学校里是普通一兵，在这位全国著名的学者面前，一点拘束的感觉也没有。老校长资格很老，地位也高，但从不盛气凌人，从不对下级摆架子；在这幢小楼里，他为校政建设，为学术著作，度过了多少个不眠之夜；这些年，我们每经过这里，常常不自觉地停下脚步，无限深情地往小楼看上几眼，心底波涛起伏，无限惆怅。华校长，此时此刻您在哪里？什么时候我们再见到您！①

① 孙敦璠、佟静一等：《深切怀念华岗同志》，《山东大学报》，1980年6月21日。

华岗在山大期间，不但获得了山大师生的爱戴，而且还深受山大师生的信任。

据孙思白教授回忆，20世纪50年代初期山大从纷繁的接管工作中建立起了新的秩序，教学改革与科研工作都呈现一些新的气象，全校师生工作学习，团结和谐，“校长的威信很高，即使有点什么纠葛，只要来一个‘华校长说’，就不难迎刃而解”①。至今山大许多老教授仍然回忆说：“华校长主持山大工作，我们都有一种安全感和幸福感。”②曾经留学法国的生物系教授陈机说：“华岗校长的重要特点之一，就是他尊重科学，爱护人才，善于同知识分子一道工作，调动知识分子的积极性。在他领导下工作，大家的心情比较舒畅。”③历史系教授童书业是一个非常单纯的学术天才，在50年代初期接连不断的政治运动中，他那本来就非常脆弱的心理变得多少有些神经质了，每逢因有想不通的问题精神紧张而睡不着觉的时候，他就去找华岗，经过华岗一番开导之后，便轻松愉快地回去了。④ 下面是历史系黄冕堂教授回忆的关于童书业先生的一则轶事：

> 童先生常常对某个人或某件事莫名其妙地产生一种恐怖情绪，这点令许多人费解，都认为是由

---

① 孙思白：《怀念你，华岗校长》，《山东大学报》，1988年5月31日。

② 赖谋新：《华岗同志轶事》，见刘培平主编：《战士·学者·校长》，山东大学出版社2003年版，第20～21页。

③ 史若平：《知识分子的良师益友》，见郑友成主编：《华岗纪念文集》，青岛出版社2003年版，第197页。

④ 乔幼梅：《华岗与山东大学以文史见长》，《文史哲》，2003年第3期。

于神经质所致。大约在1954年丘吉尔再任英国首相时，①童先生慌慌张张地跑到了校长华岗的家，一进大门，便对华岗说：我有个问题，也不必分析，只要个结论。华岗说：什么问题？童先生说：丘吉尔又上台了，会不会爆发第三次世界大战？华岗说：不会，不会。有了结论以后，童先生转身就走，像小孩似的。②

这则轶事固然反映了童书业教授天真的“书生意气”的一个侧面，但同时也反映出华岗是如何深受山大人信赖。

山大的教授信赖华岗，还表现在他们学术上非常看重华岗的意见。历史系赵俪生教授才华横溢，对自己的论文十分自负，但是他“允许一个人改动自己的论文，那就是华岗”。③ 当时山大一些教授文章写好后，往往送给华岗审阅。据郑鹤声回忆，1954年他为《文史哲》写了一篇关于评论孙中山思想的文章，文章写好后，他把初稿送给华岗，请他提意见。华岗“很热情，肯定此文材料丰富，但觉得观点不够明确，重点亦不突出。因此，华岗校长把此文作了较大修改，压缩了篇幅，使文章重点突出，观点鲜明，其中有些关

① 按：丘吉尔1940—1945年、1951—1955年两度出任英国首相，按照黄冕堂先生回忆的语境，此事应发生在1951年，而不是1954年。

② 黄冕堂：《自学成才的古史专家童书业》，见《百年山大群星璀璨》编委会编：《百年山大群星璀璨》，山东大学出版社2001年版，第160页。

③ 史永志：《大写的华岗——〈可酬热血换文章〉摄制组采访手记》，见刘培平主编：《战士·学者·校长》，山东大学出版社2003年版，第365页。

键性的评论是他加上的，也可说此文是我们两人共同之作"①。此文后来为《人民政协报》全文转载，郑鹤声先生甚为高兴。中文系教授吕荧也很尊重和信赖华岗校长："他写的文章，往往先让华岗校长提出意见，即使在他离开山大后寄给《文史哲》的稿件，也是直接寄华岗校长。"②文章写好后让华岗"把关"，固然与20世纪50年代初期华岗拥有话语权有关，与教授们害怕政治上"犯错误"有关，但也同样反映了他们对华岗的人格的尊重和学术能力的信任！



① 郑鹤声：《我对华岗校长的回忆》，《山东大学报》，1980年1月10日。

② 王玉平：《华岗与吕荧》，见刘培平主编：《战士·学者·校长》，山东大学出版社2003年版，第158页。

# 结语

从1949年秋天华岗开始与山大接触，距今已是一轮花甲岁月；从华岗1955年被捕，距今已有54个年头；从1972年华岗驾鹤远逝，距今时光已过36周年。时间的流逝，并没有使华岗的魅力褪色，影响减弱，相反其精神、其思想，反倒有如一坛老酒，存放的时间愈长，愈加醇厚芳香。尤其是在物欲横流、价值迷失的今天，人们更加怀念华岗，崇敬华岗。怀念和崇敬他那崇高的理想、坚定的信念、务实求新的办学风格、古士遗风的人格魅力。

华岗是一位优秀的大学校长，因为他具有崇高的理想、坚定的信念。从年轻时期开始接触马列主义，到22岁走上职业革命家的道路，

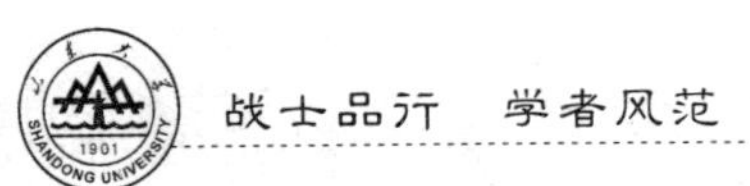


成为一名革命战士，在其一生之中，无论是在国民党监狱，在危险的统战环境里，还是在解放后蒙受不白之冤，身陷囹圄，他从未对马列主义毛泽东思想产生怀疑，发生动摇。一个人是需要理想和信仰的，一位大学校长更应如此，只有这样，办学才会有坚定的方向，才不会因为环境恶劣，或者时势转移而六神无主。华岗正是因为有坚定的信念，所以才能在建国初期，将纷繁复杂的山大整合为一个团结、向上的群体，在短短5年多的时间里创造辉煌。

华岗是一位优秀的大学校长，因为他能够把握时势，富有强烈的社会责任感。一般而言，一个国家在经历重大政治事件之后，必然会对教育进行改革。中国也不例外。新中国建立后，华岗追求的理想得以实现，于是他开始实现自己的夙愿——从事教育事业。为了给国家培养人才，华岗以极大的热情，努力将山大建设成新民主主义和社会主义的大学。为此，他积极宣传马列主义毛泽东思想，以《共同纲领》的文教政策为指针，在山大开展思想改造、“三反”和“五反”运动，主讲政治大课，积极配合全国院系调整，学习苏联，进行教改，注重专业教学，鼓励科研与现实相结合。总之，华岗的终极目标就是要将山大改造成正规的社会主义大学，作为一种事业的平台，尽快尽好地为国家培养人才，为国家经济建设提供科学技术支持，通过教育实现民族复兴、国家强盛的伟大理想。

华岗是一位优秀的大学校长，因为他重视制度建设，实行民主治校。章开沅先生有言：“名校如同铁打的营盘，历经世变沧桑而长盛不衰，靠的就是一套人人必须遵守的合

理制度。”①华岗执掌山大之后就开始制定各种规章制度，使学校的方方面面得以持久地正常运行。华岗是山大的校长，是学校的灵魂，而不是山大的管家，他主要是抓大事，宏观掌控，将实权下放给副校长和有关职能部门。他领导下的职能部门不是官僚衙门，而是为教学和科研服务的机构，这与当下大学行政机构普遍衙门化、官僚化有天壤之别，足以值得高校管理者学习和借鉴。

华岗是一位优秀的大学校长，因为他主张将山大办成有特色的培养祖国建设所需知识人才的摇篮。华岗根据山大地处海滨，文史力量较强的现状，以及国家建设的需要，在新山大成立后不久，就开始考虑把山大办成一所有特色、有重点、有个性的大学。1953 年，山大确定了理科以海洋为中心，文科以中国近代史和中国文学史为重点的办学思路，将物理海洋专业、物理专业、海洋生物专业、历史系历史专业、中文系中国语文专业作为重点发展方向，“开拓海洋，加强理科，发展文史”从而成为山大的办学特色。尽管后来山大西迁济南，海洋研究不再具有优势并被割舍，但是华岗的规划和为长山大期间的努力，却为山大赢得“文史见长”的美誉打下了深厚的根基，而留在青岛的海洋系后来发展为中国海洋大学，海大在中国甚至在世界上都占有一定的地位，华岗功不可没。

华岗是一位优秀的大学校长，因为他尊重知识，尊重人

① 章开沅《总序》，见梁吉生：《允公允能 日新月异——南开大学校长张伯苓》，山东教育出版社 2003 年版。

才。梅贻琦所言“所谓大学者，非谓有大楼之谓也，有大师之谓也”，广为流传，为人赞叹；华岗所说“著名的大学关键是靠一批学识深厚的著名教授”，同样被山大人传为美谈。华岗执掌山大期间，不但千方百计延揽人才，而且重视人才、善待人才。华岗是山大教授们的贴心人，生活上的关心者，政治上的理解者，运动中的保护者，学术上的引导者，他真正把知识分子看成是国家的宝贵财富。许多老教授、老学生回忆华岗时，无不充满深厚的感情，几十年后谈起华岗，往往还禁不住泪流满面。尤其值得一提的是，华岗不但重视学养深厚的大教授，而且非常注重培养年轻教师，为学校储备后续力量。山大校长展涛说，华岗“为今天的山东大学奠定了人才基础”，①可谓公允确切之言。

华岗是一位优秀的大学校长，因为他主张学术自由，百花齐放，百家争鸣。尽管华岗是一个真诚的马克思主义者，尽管 20 世纪 50 年代华岗在山大开展了思想改造运动，尽管华岗抓住时代的脉搏，提倡用马列主义指导科学研究，尽管华岗掌握着无可置疑的话语权，但是他依然主张教授们发表自己的意见，主张学术争鸣，对于不同的意见他不是以行政的手段来处置，而是采取争鸣的方法来解决，因为他相信真理越辩越明。尤其难能可贵的是，华岗在各种运动中一直保持清醒、理智的头脑，始终保持着批判精神，不随波逐流，力图将政治运动限制在思想改造的范围之内。

---

① 展涛：《走近华岗——在纪念华岗校长诞辰 100 周年纪念大会上的讲话》，见刘培平主编：《战士·学者·校长》，山东大学出版社 2003 年版，第 330 页。

华岗是一位优秀的大学校长，因为他具有愈挫愈奋的精神。这是他留给山大师生的宝贵财富之一。司马迁在《报任安书》中感慨道："西伯拘而演《周易》；仲尼厄而作《春秋》；屈原放逐，乃赋《离骚》；左丘失明，厥有《国语》；孙子膑脚，《兵法》修列；不韦迁蜀，世传《吕览》；韩非囚秦，《说难》、《孤愤》。《诗》三百篇，大氐贤圣发愤之所为作也。"①华岗一生出版了《中国大革命史》、《中华民族解放运动史》、《中国历史的翻案》、《美学论要》、《规律论》等15部著作，发表论文160多篇，另有《列宁表述辩证法十六要素试释》等4部著作未单独发表。尤其值得注意的是，华岗的论著大多是在生病期间，或者身陷囹圄之中写成的，他这种无论身处何境都刻苦学习、用心钻研、勤于著述、锐意进取的精神，继承了古人遗风，是山大师生永远学习的榜样。

华岗是一位优秀的大学校长，因为他具有理想的人格。校长是一校之主，是全校效仿的对象，是"师"是"表"，其一言一行都在无形之中影响全校师生。华岗温文尔雅，雍容大度，平易近人，为人谦和，事必躬亲，同时又极具原则性，具有高超的领导艺术。他自信，但不自负；自尊，但不自大。他具有传统士人"傲公卿而善待士卒"的品质。华岗充满了自我反省的精神，当他发现自己看问题出现错误时，会毫不犹豫地作自我批评，立即改正。华岗最大的人格魅力体现在他"不降志，不辱身，以天下为己任，勇于进取，穷则独善

① 吴楚猜、吴调侯编选，李梦生、史良昭译注：《古文观止》上，上海古籍出版社2003年版，第390页。

其身，达则兼济天下，恭俭谦让，持道守正，忧道不忧贫的传统君子人格，饱经风霜肠犹热，历尽磨难骨愈遒的志士豪情”①。华岗“具备了浓郁的中国传统‘士’的那种‘可杀不可辱’的高贵气质和‘志于道成于仁’的人文情怀”②。通过这一切，华岗为山大师生树立起了一座不朽的人格丰碑。

华岗是一位优秀的大学校长，因为他廉洁自律，克己奉公。当今在社会大环境的影响下，高校已经不再是一方净土，腐败程度有时已经达到了令人触目惊心的地步：猖獗者直接贪污、挪用公款；其次者吃回扣，制造豆腐渣工程，购买劣质设备和图书；稍好者以“考察”为名义，周游世界，出入高档饭店，甚至连教务处、研究生院、团委、后勤处等机关开会，也都要到“度假村”举行，美其名曰“避免干扰”……让我们看看华岗是如何做的吧！据史若平先生回忆，“1954年春，《文史哲》、（山大）学报和《新山大》创刊三周年，在青岛咖啡馆举行了隆重的招待会，到会200人。招待会费用不用公款，全部由华岗掏腰包，请吃了一顿西餐。晚上，经华岗校长同意，由我请青岛京剧团在山大大众礼堂组织了一台京剧晚会，剧团的招待费全由华岗一人出资，以节约公款开支。”③或曰：华岗有钱！我们姑且不论华岗是否真的有

① 崔玉婷：《气有浩然　学无止境——华岗的理想人格与其办学理念》，《天津市教科院学报》，2004年第1期。

② 王学典：《华岗与山东大学文史哲研究传统的形成》，《光明日报》，2003年6月3日。

③ 史若平：《知识分子的良师益友》，见郑友成主编：《华岗纪念文集》，青岛出版社2003年版，第198页。

钱，试问：即使有钱，现在有几位大学校长能花自己的钱为“公家”办事？①

华岗是一位优秀的大学校长，因为他奠定了山大文化和山大精神。诚如有的学者所说：“决定大学发展方向和水平的归根结底是学校文化。一所大学的人文气象、学术风气、专家学者的人文情怀以及校园文化，共同构成一所学校的灵魂。世事变迁，人员更替，相对永恒的是学校的灵魂，是学校的文化。”②山大的文化和精神是什么呢？是“纯朴校风和求真务实精神”，是“气有浩然，学无止境”，而华岗就是山大文化和精神的开创者、奠基人、实践者，因为“华岗精神是山大文化和山大精神的灵魂”。正如蔡元培之与北大、梅贻琦之与清华、张伯苓之与南开、竺可桢之与浙大密不可分、影响深远一样，我们完全可以说，没有华岗就没有现在的山东大学，因为华岗“为山大的发展所作出的贡献是开创性的、奠基性的和历史性的。他为山大培育了一方沃土，那就是科学与民主的沃土，是人才辈出的沃土；他为山大注入了生命的激情，那就是责任与使命；他为山大高扬起一种精神，那就是像他一样的忠诚执著，铮铮铁骨”！③

---

① 写到这里，我又不禁想起20世纪30年代杨振声校长之廉洁奉公。参见本书第三章。

② 崔玉婷：《气有浩然　学无止境——华岗的理想人格与其办学理念》，《天津市教科院学报》，2004年第1期。

③ 展涛：《走近华岗——在纪念华岗校长诞辰100周年纪念大会上的讲话》，见刘培平主编：《战士·学者·校长》，山东大学出版社2003年版，第330页。

附

录

# 华岗生平大事年表[1]

1903 年　1 岁

6 月 9 日出生于浙江省龙游县庙下村一个普通农家。

1914 年　11 岁

入庙下村初级小学读书。

① 本大事年表取材于谈滨若、华山青：《华岗年表》，见刘培平主编：《战士·学者·校长》，山东大学出版社 2003 年版。

1916 年　13 岁

考入龙游溪口中和完全小学，勤奋好学，常考第一名，作文被老师称赞为“清顺无疵，识解超群”。

1920 年　17 岁

以优异成绩考入衢州浙江省立第八师范学校。因谦虚求实，乐于助人，成绩优秀，被推选为级长。广泛阅读《资治通鉴》等史书及《新青年》等进步书刊，并因宣传进步思想，被学校禁止参加政治活动。

1924 年　21 岁

2 月，转入浙江省第四中学(又称宁波四中)高中，改名华少峰。

秋，加入中国社会主义青年团。

初冬，出任共青团宁波地委宣传部长，积极参与各种革命斗争。

1925 年　22 岁

2 月，被推为代表之一，赴杭州请愿，吁请当局留任经亨颐继续担任宁波四中校长。

3 月，任团宁波地委团刊《火曜》周刊的主编之一，并常为之写稿，反对军阀统治，介绍五卅运动情况和马克思主义书籍。

5 月，参与团宁波地委组织五一、五四纪念活动以及纪念孙中山先生大会。

5～6 月，积极参与宁波各界声援五卅运动活动。

8 月下旬，宁波四中"驱经逆流"得逞，许多进步师生被辞退或开除，华岗也在其中。党组织根据斗争需要将华岗派往南京，开始了职业革命家生涯。

30 日，任共青团南京地委书记。

9 月，加入中国共产党。

9～12 月，与曹壮父等人负责领导南京工人运动，改组学联、整顿工农群众组织和社会科学研究会等进步团体，开启南京团员学生与工人运动相结合之先声。

1926 年 23 岁

3 月，由于南京团组织整齐严密，思想和组织工作颇有成效，因而受到团江浙区委的书面表扬。

5 月，被调往上海任团沪西区委书记。

7 月，调任团江浙区委宣传部长，负责宣传和团结广大青年群众投入迎接北伐的革命行动。

1927 年 24 岁

3 月 21 日，北伐军到达上海，上海第三次工人武装起义获得成功。华岗亲身参加了这次起义，负责组织学生参加行动。

6 月，被派往杭州筹组团浙江省委，并担任第一任团浙江省委书记，经过艰苦努力，逐步恢复了团组织，使团省委正式建立起来。

8 月，任中共江苏省委常委兼省委秘书长，兼任 7 人组

成的行动委员会委员。旋中共中央又派他任团江苏省委书记，同时仍为中共江苏省委成员，担负省委宣传部和党报委员会的一部分工作。

9月28日，担任江苏省农民运动委员会委员，参与秋收起义的组织发动。

1928年　25岁

2月，赴天津任共青团顺直省委书记，领导河北、山西、北平、天津、察哈尔、绥远、热河、河南北部和陕北等地团的工作。

4月，由上海乘船经东北去莫斯科。

6月18日～7月11日，中共"六大"在莫斯科举行，华岗作为团中央代表参加大会，并参加大会的宣传委员会、青年委员会和农民土地问题委员会的工作。6月26日讨论瞿秋白所作政治报告《中国革命与共产党》时，华岗作了大会发言。

7月15日～21日，出席在莫斯科召开的中国共产主义青年团第五次全国代表大会，当选为新的团中央委员会委员兼宣传部长，负责筹备和主编团中央机关刊物《列宁青年》。

9月底～10月初，回上海团中央工作，抓紧筹备《列宁青年》。

10月24日，向中共江苏省委传达中共"六大"决议及共产国际关于中国革命性质和任务的指示，作"关于目前时局形势和我们的任务"的报告。

1929 年　26 岁

3 月 10 日，团中央检查已出的 10 期《列宁青年》，肯定了其成绩。

5 月 5 日，撰写《青年对于朱毛红军斗争应有之认识》一文，宣传支持工农武装夺取政权和苏维埃运动。

1930 年　27 岁

3 月底，完成《中国大革命史》初稿。

夏，调往武汉任中共湖北省委宣传部长，从此离开团中央，专门致力于党的宣传工作和组织领导工作。

8 月初，党中央决定成立长江局总行委，由项英、关向应、任弼时、华岗等 7 人组成，华岗参加并指导各区行委的会议和活动。

12 月 17 日，随长江局全体成员撤回上海，任中央组织局宣传部长。

是年，完成《共产党宣言》翻译工作，这是继陈望道翻译的《共产党宣言》全译本之后的第二个全译本，译文用语更加准确，文字更为流畅。尾句由“万国劳动者团结起来！”改译为“全世界无产阶级联合起来！”

1931 年　28 岁

7 月，《一九二五～一九二七中国大革命史》由上海春耕书店出版。

12 月，与江苏省委宣传部长杨尚昆一起组织领导上海民众反日救国联合会的工作。13 日，在上海南市体育场召

开第一次市民大会，通电全国，统一行动，停止内战，一致抗日。

1932 年　29 岁

3 月，被派往北方，任中共中央华北巡视员，先到北平，后去唐山，视察指导工作。

9 月，被任命为中共满洲特委书记，化名刘少陵，从上海去东北赴任，途经青岛时被捕。

冬末春初，被押至济南地方法院看守所，遇到了同时在押的任作民和向明。

1934　31 岁

6 月底，法院查无确证，但仍判有期徒刑 5 年。

11 月底，被送往青岛山东省第五模范监狱服刑。

1937 年　34 岁

1 月，被转押至济南山东省第一模范监狱，与任作民和向明狱中重逢。

2 月 19 日，被转押至武昌湖北反省院。

2 月～9 月，在反省院，坚持不损害党的组织和政治影响的立场，团结难友开展不屈不挠的斗争。

9 月，中共代表董必武到汉口，代表中共中央向国民党当局交涉，要求无条件释放华岗和任作民。

10 月 16 日，出反省院后，立即过江前往八路军驻汉口办事处。不久任中共湖北省委宣传部长。

11～12月，经周恩来、董必武推荐，被中央任命为《新华日报》总编辑兼《群众》周刊编辑。

1938年　35岁

1月11日，《新华日报》正式创刊，编委会由潘梓年、华岗、章汉夫、楼适夷、陆诒等组成。

5月下旬，由于抵制王明右倾投降主义路线及其家长式的工作作风，遭到王明排挤和打击，被派往东南战场从事战地采访。

6月底，被安排赴重庆，筹办《新华日报》迁渝出版事宜。

8月6日，与徐光霄带领第一批编辑、工人共30多人，分乘两条大木船，满载印刷机器、纸张等，由汉阳码头溯江而上。

10月25日，武汉失守的当天，《新华日报》在渝按时出版。

1939年　36岁

8月，被王明以"违抗领导"的罪名撤销《新华日报》总编辑职务。

9月以后，由于长期操劳和遭受残酷打击，致使肺部出血，再次病倒。只得边养病，边著书撰稿。先住在重庆郊区上清寺，被敌机轰炸后搬到文化工作委员会（前身是国民政府军事委员会政治部第三厅）附近的赖家桥，与文委许多进步文人常有来往。

9～10月病中完成《中华民族解放运动史》第1、2两卷写作。

1940年　37岁

8月，《中华民族解放运动史》由上海鸡鸣书店出版，该书后来再版时改名为《中国民族解放运动史》。

是年，《社会发展史纲》由重庆生活书店出版。

1941年　38岁

1月，受周恩来指派到西康雅安，做川西地方实力派的统战工作。

2～12月，多次为刘文辉分析国内外形势，阐明中共的政策和立场，要他团结整个西南地方力量，共同抵蒋抗日。

1942年　39岁

2月，由雅安返渝向周恩来汇报工作后，周恩来在重庆机房街吴晋航住处会见刘文辉。刘表示经与华岗多次接触，已从与中共的一般联系进入实际配合阶段，并商讨建立电台保持上层联系的措施。

4月，按周恩来指示，由雅安回重庆参加整风运动。

6月，党组织派王少春去雅安建立电台，让刘文辉直接与延安通电，统战刘文辉工作结束。

1943年　40岁

春天，受南方局委派去云南做龙云统战工作，化名林少侯，在云大社会学系任教，以作掩护。时任中共中央南方局宣传部长。

12月，与龙云首次见面，向他介绍中共中央关于抗日救国的政策和方针，阐明支持抗战，支持民主运动，反对内战，反对一党专制的意义，使龙云政治态度有了明显转变：答应全力与中共配合，在公署设立电台直接与南方局和延安联系，对民主运动采取保护措施，还曾资助闻一多、吴晗主办的进步刊物《民主周刊》。

1944年　41岁

2月前后，与先前派来昆明民主政团同盟工作的周新民、李文宜一起主动结识了李公朴、吴晗、费孝通、罗隆基、张奚若、曾昭抡、潘光旦等人，并与周新民倡导成立了“西南文化研究会”。

5月，与省工委研究决定，由西南联大历史学会举办纪念五四运动座谈会，中心议题是争民主、反独裁。这次活动标志了昆明民主运动自皖南事变发生三年来，从低潮走向新的高潮。

11月，发动文艺界人士召开鲁迅逝世8周年纪念会。多次提醒龙云，应保持经济实力，军队不要过分集中，以防国民党军队进驻云南和搞经济掠夺。

12月，龙云约请华岗谈话，商讨与川军将领刘文辉、邓锡侯等联合与蒋介石抗衡的问题。华岗就此事和其它工作回重庆向南方局汇报。

1945 年 42 岁

2 月，在重庆汇报工作后，与张友渔、朱蕴山一起经内江到达成都。在刘文辉公馆就与龙云合作一事进行商谈，并说服时任川康绥靖主任的邓锡侯参与，然后返回昆明。

5 月，为配合“七大”胜利召开，在云南大学组织五四纪念周活动。

9 月，多次会见龙云，劝诫其提高警惕、防止发生事变。

10 月 3 日，蒋介石密令杜聿明发动“一〇·三”事变，解除龙云武装。事变后化装离开昆明回到重庆，仍任南方局宣传部长，并担任中共代表团顾问，参加重庆谈判工作。

10 月上旬，毛泽东在重庆红岩咀八路军办事处宴请许德珩夫妇，华岗作陪。

1946 年 43 岁

1 月 10 日，政治协商会议在重庆开幕，张友渔、章汉夫、华岗和许涤新任中共代表团顾问，协助周恩来起草《和平建国纲领》。

3 月，与潘梓年、许涤新等到达上海，租住马思南路 107 号，筹备出版《新华日报》，公开身份仍为政协中共代表团顾问，继续参加国共谈判。

6 月，建议由上海市人民选派代表团赴南京进行呼吁和平、反对内战的请愿。23 日，请愿团走出南京下关车站接受中外记者欢迎时，遭到预先布置在月台口外的数百名便衣特务的包围、殴打，是为“下关惨案”。

11 月 19 日，国共谈判破裂，中共代表团周恩来、邓颖超、李维汉等 14 人由宁返延安。宁、渝、沪办事处仍保留，由董必武主持。

12 月底，上海工委委员大部分撤离上海，只留华岗、潘梓年、陈家康、胡绳四人坚持工作。

1947 年　44 岁

2 月 28 日，国民党宁、沪两地卫戍警备机关分别通知两驻地中共代表，限令于 3 月 5 日前全部撤回延安。

3 月 5 日，与中共代表团上海联络处最后一批工作人员 12 人乘火车离沪赴宁。

7 日上午 8 时，董必武、华岗、潘梓年、钱之光、王炳南、童小鹏、梅益、陈家康等中共人员 74 人乘 4 架飞机由南京飞抵延安。其后随机关撤离延安，在派往西柏坡中央工作委员会工作途中坠马，医生诊断为脑震荡和肠出血，建议送外地医院治疗，经中央批准，由城市工作部通知西北局安排交通，送往天津。

1948 年　45 岁

春天，到上海住进台湾医院治病，后经上级批准设法乘船秘密赴香港。到香港，一是养病，二是作为后备队伍，准备在中共香港、澳门工作委员会被破坏、无法进行工作时，由华岗等继续坚持战斗。在港期间继续做统战工作。

1949 年　46 岁

5 月，按照党的要求，协助香港工委积极争取和组织民主党派领导人和知名人士分批离港赴东北解放区，再转往北京与中共共同筹备新的政治协商会议。正当华岗准备与党组织派来接他的王德宝一起去北京参加新政治协商会议时，因旧病复发，不得不暂留港治病。

8月下旬，华岗结束了在香港的治疗和工作，乘洪都拉斯籍轮船"科隆"号离港赴京。原定目的地是上海，临近时得知国民党飞机正在轰炸上海港，不得已继续向北行驶，开往青岛。

9月2日，船抵青岛大港码头。向明挽留做文教工作。

秋天，中央同意暂留青岛养病后，向明指示驻山东大学军管会文教部罗竹风等人前往探望，就接管后的山东大学工作听取意见，保持经常联系，一些知名教授也陆续来拜访。

11月，山东大学开始实行上政治大课学习制度，在山东大学讲授《社会发展史》和《共同纲领》。

同年，出版《太平天国革命战争史》和《五四运动史》。

1950年　47岁

1月初，应邀给山东大学全校师生作《怎样用理论与实际相结合的方法学习〈共同纲领〉》的报告，将《共同纲领》中的文教政策结合实际，具体化为改革山东大学的五条方针，发动大家联系个人思想和学校工作，自由展开讨论。从此，开始与山东大学全面接触。

2月，山东大学校务委员会主任丁西林调任文化部副部长，经广大教师要求，公推华岗任主任，因其身体欠佳，改

由杨肇嫌担任。

4 月 23 日，山东大学举行首届师生代表会议，选出师生 27 人组成校务委员会，从中推选 11 人组成常委会，由华岗任主任，陆侃如、赵纪彬、杨肇嫌任副主任。

5 月 1 日，新校委会在“六二”楼会议室举行第一次会议，华岗任会议主席。

11 月，华东军政委员会电示山东大学，经教育部批准，原在济南的华东大学迁青岛与山东大学合并，保留山东大学名称。

1951 年　48 岁

2 月 27 日，中央教育部下文，决定华岗担任合并后的山东大学校长。

3 月 18 日，主持合校后第一次校委会会议，决定重组校学术委员会，规定每年校庆活动期间举行科学讨论会。

19 日，以新任校长身份在合校大会上作题为《合校方案和山大前途》的报告，提出“发奋图强，建设社会主义新山大”的号召。同日，校刊《新山大》创刊。

4 月 19 日，主持校长办公会议，通过童第周副校长关于出版《山东大学学报》提议。

5 月 1 日，《文史哲》杂志创刊，华岗兼任杂志社社长，亲自主持稿件的组织、审定、修改。

8 月，去上海开会，市长陈毅在招待便宴上对华岗说：“大学就是要通过教学与研究为国家培养合格而又对路的人才，而学报正是检验这一成就的标尺。山大创办《文史

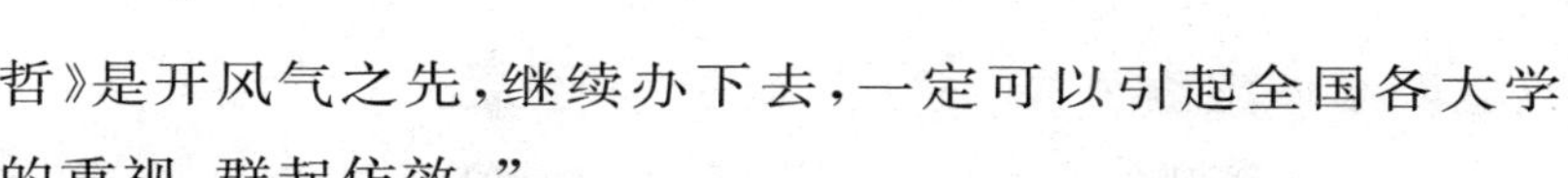


哲》是开风气之先，继续办下去，一定可以引起全国各大学的重视，群起仿效。”

9月11日，在大众礼堂举行合校后首届毕业典礼，华岗讲话勉励毕业生，不畏艰苦，积极投身到国家大规模经济建设中去，为建设社会主义的新中国贡献力量。

1952年 49岁

元旦，百余名学生自发在红布上签名，给华岗校长拜年。

2月21日，新学期开课前，在全体教师会上讲话，安排学期工作和“三反”运动。

3月15日，举行第一次校庆科学讨论会，在开幕式上作《论毛泽东思想的本质》的学术报告。

26日，在全校第三次反贪污坦白检举大会上作总结发言，题目是《正确运用严肃与宽大及改造与惩治相结合的方针》。

5月21日，在全校师生员工大会上作《本校“三反”运动总结与全面转入思想改造的意义和方针》的报告。

7月3日，在全校思想改造运动总结大会上讲话，题目是《思想改造运动总结和今后努力方向》。

8月19日，在参加本月中旬召开的华东地区大专院校校长会议后，召开校务委员会常务会议，传达华东军政委员会教育部决定将复旦大学、南京大学、山东大学改为综合性大学，并进行院系调整的精神，研究制定本校的调整方案和计划，确定工、农、医三院及政治、艺术两系调出，独立建院。

成立院系调整委员会，任主任委员。

23 日，召开校务委员会第 11 次扩大会议，全面传达华东地区院系调整会议精神和全校调整方案，然后进行讨论，征求意见。

26 日，召开全校大会，作院系调整动员报告，得到师生拥护。校委会制定的《山东大学院系调整方案》报上级审批后，9 月初开始进行，月底全面结束。

9 月 6 日，在扩大教务会上作《改进教学工作的主要关键》的报告。

10 月，山东大学党组、党委合一，任党委书记，设常委会主持日常工作。

11 月 24 日，在院系调整结束，山大已基本定型的情况下，率先考虑到学校重点学科和发展前途问题。与童第周、陆侃如两位副校长一起研究，提出山大应有自己的重点和特色。

11 月 30 日，附设工农速成中学在大众礼堂举行开学典礼，到会讲话。

1953 年　50 岁

1 月 30 日，主持校长办公会，讨论决定学报编辑委员会由吴富恒等 15 人组成，《文史哲》编委会由高兰等 10 人组成，杨向奎任主任。

春，因病去杭州休养。

5 月，组织系主任以上人员多次研究和补充，确定物理海洋专业、物理专业、海洋生物专业、历史系历史专业、中文

系中国语文专业为重点发展专业，并将“开拓海洋，加强理科，发展文史”作为山东大学的发展方向，6月底上报后，受到了高教部的充分肯定。

9月，经校长办公会决定，恢复因院系调整而暂停的政治大课制度，重新组建学习委员会，华岗任主任，并决定在全校范围内开展为期一年的辩证唯物论的学习。华岗担任主讲，共分11个专题，每两周报告一次，讨论一次，每次报告约3小时，从1953年9月至1954年12月，共讲授35次。

10日至23日，参加高教部在北京召开的综合大学会议。

12月25日，主持校长办公会，讨论决定成立科学研究委员会，负责全校的科学研究工作。

1954年　51岁

1月15日，山东大学党委调整，继续担任委员、常委、党委书记。

3月15日，学校举行校庆大会，作“综合大学如何开展科学研究工作”的主题报告。

5月16日和28日，分别接待陈毅和东北人民大学校长吕振羽来校参观。

8月13日，与童第周等5人赴济南参加山东省人民代表大会，任山东省人大代表，并任山东省政协委员。

9月2日，举行新学年开学典礼，报告学年工作重点。

11月1日，《培养独立思考能力的主要关键》刊于《新山大》。

6日，学校举行庆祝“十月革命”37周年大会，作“中苏会谈公报及学习苏联科学研究工作中反对教条主义经验”的报告。

同月，《辩证唯物论大纲》由华东人民出版社出版。

冬天，去教育部请示工作，周恩来见他身体不好，安排到颐和园休假一周。

1955年　52岁

1月，青岛文艺界声讨胡风，华岗在发言中对胡风过去的革命历史予以肯定。

3月，以“方衡”笔名撰写题为《胡风文艺思想的唯心论的实质》的文章，把胡风问题限于思想批评范围之内。

5月29日，中共山东大学第一次党代会召开，大会选举产生新一届党委会，任委员、常委、党委书记。

8月，《辩证唯物论和物理学》由湖北人民出版社出版。

25日，根据山东省委指示，青岛市公安局以“胡风反革命分子”和“反党”的罪名予以逮捕，当天即开始抄家、搜查，后又改为“隔离审查”。

9月中旬，山东大学党委召开批判大会，连续开三天，华岗只说两句话：“欲加之罪，何患无辞！”“希望大家要相信事实。”此后，不再公开批斗，将其秘密关押，不许会见任何人。

1956年　53岁

3月11日，在申诉材料中说：“现在立即恢复我的自由和工作，立即公平处理我的问题，这不仅是出于我的正义要求，也是组织上应有的责任。因为党有实事求是的原则和不冤枉一个好人的英明政策，中华人民共和国宪法更有保障人权的明文规定……如果这是一时的偏差，那么既经发现，就应该立即纠正，而不应放任不管。为了正义和真理，我据实说了这样的话，我的要求只有八个字：实事求是、公平处理。"

夏，多次申诉与抗议无效，气愤、折磨使病情加重，开始绝食。看守人员劝说无效，青岛市公安局准备将他送往北京。

1957 年　54 岁

4 月，被转押北京，关押在秦城监狱，多次申诉和抗议仍旧无效，审讯人员一再逼他交待"罪行"，并说："只要服罪，便可从轻处理。"答曰："我无罪可服。"开始写作《美学论要》。

1962 年　59 岁

狱中撰写《规律论》。

1965 年　62 岁

3 月 19 日，被最高人民法院判刑 13 年，剥夺公民权利 7 年。罪名是：一、在武昌反省院中称蒋介石为蒋委员长是"丧失立场"；二、在国统区工作时，与国民党特务接触是"投靠反对派"；三、在山大工作时，在未查清事实前不允许

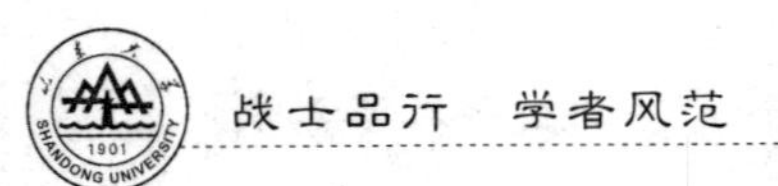


逮捕有“历史问题”的教授，是“包庇反革命”。虽要求公开审讯、请律师辩护、上诉等，但均遭拒绝。

年底，被转押至济南山东省监狱，单独关押。

11月，给夫人谈滨若写信，告知已到济南。

1966年　63岁

春节，谈滨若去济南探视。对谈滨若说：“不要为我担忧，我的刑期不长了，还有两年多即可自由，我们共产党人更应有坚强的革命乐观主义精神，战胜各种逆境。只要我活着，还可以继续为党工作。”

1967年　64岁

监狱由造反派掌权，被投入大牢房，屡遭批斗，因“态度顽固”，经常被长时间罚站并遭受呵斥、打骂。虽年老多病，仍须参加重体力劳动，因体力不支，常摔倒在地。外调人员向他调查其他人情况，都如实介绍，从不夸大、诬陷。他对家人说：“真理是篡改不了的，真理面前人人平等，这句话绝对没有错，也永远不会错。”

1968年　65岁

8月24日，刑期已满，应获释放，但仍被继续关押。

1970年　67岁

3月5日，军管会签发释放令，办理刑满释放手续，但仍不许出狱，被安排到监狱里的就业队。

年底，病倒在床，失去了自理能力。

1971 年　68 岁

1 月，被送往青岛鱼山路 10 号家中，由家人负责看护，但仍被监管，没有人身自由，看病也须公安局批准，不能私自去医院，医生为他看病开药须在公安局监视下进行，处方须经批准，方可取药。

1972 年　69 岁

1 月，病情恶化，回到济南山东省监狱，要求治疗，但被拒绝。

3 月，谈滨若去济南探视，要求送医院治疗，仍遭拒绝。

4 月，病情进一步恶化，被送进济南市中心医院。

5 月初，谈滨若再次去济南探视，虽重病在床，但仍坚持着对夫人说："我一生无愧于党，历史将为我作出公正的结论。你要坚强地生活下去……"

15 日，看守人员小孙听说他病重，赶到医院看望，他吃力地留下了遗言："历史将证明我是清白的。"

17 日，离世。

1980 年

3 月 28 日，中共中央批准为华岗彻底平反，恢复一切名誉，推倒一切诬陷不实之词。生前坚持的"实事求是、还我清白"终于实现。

4 月 10 日，最高人民法院撤销原判，宣告无罪，长达 25

年的冤案终于得到昭雪。

5 月 22 日，中共山东省委决定恢复华岗党籍和政治名誉。

7 月 5 日，山东省委在英雄山革命烈士陵园召开“华岗同志平反昭雪追悼大会”，彭真、邓颖超、胡乔木、王任重等领导同志及教育界、学术界著名人士送了花圈，山东省党政领导、各界人士和山东大学师生员工代表及华岗亲属 500 多人参加追悼会。会议由山东省委书记武开章主持，山东大学校长吴富恒致悼词，悼词对他的一生作出了正确的评价。追悼会后，将他的骨灰安放在英雄山革命干部灵堂。《人民日报》、《光明日报》、《大众日报》都刊登了为其平反及追悼会的消息。

7 月 6 日，《山东大学报》全面报道了“华岗同志平反昭雪追悼大会”，刊登了吴富恒所致悼词、各方人士唁电。

1981 年

4 月，《中国历史的翻案》由人民出版社再版。

9 月，《美学论要》由人民出版社出版。

1982 年

5 月，《1925～1927 中国大革命史》由文史资料出版社再版。

10 月，《规律论》由人民出版社出版。

1984 年

11 月，浙江龙游县成立“华岗研究学会”，林默涵任会长；王启新、朱通、项秀文、傅春龄等任副会长；许涤新、费孝通、郑伯克、楚图南、赵健民、熊复、廖盖隆、骆耕漠、罗竹风、吴富恒、谈滨若等任顾问。

1988 年

5 月 21 日，山东大学举行“华岗学术讨论会”，京、沪、鲁、浙诸省市的学者、干部和华岗亲友近 200 人参加，会议收到论文 30 余篇以及中共龙游县委、县人民政府和华岗研究学会的贺信、贺电等。《人民日报》、《光明日报》和《济南日报》均作了报道。

1993 年

6 月 30 日，由华岗学术研究会、山东大学、青岛海洋大学、山东大学青岛校友会在青岛海大联合举办“纪念华岗诞辰 90 周年暨学术研讨会”。

11 月，向阳著《华岗传》由浙江人民出版社出版。

1995 年

9 月 30 日，华岗青铜塑像在青岛百花苑（文化名人雕塑园）建成，举行了隆重的落成揭幕仪式。

1998 年

8 月，山东大学青岛校友会编《华岗文集》由山东大学出版社出版。

2003 年

6 月，青岛市政协文史资料委员会和山大青岛校友会编《华岗纪念文集》，由青岛出版社出版。

6 月 6 日，山东大学在东校区“百年山大世纪林”前建成华岗全身铜像，宋平题词，并举行隆重的华岗塑像揭幕仪式。同日，山东大学举办的名为“战士 · 学者 · 校长”纪念华岗校长诞辰 100 周年图片展览在东校区图书馆正式展出。

7 日，《山东大学报》出版纪念华岗校长百年诞辰专刊。

8 日，山东大学同时在济南、威海的 5 个校区隆重举行华岗校长诞辰 100 周年纪念大会。大会宣读了宋平 2 月 18 日来信和费孝通为华岗书写的题词“革命战士　学界楷模”，播放山东大学和山东电视台联合摄制的电视专题片《可酬热血换文章——纪念华岗诞辰 100 周年》。山东电视台也于当日播放该片，并报道了纪念华岗百年诞辰的系列活动。

9 月，《战士 · 学者 · 校长——华岗同志百年诞辰纪念文集》由山东大学出版社出版。

10 月，《华岗选集》(1～4 卷)由山东大学出版社出版。

15 日，山东大学隆重举行“纪念华岗同志诞辰 100 周年华岗学术思想研讨会”。

# 主要参考文献

1 山东大学档案.藏于山东大学档案馆(具体案卷名从略).

2 山东大学档案馆编.山东大学大事记.济南:山东大学出版社,1991.

3 《华岗选集》编辑委员会选编.华岗选集(第1~4卷).济南:山东大学出版社,2003.

4 刘培平主编.战士·学者·校长.济南:山东大学出版社,2003.

5 张乐岭、高忠汉、陈崇斌主编.峥嵘岁月.济南:山东大学出版社,1991.

6 樊丽明、刘培平编.我心目中的山东大学.济南:山东大学出版社,2005.

7 孙长俊主编.山大逸事.沈阳:辽海出版社,1999.

8 山东省政协文史资料委员会编.悠悠岁月桃李情.北京:中国文史出版社,1991.

9 韩明涛等主编.百年纪人.北京:知识产权出版社,2004.

10 《百年山大群星璀璨》编委会编.百年山大群星璀璨.济南:山东大学出版社,2001.

11 山东大学校史资料.6.20.1983.

12 《山东大学百年史》编委会编.山东大学百年史.济南:山东大学出版社,2001.

13 教育部社会科学司.普通高校思想政治理论课文献选编.北京:中国人民大学出版社,2003.

14　教育部教育发展中心.中华人民共和国教育大事记(1949—1982).北京:教育科学出版社,1984.

15　中国教育年鉴编辑部.中国教育年鉴(1949—1981).北京:中国大百科全书出版社,1984.

16　向阳.华岗传.杭州:浙江人民出版社,2003.

17　刘海军.東星北档案.北京:作家出版社,2005.

18　王学典.顾颉刚和他的弟子们.济南:山东画报出版社,2000.

19　穆欣.关向应传.北京:中共党史出版社,2002.

20　周国全、郭德宏、李明三.王明评传.合肥:安徽人民出版社,1989.

21　周国全、郭德宏编.王明年谱.合肥:安徽人民出版社,1991.

22　刘梦华.熊瑾玎.重庆:重庆出版社,1992.

23　马子华.一个幕僚眼中的云南王龙云.昆明:云南美术出版社,1994.

24　谢本书.龙云传.重庆:四川人民出版社,1998.

25　方建文、张鸣主编.百年名人自述——20世纪中国风云实录(5).北京:北京线装书局,2000.

26　文思主编.我所知道的龙云.北京:中国文史出版社,2004.

27　中共中央文献编辑委员会.毛泽东选集(第1卷).北京:人民出版社,1991.

28　高平叔编.蔡元培全集(第三卷).北京:中华书局,1984.

29　张注洪、任武雄编.恽代英文集(上卷).北京:人民出版社,1984.

30　薛暮桥主编.傲霜集.北京:中国展望出版社,1989.

31　夏衍.懒寻旧梦录.北京:生活·读书·新知三联书店,1985.

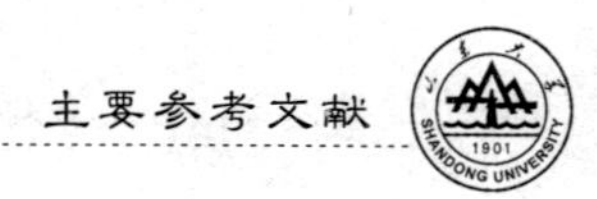

32 赵俪生.赵俪生文集(第5卷).兰州:兰州大学出版社,2002.

33 赵健民.赵健民文集.济南:山东人民出版社,2002.

34 煦峰、文菂编.童第周:追求生命真相.北京:解放军出版社,2002.

35 姚北桦.报人生活杂忆.重庆:重庆出版社,1991.

36 石西民、范剑涯编.新华日报的回忆(续集).重庆:四川人民出版社,1983.

37 西南联合大学北京校友会编.笳吹弦诵情弥切.北京:中国文史出版社,1988.

38 南方局党史资料征集小组编.南方局党史资料大事记.重庆:重庆出版社,1986.

39 中国共产党代表团驻沪办事处纪念馆编.上海周公馆.上海:上海人民出版社,1994.

40 李玉琦主编.中国共青团史话.沈阳:辽宁人民出版社,1992.

41 郭绪印主编.国民党派系斗争史.上海:上海人民出版社,1992.

42 唐正芒等.中国西部抗战文化史.北京:中共党史出版社,2004.

43 董宝训、丁龙嘉.沉冤昭雪——平反冤假错案.合肥:安徽人民出版社,1998.

44 桂遵义.马克思主义史学在中国.济南:山东人民出版社,1992.

45 新山大.1951—1955.

46 山东大学报.1980—2003.

47 文史哲.1951—1955,1981—2003.

48 山东大学学报.1951—1955,1993—2003.

49 杨东平编.大学精神.沈阳:辽海出版社,2000.

50 石刚主编.现代中国的制度与文化.香港:香港社会科学出版社

有限公司,2004.

51 向洪等主编.哈佛理念.青岛:青岛出版社,2005.

52 周光礼.学术自由与社会干预:大学学术自由的制度分析.武汉:华中科技大学出版社,2003.

# 后记

2006年12月，当余子侠教授邀请我撰写章开沅先生和他主编的《中国著名大学校长书系》(第二辑)之一——《山东大学校长华岗》时，尽管此前我没有做过相关研究，但还是大胆并愉快地答应了下来，原因是好写：华岗的生平，向阳已有专著论述；华岗的论著，大部分已经出版；为纪念华岗诞辰100周年，山大还出版了《战士·学者·校长》专辑；山大档案馆又近在咫尺，有利用之便。所以，当时感到一年以后，保准可以如期完成任务，顺利交稿。

然而，随着研究的深入，发现事情远非我想象的那么简单。首先是资料缺乏。虽然我查阅了大量的档案和各种出版物，但总是在最想获得有力的材料作支撑时，却往往不能如愿，例如华岗处理“郭宣霖事件”就是例子。同时，很多档案(例如人事，“三反”、“五反”等档案)因牵涉到至今仍然健在的当事人或者其后人，没有开放，无法利用。其次，20 世纪 50 年代初期，新政权对高等学校进行了全方位的改革，在这种特殊的背景之下，华岗(其他大学校长亦然)很难真正实现自己的办学理念，通常只是执行国家政策而已，所以要写出华岗的办学理念、特色，有难度。再次，如何把握建国初期学校接连不断的政治运动和诸多改革，并对其作出恰如其分的评价，也是颇费思量。

为了解决写作中出现的难题，2006 年、2007 年先后两次在武汉召开了写作讨论会。会上章开沅先生和余子侠先生对书稿编写的宗旨、思想、方法作了阐释，支招解难，使笔者获益匪浅。在两位先生的大力支持下，初稿终于 2008 年 4 月完成。

初稿提交后，余子侠教授真正负起了“主编”的职责，两次通读全稿，小到标点符号、字词句的修订和润色，大到标题的设计、篇章的谋划，都进行了仔细的修改，提出了中肯的建议。然而，由于笔者的能力有限和材料的制约，余子侠教授的很多合理意见未能采纳，是为憾事。

本书是在充分参考、吸收诸多学者的研究成果和海内外山大校友著述和回忆文章的基础上写成的，在行文过程中，尽量交待材料来源，标注文献出处，但仍旧有遗漏者，在此，笔者深表歉意并致谢忱。

本书的写作过程中，笔者获得了许多老师、同事、朋友、学生的支持，他们或者提供资料，或者帮助录入文字，没有他们的帮助，书稿是难以完成的，在此一并表示感谢。在这里，我要特别感谢山东大学档案馆馆长刘培平教授，他不仅给笔者提供了查阅档案的便利，而且在书稿的具体写作方面也提出了一些有益的建议。同时我还要感谢校史办的李彦英副教授和山东大学档案馆诸位老师的帮助，并对他们高度的敬业精神表示敬意。

大约书稿写到一半，即 2007 年 7 月时，我那病了 30 年的苦命姐姐，走完了她 54 年短暂的人生旅程。此后的写作中，我的思绪不时飞回大别山中的老家，常常望着窗外的天空发呆，家姊的身影不时在脑海中闪现。姐姐，你见到早你 20 年而去的父亲和早你 8 年而去的母亲了吗？你们在那边过得好吗？

最后，责任编辑李广军先生为本书的写作、付梓付出了许多心血和劳动，在此谨表示衷心的感谢。

徐　畅

2008 年 12 月于济南

**主编**　章开沅，浙江吴兴人，1926年生。1948年11月于南京金陵大学历史系肄业。1951年在华中师范大学任教至今。现任华中师范大学中国近代史研究所教授、博士生导师，兼任中国教会大学史研究中心主任。1984—1990年任华中师范大学校长，1983—1990年兼任国务院学位委员会历史学科评议组成员、召集人。1990—1995年，历任美国普林斯顿大学历史系与普林斯顿神学院客座研究员、耶鲁大学历史系鲁斯学者、加州大学圣地亚哥分校历史系客座教授、台湾政治大学历史所客座教授、香港中文大学第14届“黄林秀莲访问学人”等。美国奥古斯坦那大学授予荣举博士学位，田纳西州长授予荣誉市民证书。撰著及主编的主要学术著作：《辛亥革命史》《辛亥革命与近代社会》《张謇传》《离异与回归——传统文化与近代化关系试析》《中国教会大学的历史地位》《从耶鲁到东京——为南京大屠杀取证》《实斋笔记》《鸿爪集》等。

**主编**　余子侠（余子峡），湖北蕲春人，1953年生，恢复高考后首届大学本科毕业生，先后获得哲学学士、史学硕士及博士学位，现为华中师范大学教育学院教授、两级研究生指导教师、教育部人文社会科学重点研究基地中国近现代史研究所兼职教授，主要从事中国教育史、中外教育交流史研究。在《教育研究》、《历史研究》、《近代史研究》等刊物发表学术论文七十余篇，独撰及合著《山乡社会走出的人民教育家：陶行知》等学术专著多部，主编（合作）《中国著名大学校长书系》、《日本侵华教育全史》、《湖北考试史》等大型学术著述多套，另参加《陶行知教育学说》等学术著作的编撰。

**本书著者** 徐畅，1965年9月生于安徽省金寨县。1987、1997年毕业于山东大学历史学系，分别获得历史学学士和硕士学位；2000年毕业于南京大学历史系，获得历史学博士学位。现为山东大学历史文化学院教授。主要研究方向有：近代中国农村社会经济史、抗日战争史，出版过《二十世纪二三十年代华中地区农村金融研究》，在《近代史研究》、《文史哲》、《史学月刊》等杂志上发表文章40余篇。